Sprachförderung und Sprachdiagnostik

Waxmann Verlag GmbH
Steinfurter Straße 555, 48159 Münster
info@waxmann.com

Angelika Redder
Sabine Weinert (Hrsg.)

Sprachförderung und Sprachdiagnostik

Interdisziplinäre Perspektiven

Redaktion: Sabine Lambert

Waxmann 2013
Münster / New York / München / Berlin

Bibliografische Informationen der Deutschen Nationalbibliothek
Die Deutsche Nationalbibliothek verzeichnet diese Publikation in
der Deutschen Nationalbibliografie; detaillierte bibliografische
Daten sind im Internet über http://dnb.d-nb.de abrufbar.

ISBN 978-3-8309-2911-6

© Waxmann Verlag GmbH, 2013

www.waxmann.com
info@waxmann.com

Umschlaggestaltung: Anne Breitenbach, Tübingen
Lektorat und Satz: Sabine Lambert, FiSS-Koordinierungsstelle, Hamburg
Gedruckt auf alterungsbeständigem Papier, säurefrei gemäß ISO 9706

Printed in Germany

Inhalt

Angelika Redder und Sabine Weinert

Sprachliche Handlungsfähigkeiten im Fokus von FiSS

Zur Einleitung in den Sammelband

Als wir 2007/2008 intensiv mit den wissenschaftlichen Vorbereitungen der BMBF-*„Forschungsinitiative Sprachdiagnostik und Sprachförderung"* begannen, lag mit der Expertise zu „Anforderungen an Verfahren der regelmäßigen Sprachstandsfeststellung ..."[1] von Ehlich et al. (2005) eine recht ernüchternde Synopse von diagnostischen Verfahren in Deutschland und den Nachbarländern vor, welche zugleich die systematisch formulierten „Anforderungen" an derartige Verfahren als eine inter- und transdisziplinär zu bewältigende Aufgabe charakterisierte und konturierte.[2] Unsere ausführliche Sichtung des Forschungsstandes zu Spracherwerb, Sprachdiagnostik und Sprachförderung bei Kindern und Jugendlichen mit unterschiedlichem familiären Hintergrund konnte aus linguistischer und psychologischer Perspektive nur unterstreichen, dass viel zu wenig Einblicke in die Wirklichkeit des sprachlichen Handelns und seiner Aneignung in unterschiedlichen Bildungsinstitutionen vorlagen, dass die „pragmatische Wende" in den Sprachwissenschaften diagnostisch erst sehr vereinzelt Fuß gefasst hatte und dass die sprachentwicklungspsychologischen Kenntnisse noch nicht systematisch mit Überlegungen zu Erwerb, Förderung und Diagnose sprachlicher Kompetenzen im Sinne eines funktionalen „literacy"-Konzepts, wie es in der empirischen Bildungsforschung entwickelt wurde, verknüpft und empirisch untersucht sind, ganz abgesehen von Kenntnissen über das Zusammenspiel und die Wirkvariablen im Kontext von familiärer Bildung und Bildungsprozessen in Bildungsinstitutionen.

Mit der genannten Expertise gab es jedoch zugleich ein linguistisch fundiertes Konzept, welches der Komplexität des sprachlichen Handelns gerecht zu werden versprach: das des *„Fächers sprachlicher Basisqualifikationen"*, wie Ehlich (2005) es nannte. Dieser Qualifikationenfächer bot nicht nur einen systematischen Zugriff auf die reiche Darstellung des Forschungsstandes im „Referenzrahmen zur

---

1 Zugänglich in der Reihe Bildungsforschung des BMBF, s. http://www.bmbf.de/pub/bildungs reform_band_elf.pdf (zuletzt aufgerufen am 19.09.2013).

2 Detaillierte Evaluationen der in allen Bundesländern genutzten Erhebungsinstrumente ein halbes Dutzend Jahre später kamen leider zu keinem günstigeren Ergebnis (Redder et al., 2011, s. http://www.dabil.de/zuse/501publikation/zuse_berichte_02.pdf; zuletzt aufgerufen am 19.09.2013).

altersspezifischen Sprachaneignung", den Ehlich, Bredel und Reich (2008) in einem komprimierten (Bd. I) und einem differenzierten Band (Bd. II) beim BMBF[3] herausgaben. Dieser Qualifikationenfächer konnte und sollte zugleich die Basis für die Ausschreibung und Forschungen in FiSS bilden.

Denn wir hatten und haben in FiSS das Ziel, – von den Disziplinen Sprachwissenschaft und Psychologie, Didaktik und Pädagogik/Erziehungswissenschaft aus – *praxisbezogene Grundlagenforschung* mit *Interventions-* und *Qualifikationsforschung* zu verknüpfen. Im Sinne der Empirischen Bildungsforschung ist die Forschungsinitiative FiSS, welche nunmehr nach 3 Jahren in die „zweite Runde" gegangen ist, darauf angelegt, *anwendungsrelevante Forschung* zu betreiben und durch ihre Ergebnisse eine *evidenzbasierte Praxis der Sprachförderung und Sprachdiagnostik* zu ermöglichen. Und dazu bedarf es eines Verständnisses von Sprache und Sprachaneignung in ihrer realen Komplexität.

Worin bestehen nun die zum sprachlichen Handeln notwendigen *Befähigungen*, die sogenannten sprachlichen Basisqualifikationen, die in ihrem Zusammenspiel die erforderliche Sprachkompetenz (im Sinne des bildungswissenschaftlichen Kompetenzbegriffs) ausmachen?

A. rezeptive und produktive phonische Qualifikation
B. pragmatische Qualifikation I
C. semantische Qualifikation
D. morphologisch-syntaktische Qualifikation
E. diskursive Qualifikation
F. pragmatische Qualifikation II
G. literale Qualifikation (I und II)

In ihrer Abfolge sind diese Basisqualifikationen (Ehlich, 2005, S. 12) an Erwerbsdominanzen im Verlauf der Sprachaneignung im Kindes- und Jugendalter orientiert.

Graphisch hervorgehoben sind diejenigen Befähigungen, die gemeinhin wenig Beachtung finden, womit nicht impliziert werden soll, dass die Erwerbsmechanismen und förderungsrelevanten Bedingungen sowie das Zusammenspiel mit den hier nicht hervorgehobenen Qualifikationen wissenschaftlich als ausreichend bearbeitet betrachtet werden können (vgl. die BMBF-Expertise von Roßbach & Weinert, 2008).

Bei einem, wissenschaftlich gesehen, verkürzten Verständnis von Sprache als „Lexikon + Grammatik", das eher additiv um einen „Sprachgebrauch" erweitert wird, ist die Aufmerksamkeit in Sprachdiagnostik und Sprachförderung vorwiegend auf die sich entwickelnden phonischen, semantischen und morphologisch-

---

3   Ebenfalls in der Reihe „Bildungsforschung", zugänglich unter http://www.bmbf.de/pub/
    bildungsforschung_band_neunundzwanzig.pdf bzw. http://www.bmbf.de/pub/bildungs
    forschung _bd_neunundzwanzig_zwei.pdf (Zugriff zuletzt am 19.09.2013).

syntaktischen Qualifikationen konzentriert und wird dann in der Schule mit der Vermittlung und Einübung der Kulturtechniken des Lesens und Schreibens um die literalen Qualifikationen erweitert. Mit wachsender Kenntnis über verschiedene Textarten (oder Gattungen bzw. Genres) hat sich das Verständnis von schriftsprachlichem Handeln im Sinne der literalen Befähigungen erst allmählich differenziert, so dass wir heute qualitativ fundierter an schriftsprachliche Phänomene herangehen können und seit 2008 literale Qualifikation I (die den Erwerb des Lesens und Schreibens und erste Erfahrungen mit Textarten erfasst) und literale Qualifikation II unterscheiden, die komplexere Textartenkenntnisse umfasst und mit dem Aufbau von Sprachbewusstheit verbunden ist.

Unter „Sprachgebrauch" oder „Pragmatik" im genannten additiven Sinne scheinen jedoch bis heute alle diskursiven und pragmatischen Qualifikationen I und II undifferenziert subsumierbar zu sein – ein heikler Schein.

Zweierlei ist gegen mögliche Kurzschlüsse der skizzierten Art, auch wenn sie teilweise in verschiedenen Bereichen ihre Berechtigung gezeigt und zu produktiven Erkenntnissen geführt haben, einzuwenden.

Erstens sind diese Basisqualifikationen nicht faktisch in der Kommunikation, sondern zu analytischen Zwecken geschieden. Ehlich spricht deshalb auch vom „Qualifikationenfächer". Im sprachlichen Handeln selbst sind die Befähigungen stets miteinander verwoben. Sie stehen in einem zu bestimmenden und sich möglicherweise entwicklungstypisch verändernden Wechselverhältnis zueinander. Die konkreten Interrelationen der Qualifikationen und ihre Entwicklungsdynamik zu bestimmen, stellt eine wesentliche Herausforderung für die empirische Bildungsforschung mit Blick auf Sprache dar. Das gilt beispielsweise auch für das Wechselverhältnis von literalen und pragmatischen Qualifikationen und nicht zuletzt auch bezogen auf das Verhältnis von Schriftlichkeit und Mündlichkeit.

Zweitens sind die drei Differenzierungen der pragmatischen Qualifikation I und II (B und F) sowie der diskursiven Qualifikation (E) durchaus handlungssystematischer Art und nicht beliebig zu bündeln. Die beiden pragmatischen Qualifikationen differenzieren Sprechhandlungsfähigkeiten unter einfachen, nicht-institutionellen Bedingungen einerseits von Befähigungen zu funktionalen Handlungsstrukturen, wie sie unter institutionellen Bedingungen vorhanden sein müssen und die gegenüber alltäglichen sprachlichen Kommunikationen modifiziert und teilweise von diesen abweichend sind, andererseits. Sprachliches Handeln im Unterrichtsdiskurs fällt beispielsweise zentral unter die pragmatischen Qualifikationen II – denn Unterrichtsdiskurs ist ein schulspezifischer Lehr-Lern-Diskurs, anders als der familiäre Lehr-Lern-Diskurs. Pragmatische Qualifikationen II machen daher einen nicht unerheblichen Teil dessen aus, was eher deskriptiv und als Heuristik denn erklärend und bislang mit noch nicht ausreichender empirischer Fundierung begrifflich unter dem Namen „Bildungssprache" diskutiert wird.

Diskursive Qualifikationen betreffen wiederum Befähigungen, welche die komplexe Interaktivität, die kooperative Einbeziehung von sprecher- und hörerseitigen mentalen, verbalen und praktisch-aktionalen Tätigkeiten ermöglichen. Sie reichen von der sich entwickelnden Fähigkeit zur Perspektivenübernahme eingebettet in den Erwerb einer *Theory-of-Mind* (einer intuitiven Psychologie), die selbst maßgeblich durch den Erwerb sprachlicher Möglichkeiten beeinflusst wird, bis zur Auslotung und Adaptierung von Hörerwissen oder Hörerplänen an „den eigenen Kopf", sie umfassen den Aufbau gemeinsamer Vorstellungen und die Inanspruchnahme einer gemeinsamen Handlungsgeschichte der Interaktanten sowie die Organisation des Redewechsels. Beispielsweise erfordern Verstehensförderung und Wissensabgleich, Emotionsbearbeitung und Argumentation je spezifische diskursive Qualifikationen und stellen jeweils spezielle Fähigkeiten sprachlichen Handelns dar. Nicht erst beim schriftsprachlichen, textuellen Handeln tritt das Problem der Antizipation des Rezipienten auf; es tritt lediglich anders und präzise linguistisch bestimmbar auf und bedarf anderer sprachlicher Mittel zu seiner Bearbeitung als im mündlichen Diskurs.

Wenn – zumindest in späteren Bildungsetappen – gerade im deutschsprachigen Raum das sogenannte „diskursive Lernen", d. h. das aktive Miteinander bei der Wissensvermittlung, besonders typisch ist und, wie gerade in einem deutsch-italienischen Vergleich von Hochschulkommunikation im VW-Projekt „euroWiss" empirisch nachgewiesen wird (Carobbio & Zech, 2013; Redder, Thielmann & Heller, i. Dr.), wenn diskursive Wissensvermittlung eine besondere und höchst produktive Umgangsweise mit sprachlich vermittelter Wissensaneignung evoziert, so könnten gerade die diskursiven Befähigungen und deren Entwicklung in der Schule, aber auch bereits im Kindergarten, von zentraler Bedeutung sein und zugleich spezielle sprachliche Anforderungen an die Schüler und Schülerinnen stellen. Selbsttätiges und entdeckendes Lernen, Gruppenarbeit und kollektives Erarbeiten von Neuem können diskursive Befähigungen forcieren – von SchülerInnen aus bildungsnahen wie bildungsfernen, aus ein- oder mehrsprachigen Elternhäusern. Welche Formen der Vermittlung welcher sprachlichen Mittel und Handlungsmöglichkeiten in Bildungsinstitutionen bei welchen Gruppen von SchülerInnen zu besonders guten Erfolgen beim Erwerb schulbezogener bildungssprachlicher Fähigkeiten und fachlicher Kenntnisse führen, bedarf aber noch weiterer Forschungen.

„Diskursive Basisqualifikation" heißt dabei nicht „Kenntnis von Diskursarten bzw. ihnen eigenen Sprechhandlungen". Sondern die diskursive Qualifikation ist eine systematisch eigene, auf die grundsätzliche Kooperativität und Interaktivität hin angelegte Befähigung, die in pragmatische und literale wie auch semantische und morphologisch-syntaktische und schließlich phonische Qualifikationen eingeht und durch diese mitbestimmt wird – wie auch die anderen Qualifikationen in Interrelation zueinander stehen.

Sprachförderung steht mithin vor der Herausforderung, allein hinsichtlich der systematisch erforderlichen sprachlichen Befähigungen ein – potenziell entwicklungstypisch unterschiedliches – komplexes Wechselverhältnis im Auge zu haben und gegebenenfalls gezielt bestimmte Segmente davon einer Unterstützung zuzuführen. Befähigungen zu sozialem Handeln, wie sie teilweise in, teilweise jenseits der Bildungsinstitutionen besonders auch in den Familien und später der Peergruppe erworben und eingeübt werden, sowie kognitive Fähigkeiten und Fertigkeiten, die in unterschiedlichsten Kontexten und erneut nicht zuletzt auch in den Familien, aber natürlich auch in sonstigen Praxisfeldern der Kinder und in den unterschiedlichen Bildungsinstitutionen angeregt und ausgebildet werden, sind als weitere Bedingungsgefüge zu bedenken. Sie prägen nicht nur die jeweiligen praktischen Handlungsräume, die sich für einzelne Kinder unterschiedlich weit und alternativenreich darstellen, sondern sie dürften in Kombination mit dem handlungspraktischen Erfahrungswissen über Sprache nicht zuletzt die Zugangsformen und Förderarten beeinflussen, welche typischerweise wirklich unterstützend wirken können und zudem nachhaltig sind in ihrer Wirkung. Interventionsformate sind daraufhin zu untersuchen, wie geeignet die jeweiligen Förderdesigns für unterschiedliche Kinder und Jugendliche sind – unter der Bedingung freilich, dass die Befähigungen zum intervenierenden sprachlichen Handeln bei den Akteuren hinreichend reflektiert und als praktische Fähigkeiten gegeben sind.

Sprachstandsdiagnosen bezwecken die zuverlässige Erhebung des Ist-Zustands oder besser: der „Haben"-Seite von Fähigkeiten relativ zu entsprechenden Vergleichsgruppen und – wünschenswerterweise – erforderlichen Befähigungen oder in Abhängigkeit von spezifischen Erwerbs- oder Förderbedingungen. Ein großes Desiderat besteht zuallererst darin, die diagnostischen Instrumente sowohl testtheoretisch als vor allem auch zielorientiert valide und funktional zu fundieren. Eine empirische Fundierung der Konstruktion und Auswahl von Testitems in der empirischen Sprachpraxis und den Anforderungen in Kindergarten und Schule, v. a. in der Kommunikation im Unterricht, ist bislang eine absolute Rarität. Denn dazu bedarf es zu allererst gezielter empirischer Grundlagenforschung zu den faktisch abverlangten und praktizierten sprachlichen Handlungen der Schülerinnen und Schüler wie auch der Lehrerinnen und Lehrer bzw. Erziehenden und des damit verbundenen analytisch zu differenzierenden Qualifikationenprofils. Eine derart fundierte und reflektierte Testkonstruktion bedarf wiederum einer professionellen interdisziplinären Expertise – abgesehen von den Erfordernissen notwendiger Testgütekriterien. Nicht zuletzt das erweist sich als ein unterschätzter Problembereich.

In welcher Weise können nun die bislang in FiSS erzielten Ergebnisse dazu beitragen, die eine oder andere Problematik durchschaubarer und ggf. auch konkret lösbarer zu machen? FiSS bildet kein kohärentes, auf einander abgestimmtes Forschungsprogramm, sondern bearbeitet in wechselseitigem Diskurs ein bestimmtes Spektrum der genannten Aufgaben und Fragestellungen unter Verwendung jeweils

begründeter empirischer Zugangsweisen. Die so gewonnenen Befunde und Lö-
sungsansätze stellen einen wichtigen interdisziplinären Schritt auf dem Weg der
Bearbeitung dar, dem weitere Schritte folgen sollen und müssen. Diesen Status des
beginnenden disziplinenübergreifenden Zusammenwirkens spiegeln die folgenden
Beiträge wider, indem sie sowohl die Beschreibung sprachlicher Fähigkeiten und
Fertigkeiten und deren Veränderung bei Kindern mit unterschiedlichem sozialen
und migrationsbezogenen familiären Hintergrund als auch Fragen der Diagnostik und Förderung umfassen und dabei rezeptive und produktive, mündliche und
schriftliche Kompetenzen einschließen.

Der Aufbau des Bandes ist so gestaltet, dass im ersten Drittel die Komplexität
der sprachlichen Anforderungen in Bildungsinstitutionen und deren Bewältigung
durch Kinder (mit unterschiedlichem sprachlichen und familiären Hintergrund)
im Zentrum steht, die auch die Sprachdiagnostik und Untersuchung geeigneter
Förderkontexte leitet. Sodann wird die Interaktion sprachlicher Qualifikationen
konzeptionell wie empirisch-analytisch dargelegt und auch zur Einschätzung der
Leistungsfähigkeit diagnostischer Verfahren herangezogen. Letztere stehen auch in
zwei ergänzenden neuropsychologisch motivierten Beiträgen im Vordergrund. Das
abschließende Drittel der Beiträge ist verschiedenen Facetten der literalen Qualifikationen – den wichtigen Kulturtechniken des Lesens und Schreibens – gewidmet.

Ausgehend davon, dass mit Blick auf Bildungsanforderungen und soziale Disparitäten der sogenannten „Bildungssprache" besondere Bedeutung beigemessen wird,
führen die ersten beiden Beiträge aus dem interdisziplinären Verbundprojekt „Bil-
dungssprachliche Kompetenzen (BiSpra): Anforderungen, Sprachverarbeitung und
Diagnostik" (Berendes et al. und Uesseler et al.) zunächst in grundlegende Überlegungen hierzu sowie in begriffliche Schärfungen des heuristischen Konzeptes ein.
Anhand empirischer Daten aus dem psychologisch/erziehungswissenschaftlichen
Teilprojekt zeigen *Berendes, Dragon, Weinert, Heppt und Stanat* sodann, dass
Grundschulkinder mit Migrationshintergrund, insbesondere aber Kinder, deren
Eltern beide im Ausland geboren wurden, zwar einfache Wörter und Satzstrukturen
des Deutschen überwiegend angemessen verstehen, bei anspruchsvollen Wörtern
und Satzkonstruktionen aber deutliche Einschränkungen aufweisen, die eine Hürde
für ihr schulisches Lernen darstellen können. *Uesseler, Runge und Redder* konzen-
trieren sich im linguistischen Teilprojekt auf schulisch sedimentierte „alltägliche
Wissenschaftssprache (AWS)" im Wechselverhältnis von semantischen zu pragmatischen Qualifikationen und stellen sich der Herausforderung, auf der Grundlage
detaillierter Sprachanalysen von authentischer Unterrichtskommunikation und
elizitierter Sprachproduktion ein linguistisch reflektiertes und empirisch basiertes
diagnostisches Instrument zur Erfassung rezeptiver sprachlicher Fähigkeiten am
Übergang zur Sekundarstufe zu entwickeln. Eine kleine Pilotstudie, in der Items mit
komplexen Präfix- und Partikel-Verben zu kleinen Sachtexten arrangiert wurden,

erlaubt ihnen die Diskussion von Leistungsunterschieden bezogen auf Subgruppen mit unterschiedlichem familiären Hintergrund.

Die beiden folgenden Beiträge widmen sich den komplexen Erfordernissen auf Seiten der kindlichen Interaktionspartner, nämlich der Familie und der Erzieherinnen und Erzieher. *Krah, Quasthoff, Heller, Wild, Hollmann und Otterpohl* behandeln familiäre Erwerbskontexte für den Auf- und Ausbau argumentativer Kompetenzen bei Kindern zwischen der 5. und 9. Klassenstufe. Den Vermittlungsvariablen sozialer Disparitäten wird besondere Aufmerksamkeit geschenkt und ein Überblick über erste, überwiegend noch querschnittliche Befunde aus qualitativen und quantitativen Analysen des Diskursverhaltens in Eltern-Kind Kommunikationen in aufgabenorientierten (elizitierten) Kontexten gegeben. Speziell reflektiert wird der theoretische und empirische Ertrag des interdisziplinären Vorgehens und der Methodentriangulation. *Thoma, Ofner und Tracy* präsentieren ein Kompetenzmodell für Sprachförderkompetenz und beschreiben die Entwicklung und Erprobung eines Instruments, mit dem die Sprachförderkompetenz frühpädagogischer Fachkräfte erfasst werden soll. Unterschieden wird zwischen einer Wissenskomponente sowie Subtests zur Messung der Komponenten „Beobachten Können" und „Fördern Können", die in der nächsten Projektphase noch weiterentwickelt werden sollen. Berichtet werden klassischtesttheoretische Gütekriterien und Validierungsaspekte (insbesondere differenzielle Zusammenhänge mit Schulbildung und beruflicher Ausbildung).

Die Abbildung der grundsätzlich beiden Interaktantengruppen abverlangten Interrelationen sprachlicher Befähigungen legt *Redder* im sprachsystematischen, insofern abstrakten Konzept eines „sprachlichen Kompetenzgitters" dar und führt es konkret für die „Haben"-Seite von Grundschülerinnen und -schülern bezogen auf differente semantische relativ zu pragmatischen Qualifikationen anhand der Befunde aus den FiSS-Projekten MüWi (vgl. Guckelsberger) und BiSpra/Teilprojekt Linguistik (vgl. Uesseler et al. und Runge) Schritt für Schritt aus, um sein Potential als handlungsanalytisches Erhebungsinstrument und Förderfolie durchsichtig werden zu lassen. *Guckelsberger* untersucht in ihrem Beitrag zu produktiven pragmatischen und semantischen Fähigkeiten von Erst- und Zweitklässlern im Projekt „Mündliche Wissensprozessierung und -konnektierung (MüWi)" mündliche Umformulierungen einer Arbeitsblattanweisung durch Schülerinnen und Lehrerin, so dass Einblicke in authentische, gelingende wie auch teilweise misslungene Verstehens-(und Instruktions-)prozesse im Unterricht gewährt werden. *Runge* analysiert einige im Teilprojekt Linguistik von BiSpra elizitierte Instruktionen, die Viert- und Fünftklässler zum Bau einer Lampe auf Basis eines nonverbalen Videoclips geben, indem sie zunächst die Qualität der Instruktionen in Abhängigkeit von Geschlecht und Klassenstufe analysiert und anschließend die Verwendung von Verben bei Kindern mit unterschiedlichem familiären Sprachhintergrund und in Abhängigkeit von der Lage der Schule (mit Blick auf den sozioökonomischen Hintergrund und möglicherweise Unterschiede in der Anregung im schulischen und häuslichen Kontext) beschreibt und hierbei wichtige Unterschiede aufzeigt. Mit zwei Beiträgen werden neuropsychologisch motivierte Aspekte in die Diskussion von FiSS eingebracht. *Neumann und Euler* beschäftigen sich mit der grundsätzlich schwierigen Unterscheidung von Kindern mit Sprachförder- und solchen mit Therapiebedarf und diskutieren auf Basis eines Sprachstandsscreenings die Zuverlässigkeit von Befunden. Das Projekt von *Rinker, Marifet und Budde* macht mithilfe neuer Instrumentarien die Pluralbildung zu einem diagnostischen Aspekt bei Schülerinnen und Schülern mit Migrationshintergrund; im vorliegenden Beitrag werden anhand der hierfür rekrutierten Stichprobe deren sprachliche und familiäre Merkmale vergleichend berichtet.

Und last but not least stehen in den fünf abschließenden Beiträgen die literalen Qualifikationen mit Blick auf die wichtigen Kulturtechniken des Lesens und Schreibens im Vordergrund. Zunächst untersuchen *Blatter, Faust, Jäger, Schöppe, Artelt, Schneider und Stanat* die Effektivität von bereits gut etablierten speziellen Trainings für den Lese- und Rechtschreiberwerb bei Kindern nicht-deutscher Herkunftssprache. Speziell überprüft werden die Effekte der Förderung der phonologischen Bewusstheit und der Buchstaben-Laut-Zuordnung im Vorschulalter; dabei zeigt sich, dass Kinder nicht-deutscher Herkunftssprache sowohl kurzfristig als auch langfristig bezogen auf ihre Lese- und Rechtschreibleistung substanziell im Vergleich zu einer quasi-experimentellen Kontrollgruppe profitieren und kurzfristig, nicht aber langfristig sogar zu einer Gruppe nicht explizit geförderter monolingual deutschsprachiger Kinder aufschließen.

Speziell das Leseverstehen als eine der zentralen literalen Qualifikationen für schulisches Lernen und gesellschaftliche Teilhabe ist auch Gegenstand bei Schwippert et al. und Knoepke et al. *Schwippert und Habben gemeinsam mit Gogolin und Lasslop* berichten über die Leseverständnis- und Wortschatzentwicklung von bilingual- im Vergleich zu monolingual aufwachsenden Kindern (Projekt: „Sprachentwicklung bilingualer Kinder in longitudinaler Perspektive SPRABILON"). Während die Leseleistung im Deutschen zwischen Anfang 7. und Ende 8. Klasse zunimmt, gilt dies nicht für die Leseleistung im Türkischen. Das komplexe Befundmuster, in dem nonverbale kognitive Fähigkeiten, familiäre Hintergrundvariablen (Migrationshintergrund, Sprachhintergrund) und Ausgangsleistungen der Kinder berücksichtigt werden, verweist u. a. auf die Bedeutung des Wortschatzes für die Leseleistung und deren Zuwachs im Deutschen und die Erklärung von Leistungsunterschieden in Zusammenhang mit dem familiären Hintergrund. *Knoepke, Richter, Isberner, Neeb und Naumann* prüfen im Rahmen des Projekts „Prozessbezogene Diagnostik des Lese- und Hörverstehens im Grundschulalter" systematisch, ob sich Leseverstehen als Produkt aus der Effizienz der visuellen Worterkennung und dem Hörverstehen von Sprache erklären lässt, wie es der „simple view of reading" annimmt. Die Befunde, die mittels gezielt entwickelter Tests zur Erfassung der entsprechenden Teilkomponenten erzielt wurden, sind diagnostisch weiterführend und zeigen die Bedeutung beider Komponenten, ohne hingegen einen simple view of reading in einfacher Weise zu stützen.

Die beiden letzten Beiträge sind dem Erwerb und der Diagnose von Schreibkompetenzen gewidmet. *Bremerich-Vos und Possmayer* überprüfen mittels verschiedener statistischer Indikatoren, inwieweit Texte von Grundschulkindern reliabel anhand von Kompetenzstufenmodellen des Erzählens und Argumentierens eingeschätzt werden können. Wie gut Bewerterinnen und Bewerter die kindlichen Texte verschiedenen Kompetenzstufen zuordnen können, wird sowohl mit genauen Vorgehensweisen und wichtigen (weil problematischen) Befunden geschildert und Folgerungen in Bezug auf Modelle der Schreibkompetenz gezogen. *Knopp, Becker-Mrotzek und Grabowski* befassen sich insbesondere mit textsortenübergreifenden Teilkomponenten der Schreibkompetenz, wie sie die Perspektivenübernahme (Adressatenbezug), sprachliche Fähigkeiten (Wortschatz) und Kohärenzherstellung darstellen. Diese werden im Rahmen des Projekts „Diagnose und Förderung von Teilkomponenten der Schreibkompetenz" über eine Fülle von Indikatoren gemessen und in ihrer Prädiktivität für Maße der Textqualität überprüft und Annahmen zu ihrer Förderung abgeleitet.

Die einzelnen Beiträge des Bandes repräsentieren, wie man unschwer erkennt, das interdisziplinäre Abstecken eines weiten inhaltlich-methodischen Feldes. Sie bieten Einblicke in grundlegende Fragestellungen, Vorgehensweisen und ausgewählte Ergebnisse der Mehrzahl der Projekte in der Forschungsinitiative FiSS. Der disziplinenübergreifenden Zusammenarbeit gemäß wurden zu den einzelnen Beiträgen Rückmeldungen im Rahmen eines internen, transdisziplinären Peer-Review-Verfahrens verfügbar gemacht, ohne die disziplinär geprägte Eigenverantwortung hierdurch zu schmälern. Wir danken allen Beteiligten für die kooperative Unterstützung und Sabine Lambert für ihre kompetente und engagierte Arbeit bei der Redaktion des Bandes. Allen Leserinnen und Lesern wünschen wir eine spannende, abwechslungsreiche und bereichernde Lektüre.

Zitierte Literatur

Carobbio, G. & Zech, C. (2013). Vorlesungen im Kontrast – zur Vermittlung Fremder Literatur in Italien und Deutschland. In B. Hans-Bianchi, C. Miglio, D. Pirazzini, I. Vogt & L. Zenobi (Hrsg.), *Fremdes wahrnehmen, aufnehmen, annehmen – Studien zur deutschen Sprache und Kultur in Kontaktsituationen*. Frankfurt a. M.: Lang, 289–307 (Bonner Romanistische Arbeiten)

Ehlich, K. (2005). Sprachaneignung und deren Feststellung bei Kindern mit und ohne Migrationshintergrund: Was man weiß, was man braucht, was man erwarten kann. In K. Ehlich et al., *Anforderungen an Verfahren der regelmäßigen Sprachstandsfeststellung als Grundlage für die frühe und individuelle Förderung von Kindern mit und ohne Mi-grationshintergrund.* Bonn/Berlin: Bundesministerium für Bildung und Forschung, 11–75

Ehlich, K. et al. (2005). *Anforderungen an Verfahren der regelmäßigen Sprachstandsfeststellung als Grundlage für die frühe und individuelle Förderung von Kindern mit und ohne Migrationshintergrund.* Bonn/Berlin: Bundesministerium für Bildung und Forschung

Ehlich, K., Bredel, U. & Reich, H. H. (Hrsg.) (2008). *Referenzrahmen zur altersspezifischen Sprachaneignung.* Bd. I+II. Bonn/Berlin: Bundesministerium für Bildung und Forschung

Redder, A. et al. (2011). *Bilanz und Konzeptualisierung von strukturierter Forschung zu „Sprachdiagnostik und Sprachförderung".* Hamburg: ZUSE

Redder, A., Thielmann, W. & Heller, D. (i. Dr.). *Kritik und Eristik in der Hochschullehre – komparative Analysen in Deutschland und Italien.* Heidelberg: Synchron

Roßbach, H.-G. & Weinert, S. (Hrsg.) (2008). *Kindliche Kompetenzen im Elementarbereich: Förderbarkeit, Bedeutung und Messung.* Bonn/Berlin: Bundesministerium für Bildung und Forschung

Karin Berendes, Nina Dragon, Sabine Weinert,
Birgit Heppt, Petra Stanat

Hürde Bildungssprache?

Eine Annäherung an das Konzept „Bildungssprache" unter Einbezug aktueller empirischer Forschungsergebnisse

1. Einleitung

Sprachliche Kompetenzen tragen maßgeblich zum Bildungsverlauf bei und ihnen kommt eine Schlüsselrolle im Bildungsprozess zu (Holler, 2007). Dies liegt nicht zuletzt daran, dass „Transport, Vermittlung und Abruf von Leistungen in der Schule vornehmlich über Sprache – mündlich wie schriftlich – erfolgen" (Holler, 2007, S. 25). Differenzierte sprachliche Fähigkeiten machen zugleich die Vermittlung komplexer Inhalte und Relationen möglich (Vygotskij, 2002) und sind von großer Bedeutung für Selbstregulierungsprozesse und sozialen Austausch (Weinert, 2006, 2007). Die Aneignung alltagssprachlich-kommunikativer Fähigkeiten im Allgemeinen und bildungssprachlicher Kompetenzen im Besonderen gilt deshalb als eine zentrale Voraussetzung für eine erfolgreiche Teilhabe am gesellschaftlichen Leben und als wichtig für die persönliche Bildungsbiographie.

In dem vorliegenden Beitrag werden zunächst der Gebrauch des Begriffs „Bildungssprache" bzw. verwandter oder synonym verwendeter Begriffe (z. B. „(alltägliche) Wissenschaftssprache", „Büchersprache", „Sprache der Schule", „akademische Sprache") und damit im Zusammenhang stehende Terminologien (z. B. Sprachvarietät, Sprachregister, Sprachgenres, Sprachcode) thematisiert. Zugleich werden dahinterstehende konzeptuelle Auffassungen beleuchtet.[1]

Anschließend wird auf die Abgrenzung zwischen Alltags- und Bildungssprache fokussiert sowie auf den Zusammenhang von Bildungssprache, Migration und Schulerfolg eingegangen. Des Weiteren werden erste Operationalisierungsansätze von Bildungssprache im deutschsprachigen Raum beschrieben.

---

1 Die dargestellten Begrifflichkeiten und deren Definitionen stellen eine Auswahl der am häufigsten verwendeten, mit dem Begriff Bildungssprache verwandten Termini und Konzeptionen dar. Weitere, von anderen Wissenschaftlern verwendete Begriffe hat Cummins (1991, 2000) zusammengestellt und die dahinterstehenden Ansichten und Konzepte auch beschrieben (Cummins, 2000).

Sodann werden ausgehend von der Annahme, dass bildungssprachliche Anforderungen in der Regel vergleichsweise komplexe grammatische Strukturen und einen anspruchsvollen Wortschatz beinhalten, während für alltagssprachliche Anforderungen oftmals ein einfacherer Wortschatz und einfachere grammatische Strukturen ausreichen, lexikalische und syntaktische Kompetenzen von Kindern mit und ohne Migrationshintergrund vergleichend analysiert.

2.   Zum Konzept „Bildungssprache" – Begriffshistorie

Das Konzept „Bildungssprache" ist an sich nicht neu. Bereits gegen Ende des 18. Jahrhunderts verwendete der deutsche Philosoph Moses Mendelssohn den Begriff „Büchersprache" für das Phänomen, dass ein gehobener Wortschatz in Form von z. B. abstrakten Begriffen („Aufklärung", „Kultur", „Bildung") nur schwer von dem „gemeine[n] Haufe[n]" (Mendelssohn, 1784, S. 193), sondern eher von dem gebildeten Bürgertum verstanden wird (s. auch Moritz, 1785).

Der Begriff „Bildungssprache" findet seit ca. 80 Jahren in der deutschsprachigen Literatur Verwendung (z. B. Drach, 1928). Die hinter dem Terminus stehende Definition unterlag jedoch einem inhaltlichen Wandel. So grenzte der deutsche Sprecherzieher Erich Drach (1928) mit dem Begriff „Bildungssprache" die (Aus-)Sprache der Gebildeten von der Hochsprache („Bühnensprache", S. 671) und der Mundart der gesellschaftlichen Unterschicht ab. Er inkludiert so in seine Begriffsdefinition neben den sprachlichen Merkmalen auch ein sprecherisches Merkmal, die Aussprache. In neueren Ansätzen zur Bildungssprache wird der letztgenannte Aspekt nicht mehr explizit thematisiert.

Der britische Soziologe Basil Bernstein (1959 bzw. 2010 [Nachdruck]) verwendete 1959 die Begriffe „formal language" (S. 312 bzw. S. 55) und „public language" (S. 311 bzw. S. 53). Als Merkmale für die formelle Sprache führt er z.B. grammatikalisch komplexe Satzstrukturen, den häufigen Gebrauch von kausalen und temporalen Präpositionen sowie von unpersönlichen Personalpronomen an. Als Merkmale für eine allgemein gesprochene, soziale Sprache nennt er einfache Satzstrukturen, die vermehrte Verwendung von kurzen Anweisungen und Fragen sowie einen eingeschränkten Gebrauch von Adjektiven und Adverbien.

Einige Jahre später führte Bernstein (1962, 1971) – ausgehend von der These, dass Sprachstruktur eng mit der Gesellschaftsstruktur verwoben sei – die Begrifflichkeiten „restricted code" und „elaborated code" (1971, S. 221) ein, um schichtspezifische Sprachunterschiede zu beschreiben. Als restringierten Sprachcode bezeichnet er die Sprache der Unterschicht, die sich z. B. durch einen begrenzten Gebrauch von Adverbien und Adjektiven auszeichnet. Im Unterschied dazu referenziert er mit dem Begriff des elaborierten Sprachcodes auf die Sprache der Mittel- und Oberschicht, für die er u. a. einen differenzierten Wortschatz als kennzeichnend ansieht. Eine wichtige Folge aus seiner Annahme ist, dass

Kinder der Mittel- und Oberschicht Fähigkeiten in beiden Sprachcodes erlangen und effektiv und flexibel zwischen diesen wechseln können, während Kinder der Unterschicht nur den restringierten Code erlernen[2] und deshalb eher mit einer sprachlich beschreibenden und weniger mit einer analysierenden Art und Weise zurechtkommen müssen. Speziell wird vermutet, dass ihnen das sprachliche Verarbeiten und Durchdringen von schwierigen und kognitiv anspruchsvollen sprachlich vermittelten Sinnzusammenhängen Probleme bereitet.

Ähnlich wie Bernstein hat der französische Soziologe Pierre Félix Bourdieu im Jahr 1982 (2005)[3] den Zusammenhang zwischen dem Sprachregister verschiedener sozialer Gruppen und deren gesellschaftlicher Teilhabe und Bildungsbeteiligung beschrieben. Bourdieu (2005) geht davon aus, dass „die Sprachkompetenz, die nach *schulischen* Kriterien bewertet wird, genau wie andere Formen des kulturellen Kapitals vom Bildungsniveau abhängt, das nach Bildungstiteln und sozialem Lebenslauf gemessen wird" (S. 69). Er spricht von „sprachlichem Kapital", welches eine Form des inkorporierten, also verinnerlichten und körpergebundenen kulturellen Kapitals ist. Bourdieu und Passeron (1971) gehören zu den wenigen Autoren, die neben den formellen Aspekten von Bildungssprache und deren Gebrauch auch die Einstellung des Sprechers zur Bildungssprache thematisieren:

> „In der Distanz zwischen der Muttersprache und der durch die Schule geforderten Sprache und gleichzeitig in den sozialen Bedingungen des (mehr oder weniger vollständigen) Erwerbs dieser Sprache liegt also die Wurzel für die unterschiedlichen Einstellungen zur Bildungssprache, die ehrfürchtig oder frei, verkrampft oder lässig, unbeholfen oder familiär, emphatisch oder beherrscht, angeberisch oder reserviert sein können. Sie bilden eines der eindeutigsten Kennzeichen für die soziale Stellung des Sprechenden." (Bourdieu & Passeron, 1971, S. 112)

Jürgen Habermas (1977), deutscher Philosoph und Soziologe, differenziert zwischen Umgangssprache, Wissenschaftssprache und Bildungssprache. Gemäß seinem Verständnis unterscheidet sich Bildungssprache vor allem durch ihr hohes Maß an konzeptioneller Schriftlichkeit (Orientierung an der Schriftsprache) und einen Wortschatz, der ein fachspezifisches Vokabular einschließt, von Umgangssprache. Bildungssprache wird primär in Medien (Zeitung, Nachrichtensendungen) und Bildungsinstitutionen (Schulen, Hochschulen) genutzt. Als Wissenschaftssprache bezeichnet er diejenige Sprache, die in der Forschung und in wissenschaftlichen Abhandlungen Verwendung findet. Sie ist somit Teil der Bildungssprache.

Die deutschen Romanisten Peter Koch und Wulf Oesterreicher (1985) differenzieren zwischen einer „Sprache der Nähe" und einer „Sprache der Distanz" und fokussieren somit in ihrer Konzeptualisierung auf die Kommunikationsbedingungen

---

2 Aufgrund dieser Tatsache wird Bildungssprache von einigen Autoren auch als „Geheimsprache" bezeichnet (s. Vollmer & Thürmann, 2010, S. 109).
3 Übersetzung der französischen Originalausgabe von 1982.

und situativen Kontexte, in denen Sprache gesprochen wird. Während die Sprache der Nähe sowohl medial als auch konzeptionell mündlich ist, ist die Sprache der Distanz medial zwar auch mündlich, konzeptionell aber eher schriftsprachlich.

Bei seiner funktionellen Perspektive auf Sprache verwendet der englische Sprachwissenschaftler Michael A. K. Halliday (1978/1994) das Konzept eines sprachlichen Registers: „register is what a person is speaking, determined by what he is doing at the time" (Halliday, 1978, S. 110). Gemäß Halliday und Kollegen (Halliday, McIntosh & Strevens, 1964) ist ein sprachliches Register – ebenso wie ein Dialekt – eine Form einer Sprachvarietät und wird durch drei Kontextfaktoren bestimmt: (1) durch das Thema („field"), über das gesprochen oder geschrieben wird, (2) durch die Beziehung („tenor") zwischen Sprecher und Zuhörer bzw. Schreiber und Leser und (3) durch Erwartungen darüber, wie bestimmte Textsorten organisiert sein sollen („mode", z. B. schriftlich/mündlich, dialogisch/monologisch). Ein kompetenter Sprecher bzw. Schreiber realisiert das richtige sprachliche Muster gemäß der jeweiligen Situation. Hierbei besteht ein Kontinuum von kontextabhängigen, mündlichen Äußerungen hin zu situationsentbundenen, schriftlichen Äußerungen.

Der Mehrsprachigkeitsforscher Jim Cummins (1984) hat die spezifischen Anforderungen einer sprachlichen Äußerung analysiert und er sieht a) das kognitive Anspruchsniveau der Sprache in verschiedenen Kommunikationssituationen und b) den Grad der Einbettung der sprachlichen Äußerung in den sozialen Kontext als zentrale Merkmale des Sprachgebrauchs an. Seine konzeptuellen Überlegungen stellt er graphisch in einem Quadrantenmodell dar (s. Abbildung 1).

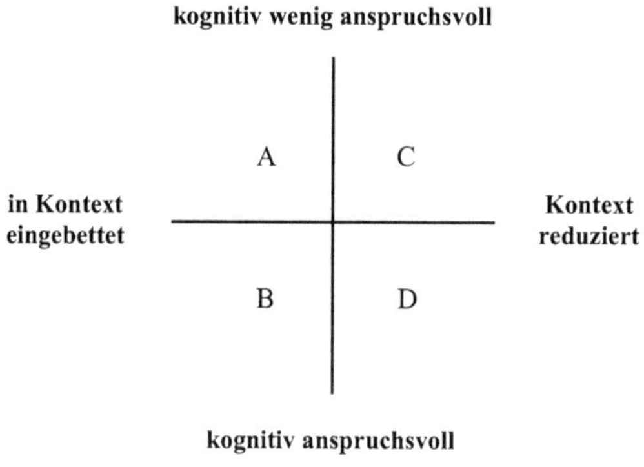

Abbildung 1: Matrix zu kognitivem Anspruchsniveau und kontextueller Einbettung von Sprache (nach Cummins 1984, S. 139, eigene Übersetzung)

Dem Quadranten A lassen sich z. B. Alltagsgespräche über das Wetter zuordnen; ein Beispiel für den Quadranten B wären mündliche Instruktionen darüber, wie man ein Bild malt. Unter den Quadranten C fiele beispielsweise das Beschreiben einer Geschichte, die man im Fernsehen gesehen hat, und dem Niveau des Quadranten D entspräche z. B. das Diskutieren eines Buchinhalts (nach Baker, 2001; s. auch Cummins, 2000).

Cummins prägte für Sprachfähigkeiten, die dem Quadranten A zuzuordnen sind, den Begriff „basic interpersonal communication skills" (BICS) und für Sprachleistungen, die dem Quadranten D zuzuordnen sind, den Begriff „cognitive academic language proficiency" (CALP). Basale zwischenmenschliche Kommunikationsfähigkeiten, BICS, sind demnach in kontextuell stark eingebetteten und kognitiv wenig anspruchsvollen Situationen ausreichend. Akademische Sprachfähigkeiten, CALP, sind hingegen in kontextreduzierten Situationen, in denen kaum auf mimische, gestische oder paralinguistische Hinweise zurückgegriffen werden kann, sowie bei kognitiv anspruchsvollen Inhalten vonnöten. Abbildung 2 visualisiert die Abgrenzung von BICS und CALP beispielhaft.

Abbildung 2: Beispiele für Situationen, in denen Alltags- und Bildungssprache zur Anwendung kommen

Cummins verdeutlicht die monolinguale Sprachkompetenz[4] ergänzend mittels des sogenannten „Eisberg-Modells" (s. Abbildung 3 auf S. 22). Alltagssprachliche Fähigkeiten werden hier als die sichtbare Oberflächenstruktur und kognitiv-akademische Sprachfähigkeiten als verborgene Tiefenstruktur dargestellt.

Die Metapher des Eisbergs geht hierbei auf Roger Shuy zurück. Shuy (1978, 1981) differenzierte zwischen den „sichtbaren", quantifizierbaren und formalen Aspekten von Sprache (Aussprache, Wortschatz und Grammatik) einerseits und den weniger sichtbaren und dadurch ungleich schwerer zu messenden pragmatischen Aspekten der Sprache andererseits (semantische und funktionale Bedeutung).

4　Eine Modifikation des Modells für bilinguale Sprachkompetenzen (Doppel-Eisberg-Modell) kann z. B. bei Cummins (1980) eingesehen werden.

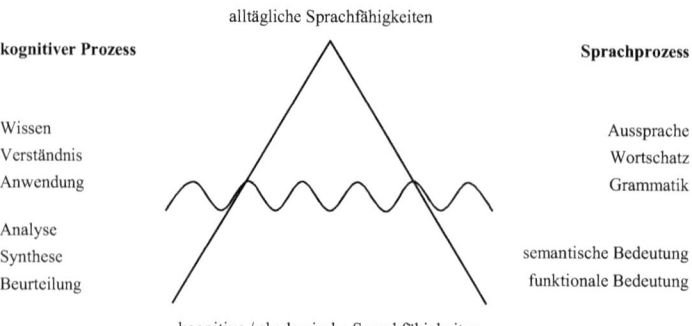

Abbildung 3: Eisberg-Modell der monolingualen Sprachkompetenz (Cummins, 1984, S. 138, eigene Übersetzung); beobachtbare Oberflächenstruktur: BICS, verborgene Tiefenstruktur: CALP

Die beteiligten kognitiven Prozesse stellt Cummins (1984) in seinem Eisberg-Modell in Anlehnung an Blooms Taxonomie zu den Stufen des Denkens (Bloom & Krathwohl, 1977) dar. Zu den „sichtbaren" Prozessen gehören Wissen (Abruf von Informationen), Verständnis (Erfassen einer Grundbedeutung, ohne eine zwangsläufige Verknüpfung zu bereits bestehendem Wissen) und Anwendung (Anwenden des erworbenen Wissens in neuen Situationen). Zu den verborgenen Prozessen zählen die sprachliche Analyse (Analysieren und Gliedern von Informationen), Synthese (Verbinden von Informationen zu einem neuen Zusammenhang) und Beurteilung (Einschätzen der Angemessenheit von Ideen und Materialien für einen bestimmten Zweck).

Cummins' bildhafte Veranschaulichung illustriert, „warum in der Schulpraxis lange Zeit nicht erkannt wurde, dass Migrantenkinder bei der Einschulung häufig nicht in der Lage sind, dem Unterricht sprachlich zu folgen: Da sie auf dem Kommunikationsniveau von BICS mithalten konnten, ging man davon aus, dass ihre Deutschkenntnisse ausreichen, um auch den komplexeren Ansprüchen der Schulsprache entsprechen zu können" (Koch, 2008, S. 44).

Der deutsche Linguist Konrad Ehlich (1995, 1999) hat den Begriff „Alltägliche Wissenschaftssprache" (AWS) geprägt. Er definiert AWS als „Anteil an der Wissenschaftssprache, der sich sowohl aus alltäglichen wie aus mehr oder minder determinologisierten wissenschaftssprachlichen lexikalischen Strukturen zusammensetzt" (Ehlich & Graefen, 2001, S. 372). AWS erachtet er als „Bestandteil, Resultat und zugleich Voraussetzung der Wissenschaftskommunikation, also unabdingbar für jeden, der sich am deutschen Wissenschaftsbetrieb beteiligen will" (Ehlich & Graefen, 2001, S. 373; für eine detaillierte Beschreibung s. Uesseler, Runge & Redder, 2013, in diesem Band).

Die amerikanische Linguistin Mary Schleppegrell (2001, 2004, 2012) verwendet mehrere Begriffe synonym zu Bildungssprache: Sprache der Schule („language of schooling", Schleppegrell, 2001, S. 431), akademische Sprache („academic language", Schleppegrell, 2012, S. 409), Register der Schule („registers of schooling", Schleppegrell, 2012, S. 411) sowie Genres der Schule („genres of schooling", Schleppegrell, 2004, S. 82). Die beiden Begriffe Register und Genre, bei deren Abgrenzung es oft zu Begriffsverwirrungen kommt (s. Lee, 2001; Sampson, 1997), definiert sie wie folgt: „A register is the constellation of lexical and grammatical features that characterizes particular uses of language" (Schleppegrell, 2001, S. 431). „Genres are purposeful, staged uses of language that are accomplished in particular cultural contexts" (S. 432). Sie geht davon aus, dass jedes Genre seine eigenen Registermerkmale hat, wobei schulbezogene Genres aber viele gemeinsame Merkmale aufweisen.

Schleppegrell (2004) hat – basierend auf Unterschieden zwischen Schulbuchtexten und schriftlichen Schülerarbeiten einerseits sowie Transkripten von alltäglichen, informellen Gesprächen andererseits – die linguistischen Merkmale akademischer Sprache für das Englische herausgearbeitet und beschrieben. Zu den wesentlichen Merkmalen der schulischen Sprache zählt sie zum einen den Gebrauch eines speziellen, oftmals abstrakten Vokabulars mit vielen Nominalisierungen und zum anderen den Einsatz von komplexen syntaktischen Strukturen (z. B. lange Nominalphrasen oder Satzgefüge mit Konnektoren zur Einordnung von temporalen und konzessiven Relationen). Die genannten Merkmale machen eine Verdichtung von Informationen möglich und dienen dem Transport von komplexen Sachverhalten.

Die beiden amerikanischen Bildungsforscherinnen Alison L. Bailey und Frances A. Butler definieren akademische Sprache in Abgrenzung zur Alltagssprache: „academic language is defined in our work as language that stands in contrast to the everyday informal speech that students use outside the classroom environment" (Bailey & Butler, 2003, S. 9). Als wichtigste Sprachfunktionen, um ein vertieftes Verständnis der zentralen schulischen Lerninhalte erwerben und kommunizieren zu können, sehen sie das Analysieren, das Vergleichen, das Beschreiben, das Beobachten und die Niederschrift von wissenschaftlichen Informationen an.

Die deutsche Erziehungswissenschaftlerin Ingrid Gogolin hat sich für den deutschsprachigen Raum für den Begriff „Bildungssprache" ausgesprochen (Gogolin, 2009, S. 263). Gemäß Gogolin weist der Begriff „auf die Spezifik der im Schul- und Bildungskontext benutzten Redemittel" hin, die „auch in diesem Kontext erworben bzw. vermittelt werden müssen" (Gogolin, 2012, S. 162). Bildungssprache ist jedoch auch außerhalb des Bildungskontextes, also in anspruchsvollen Schriften oder öffentlichen Verlautbarungen, gebräuchlich (Gogolin, 2009). Als kennzeichnend für das bildungssprachliche Register nennt Gogolin (2009) in Anlehnung an Schleppegrell (2004) sowie Leseman und Kollegen (Leseman, Scheele, Mayo & Messer, 2007) folgende Merkmale: Auf der semantisch-lexikalischen Ebene gilt ein spezifischer, ausdifferenzierter Wortschatz als typisch für Bildungssprache. Auf der morpho-syntaktischen Ebene sind der Einsatz elaborierter Formen des Ausdrucks von räumlicher Lage und Zeit sowie der Gebrauch argumentativer oder deklarativer Formen des Prädikats charakteristisch für das bildungssprachliche Register. Die syntaktische Struktur ist durch koordinierende oder subordinierende Konnektoren, die logische Beziehungen zum Ausdruck bringen, gekennzeichnet. Zudem ist Bildungssprache auf der textuellen Ebene eher monologisch als dialogisch gestaltet.

Die Germanistin Miriam Morek und ihre Kollegin Vivien Heller (Morek & Heller, 2012) nehmen neben der kommunikativen, der epistemischen und der Ungleichheiten produzierenden Funktion von Bildungssprache auch deren sozial-symbolische, identitätsstiftende Funktion in den Blick („Bildungssprache als Visitenkarte", S. 79). Sie gehören damit zu den wenigen Autoren, die explizit auf die Funktion von Bildungssprache als „zentrales Mittel der Selbst- und Fremddarstellung" und „der sozialen Positionierung" (ebd.) eingehen.

In der folgenden Definition von Bildungssprache sind die wichtigsten Aspekte dieses sprachlichen Registers noch einmal prägnant zusammengefasst:

> „Gemeint ist das einen schulischen Bildungsgang durchdringende formelle Sprachregister, das vor allem der Übermittlung von hoch verdichteten, kognitiv anspruchsvollen Informationen in kontextarmen Konstellationen dient. […] Bildungssprache ist dasjenige Register, dessen Beherrschung den „erfolgreichen Schüler" auszeichnet. Es unterscheidet sich von der „Umgangssprache" durch die Verwendung fachlicher Terminologie und die Orientierung an syntaktischen Strukturen, Argumentations- und Textkompositionsregeln, wie sie für schriftlichen Sprachgebrauch gelten." (Gogolin, 2008, S. 26)

3. Abgrenzung zwischen Alltags- und Bildungssprache

Gerade im Hinblick auf die Erfassung von Bildungssprache ist eine möglichst klare Abgrenzung zwischen BICS und CALP bzw. eine möglichst genaue Beschreibung der Merkmale von Bildungssprache notwendig. Da die Abgrenzung von Alltags-[5] und Bildungssprache nicht einfach als dichotome Trennung, sondern eher als relative Kategorisierung entlang eines Kontinuums angesehen wird (s. Abbildung 4 auf S. 25), erscheint eine eindeutige, uneingeschränkt gültige Charakterisierung jedoch weder sinnvoll noch möglich.

Zur Abgrenzung zwischen Alltags- und Bildungssprache werden Unterscheidungsmerkmale auf der inhaltlichen, der kontextuellen, der textuellen und insbesondere der sprachkomponenten-bezogenen Ebene herangezogen. Wie bereits unter Abschnitt 2. ausgeführt, stehen auf der inhaltlichen Ebene einfache Inhalte kognitiv anspruchsvollen Inhalten gegenüber, auf der kontextuellen Ebene bilden

---

5   Alltagssprache wird von Obermayer (2013) auch als „Sprache im engeren Sinne" bezeichnet. Habermas (1977) verwendet den Begriff „Umgangssprache".

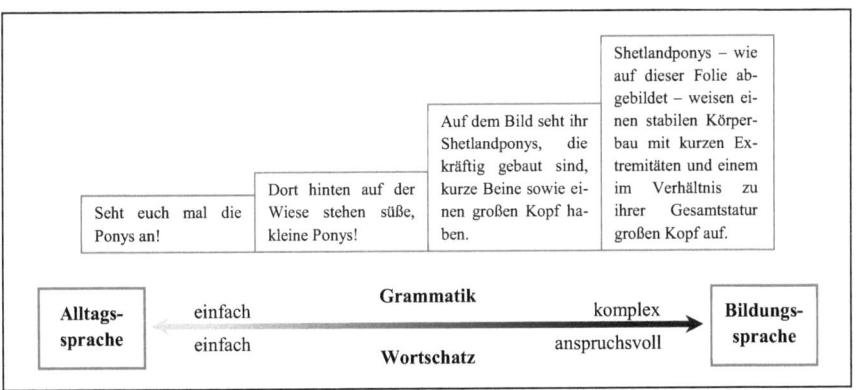

Abbildung 4: Kontinuum von Alltags- zu Bildungssprache

in einen Kontext eingebettete Situationen den Gegenpol zu kontextreduzierten Situationen, und auf der textuellen Ebene lässt sich zwischen dialogischen und monologischen Spracheinheiten unterscheiden. Auf der sprachkomponenten-bezogenen Ebene sind vor allem lexikalische und syntaktische Unterscheidungs-merkmale von Bedeutung, da sich Bildungssprache auf dieser Ebene insbeson-dere durch einen spezifischeren Wortschatz und komplexere syntaktische Strukturen von der Alltagssprache unterscheidet. Tabelle 1 (s. S. 26) gibt einen systematischen Überblick über die von verschiedenen Autoren im Hinblick auf die Abgrenzung von Alltags- und Bildungssprache genannten lexikalischen und syntaktischen Merkmale.

4. Bildungssprache, Migration und Schulerfolg

Ein wiederkehrender Befund der Bildungsforschung ist, dass Schülerinnen und Schüler mit Migrationshintergrund im deutschen Bildungssystem schwächere Leistungen erzielen als Kinder und Jugendliche aus Familien ohne Migrationsge-schichte (z.B. Stanat, Rauch & Segeritz, 2010). Als eine der wesentlichen Ursachen für die beobachtbaren Leistungsrückstände gilt eine unzureichende Beherrschung der Unterrichtssprache (vgl. Baumert & Schümer, 2001), da Alltagssprache nicht ausreicht, um in der fach- und bildungssprachlich orientierten Sprache der Schule erfolgreich zu sein (Dehn, 2011). Bildungssprachlichen Kompetenzen wird hierbei eine Doppelfunktion zugeschrieben: So wird nicht nur angenommen, dass sie von entscheidender Bedeutung beim Erwerb von Wissen (Input-Ebene) sind, sondern auch, dass Bildungssprache das Medium für den Nachweis von Wissen (Output-Ebene) ist. Die „Befähigung, Bildungssprache verstehen und verwenden zu kön-nen, entscheidet [somit] über Schulerfolg" (Lange, 2012, S. 126).

Tabelle 1: Übersicht über die von verschiedenen Autoren beschriebenen lexikalischen und syntaktischen Merkmale von Alltags- und Bildungssprache[1]

Studie	lexikalische und syntaktische Merkmale von **Alltagssprache (BICS)**	lexikalische und syntaktische Merkmale von **Bildungssprache (CALP)**
Butler, Lord, Stevens, Borrego & Bailey (2004, S. 20)	– kurze, hochfrequente Wörter – kurze, einfache Sätze	– viele Wörter mit drei oder mehr Silben; niederfrequente Wörter; viele morphologisch abgeleitete Wörter – lange Nominalphrasen und vermehrte Anzahl an untergeordneten Sätzen; Passivkonstruktionen, Präpositionalphrasen, Partizipialkonstruktionen
Bernstein (2010, S. 53, S. 65; 1971)	– eingeschränkter Wortschatz – mehr konkrete Beschreibungen – kürzere und oft unvollständige Sätze – einfache Sätze und wenige einfache Konjunktionen und Präpositionen	– größerer Wortschatz – mehr abstrakte Beschreibungen – längere und meist vollständige Sätze – mehr logische Modifikationen durch komplexe Syntax und vielfältige Konjunktionen und Präpositionen
Eckhardt[2] (2008, S. 70ff)	– alltäglicher Wortschatz – Verwendung kurzer sowie grammatisch unvollständiger Sätze – Verwendung direkter Fragen und Anweisungen	– spezifischer (Fach-)Wortschatz – Verwendung von Komposita, Derivaten, Wortkürzungen, Konversionen, Substantivierungen – häufiger Einsatz des Nominativs
Gogolin & Lange (2011, S. 112, S. 114)	– Verwendung deiktischer Mittel (z. B. „das da") oder Sätze, die im strengen Sinne grammatischer Korrektheit unvollständig sind	– differenzierende und abstrahierende Ausdrücke, Präfixverben, darunter viele mit untrennbarem Präfix und mit Reflexivpronomen – nominale Zusammensetzungen; normierte Fachbegriffe – explizite Markierungen der Kohäsion; Satzgefüge; unpersönliche Konstruktionen; Funktionsverbgefüge; umfängliche Attribute
Neugebauer & Noradi (1999, S. 166)	– z. B. sich auf Alltagshandlungen beziehende Ausdrücke, Gefühlsausdrücke – z. B. einfache Sätze, einfache Verformen (Präsens, Perfekt, Konj. II), einfache Nominalformen mit Präpositionen und einfachen Attributen	– z. B. Fachausdrücke, komplexe und abstrakte Begriffe – z. B. komplexe Nominalformen mit Partizipialattributen, Präpositionalgefüge, Verbformen im Präteritum, Plusquamperfekt, Fut. I + Fut. II, Konj. I, Passiv, komplexe Sätze

Anmerkungen:
1   In dieser Übersicht werden primär strukturell-komponenten-bezogene Ansätze zur Unterscheidung von BICS und CALP herangezogen.
2   Merkmale zu CALP z. T. bezogen auf Fachsprache und /oder unter Bezugnahme auf andere Autoren (z. B. Biber, 1995; Roelcke, 1999).

Becker und Beck (2011, S. 121) beschreiben die Zusammenhänge wie folgt:

> „Als unbestritten gilt inzwischen auch, dass in Bezug auf den Bildungserfolg der Mi-
> grationsstatus ein Spezialfall des kausalen Zusammenhangs von sozialer Herkunft und
> Bildungschancen ist (Beck et al. 2010; Kristen und Dollmann 2010; Kalter et al. 2007;
> Esser 2006; Kristen 2006; Kalter 2005). Darüber hinausgehende spezifische Nachteile
> von Migranten beim Bildungserfolg scheinen „vorwiegend mit noch vorhandenen
> Sprachproblemen (und hier vorwiegend im Elternhaus) verbunden zu sein" (Kalter
> 2005: 324). Gerade diese Sprachprobleme bei den zugewanderten Eltern führen – abge-
> sehen von deutschsprachigen Migranten – in der Regel zu markanten Nachteilen ihrer
> Kinder bei den Schulleistungen, Zensuren, Bildungsempfehlungen, Bildungsübergängen
> und schließlich bei den Bildungsabschlüssen (Esser 2006; Steinbach und Nauck 2004)."

Aufgrund der vermuteten gravierenden Folgen einer unzureichenden Beherrschung
des bildungssprachlichen Registers stellt sich die Frage, inwieweit es Kindern mit
Migrationshintergrund gelingt, ihre Defizite auszugleichen bzw. wie lange sie unter
welchen Bedingungen brauchen, um ein ähnliches bildungssprachliches Kompetenz-
niveau wie ihre Altersgenossen ohne Migrationshintergrund zu erreichen.

Im deutschsprachigen Raum ist die empirische Befundlage zur Aneignung von
Bildungssprache und den dabei auftretenden spezifischen Hürden äußerst lücken-
haft (Lengyel, 2010). Für den angelsächsischen Raum analysierte Cummins (1981a)
Daten von 5.386 Fünft-, Siebt- und Neuntklässlerinnen und -klässler aus Toronto,
von denen 1.210 außerhalb Kanadas geboren wurden und Englisch als Zweitsprache
lernten. Er berichtet, dass Zweitsprachlernerinnen und -lerner, die zum Immigra-
tionszeitpunkt sechs Jahre alt oder älter waren, im Durchschnitt mindestens fünf
Jahre benötigen, um vergleichbare bildungssprachliche Fähigkeiten zu erlangen wie
ihre monolingualen Mitschülerinnen und Mitschüler. Sprachliche Fähigkeiten, die
für kontext-eingebettete Situationen ausreichend sind, werden hingegen schneller,
innerhalb von ca. zwei Jahren, erworben (Cummins, 1981b). Basierend auf diversen
Forschungsergebnissen hat Cummins die Erwerbsdauer für BICS und CALP mittels
hypothetisch angenommener Kurven dargestellt (s. Abbildung 5 auf S. 28).

Mit Förderung in der Zweitsprache gelingt es vermutlich etwas schneller, ähnliche bildungssprachliche Kompetenzen wie Muttersprachler zu erreichen (s. Tabelle
in Gogolin, 2007, S. 23). Zu berücksichtigen ist aber generell, dass auch das Sprachniveau monolingual deutschsprachiger Kinder keineswegs homogen ist und der Erwerb einer Zweitsprache von einer Vielzahl von Merkmalen der Erwerbssituation
abhängt. Dennoch bleibt der Befund bestehen, dass in deutschen Schulen Kinder
und Jugendliche mit Migrationshintergrund deutlich geringere Leistungen erzielen
als ihre Mitschülerinnen und Mitschüler ohne Migrationshintergrund.

Allerdings ist bislang unzureichend geklärt, welche speziellen (bildungssprachlichen) Merkmale eine besondere Hürde für Kinder nicht-deutscher Herkunftssprache
und Kinder aus bildungsfernen deutschsprachigen Familien darstellen. Testverfahren, die die Erfassung bildungssprachlicher Fähigkeiten erlauben, fehlen weitgehend.

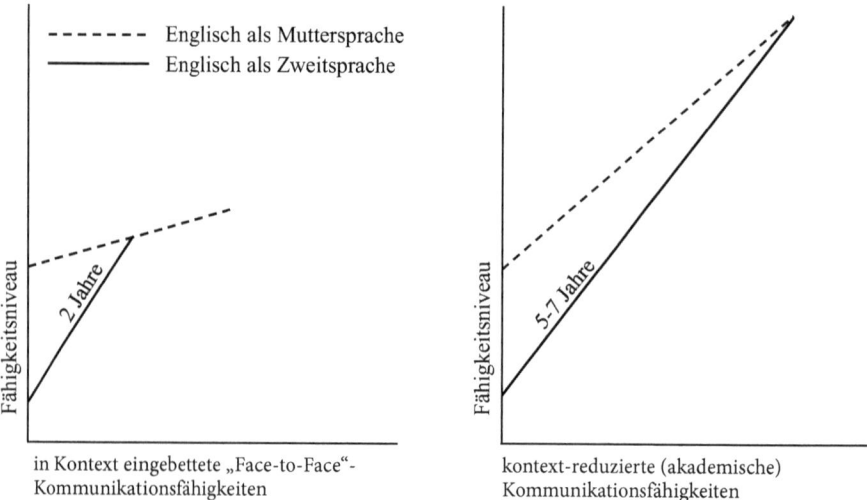

Abbildung 5: Benötigte Dauer, um altersangemessene alltagssprachliche (links) und bildungssprachliche (rechts) Fähigkeiten in einer Zweitsprache zu erwerben (Cummins, 1981b, S. 16, eigene Übersetzung)

Ein erster Ansatz zur Operationalisierung von Bildungssprache im deutschen Sprachraum stammt von der Erziehungswissenschaftlerin Andrea G. Eckhardt (2008). Sie hat in ihrer Dissertation zur Erfassung von Bildungssprache bei Grundschulkindern verschiedene, gezielt entwickelte Hörverstehenstexte eingesetzt. In diesen Texten wurde entweder der Inhalt, der Wortschatz und die Grammatik oder die kontextuelle Einbettung variiert. Die Verstehensleistungen der Kinder wurden mittels Fragen zu den Textinhalten geprüft. Entgegen den Erwartungen fand sich (bei Kontrolle des sozio-ökonomischen Hintergrunds) kein Interaktionseffekt zwischen dem Migrationsstatus (Kinder deutscher versus nicht-deutscher Herkunftssprache) und den sprachlichen Merkmalen der Texte (Alltagssprache versus Bildungssprache). Offen bleibt, ob sich ein Interaktionseffekt erst dann zeigen würde, wenn alle genannten Textmerkmale (Inhalt, Wortschatz und Grammatik, kontextuelle Einbettung) gleichzeitig in einem Text berücksichtigt worden wären.

Des Weiteren wurden und werden im Rahmen des interdisziplinären Verbundprojekts „Bildungssprachliche Kompetenzen (BiSpra): Anforderungen, Sprachverarbeitung und Diagnostik"[6] in Zusammenarbeit zwischen entwicklungspsychologischer (Leitung: S. Weinert), erziehungswissenschaftlicher (Leitung: P. Stanat) und

---

6   Es handelt sich hierbei um ein Verbundprojekt der „Forschungsinitiative Sprachdiagnostik und Sprachförderung (FiSS)", das mit Mitteln des Bundesministeriums für Bildung und Forschung (BMBF) unter den Förderkennzeichen 01GJ0975 (Otto-Friedrich-Universität Bamberg), 01GJ0976 (Freie Universität Berlin) und 01GJ0977 (Universität Hamburg) gefördert wurde.

linguistischer Expertise (Leitung: A. Redder) Aufgaben erarbeitet, die speziell auf die Messung bildungssprachlicher Fähigkeiten von Grundschulkindern abzielen. Im psychologisch-erziehungswissenschaftlichen Teilprojekt stehen dabei Aufgaben zur Erfassung des bildungssprachlichen Hörverstehens und des bildungssprachlichen Wortschatzes, insbesondere des Konnektorenverständnisses, im Vordergrund. Die Hörverstehenstexte wurden bezugnehmend auf die Ergebnisse von Eckhardt (2008) durch systematische Variation von Wortschatz und Grammatik bei gleichbleibendem Inhalt so konstruiert, dass zu einem Thema jeweils vier Textvarianten entstanden: 1) einfacher Wortschatz – einfache Grammatik, 2) anspruchsvoller Wortschatz – einfache Grammatik, 3) einfacher Wortschatz – komplexe Grammatik, 4) anspruchsvoller Wortschatz – komplexe Grammatik. Erste Analysen zeigen, dass Grundschulkinder mit nicht-deutschem Sprachhintergrund sowohl bei den sprachlich einfacheren (Textvariante 1) als auch bei den sprachlich anspruchsvolleren, eher bildungssprachlichen Texten (Textvariante 4) gegenüber einsprachig Deutsch aufwachsenden Kindern deutliche Einschränkungen aufweisen (Heppt, Dragon, Berendes, Stanat & Weinert, 2012). Ein Interaktionseffekt zwischen dem Sprachhintergrund der Kinder und den Textmerkmalen zeigte sich jedoch auch hier nicht, d. h. für die Kinder mit nicht-deutschem Sprachhintergrund wurde – im Einklang mit den Ergebnissen von Eckhardt (2008) – bei der Verarbeitung besonders komplexer Sprache kein zusätzlicher Leistungsnachteil nachgewiesen. Detailliertere Ergebnisse zu allen vier Textvarianten werden derzeit zur Publikation vorbereitet (Heppt, Stanat, Dragon, Berendes & Weinert, i. Vorb.).

5. Fragestellungen

Vorliegende Verfahren zur Messung des rezeptiven Wortschatzes und des Grammatikverständnisses fokussieren nicht speziell auf schulische Anforderungen und Bildungssprache. Allerdings kann vermutet werden, dass bildungssprachliche Anforderungen in der Regel vergleichsweise komplexe grammatische Strukturen und einen anspruchsvollen Wortschatz beinhalten, während für alltagssprachliche Situationen oftmals ein eher einfacher Wortschatz und relativ einfache grammatische Strukturen ausreichend sind.

Vor diesem Hintergrund werden im Folgenden lexikalische und syntaktische Kompetenzen von Kindern mit und ohne Migrationshintergrund vergleichend analysiert. Speziell soll empirisch geprüft werden, ob Kindern aus zugewanderten Familien ein anspruchsvoller Wortschatz und anspruchsvolle grammatische Konstruktionen, wie sie auch für bildungssprachliche Anforderungen charakteristisch sind, besondere Probleme bereiten. Hierzu werden die rezeptiven Wortschatz- und Grammatikfähigkeiten von Kindern unterschiedlicher sprachlicher Herkunft bei einfacheren und anspruchsvollen Aufgaben untersucht und hinsichtlich differenzieller Effekte getestet. Sofern anspruchsvollere Anforderungen im Unterschied zu grundlegenderen Anforderungen tatsächlich eine besondere Herausforderung für Kinder mit Migrationshintergrund darstellen, sollte sich dies in einer bedeutsamen Wechselwirkung zwischen Migrationsstatus und sprachlichen Anforderungen zeigen.

6. Methode

6.1 Stichprobe

Da die Leistungen von Kindern mit und ohne Zuwanderungsgeschichte miteinander verglichen werden sollten, war es entscheidend, dass Kinder aus zugewanderten Familien einen substanziellen Anteil der Untersuchungsstichprobe ausmachten. Daher wurden die Erhebungen in zwei deutschen Großstädten mit hohem Migrantenanteil (Berlin und Köln) durchgeführt.

In Abhängigkeit von der Zuwanderungsgeschichte der Kinder wird im Folgenden zwischen drei Gruppen unterschieden: Kinder ohne Migrationshintergrund, deren Elternteile beide in Deutschland geboren wurden, Kinder mit Migrationshintergrund, bei denen ein Elternteil aus dem Ausland stammt, und Kinder mit Migrationshintergrund, bei denen beide Elternteile im Ausland geboren wurden. Diese Unterscheidung erfolgte basierend auf Angaben der Eltern bezüglich ihres jeweiligen Geburtslandes. Insgesamt nahmen 1.194 Kinder der zweiten und dritten Klassenstufe an den Erhebungen teil. In die im Folgenden berichteten Analysen wurden jedoch ausschließlich die Daten von Kindern einbezogen, von denen neben vollständigen Leistungsdaten auch vollständige Angaben zum Migrationsstatus und zum sozio-ökonomischen Hintergrund (Highest International Socio-Economic Index, HISEI; Ganzeboom, de Graaf, Treiman & de Leeuw, 1992) vorliegen, da diese Informationen in den Analysen berücksichtigt werden. Dadurch reduzierte sich die Stichprobe auf $N = 493$ (Wortschatz) bzw. $N = 485$ (Grammatik). Eine genaue Beschreibung der Stichproben kann Tabelle 2 entnommen werden (s. o. S. 26).

6.2 Erhebungsinstrumente

Im Projekt „BiSpra" wurden neben den Daten zur Operationalisierung von Bildungssprache durch Hörverstehenstexte als funktional-integratives Sprachmaß auch einzelne Sprachkomponenten – in diesem Fall Wortschatz- und Grammatikfähigkeiten – erhoben. Zur Erfassung des rezeptiven Wortschatzes wurde die Kurzform 3 des WWT 6-10 (Wortschatz- und Wortfindungstest für Sechs- bis Zehnjährige; Glück, 2007) eingesetzt; zur Erfassung des Grammatikverständnisses diente eine Auswahl von 38 Items aus dem TROG-D (Test zur Überprüfung des Grammatikverständnisses; Fox, 2006). Bei diesen Verfahren sollen die Kinder zu einem auditiv dargebotenen Wort oder Satz aus vier Bildern dasjenige heraus-

Tabelle 2: Stichprobenbeschreibung

	Geschlecht		Klassenstufe		Migrationsstatus			Alter	SES[4]
	männlich	weiblich	zweite	dritte	beide Elternteile aus DE	ein Elternteil aus dem Ausland	beide Elternteile aus dem Ausland	M^3	M
rezeptiver Wortschatz (N = 493)	256 (51,9%)	237 (48,1%)	239 (48,5%)	254 (51,5%)	287[1] (58,2%)	107 (21,7%)	99 (20,1%)	8;2 Jahre (SD = 0;9)	52,3 (SD = 17,0)
Grammatikverständnis (N = 485)	250 (51,5%)	235 (48,5%)	238 (49,1%)	247 (50,9%)	272[2] (56,1%)	110 (22,7%)	103 (21,2%)	8;2 Jahre (SD = 0;8)	52,5 (SD = 17,1)

Anmerkungen:
1 25,4 Prozent dieser Gruppe haben einen Migrationshintergrund der zweiten Generation (mindestens ein Großelternteil ist im Ausland geboren).
2 22,4 Prozent dieser Gruppe haben einen Migrationshintergrund der zweiten Generation (mindestens ein Großelternteil ist im Ausland geboren).
3 M = Mittelwert.
4 Der sozio-ökonomische Status (Socio-Economic Status; SES) wurde über den HISEI (Highest International Socio-Economic Index; Ganzeboom et al., 1992) operationalisiert.

suchen, das zu dem sprachlichen Input passt. Die Auswahl der Items erfolgte basierend auf Daten einer Pilotierungsstudie; es wurden nur diejenigen Items ausgewählt, bei denen sich ausreichend Varianz in den Schülerleistungen gezeigt hat. Beide Verfahren wurden für Gruppenerhebungen entsprechend adaptiert.

Für die Analysen wurden die Itemsets von WWT 6-10 und TROG-D mittels Mediansplit (basierend auf den Daten der Kinder ohne Zuwanderungsgeschichte) in einen einfacheren und einen anspruchsvolleren Itemblock aufgeteilt. Im einfacheren Itemblock des Wortschatztests finden sich Wörter wie z. B. „Pflanze", „abtrocknen" oder „hässlich"; im anspruchsvolleren Itemblock sind es Ausdrücke wie beispielsweise „Wappen", „demonstrieren" oder „vertraut". Eine Analyse der Wortfrequenzen zeigt, dass dabei Wörter, die in den einfacheren Itemblock fallen, oft deutlich höhere Auftretenshäufigkeiten aufweisen als Wörter des anspruchsvolleren Itemblocks. So taucht das Wort „Pflanze" im Korpus childLex[7] fast 19 Mal häufiger auf als das Wort „demonstrieren". Die einfacheren Items können demnach als hochfrequent und eher alltagssprachlich und die anspruchsvolleren Items als niederfrequent und eher bildungssprachlich gewertet werden. Vergleichbares gilt auch für den Grammatiktest, dessen einfacherer Itemblock u. a. die Subordination mit „dass" oder auch Sätze mit Präpositionen wie „unter" oder „über" umfasst. Der anspruchsvollere Itemblock enthält z. B. Doppelobjekte („Die Frau malt dem Jungen das Mädchen.", „Der Mann gibt den Hund der Katze."), Topikalisierungen („Den Elefanten schiebt das Mädchen.", „Dem Mädchen gibt der Junge Blumen.") und disjunktive Konjunktionen („weder – noch").

Ergänzend zu den Kompetenzmaßen wurden die Eltern der Kinder zu ihrer Herkunft befragt, um den Migrationsstatus der Kinder zu erfassen. Zudem wurden die derzeit ausgeübten Berufe der Eltern erfasst, um den HISEI als Maß für den sozio-ökonomischen Status (SES) bestimmen zu können.

7. Ergebnisse

Die lexikalischen und syntaktischen Leistungen der Kinder wurden differenziert nach a) einfachen vs. anspruchsvollen Aufgaben und b) dem Migrationsstatus der Kinder betrachtet. Hierzu wurden zweifaktorielle Kovarianzanalysen berechnet. In die erste Kovarianzanalyse gingen die Faktoren „Itemschwierigkeit Wortschatz" (Faktorstufen „einfacher Itemblock", „anspruchsvoller Itemblock") und „Migrationsstatus" (Faktorstufen „beide Elternteile in Deutschland geboren", „ein Elternteil im Ausland geboren", „beide Elternteile im Ausland geboren") ein. Die Faktoren

---

7   Die Frequenzen basieren auf dem noch nicht frei zugänglichen Korpus childLex. Die Auswertungen beziehen sich auf Kinder- und Lesebücher für Kinder der 1.–6. Klasse. Nähere Informationen dazu finden sich unter http://www.mpib-berlin.mpg.de/de/forschung/max-planck-forschungsgruppen/mpfg-read/projekte/childlex (zuletzt aufgerufen am 02.10.2013) oder bei Schroeder, Würzner, Heister, Geyken & Kliegl (i. Vorb.).

der zweiten Kovarianzanalyse waren „Itemschwierigkeit Grammatikverständnis" (Faktorstufen „einfacher Itemblock", „anspruchsvoller Itemblock") und erneut der „Migrationsstatus". Bei beiden Analysen wurde der sozio-ökonomische Hintergrund der Kinder über den HISEI als Kovariate kontrolliert.

Beide Kovarianzanalysen zeigen naheliegenderweise einen Haupteffekt der Itemschwierigkeit („Itemschwierigkeit Wortschatz" und „Itemschwierigkeit Grammatikverständnis"). Auch für den Faktor „Migrationsstatus" zeigen sich sowohl beim rezeptiven Wortschatz ($F(2,489) = 21.0$, $p < .001$, $\eta^2 = .08$) als auch beim Grammatikverständnis der Kinder ($F(2,481) = 26.3$, $p < .001$, $\eta^2 = .10$) signifikante Haupteffekte. Kinder mit Zuwanderungsgeschichte erzielen demzufolge insgesamt geringere Leistungen als Kinder deutscher Herkunft.

Insbesondere erweisen sich die Interaktionen zwischen der Schwierigkeitsaufteilung der Items und dem Migrationsstatus der Kinder als statistisch signifikant. Abbildung 6 verdeutlicht den Interaktionseffekt zwischen dem Anspruchsniveau der *Wortschatzitems* und dem Migrationsstatus ($F(2,489) = 15.4$, $p < .001$, $\eta^2 = .06$).

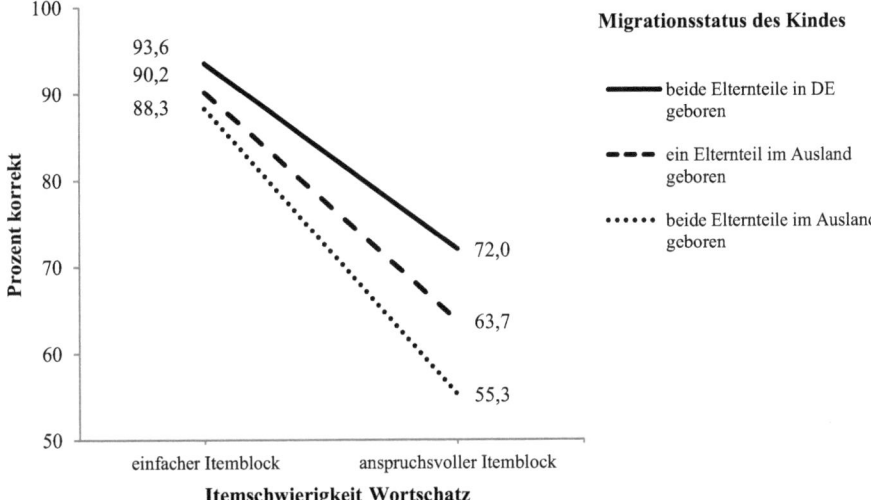

Abbildung 6: Leistungen (Prozent korrekt) im Grammatiktest (TROG-D, gekürzte Version; Fox, 2006) in Abhängigkeit vom Migrationsstatus der Kinder und der Schwierigkeit der Testitems

Während die Leistungsunterschiede im Wortschatztest zwischen den drei Migrationsgruppen bei dem einfacheren Itemblock eher gering sind, fallen diese bei dem anspruchsvolleren Itemblock deutlich größer aus. Kinder mit Migrationshintergrund scheinen demnach bei anspruchsvolleren Wortschatzitems vor einer größeren Hürde zu stehen als Kinder deutscher Herkunft. Bei den *einfacheren Items* zeigen alle Kinder sehr gute Leistungen; hier erreichen die Kinder mit Migrationshintergrund fast das Niveau der deutschen Kinder ohne Zuwanderungsgeschichte. Der Unterschied zwischen Kindern ohne und mit Migrationshintergrund ist hier zwar signifikant (s. Tabelle 3), die Mittelwerte zeigen aber, dass sich alle Kinder auf einem sehr hohen Leistungsniveau bewegen.

Tabelle 3: Übersicht über die Paarvergleiche (mit Bonferroni-Korrektur) der Wortschatzleistungen (Prozent korrekt) in Abhängigkeit vom Migrationsstatus und getrennt nach Itemschwierigkeit

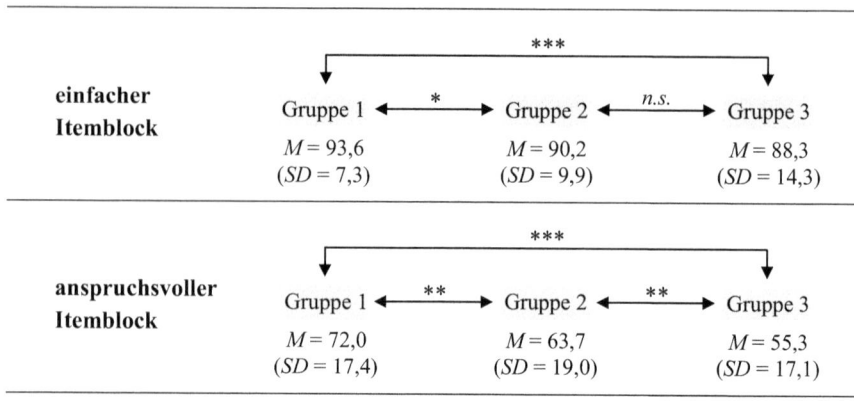

Anmerkungen: * $p = .05$; ** $p < .01$; *** $p < .001$. Gruppe 1: beide Elternteile in Deutschland geboren; Gruppe 2: ein Elternteil im Ausland geboren; Gruppe 3: beide Elternteile im Ausland geboren.

Bei den *anspruchsvolleren Items* zeigt sich hingegen, dass – wenngleich die Leistungen bei allen Kindern gegenüber dem einfacheren Itemblock abfallen – Kinder mit Migrationshintergrund in diesem Itemblock deutlich schwächer abschneiden als Kinder ohne Migrationshintergrund. Dabei unterscheiden sich alle drei Gruppen überzufällig voneinander, wobei Kinder, deren Elternteile beide im Ausland geboren wurden, die schwächsten Leistungen erzielen. Sie erzielen geringere Leistungen als Kinder mit nur einem Elternteil aus dem Ausland und zeigen den größten Leistungsnachteil gegenüber Kindern deutscher Herkunft (s. Tabelle 3).

Der Unterschied im rezeptiven Wortschatz zwischen Kindern deutscher Herkunft und Kindern, deren Elternteile beide im Ausland geboren wurden, ist generell, also über alle Items hinweg, am größten. Der geringste Unterschied besteht – zumindest bei den einfacheren Items – zwischen den beiden Gruppen mit Migrationshintergrund; hier ist der Unterschied nicht signifikant (s. Tabelle 3).

Beim *Grammatikverständnis* der Kinder ergibt sich ein sehr ähnliches Bild wie beim rezeptiven Wortschatz. Auch hier zeigt sich eine Interaktion zwischen dem Anspruchsniveau der Grammatikitems und dem Migrationsstatus

$(F(2,481) = 7.8, p < .001, \eta^2 = .03)$. Dieser Interaktionseffekt wird in Abbildung 7 grafisch dargestellt.

Die Leistungen bei dem *anspruchsvolleren Itemblock* des TROG-D sinken bei allen Kindern. Jedoch sind die Leistungen erneut – ebenso wie beim Wortschatz – bei Kindern mit Migrationshintergrund deutlich schwächer als bei Kindern ohne Migrationshintergrund (s. Tabelle 4 auf S. 36). Schülerinnen und Schüler, deren Elternteile beide aus dem Ausland stammen, zeigen im Grammatikverständnis abermals den größten Leistungsnachteil (s. Abbildung 7). Insbesondere Sätze, die Doppelobjekte, Topikalisierungen oder auch disjunktive Konjunktionen („weder – noch") enthalten, scheinen speziell Kindern mit Migrationshintergrund Probleme zu bereiten. Dies gilt, obgleich Unterschiede im SES kontrolliert wurden.

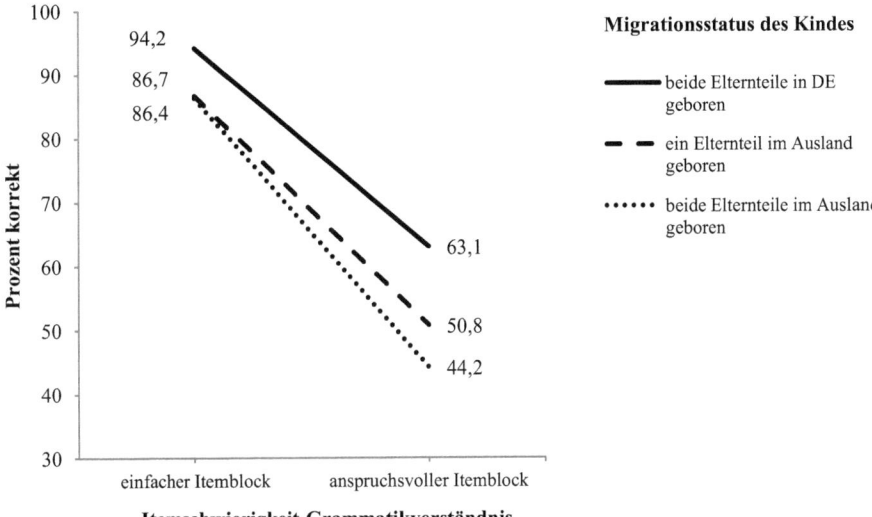

Abbildung 7: Leistungen (Prozent korrekt) im Grammatiktest (TROG-D, gekürzte Version; Fox, 2006) in Abhängigkeit vom Migrationsstatus der Kinder und der Schwierigkeit der Testitems

Auch beim Grammatikverständnis zeigt sich der größte Unterschied zwischen Kindern ohne Migrationshintergrund und Kindern, deren Elternteile beide aus dem Ausland stammen. Der geringste Unterschied besteht erneut zwischen den beiden Gruppen mit Kindern mit Migrationshintergrund, wobei hier die Leistungen der Kinder sowohl beim einfacheren als auch beim anspruchsvolleren Itemblock noch etwas näher beieinander liegen als beim Wortschatz; hier ist der Unterschied beide Male nicht signifikant (s. Tabelle 4 auf S. 36).

Tabelle 4: Übersicht über die Paarvergleiche (mit Bonferroni-Korrektur) der grammatischen Leistungen (Prozent korrekt) in Abhängigkeit vom Migrationsstatus und getrennt nach Itemschwierigkeit

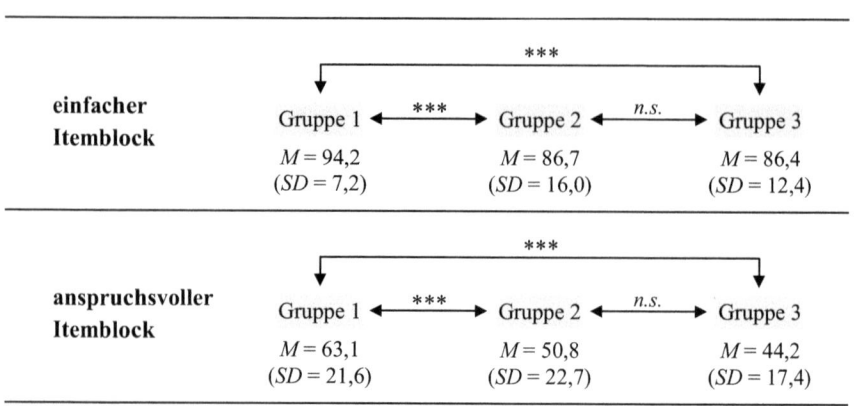

Anmerkungen: * p = .05; ** p < .01; *** p < .001. Gruppe 1: beide Elternteile in Deutschland geboren; Gruppe 2: ein Elternteil im Ausland geboren; Gruppe 3: beide Elternteile im Ausland geboren.

8. Diskussion und Ausblick

Die vorgestellten Ergebnisse zeigen, dass vergleichsweise einfache Wortschatz- und Grammatikitems für Kinder mit Migrationshintergrund keine gravierende Hürde darstellen. Allerdings zeigt sich selbst bei diesen Items ein – wenngleich auch nicht sehr ausgeprägter – statistisch signifikanter Unterschied zwischen Kindern mit und ohne Migrationshintergrund. Die Leistungen der Kinder mit Migrationshintergrund weisen hierbei eine breitere Streuung auf als die Leistungen der Kinder ohne Zuwanderungsgeschichte. Dennoch scheinen die meisten Kinder spätestens im Laufe der zweiten Klasse in der Beherrschung des grundlegenden Wortschatzes sowie grundlegender grammatischer Strukturen offenbar weitgehend, wenngleich nicht vollständig, zu den Leistungen ihrer Mitschülerinnen und Mitschüler ohne Migrationsgeschichte aufgeschlossen zu haben. Da sie zudem über 80 Prozent der als einfach kategorisierten Aufgaben korrekt gelöst haben, können ihre schulisch relevanten sprachlichen Probleme – wie vermutet – nicht auf der Ebene von grundlegenden Sprachfähigkeiten verortet werden.

Ein *zusätzlicher* Leistungsnachteil von Kindern mit Migrationshintergrund – insbesondere von Kindern, deren Eltern beide aus dem Ausland stammen – ergibt sich erst bei anspruchsvolleren Wortschatz- bzw. Grammatikitems (unter Kontrolle des sozio-ökonomischen Status). Da ein anspruchsvoller Wortschatz und eine komplexe Grammatik als Hauptcharakteristika von Bildungssprache gelten, sprechen die Befunde für die in der Literatur viel diskutierten Leistungsnachteile von Kindern mit Zuwanderungsgeschichte aufgrund von Defiziten in der Schul- bzw. Bildungssprache. Allerdings muss an dieser Stelle betont werden, dass es sich bei den eingesetzten Wortschatz- und Grammatikaufgaben nicht um speziell auf bildungssprachliche Anforderungen ausgerichtete Testverfahren handelt. Es kann zwar vermutet werden, dass komplexere Wortschatz- und Grammatikitems eher bildungssprachlichen Anforderungen entsprechen, offen bleibt jedoch, inwieweit eine Unterteilung in anspruchsvollere und weniger anspruchsvolle Items mittels Mediansplit dem theoretisch angenommenen Spektrum zwischen Alltagssprache und Bildungssprache angemessen gerecht wird. Hier werden die im Rahmen von „BiSpra" neu entwickelten bildungssprachlichen Hörverstehens- und Wortschatz-aufgaben genaueren Aufschluss geben können.

Da bei den dargestellten Befunden nicht die Muttersprachen der Eltern, sondern deren Geburtsland bzw. -länder berücksichtigt wurden, handelt es sich sprachlich gesehen um eine heterogene Gruppe. Hierfür spricht auch die breite Streuung der Leistungen innerhalb der beiden Gruppen mit Migrationshintergrund. Eine Be-trachtung der Leistungsunterschiede unter Berücksichtigung der unterschiedlichen Eltern- bzw. Familiensprachen könnte daher bei einer spezifischen Untergruppe der Kinder besonders gravierende Defizite der Bildungssprache aufdecken.

Die dargelegten Ergebnisse unterstreichen die Notwendigkeit der Diagnostik von (bildungs-)sprachlichen Kompetenzen. Die gezielte und systematische Erfas-sung von bildungssprachlichen Kompetenen ist derzeit jedoch nicht möglich, da für den deutschsprachigen Raum bislang noch kein geeignetes Verfahren dafür vorliegt. Im Hinblick auf die Entwicklung eines solchen Verfahrens ist die genaue Identifikation von bildungssprachlichen Merkmalen auf lexikalischer und syn-taktischer Ebene besonders relevant. So haben sich in der vorliegenden Unter-suchung z. B. bei der Betrachtung der syntaktischen Merkmale, die insbesondere Kindern mit Migrationshintergrund Probleme bereiten, u. a. Sätze mit Doppel-objekten sowie Sätze mit Topikalisierung als potentielle Hürden herausgestellt.

Fundiertes Wissen über altersgemäße bildungssprachliche Fähigkeiten sowie die Diagnostik schulrelevanter sprachlicher Kompetenzen stellen somit wesent-liche Voraussetzungen im Hinblick auf die Entwicklung adäquater Sprachför-derprogramme dar. Da die Forschung hier jedoch noch ganz am Anfang steht, werden weitere Studien notwendig sein, die es ermöglichen, das Konstrukt „Bil-dungssprache", seine Operationalisierung und die Entwicklung bildungssprach-licher Fähigkeiten genauer zu umreißen. Einen Beitrag dazu leistet das Projekt „BiSpra".

9. Literatur

Bailey, A. L. & Butler, F. A. (2003). *An evidentiary framework for operationalizing academic language for broad application to K-12 education: A design document.* Los Angeles, University of California: National Center for Research on Evaluation, Standards, and Student Testing (CRESST). Zugriff am 07.10.2013 unter http://www.cse.ucla.edu/products/reports/r611.pdf

Baker, C. (2001). *Foundations of bilingual education and bilingualism.* 3. Auflage. Clevedon: Multilingual Matters

Baumert, J. & Schümer, G. (2001). Familiäre Lebensverhältnisse, Bildungsbeteiligung und Kompetenzerwerb. In J. Baumert, E. Klieme, M. Neubrand, M. Prenzel, U. Schiefele, W. Schneider et al. (Hrsg.), *PISA 2000: Basiskompetenzen von Schülerinnen und Schülern im internationalen Vergleich.* Opladen: Leske + Budrich, 323–410

Becker, R. & Beck, M. (2011). Migration, Sprachförderung und soziale Integration. Eine Evaluation der Sprachförderung von Berliner Schulkindern mit Migrationshintergrund anhand von ELEMENT-Panel-Daten. In R. Becker (Hrsg.), *Integration durch Bildung. Bildungserwerb von jungen Migranten in Deutschland.* Wiesbaden: VS Verlag für Sozialwissenschaften, 121–138

Bernstein, B. (1959/2010). A public language: Some sociological implications of a linguistic form. *British Journal of Sociology, 10,* 311–326/*61,* 53–69

Bernstein, B. (1962). Linguistic codes, hesitation phenomena and intelligence. *Language and Speech, 5,* 31–48

Bernstein, B. (1971). *Class, codes and control: Vol. 1. Theoretical studies towards a sociology of language.* London: Routledge

Bloom, B. S. & Krathwohl, D. R. (1977). *Taxonomy of educational objectives: Handbook I: Cognitive domain.* New York, NY: Longman

Bourdieu, P. (2005). *Was heißt sprechen? Zur Ökonomie des sprachlichen Tausches.* 2. erw. Auflage. Wien: Braumüller

Bourdieu, P. & Passeron, J.-C. (1971). *Die Illusion der Chancengleichheit. Untersuchungen zur Soziologie des Bildungswesens am Beispiel Frankreichs.* Stuttgart: Ernst Klett

Butler, F. A., Lord, C., Stevens, R., Borrego, M. & Bailey, A. L. (2004). *An approach to operationalizing academic language for language test development purposes: Evidence from fifth-grade science and math (CSE Report 626).* Los Angeles, CA: University of California

Cummins, J. (1980). The construct of language proficiency in bilingual education. In J. E. Alatis (Hrsg.), *Current issues in bilingual education.* Washington, DC: Georgetown University Press, 81–103

Cummins, J. (1981a). Age on arrival and immigrant second language learning in Canada: A reassessment. *Applied Linguistics, 2,* 132–149

Cummins, J. (1981b). The role of primary language development in promoting educational success for language minority students. In M. Ortiz, D. Parker & F. Tempes (Hrsg.), *Schooling and language minority students: A theoretical framework.* Los Angeles, CA: California State University, 3–49

Cummins, J. (1984). *Bilingualism and special education: Issues in assessment and pedagogy.* Clevedon: Multilingual Matters

Cummins, J. (1991). Interdependence of first- and second-language proficiency in bilingual children. In E. Bialystok (Hrsg.), *Language processing in bilingual children*. Cambridge, MA: Cambridge University Press, 70–89

Cummins, J. (2000). *Language, power and pedagogy. Bilingual children in the crossfire*. Clevedon: Multilingual Matters

Dehn, M. (2011). Elementare Schriftkultur und Bildungssprache. In S. Fürstenau & M. Gomolla (Hrsg.), *Migration und schulischer Wandel: Mehrsprachigkeit*. Wiesbaden: VS Verlag für Sozialwissenschaften, 129–152

Drach, E. (1928). Bildungssprache. In H. Schwarz (Hrsg.), *Pädagogisches Lexikon*. Bielefeld: Velhagen & Klasing, 665–673

Eckhardt, A. (2008). *Sprache als Barriere für den schulischen Erfolg. Potentielle Schwierigkeiten beim Erwerb schulbezogener Sprache für Kinder mit Migrationshintergrund*. Münster: Waxmann

Ehlich, K. (1995). Die Lehre der deutschen Wissenschaftssprache: Sprachliche Strukturen, didaktische Desiderate. In H. Kretzenbacher & H. Weinrich (Hrsg.), *Linguistik der Wissenschaftssprache*. Berlin: de Gruyter, 325–351

Ehlich, K. (1999). Alltägliche Wissenschaftssprache. *Info DaF, 26*, 3–24

Ehlich, K. & Graefen, G. (2001). Sprachliches Handeln als Medium diskursiven Denkens. Überlegungen zur sukkursiven Einübung in die deutsche Wissenschaftskommunikation. *Jahrbuch Deutsch als Fremdsprache, 27*, 351–378

Fox, A. V. (2006). *Test zur Überprüfung des Grammatikverständnisses (TROG-D)*. Idstein: Schulz-Kirchner

Ganzeboom, H. B. G., de Graaf, P. M., Treiman, D. J. & de Leeuw, J. (1992). A standard international socio-economic index of occupational status. *Social Science Research, 21*, 1–56

Glück, C. W. (2007). *Wortschatz- und Wortfindungstest für Sechs- bis Zehnjährige (WWT 6-10)*. München: Urban & Fischer

Gogolin, I. (2007). *Institutionelle Übergänge als Schlüsselsituationen für mehrsprachige Kinder*. München: DJI – Deutsches Jugendinstitut e.V.

Gogolin, I. (2008). Herausforderung Bildungssprache. *Die Grundschulzeitschrift, 23* (215/216), 26

Gogolin, I. (2009). Zweisprachigkeit und die Entwicklung bildungssprachlicher Fähigkeiten. In I. Gogolin & U. Neumann (Hrsg.), *Streitfall Zweisprachigkeit – The Bilingualism Controversy*. Wiesbaden: VS Verlag für Sozialwissenschaften, 263–280

Gogolin, I. (2012). Sprachliche Bildung im Mathematikunterricht. In W. Blum, R. Borromeo Ferri, & K. Maaß (Hrsg.), *Mathematikunterricht im Kontext von Realität, Kultur und Lehrprofessionalität*. Wiesbaden: Springer, 157–165

Gogolin, I. & Lange, I. (2011). Bildungssprache und durchgängige Sprachbildung. In S. Fürstenau & M. Gomolla (Hrsg.), *Migration und schulischer Wandel: Mehrsprachigkeit*. Wiesbaden: VS Verlag für Sozialwissenschaften, 107–127

Habermas, J. (1977). Umgangssprache, Wissenschaftssprache, Bildungssprache. In Max-Planck-Gesellschaft zur Förderung der Wissenschaften (Hrsg.), *Jahrbuch 1977*. Göttingen: Vandenhoeck & Ruprecht, 36–51

Halliday, M. A. K., McIntosh, A. & Strevens, P. (1964). *The linguistic sciences and language teaching*. London: Longman

Halliday, M. A. K. (1978/⁹1994). *Language as social semiotic. The social interpretation of language and meaning.* London: Arnold

Heppt, B., Dragon, N., Berendes, K., Stanat, P. & Weinert, S. (2012). Beherrschung von Bildungssprache bei Kindern im Grundschulalter. *Diskurs Kindheits- und Jugendforschung, 3,* 349–356

Heppt, B., Stanat, P., Dragon, N., Berendes, K. & Weinert, S. (i. Vorb.). *Einfluss von Bildungssprache auf das Hörverstehen bei Kindern mit deutscher und nicht-deutscher Familiensprache*

Holler, D. (2007). Bedeutung sprachlicher Fähigkeiten für Bildungserfolge. In K. Jampert, P. Best, A. Guadatiello, D. Holler & A. Zehnbauer (Hrsg.), *Schlüsselkompetenz Sprache: Sprachliche Bildung und Förderung im Kindergarten. Konzepte, Projekte und Maßnahmen.* Weimar: Verlag das Netz, 24–28

Koch, K. (2008). *Zweitspracherwerb von Grundschulkindern nichtdeutscher Herkunftssprache im Kontext institutioneller Unterstützungsleistungen.* Unveröffentlichte Habilitationsschrift. Göttingen: Georg-August-Universität Göttingen

Koch, P. & Oesterreicher, W. (1985). Sprache der Nähe – Sprache der Distanz. Mündlichkeit und Schriftlichkeit im Spannungsfeld von Sprachtheorie und Sprachgeschichte. In O. Deutschmann, H. Flasche, B. König, M. Kruse, W. Pabst & W.-D. Stempel (Hrsg.), *Romanistisches Jahrbuch, 36.* Berlin: de Gruyter, 15–43

Lange, I. (2012). Von ‚Schülerisch' zu Bildungssprache. Übergänge zwischen Mündlichkeit und Schriftlichkeit im Konzept der durchgängigen Sprachbildung. In S. Fürstenau (Hrsg.), *Interkulturelle Pädagogik und sprachliche Bildung.* Wiesbaden: VS Verlag für Sozialwissenschaften, 123–142

Lee, D. (2001). Genres, registers, text types, domains, and styles: Clarifying the concepts and navigating a path through the BNC jungle. *Language Learning & Technology, 5,* 37–72

Lengyel, D. (2010). Bildungssprachförderlicher Unterricht in mehrsprachigen Lernkonstellationen. *Zeitschrift für Erziehungswissenschaft, 13,* 593–608

Leseman, P. P. M., Scheele, A. F., Mayo, A. Y. & Messer, M. H. (2007). Home literacy as special language environment to prepare children for school. *Zeitschrift für Erziehungswissenschaft, 10,* 334–355

Mendelssohn, M. (1784). Über die Frage: Was heißt aufklären? *Berlinische Monatsschrift, 4,* 193–200

Morek, M. & Heller, V. (2012). Bildungssprache – Kommunikative, epistemische, soziale und interaktive Aspekte ihres Gebrauchs. *Zeitschrift für angewandte Linguistik, 57,* 67–101

Moritz, K. P. (1785). *Anton Reiser.* Frankfurt a. M.: Insel Taschenbuch

Neugebauer, C. & Nodari, C. (1999). Aspekte der Sprachförderung. In M. Gyger & B. Heckendorn (Hrsg.), *Erfolgreich integriert? Fremd- und mehrsprachige Kinder und Jugendliche in der Schweiz.* Bern: Berner Lehrmittel-Verlag, 161–175

Obermayer, A. (2013). *Bildungssprache im grafisch designten Schulbuch. Eine Analyse von Schulbüchern des Heimat- und Sachunterrichts.* Bad Heilbrunn: Klinkhardt

Sampson, J. (1997). „Genre", „style" and „register". Sources of confusion? *Revue Belge de Philologie et d'Histoire, 75,* 699–708

Schleppegrell, M. J. (2001). Linguistic features of the language of schooling. *Linguistics and Education, 12,* 431–459

Schleppegrell, M. J. (2004). *The language of schooling: A functional linguistics perspective.* Mahwah, NJ: Lawrence Erlbaum Associates

Schleppegrell, M. J. (2012). Academic language in teaching and learning. Introduction to the special issue. *Elementary School Journal, 112,* 409–418

Schroeder, S., Würzner, K., Heister, J., Geyken, A. & Kliegl, R. (i. Vorb.). *childLex – A lexical database for children's print language in German.* Berlin: Max-Planck-Institute for Human Development

Shuy, R. W. (1978). Problems in assessing language ability in bilingual education programs. In H. Lafontaine, H. Persky & L. Golubchick (Hrsg.), *Bilingual Education.* Wayne, NJ: Avery, 376–381

Shuy, R. W. (1981). Conditions affecting language learning and maintenance among Hispanics in the United States. *Journal of the National Association for Bilingual Education, 6,* 1–18

Stanat, P., Rauch, D. & Segeritz, M. (2010). Schülerinnen und Schüler mit Migrationshintergrund. In E. Klieme, C. Artelt, J. Hartig, N. Jude, O. Köller, M. Prenzel, W. Schneider & P. Stanat (Hrsg.), *PISA 2009. Bilanz nach einem Jahrzehnt.* Münster: Waxmann, 200–230

Uesseler, S., Runge, A., Redder, A. (2013). „Bildungssprache" diagnostizieren. Enwicklung eines Instruments zur Erfassung von bildungssprachlichen Fähigkeiten bei Viert- und Fünftklässlern. In A. Redder & S. Weinert (Hrsg.), *Sprachförderung und Sprachdiagnostik – interdisziplinäre Perspektiven.* Münster: Waxmann, 42–67 (in diesem Band)

Vollmer, H. J. & Thürmann, E. (2010). Zur Sprachlichkeit des Fachlernens: Modellierung eines Referenzrahmens für Deutsch als Zweitsprache. In B. Ahrenholz (Hrsg.), *Fachunterricht und Deutsch als Zweitsprache.* Tübingen: Narr, 107–132

Vygotskij, L. N. (1934/2002). *Denken und Sprechen.* Weinheim: Beltz

Weinert, S. (2006). Sprachentwicklung. In W. Schneider & B. Sodian (Hrsg.), *Kognitive Entwicklung.* Göttingen: Hogrefe, 609–719 (Enzyklopädie der Psychologie, Serie Entwicklungspsychologie, 2)

Weinert, S. (2007). Wie Sprache das Wissen und Denken beeinflusst. In A. A. Bucher, K. Lauermann & A. M. Kalcher (Hrsg.), *Sprache leben. Kommunizieren & Verstehen.* Wien: G & G Verlag, 23–49

Stella Uesseler, Anna Runge, Angelika Redder

„Bildungssprache" diagnostizieren

Entwicklung eines Instruments zur Erfassung von bildungssprachlichen Fähigkeiten bei Viert- und Fünftklässlern

Über die vergangenen Jahre hinweg gibt es bei der sprachlichen Frühförderung im Kindergarten große Bemühungen darum, Kindern einen besseren Einstieg in die Schule zu ermöglichen. Neben Sprachförderprogrammen wurden zahlreiche Verfahren entwickelt, die den Sprachstand der Kinder bezogen auf Alltagssprache erfassen. Darüber hinaus hat sich gezeigt (vgl. IGLU, PISA, TIMSS), dass allein alltagssprachliche Fähigkeiten, wie sie bei den jungen Kindern getestet und gefördert werden, nicht ausreichen, um in der Schule erfolgreich handeln zu können. Vielmehr findet sich in der Schule eine Vielzahl komplexer sprachlicher Phänomene, die unter dem Begriff ‚Bildungssprache' zusammengefasst wird. Ob SchülerInnen über entsprechende sprachliche Mittel verfügen, kann bislang nur schwer ermittelt werden, da es kaum passende Instrumente für das Deutsche gibt.[1] Im vorliegenden Beitrag möchten wir ein linguistisch reflektiertes Instrument präsentieren, mit dem rezeptiv schriftliche Schülerfähigkeiten im Bereich der Bildungssprache bzw. der Alltäglichen Wissenschaftssprache (AWS) und ihrer Vorformen erfasst werden sollen.[2]

1. Forschungsgrundlage zur Bildungssprache

Der Ausdruck *Bildungssprache*[3] wird in den letzten Jahren viel und vor allem aus der Perspektive verschiedener Disziplinen und Zielsetzungen genutzt sowie zunehmend durch empirisch basierte Untersuchungen weiter ausdifferenziert. Im deutschsprachigen Raum ist der Begriff bereits bei Habermas (1977) zu finden. Habermas zufolge ist Bildungssprache jedem Gesellschaftsmitglied aufgrund der all-

---

1 Ansätze für das Deutsche finden sich u. a. bei Eckhardt (2008) oder Daller & Grotjahn (1999).
2 Das Instrument wurde im vom BMBF im Rahmen der „Forschungsinitiative Sprachdiagnostik und Sprachförderung (FiSS)" geförderten linguistischen Teilprojekt von BiSpra (Leiterin: Angelika Redder, Universität Hamburg; Förderkennzeichen 01GJ0977) entwickelt, das zum Verbundprojekt „Bildungssprachliche Kompetenzen. Anforderungen, Sprachbearbeitung und Diagnostik (BiSpra)" (Leitung: Sabine Weinert, Bamberg) gehört.
3 Vgl. hierzu auch Berendes et al. in diesem Band.

gemeinen Schulbildung zugänglich und ermöglicht den Menschen die Aneignung eines grundlegenden „Orientierungswissens" (a. a. O., S. 39). Eine über sozialpolitische Ziele hinausgehende, genauere Bestimmung erfährt der Begriff bei ihm jedoch nicht. Bezogen auf den englischsprachigen Kontext werden die etwa gleichzeitigen Ausführungen von Bernstein (1974) zum *restricted code* und *elaborated code*, bei aller frühen Kritik an seinem Defizit-Konzept, in den meisten Forschungen ebenfalls zu den ersten soziolinguistischen Vorarbeiten gerechnet. Bernsteins Beobachtung, dass bestimmte Bevölkerungsschichten keinen Zugang zum *elaborated code* haben und somit ihre sprachliche Fähigkeit eingeschränkt ist, werden demgemäß häufig zur Klärung von Bildungssprache herangezogen.

Cummins (1979, präzisiert 2004) prägte vor dem Hintergrund kanadischer Sprachlehrforschungen den englischen Begriff *academic language*. Er unterscheidet *basic interpersonal communicative skills (BICS)* und *cognitive academic language proficiency (CALP)*. Diese Unterscheidung ergibt sich für ihn aus dem jeweiligen Umfang des Einsatzes außersprachlicher Hilfsmittel in der Kommunikation, um den sprachlichen Inhalt in der Kommunikationssituation zu unterstützen und somit zum Verständnis beizutragen. So werden gemäß seiner empirischen Beobachtungen bei BICS Hilfestellungen wie Gestik, Mimik oder Intonation eingesetzt, welche für *face-to-face*-Interaktionen typisch sind und die Kommunikation deutlich erleichtern. In Kommunikationssituationen der *academic language* hingegen müssen alle zu kommunizierenden Inhalte versprachlicht werden, um von der konkreten Kommunikationssituation unabhängig verbal zu handeln; CALP beinhaltet also andere kognitive Leistungen. Cummins betrachtet diese beiden Unterscheidungen v. a. im Hinblick auf SchülerInnen mit Englisch als Zweitsprache. Dabei stellt er fest, dass diese ca. zwei Jahre benötigen, um im Alltag fließend in ihrer Zweitsprache Englisch sprechen zu können (BICS); hingegen benötigen sie mindestens fünf bis sieben Jahre, um auf „akademisch professionellem Niveau" mit monolingualen Kindern mithalten zu können (CALP).

In Anlehnung an Cummins' *academic language* schlägt Gogolin (2007) für das Deutsche den Ausdruck *Bildungssprache* vor. Bildungssprache wird hier im Kontext der interkulturellen Erziehungswissenschaft als ein besonderer Ausschnitt sprachlicher Kompetenz gefasst, als ein bestimmtes Sprachregister mit eigenen formalen Anforderungen, insbesondere den von Koch & Oesterreicher (1985) entfalteten Merkmalen der konzeptionellen Schriftlichkeit (zuletzt Gogolin & Lange, 2011). Bildungssprache orientiert sich nach diesem Verständnis am Schriftsprachgebrauch, auch wenn sie mündlich genutzt wird. Im Laufe der Schulzeit erfährt die Bildungssprache eine fächerspezifische Ausdifferenzierung und Steigerung der Relevanz im Unterricht. Bildungssprache wird in Lehrwerken, Aufgabenstellungen, in Prüfungen und im Unterrichtsdiskurs genutzt, v. a. in sogenannten kontextentbundenen Situationen, in denen sich Zusammenhänge nicht von selbst ergeben, sondern verbalisiert werden müssen. Zu den Merkmalen, die nach Gogolin der Bildungssprache zuzuordnen sind, gehören – den frühen Versuchen der Fachsprachenbestimmung vergleichbar – eine erhöhte Nutzung von Passiv, unpersönlichen Ausdrücken, Konjunktiv, Konstruktionen mit *lassen*, Substantivierungen und Komposita. Was diese Merkmalsliste systematisch begründet, bleibt weitgehend außerhalb der Diskussion. Stattdessen hebt Gogolin hervor, dass der Anspruch an Schülerinnen und Schüler, im schulischen Alltag Bildungssprache zu beherrschen, zwar implizit präsent, jedoch bildungsinstitutionell nicht verankert ist. Daraus ergibt sich für sie, dass Bildungssprache nicht nur für Kinder mit Migrationshintergrund eine Schwierigkeit darstellt, sondern ebenso für Kinder aus bildungsfernen Familien.

Auch in der Sprachdidaktik, etwa bei Dehn (2011), gilt Bildungssprache als „schriftförmige Rede", die sich durch Dekontextualisierung im Gegensatz zur kontextgebundenen Alltagssprache auszeichnet.[4] Demgemäß handelt es sich bei der Bildungssprache nicht um ein mögliches Register im Sinne der Soziolinguistik, sondern „die Sprache der Schule" (a. a. O., S. 129) als solche. Nach Dehn hängen Bildungssprache und elementare Schriftkultur, der ihre besondere Aufmerksamkeit gilt, eng zusammen. Unter Rückgriff auf Koch & Oesterreichers (1985) Konzepte von *Sprache der Distanz* und *Sprache der Nähe* sei die Sprache der Schule bzw. Unterrichtssprache[5] eher der Sprache der Distanz zuzuordnen und damit eher konzeptionell schriftlich als mündlich. Das sei auch dann der Fall, wenn sie medial mündlich realisiert werde. Denn, so betont Dehn, die Kommunikationsbedingungen in der Schule haben als Ziel, objektiv und reflektiert zu handeln – wie im Falle von Schriftlichkeit. Auch zeigten die Versprachlichungsstrategien deutliche Merkmale von Schriftlichkeit, indem Kompaktheit, Informationsdichte und Elaboriertheit verlangt werden. Dehn geht zudem davon aus, dass in der Sprache des Unterrichts Sachverhalte eher in Form von Hypotaxen statt Parataxen wiedergegeben werden. Gemäß Dehn unterscheidet sich Bildungssprache von Umgangssprache durch (1) fachliche Terminologie, (2) Orientierung an syntaktischen Strukturen der Schriftsprache sowie (3) Argumentations- und Textkompositionsregeln der Schriftsprache.

Relativ zu Gogolin und Dehn fasst Reich (2008) – mit Bezug auf das linguistische Konzept von „sprachlichen Basisqualifikationen" (Ehlich, 2005) – den Begriff der Bildungssprache deutlich strukturanalytischer. Er unterscheidet, parallel zu den Basisqualifikationen, (1) *diskursive Merkmale*, zu denen Sprecherwechsel und

---

4 Abgesehen von den Schwierigkeiten, den Kontextbegriff zu spezifizieren – etwa im Sinne der angelsächsischen Firth-Schule, wie dies bei Halliday geschieht – und von der anders gelagerten Praxisferne des schulischen Lehrens und Lernens zu differenzieren, was Ehlich & Rehbein (1986) institutionsanalytisch und linguistisch leisten, sei auf die frühen, kindersprachlichen Ausführungen von Bühler (³1922) zur entwicklungspsychologischen Aufgabe der Situationsentbindung hingewiesen.

5 Eine linguistische Systematisierung von ‚Unterrichtsdiskurs' als schulischem, institutionell modifiziertem Lehr-Lern-Diskurs, wie Ehlich & Rehbein (1986) sie vorlegen, wird hier nicht eigens verfolgt, wohl aber die Bezugnahme auf die Zielsetzungen und Aufgaben einer Bildungsinstitution.

die Festlegung der Sprecherrolle, viele monologische Formen (wie Vortrag, Referat, Aufsatz), spezifische Textsorten (wie Protokoll, Bericht etc.) sowie stilistische Konventionen (wie Sachlichkeit, logische Gliederung) zählen. Unter (2) *lexikalisch-semantischen Merkmalen* fasst er differenzierende und abstrahierende Ausdrücke (z. B. *nach oben transportieren* statt *raufbringen*), Präfixverben (v. a. mit untrennbarem Präfix + Reflexivpronomen, z. B. *sich entfalten*), Komposita und normierte Fachbegriffe (z. B. *Dreisatz, rechtwinklig*). Die (3) *syntaktischen Merkmale* umfassen Kohäsion, Satzgefüge (z. B. erweiterter Infinitiv, Relativsätze), Funktionsverbgefüge (z. B. *in Betrieb nehmen*) und umfangreiche Attribute (z. B. *die nach oben offene Richterskala*). Damit schließt Reich neben grammatischen und semantischen Phänomenen auch diskursive und pragmatische Fähigkeiten mit ein.

Einen funktionalen, zeichenbezogenen Zugang zu Sprache hat Halliday (1989). Er geht davon aus, dass komplexe wissenschaftliche Inhalte auch von der Alltagssprache abweichende sprachliche Zeichen benötigen, um überhaupt kommuniziert werden zu können. So seien wissenschaftliche begriffliche Strukturen und Argumentationslinien so komplex, dass die in der Alltagssprache geronnenen Erfahrungen nicht ausreichten, um die Inhalte adäquat wiederzugeben. Allerdings unterscheidet Halliday *scientific language* vom *scientific jargon*, der durch die übermäßige Verwendung von Fremdwörtern und komplexen Satzstrukturen gekennzeichnet sei. Solche „Verkomplizierungen" seien durchaus vermeidbar.

Halliday stellt bei SchülerInnen Schwierigkeiten bei der Rezeption von Schulbuchtexten mit *scientific language* fest. Die Schwierigkeiten betreffen nach seinen Befunden nicht nur SchülerInnen des Englischen als Zweitsprache. Neben dem sprachlichen Hintergrund der Schüler spielt offensichtlich auch das Alter der Kinder eine Rolle. So sieht Halliday auch bei monolingualen SchülerInnen der Sekundarstufe Schwierigkeiten. Er kritisiert den Fokus bei der Untersuchung von *scientific language* auf – häufig fremdsprachliche – Termini. Statt des Wortschatzes liegen nach ihm die Schwierigkeiten vielmehr bei grammatischen Phänomenen. Er unterscheidet in seinen Ausführungen (1989) sieben Merkmale der wissenschaftlichen/schulischen Sprache, die zu Verstehensproblemen führen können:

Unter (1) *interlocking definitions* versteht er das Ineinandergreifen verschiedener Begrifflichkeiten innerhalb einer Definition (wie z. B. die Begriffe *Kreis – Mittelpunkt – Radius – Umfang – Durchmesser*). (2) *Technical taxonomies* sind gemäß Halliday Klassifikationsschemata, die komplexe Relationen von Begriffen zueinander durch Über-, Unter- und Einordnung darstellen und dadurch Unklarheiten erzeugen. Unter *special expressions* (3) versteht Halliday feste spezifische grammatische Strukturen, die einem Satz bzw. dessen darin vorkommenden Ausdrücken eine spezifische Bedeutung verleihen (z. B. *solving the open sentence over D*). *Lexical density* (4) bezieht sich auf das hohe Vorkommen von Inhaltswörtern in einer Textpassage bzw. einem Satz. Das könne zum Beispiel durch die Kombination von Adjektiven und Substantiven (z. B. *A parallelogram is a four-sided figure with its opposite sides parallel.*) geschehen, ebenso aber auch durch Nominalisierungen zustande kommen. Zusammengefasst werden unter *lexical density* komplexe Nominalphrasen verstanden. Die *syntactic ambiguity* (5) bezeichnet syntaktische Mehrdeutigkeit, die mittels der Kombination von „Nominalgruppe-Verbalgruppe-Nominalgruppe" hergestellt wird (z. B. mittels *associated with*). Diese Merkmalsgruppe ist für das Deutsche weniger relevant, da solche Bedeutungseinheiten meist in der Kombination von Derivation und Komposition realisiert werden (z. B. *crime associated with drug abuse* = *Beschaffungskriminalität*). *Grammatical metaphor* (6) ist eine Kombination von *lexical density* und *syntactic ambiguity*; Halliday fasst darunter u. a. die Änderung von Verbalphrasen zu Nominalphrasen sowie die Passivierung von Aktivsätzen. Die letzte Kategorie, die *semantic discontinuity* (7), bezeichnet semantische Sprünge bzw. Lücken in der Argumentation, die der Leser selbständig schließen muss.

Halliday betont die engen Zusammenhänge zwischen den einzelnen Merkmalen und weist auf die Unvollständigkeit seiner Liste hin. Insgesamt lässt sich an den Kategorien erkennen, wie eng im Englischen semantische und syntaktische Phänomene zusammenspielen und im Grunde nur schwer voneinander getrennt betrachtet werden können. Zudem wird deutlich, dass die Merkmale in ihrer Übertragung auf das Deutsche ihre syntaktische Charakteristik verlieren und an deren Stelle die Wortbildung tritt. Bedeutungseinheiten, die im Englischen über die Syntax entstehen, werden im Deutschen über die Wortbildung mittels Derivation, Komposition und deren Kombination erreicht.

Mit Bezug auf die Systemische Sprachtheorie von Halliday wählt auch Schleppegrell (2004) einen funktionalen Zugang zu Sprache und speziell zur „academic language". Sie versucht, eine *language of schooling* aus den schulspezifischen Handlungszusammenhängen und ihren dortigen Funktionen heraus zu identifizieren – vergleichbar mit den Analysen zur Unterrichtskommunikation der 1970er und 1980er Jahre (vgl. Redder, 2008, Kap. 3.2.1). Schleppegrell verwahrt sich dagegen, dass Explizitheit, Komplexität und kognitiver Anspruch nur der Schulsprache zugeschrieben werden, da man damit der Komplexität sprachlicher Handlungen insgesamt und vor allem der gesprochenen Sprache nicht gerecht werde. Zudem nimmt sie von dem Begriff der Dekontextualisierung Abstand, da er die Möglichkeit von Sprache ohne jeden Handlungszusammenhang bzw. Kontext suggeriere. Im Handlungszusammenhang der Schule müssten SchülerInnen verbindlich Wissen wiedergeben, häufig in Form hochstrukturierter Texte. Dieses Wissen werde mittels komplexer Nominalphrasen, Termini und abstraktem Wortschatz in einem erklärenden und bewertenden Modus wiedergegeben. Auch die Struktur der Äußerungseinheiten oder Texte weise Besonderheiten wie Hypotaxen oder Nominalisierungen auf, um eine Verdichtung des Gesagten zu erreichen. Schleppegrell weist darauf hin, dass diese sprachlichen Mittel nicht dazu dienen, bestimmte Personengruppen auszuschließen, sondern vielmehr notwendig sind, um das komplexe Wissen der jeweiligen Disziplinen zu verstehen, wiederzugeben und damit weiterarbeiten zu können.

Feilke (2012) geht von der heutigen Funktion von Bildungssprache wie auch ihrer historischen Entwicklung aus. Er versteht – im Rahmen seiner linguistischen Konzeption von „common sense Kompetenz" (1994) und anschlussfähig zu sprech-handlungstheoretischen Argumentationen (z. B. Redder, 2012a) – unter Bildungs-sprache eine Sprachkompetenz, die auf „Texthandlungen" wie Beschreiben, Verglei-chen, Erklären, Analysieren, Erörtern etc. beruhe, welche in Schule und Universität häufig zu finden seien. Diese Texthandlungen dienen, wie Feilke es formuliert, der „Wissensbildung". Sprachliche Mittel wie die vielzitierten Passivkonstruktionen, Partizipialattribute oder Komposita führten faktisch zu einer Verdichtung der Wissenselemente. Solche Texthandlungen seien durchaus auch im Alltag zu finden, wenn bspw. komplexe Zusammenhänge sachlich dargestellt werden. Feilke unter-scheidet Bildungssprache von Schulsprache. Unter letzterer versteht er die Sprache, welche für didaktische Zwecke genutzt wird (z. B. didaktische Aufsatzgattungen wie die Erörterung). Die Bildungssprache hingegen schließe sehr viel allgemeinere Sprachphänomene mit ein, deren typisches Merkmal darin bestehe, dass sie nicht „eigens für das Lernen ,gemacht' sind, aber epistemisch ,genutzt' werden" (a. a. O., S. 5). Bildungssprache ist also auch bei ihm nicht fachspezifisch, sondern wird fä-cherübergreifend genutzt. Die sprachlichen Mittel der Bildungssprache haben sich einzelsprachlich über lange Zeit herausgebildet und schließen durch ihre geschicht-liche Entwicklung teilweise auch Merkmale der Schriftsprache mit ein.

Feilke betrachtet bildungssprachliche Merkmale unter einem *Inhaltsaspekt* und einem *Beziehungsaspekt*. Auf der Inhaltsebene würden Sachverhalte nachvollziehbar, klar und auf die neuen Informationen konzentriert dargestellt (Explizieren und Ver-dichten). Die sprachlichen Mittel des Explizierens seien komplexe Adverbiale, Attri-bute und Sätze und die explizite Konnexion (z. B. mittels Konditional- oder Finalkon-struktionen). Zum Verdichten würden sprachliche Mittel wie Nominalisierungen, Komposita, Partizipialattribute (z. B. *die siedende Flüssigkeit*), Präpositionaladverbi-ale (z. B. *unter Druck*), Funktionsverbgefüge und Nominalisierungsverbgefüge (z. B. *zum Kochen bringen*) genutzt. Auf der Beziehungsebene würde für die realisierten Äußerungen Allgemeingültigkeit beansprucht, die aber dennoch vorläufigen Cha-rakter haben kann, indem sie zur Diskussion gestellt wird (Verallgemeinern und Dis-kutieren). Typische sprachliche Mittel für das Verallgemeinern seien im Bereich der Grammatik generische Formen (wie *man* oder *lassen*-Konstruktionen), generischer Artikelgebrauch, generisches Präsens (z. B. *Die Katze fängt Mäuse.*) sowie generisches Passiv (z. B. *in X wird Steinsalz abgebaut*). Zu den lexikalischen Mitteln zählen u. a. Modalpartikeln (z. B. *ohne Zweifel*). Sprachliche Mittel des Diskutierens sind nach Feilke Modalverben, Modalisierungen (wie z. B. mittels Konjunktiv- oder Konzes-sivkonstruktionen), lexikalische Mittel wie Konzedieren, konditionale und modale Adjektive und Adverbien (z. B. *unter dieser Voraussetzung*) sowie Sprechaktverben (wie *behaupten, etw. angeben*). Feilke weist darauf hin, dass seine Einteilung nicht er-schöpfend, sondern auf Wortschatz und Textformen erweiterbar ist. Bildungssprache ist Feilke zufolge ein Inventar sprachlicher Mittel, das zwar für die Wissensbildung genutzt wird, selbst aber schon ein erhebliches Vorverständnis bei den SchülerInnen voraussetzt, um adäquat eingesetzt werden zu können.

Die zuletzt beschriebenen funktionalen linguistischen Ansätze, welche Bildungssprache aus ihrem Verwendungszusammenhang heraus zu bestimmen versuchen, reichen deutlich weiter als der Rückgriff auf die Schriftsprache und deren Merkmale. Bei der Zuordnung konkreter sprachlicher Mittel zeigt sich hier eine starke Ausdifferenzierung, wenn auch manche Sprachmittel noch nicht in ihrer besonderen Leistung geklärt und systematisch im mündlichen oder schriftlichen sprachlichen Handeln lokalisiert sein mögen.

2. Alltägliche Wissenschaftssprache als Teil von Bildungssprache

Der Forschungsstand hat erkennbar werden lassen, dass der kurrente Ausdruck ‚Bildungssprache' einen reflektierten Zugriff auf ein ganzes Spektrum von Charakteristika sowie Besonderheiten sprachlichen Handelns im Kontext von Bildung und Bildungsinstitutionen umfasst. Aus analytischer Sicht kann ihm also zweifellos deskriptive Qualität und somit eine heuristische Funktion zukommen, während seine Erklärungsqualität noch nicht übergreifend bestimmt ist. Systematische Beziehungen vermag er weniger gut zu erfassen, auch kaum mittels merkmalsbezogener Anreicherung oder evidenzbasierter Listung. Demgemäß wurde bereits andernorts argumentiert (Redder, 2010), dass man als wissenschaftliche Kategorie auf diesen Ausdruck verzichten möge. Vielmehr sei im Detail zu rekonstruieren, inwiefern die bemerkenswerten „bildungssprachlichen" Phänomene (a) institutionsspezifische Ausbildungen oder Modifikationen sprachlichen Handelns betreffen, insofern also das, was gemäß Ehlich (2005) als „pragmatische Basisqualifikationen II" und „literale Basisqualifikationen II" analytisch geschieden wurde; (b) Umorganisationen der „semantischen" und „morphologisch-syntaktischen Basisqualifikationen" aufgrund sprachlich vermittelter Wissens- und Erkenntnisfortschritte in ihrer sprachlichen Oberflächenerscheinung auflisten; (c) Elemente der Wissenschaftssprache oder alltäglichen Wissenschaftssprache darstellen; (d) spezifische Wahlen sprachlicher Mittel als Realisierungsform sprachlichen Handelns betreffen, d. h. im pragmatischen Sinne Phänomene des Stils; (e) mit Blick auf den propositionalen Gehalt Themen des Wissens abdecken, die nicht allgemein als gesellschaftliches Wissen präsupponiert werden, sondern an die selektiv erfolgende Partizipation im Wege institutioneller Tradierung gebunden sind.[6] Die Dimensionen (a) bis (c) rufen systematische sprachliche Handlungsanalysen auf den Plan, welche interaktionale und mentale Dimensionen von Sprache in ihrer Relation zueinander berücksichtigen sowie von einem Form-Funktionsnexus ausgehen. Dies ist unter anderem in

---

6   Letzteres ist vor allem bei den Argumentationen von Bourdieu und Habermas im Fokus, während der Stil in die bildungsbürgerliche Normendiskussion gehört.

der Funktionalen Pragmatik (Rehbein & Kameyama, 2006) der Fall, von der hier Gebrauch gemacht wird.

Ausgehend von Aspekt (c) können die beiden ersten Aspekte mitberücksichtigt werden, ja müssen dies sogar. Dazu ist es erforderlich, sich zunächst die Bestimmungen von Wissenschaftssprache kurz in Erinnerung zu rufen, um das Konzept der Alltäglichen Wissenschaftssprache relativ dazu bestimmen zu können und schließlich die Nutzung dieser beiden Erklärungskategorien derjenigen einer deskriptiven Kategorie namens Bildungssprache gegenüberzustellen.

‚Wissenschaftssprache' ist eine Erklärungskategorie, die Ehlich (1995, S. 342) pointiert als „verallgemeinerte Methodologie" von wissenschaftlichen Communities bestimmt. Kurz vorher heißt es:

> „Wissenschaftssprache ist Sediment und Form für eben diese gesellschaftlich-institutionelle Wissensgewinnung. Sie ist eine operative Größe, die in den institutionellen Prozess der Gewinnung gesellschaftlich akzeptablen Wissens eingebunden ist. Zugleich bildet sie eine seiner wesentlichen Voraussetzungen." (Ehlich, 1995, S. 341)

Die methodische Qualität von Wissenschaftssprache sowie die Fokussiertheit des entsprechenden sprachlichen Handelns auf die erkenntnisstiftende, „gnoseologische" Funktion des Mediums Sprache[7] sind mithin die wesentlichen Bestimmungselemente. Es wird vorgeschlagen, die deskriptive Qualität des Ausdrucks Bildungssprache dem entsprechend durch einen methodologischen Aspekt zu schärfen (Redder, 2012a), so dass zugleich die Phänomene (a) und (b) klarer beschrieben werden können (Redder, 2012b). Bildungssprache ist also sprachliches Handeln, welches als Methode der Gewinnung und Umsetzung von Bildung dient, genauer: von institutionell selektiertem gesellschaftlichen Wissen, um an einer Gesellschaft angemessen partizipieren zu können.

Was ist nun relativ zur Wissenschaftssprache die ‚Alltägliche Wissenschaftssprache' und ihre Relation zur ‚Bildungssprache'? Ehlich (1995, 1999) hebt diese besondere Formung der Wissenschaftssprache aufgrund empirischer Analysen im Bereich des Deutschen als Fremdsprache und als Zweitsprache eigens hervor. Die Besonderung betrifft die sprachlichen Mittel, welche im Rahmen der Wissensgewinnung und Wissensbearbeitung als standardisierte Methode eingesetzt werden: Anstelle auffälliger, nicht selten aus Fremdsprachen (wie bei uns dem Griechischen, Lateinischen, Arabischen) entlehnter Ausdrücke, deren terminologischen Stellenwert man also quasi an der Form ablesen kann, werden Ausdrucksmittel der Alltagssprache genutzt. Hierzu gehören die vieldiskutierten lexikalischen Mittel – etwa bestimmte Reflexiva wie *sich zeigen* – ebenso wie bestimmte syntaktische, aber auch illokutive Mittel wie

---

7   Vgl. Ehlich (2007, Bd. I, B7), der bezogen auf das „Medium Sprache" diese von der „teleologischen", zielgerichteten, und „kommunitären", gemeinschaftsstiftenden Funktion analytisch differenziert und so auch die verschiedenen linguistischen Theoriebildungen in ihren Schwerpunktsetzungen zu charakterisieren versucht.

das Erklären oder Kommentieren.[8] Genau wie in der Wissenschaftssprache, können alle möglichen Einheiten sprachlichen Handelns, d. h. Prozeduren, Handlungen, Diskurs- oder Texttypen, methodologisch nutzbar gemacht werden. Thielmann (2009) diskutiert Beispiele für das Spektrum Englisch-Deutsch in komparatistischer Weise. Ihren systematischen Stellenwert gewinnen die alltagssprachlichen Mittel durch den methodologisch abgesicherten Einsatz für die Gewinnung von Wissen, genauer: von wissenschaftlichem Wissen.[9] Insofern erfahren die Mittel der Alltagssprache eine methodologische Funktionalisierung, sobald sie zum alltäglichen Instrumentarium für die Gewinnung wissenschaftlichen Wissens, im Sinne von Vygotskijs (1934/2002) also für die Gewinnung begrifflichen Wissens höchster Qualität werden.

Diese wissensmethodologische Funktionalisierung bewirkt beispielsweise für Ausdrucksmittel des „Symbolfeldes von Sprache" (Bühler, 1934), zu dem besonders die Hauptwortarten Substantiv, Verb, Adjektiv (Thielmann, 2007) sowie einfache Präpositionen gehören, mit Blick auf die Basisqualifikationen Folgendes: Es findet einerseits eine qualitative Differenzierung der Ausdrucksbedeutung statt, die wiederum eine Veränderung der Organisation des Wortfeldes zur Folge hat, gegebenenfalls auch eine Modifikation von Kollokationsmöglichkeiten bis hin zu verfeinerten syntaktischen Kombinationsmöglichkeiten. In Termini der Basisqualifikationen ausgedrückt: Die semantischen Basisqualifikationen werden vertieft und – je nach propositional verhandeltem Wissensthema – schärfer konturiert. Zugleich erfährt die Verwendung eine pragmatische Spezifikation mit Blick auf die Illokutionen oder Diskurs-/Texttypen.[10] Es ist angesichts dieser komplexen Wirkungszusammenhänge unabdingbar, die Interrelation der Basisqualifikationen zu rekonstruieren. An einigen Beispielen zu Partikelverben wird dies in Redder (2013) ausgeführt. So lassen sich dann auch Fälle des imitierenden Erprobens von solchen der Integration in das Instrumentarium der Alltäglichen Wissenschaftssprache differenzieren.

Inwiefern hat nun aber Alltägliche Wissenschaftssprache ihren Ort nicht nur in der Institution Wissenschaft oder in der Universität, sondern auch in der Schule? Kurz gesagt:[11] Erstens erfahren Lehrer eine entsprechende akademische Ausbildung in ihrem Fach und vermitteln dieses Fachwissen, freilich in didaktisierter Weise, weiter. Zweitens erfahren vor allem sprachliche Mittel der Alltäglichen Wissen-

---

8   Welche Mittel das konkret sind, kann nur eine empirisch basierte linguistische Analyse erweisen. Insbesondere Graefen (2009), Graefen & Fandrych (2010) und Graefen & Moll (2011) haben dazu für das Deutsche bereits einiges Material aufgearbeitet, Carobbio (2011) und Heller (2009) für das Italienische im Vergleich.

9   Im besonderen Fall können sie sogar zu Mitteln der Wissenschaftssprache werden, also kategoriale Qualität gewinnen; Thielmann (1999) diskutiert dies historisch z. B. für die Ausdrücke *Masse, Kraft, Raum*.

10 Damit sind die beiden unter (a) und (b) angeführten Aspekte der Phänographie von Bildungssprachstudien berührt.

11 Eine ausführlichere Diskussion erfolgt in Redder (2013/i. Dr.).

schaftssprache eine Sedimentierung im gesellschaftlichen Gesamtwissen und gehen so wiederum, in ihrer wissensmethodisch funktionalisierten Qualität, in die Alltagssprache ein. Gerade die letztgenannte Dynamik begründet ihr Bemerken im Zuge der Bildungssprach-Diskussion, nämlich in Aspekt (c), und macht es analytisch schwer, Operationalisierungen für ihre Identifikation in konkreten lehrer- oder schülerseitigen Äußerungen vorzunehmen.

Freilich ist dies kein unmögliches Unterfangen, sondern eine Aufgabe für die anwendungsbezogene Grundlagenforschung. Konzentriert man sich zunächst auf Mittel der Alltäglichen Wissenschaftssprache prozeduraler Größenordnung (statt illokutiver und diskursiver/textueller) und des Weiteren auf Mittel des Symbolfeldes, so kann durch eine Nutzung verschiedener semantischer Analysemethoden (v. a. Wortfeld- und Frameanalyse, *semantic map*-Modellierung oder funktionale Prozedurenanalyse) eine Aufarbeitung bis hin zur Strukturierung für Testzusammenhänge gelingen. Am Beispiel komplexer Verben und Substantive wird dies im Folgenden, gemäß der Untersuchungen im linguistischen Teilprojekt BiSpra, ausgeführt.

3. Entwicklung von Testitems zur Erfassung von rezeptiv schriftlichen Fähigkeiten im Bereich der Alltäglichen Wissenschaftssprache

3.1 Fragestellung und Hypothesen

Bislang gibt es noch keine Untersuchungen, die die Rolle der Alltäglichen Wissenschaftssprache (AWS) und ihrer Vorformen beim schülerseitigen Verstehen von sachkundlichen/naturwissenschaftlichen Texten betrachten. Aus diesem Grund wurde im Rahmen des Projekts BiSpra ein Instrument entwickelt, das solche Verstehensleistungen bei SchülerInnen der Jahrgangsstufen 4 und 5 erfassen soll. Damit stellt sich zunächst die Frage, ob die von uns entwickelten Items insgesamt dazu geeignet sind, schülerseitige Fähigkeiten im Bereich der AWS zu erfassen. Die großen Schulleistungsvergleichsstudien PISA (PISA-Konsortium Deutschland, 2007), IGLU (Bos et al., 2007) und TIMSS (Bos et al., 2008) sowie Untersuchungen im Rahmen von FörMig (Gogolin et al., 2003) weisen darauf hin, dass SchülerInnen mit Migrationshintergrund beim Verstehen schulischer Texte größere Schwierigkeiten haben als ihre monolingualen Altersgenossen. Ehlich (1995, 1999) und Graefen (1997, 1999) stellen für den universitären Kontext v. a. bei Studierenden mit Deutsch als Fremdsprache Schwierigkeiten mit Ausdrücken der AWS fest. Dies sei durch deren oberflächliche Ähnlichkeit mit Ausdrücken der Alltagssprache zu erklären, weshalb sie von den Studierenden nicht als unbekannt wahrgenommen werden. Ihre besondere Semantik in wissenschaftlichen Zusammenhängen wird nicht erkannt. Im Bereich der Verben tritt AWS häufig in Form von Präfix- und Partikelverben auf. Letztere können eine Verbal- oder Satzklammer bilden. Für die „Klammersprache Deutsch"

(Weinrich, 1986) ist die syntaktische Aufspaltung in einen finiten Prädikatsteil in der linken Klammer und einen infiniten oder durch sonstige neutrale Konstituenten wie Partikeln geprägten rechten Klammerteil charakteristisch (Redder, 1992). Rehbein (1995) weist für türkische Kinder mit Deutsch als Zweitsprache auf besondere Probleme mit der deutschen Satzklammer hin, welche dadurch entstehen, dass produktiv wie rezeptiv der aus dem Türkischen vertraute Verbalisierungsplan (von hinten nach vorn gemäß agglutinierender Sprachen) erheblich umorganisiert werden muss. Entsprechend stellt sich uns die Frage, ob monolingual deutsch aufwachsende SchülerInnen bei den getesteten Items im Durchschnitt besser abschneiden als SchülerInnen, die mit mindestens einer anderen Sprache außer Deutsch aufwachsen. Da es sich im Falle der vorliegenden Items um naturwissenschaftliche Texte handelt, stellt sich zudem die Frage, ob es – hervorgerufen durch unterschiedliche Interessensgebiete – geschlechterspezifische Unterschiede gibt. Zuletzt ist von Interesse, inwiefern Zusammenhänge zwischen Indikatoren, die auf die familieninterne Bildungsnähe verweisen, und den Testergebnissen der SchülerInnen hergestellt werden können.

Aus linguistischer Perspektive ist zu untersuchen, inwieweit die semantischen Fähigkeiten der SchülerInnen im Bereich der Verbstämme in Präfix- und Partikelverben mit denen im Bereich der Präfixe und Partikeln allein übereinstimmen, oder ob die einzelnen Teile dieser Verben getrennt voneinander zu betrachten sind. Zudem ist die Annahme zu überprüfen, dass die deutsche Satzklammer (bei trennbaren Verben und Reflexivverben) eine Rolle bei der Lösung der Items spielen könnte.

3.2   Methode

3.2.1   Design

Um die rezeptiven Fähigkeiten im Bereich der Alltäglichen Wissenschaftssprache von SchülerInnen der Jahrgangsstufen 4 und 5 erfassen zu können, wurden Testitems im Multiple-Choice-Format entwickelt.

Zur Erfassung des sprachlichen Hintergrunds der Kinder wurde ein Fragebogen entworfen, der von den Testleiterinnen mit den SchülerInnen gemeinsam ausgefüllt werden konnte. Die Kinder wurden nach ihrem Geburtsland sowie nach dem ihrer Eltern gefragt und nach der Sprache, die das Kind mit seiner Mutter, seinem Vater und seinen Geschwistern spricht. Bei der Auswertung wurden unter „mehrsprachig" alle SchülerInnen gefasst, die innerhalb der Familie neben Deutsch noch mindestens eine weitere Sprache sprechen, und zwar unabhängig davon, ob nur ein oder beide Elternteile eine andere Sprache außer Deutsch verwenden. Unter „einsprachig Deutsch" wurden alle SchülerInnen gefasst, die weder mit einem Elternteil noch mit ihren Geschwistern eine andere Sprache als Deutsch sprechen. Zur Erfassung des Bildungshintergrunds und des sozioökonomischen Status der Familie wurden die SchülerInnen gefragt, ob sie die Möglichkeit hätten, bezahlten Nachhilfeunterricht in Anspruch zu nehmen oder ein Musikinstrument zu erlernen. Außerdem interessierte uns die Anzahl der Bücher im Haushalt und ob die Eltern den Kindern in der Vergangenheit Gute-Nacht-Geschichten vorgelesen oder erzählt haben, da diese Faktoren potentiell als Indikatoren für gute rezeptive Sprachfähigkeiten der Kinder gelten können.

3.2.2 Stichprobe

Tabelle 1: Stichprobengröße sowie Klassenstufen-, Geschlechter-, Muttersprachverteilung und Verteilung über die Indikatoren für den Bildungshintergrund der SchülerInnen

Testteil	Jgst.	N	Subgruppe a	Subgruppe b	Subgruppe c	Subgruppe d
			N je Geschlecht 1 = männlich 2 = weiblich k.A. = keine Angabe	N je Muttersprache 1 = Deutsch 2 = andere Muttersprache als Deutsch k.A. = keine Angabe	N je vorgelesen ja / nein 1 = vorgelesen 2 = nicht vorgelesen k.A. = keine Angabe	N je Anzahl der Bücher im Haushalt 1 = 0 bis 20 Bücher 2 = mehr als 20 Bücher k.A. = keine Angabe
1	4		1 = 123 2 = 113	1 = 109 2 = 127	1 = 200 2 = 35	1 = 142 2 = 94
		236	k.A. = 3	k.A. = 3	k.A. = 4	k.A. = 3
	5		1 = 86 2 = 66	1 = 116 2 = 36	1 = 141 2 = 10	1 = 121 2 = 31
		152	k.A. = 2	k.A. = 2	k.A. = 3	k.A. = 2
2	4		1 = 117 2 = 110	1 = 107 2 = 120	1 = 193 2 = 33	1 = 138 2 = 89
		227	k.A. = 3	k.A. = 3	k.A. = 4	k.A. = 3
	5		1 = 84 2 = 63	1 = 114 2 = 33	1 = 136 2 = 10	1 = 117 2 = 30
		147	k.A. = 0	k.A. = 0	k.A. = 1	k.A. = 0

An der Pilotierung unseres ersten Testteils nahmen insgesamt 393 SchülerInnen aus 20 Klassen von neun unterschiedlichen Schulen teil. Fünf Fälle können durch fehlende Angaben in den Fragebögen in der folgenden Beschreibung der Stichprobe und den Berechnungen von Mittelwerten nicht berücksichtigt werden, wurden aber bei der Reliabilitätsanalyse der Testitems miteinbezogen. Wie Tabelle 1 zu entnehmen ist, setzen die verbleibenden 388 Fälle sich aus 236 SchülerInnen (60,8%) in Jgst. 4 und 152 SchülerInnen (39,2%) in Jgst. 5 zusammen.[12]

46,2% der SchülerInnen der vierten Klassen wachsen einsprachig Deutsch auf, 53,8% der Viertklässler sprechen neben Deutsch noch eine weitere Sprache. Ein

---

12 Bei der Einteilung ist darauf hinzuweisen, dass unter die Jgst. 5 auch eine Klasse ($n = 21$) fällt, die sich zum Erhebungszeitpunkt bereits am Anfang der 6. Jgst. befand. Wir gehen allerdings nicht davon aus, dass dieser Unterschied in der Gesamtauswertung ins Gewicht fällt.

Problem unserer Pilotstudie ergibt sich dadurch, dass alle erfassten SchülerInnen der Jgst. 5 ein Gymnasium besuchen, d.h. keine Diversität der Schulformen vorliegt, denn von anderen Schultypen erhielten wir keine Bereitschaftserklärung zur Teilnahme. Durch die Schulempfehlung für das Gymnasium wurden die SchülerInnen bereits nach ihren Fähigkeiten vorselektiert und unterscheiden sich stark von der Subgruppe der 4. Jgst. Es ist also davon auszugehen, dass sie in unserer Erhebung im oberen Bereich der Anzahl richtiger Antworten liegen. Die Anzahl der SchülerInnen mit Migrationshinweis in der Jgst. 5 ist in der vorhandenen Stichprobe relativ gering. Sie macht 23,7% der Fünftklässler aus, während 76,3% der Jgst. 5 einsprachig Deutsch aufwachsen. Um von den Ergebnissen auf eine Grundgesamtheit von SchülerInnen der 4. und 5. Jgst. schließen zu können, wäre eine Durchführung der Erhebung an weiteren 5. Klassen in Schulen anderer Schulformen vonnöten.

In Bezug auf die Indikatoren für den Bildungshintergrund der Elternhäuser lässt sich für unsere Stichprobe aussagen, dass dem Großteil der Kinder (87%) in der Vergangenheit vorgelesen wurde. In der Gesamtstichprobe sind bei 47% der Elternhäuser der SchülerInnen bis zu 20 Bücher vorhanden, demzufolge besitzen 53% der Haushalte, in denen die SchülerInnen aufwachsen, mehr als 20 Bücher. Um nicht mit zu geringen Fallzahlen rechnen zu müssen, wurden für die Berechnungen entsprechend dieser Verteilung die Kategorien „bis zu 20 Bücher" und „mehr als 20 Bücher" gebildet.

An der Pilotierung unseres zweiten Testteils nahmen elf SchülerInnen weniger teil als an der ersten. Die Stichprobe verringert sich somit auf $N = 377$, von denen wiederum drei Fälle aufgrund fehlender Werte nur für die Reliabilitätsanalyse berücksichtigt wurden. Die entsprechende geringfügige Verschiebung in der Verteilung der Fallzahlen auf die einzelnen Gruppen kann Tabelle 1 entnommen werden.

3.2.3   Instrumente

Auswahl der Ausdrücke für die Entwicklung der Testitems

Als Grundlage für die Entwicklung der Testitems im Multiple-Choice-Format dienten zunächst Schulbuchtexte und Unterrichtsmaterialien aus dem Sachkunde-, Gesellschaftskunde- und dem naturwissenschaftlichen Unterricht der Jahrgangsstufen 4 und 5 (Bergner et al., 1995; Bertling et al., 1993; Bickel et al., 2003; Dobers et al., 1999; Meier, 2007; Pews-Hocke & Zabel, 1997, 2000). So ist es möglich, die institutionellen Anforderungen an die SchülerInnen im Übergang von der Primarstufe zur Sekundarstufe im Bereich der schriftlichen Rezeption zu überprüfen.

Aus den Texten wurden Ausdrücke und Phrasen ausgewählt, die der Alltäglichen Wissenschaftssprache zuzuordnen sind, weil sie in ihrer Bedeutung von der Alltagssprache verengend oder erweiternd abweichen oder weil der symbolische Anteil des Ausdrucks durch operative Prozeduren (z. B. Präfixe) so weit verändert wurde, dass eine Umorganisation des sprachlichen Wissens erforderlich ist, um die Bedeutung des Ausdrucks zu erfassen.

Es folgte eine Einteilung der Ausdrücke in unterschiedliche Schwierigkeitsstufen, um einen Itempool zu erhalten, mit dem zwischen SchülerInnen mit guten AWS-Fähigkeiten und weniger guten AWS-Fähigkeiten differenziert werden kann. In die Gruppe mit der niedrigsten Schwierigkeit wurden diejenigen Ausdrücke sortiert, die in der getesteten Altersgruppe als bekannt gelten dürften und deren einzelne Elemente nicht wesentlich durch operative Prozeduren verändert werden (z. B. *der Sonnenstrahl*). Der Gruppe der Ausdrücke mittlerer Schwierigkeit wurden diejenigen zugeordnet, deren Bedeutung als leicht herleitbar einzustufen ist (z. B. *befestigen*). Als eher schwierig sind Ausdrücke zu werten, die den SchülerInnen nur in ihrer alltäglichen Bedeutung bekannt sein dürften, nicht aber in ihrer abstrahierten wissenschaftssprachlichen Bedeutung (z. B. *eintreten*). Auch Ausdrücke, bei denen der in den Verbstämmen enthaltene Symbolfeldausdruck durch eine Präfigierung eine Bedeutungsveränderung erfährt (z. B. *entsprechen*), sind als schwierig einzustufen. Bei der Erstellung der Items wurden Ausdrücke verschiedener Schwierigkeit ausgewählt. Dabei konzentrierten wir uns auf Verben und Substantive und deren Kombination in Funktionsverbgefügen. Der entstandene Itempool besteht aus insgesamt 102 Items.

Da davon auszugehen ist, dass präfigierte Verben in der Alltäglichen Wissenschaftssprache eine erhebliche Rolle spielen und für SchülerInnen im Übergang von der Primar- zur Sekundarstufe eine große Herausforderung darstellen, bildeten diese in der Entwicklung unserer Testitems einen Schwerpunkt. Etwa 70% des Itempools bestehen deshalb aus Präfixverben und Verben mit abtrennbaren Präpositionen (sog. Partikelverben) in verschiedenen Wortverbindungen, d. h. mit Reflexivpronomen und in Funktionsverbgefügen. Bei Erstellung von Items, mit denen Substantive getestet wurden, fiel die Entscheidung auf Komposita und Derivationen und die Kombination aus beidem.

Um zu überprüfen, ob die Präfixe und Präpositionen oder Partikeln als solche bereits eine Schwierigkeit für die SchülerInnen darstellen, wurden sie in einem zweiten Testteil gesondert erhoben. Dadurch, dass in diesen Testteil nur Präfixverben und Partikelverben in den verschiedenen Wortverbindungen in die Aufgaben eingehen, enthält dieser Testteil nur 63 Items.

Aufbau der Items

Da die meisten der zu testenden Ausdrücke ihre konkrete Bedeutung erst durch ihr semantisches Umfeld erhalten, wurden Texte entwickelt, in welche die zu testenden Ausdrücke eingefügt wurden. Die Themen der Texte entsprechen inhaltlich denjenigen, die auch in Schulbüchern für den naturwissenschaftlichen und gesellschaftswissenschaftlichen Unterricht für 4. und 5. Klassen vorzufinden sind: „die Gartentulpe", „die Hauskatze", „die Dinosaurier" und „das Mittelalter". Als Tempora wurden das Präsens für Sachverhalte und das Präteritum für die Vorgeschichte von Ereignissen verwendet. So dominiert in den beiden erstgenannten Texten das Präsens, in den letztgenannten das Präteritum. Die zu testenden Ausdrücke erschienen im Text als Leerstelle. Diese Lücke musste durch die SchülerInnen durch die Wahl eines einzigen von vier angebotenen Ausdrücken gefüllt werden, von denen einer am Besten in die Lücke passt. Die Ratewahrscheinlichkeit beträgt also 25%. Bei der Konzipierung der Distraktoren wurden semantisch ähnliche Ausdrücke ausgewählt, die jedoch semantisch unvereinbar mit dem Umfeld des fehlenden Ausdrucks sind, also Kollokationsverstöße bewirken. Zur Veranschaulichung unseres Vorgehens folgt ein Beispiel (B1) für ein Item mit einem Kompositum:

B1
Forscher versuchten herauszufinden, in _____ _____ die Dinosaurier ausgestorben sind.
- ○   welcher Reihenfolge
- ○   welchem Durchlauf
- ○   welcher Rangfolge
- ○   welcher Reihenwirkung

Um eine vergleichbare Schwierigkeit der Testitems zu gewährleisten, wurde bei der Entwicklung der Distraktoren – so weit wie möglich – auf einen einheitlichen Aufbau geachtet. Vor allem sollte mit Hilfe des Tests die Frage beantwortet werden, ob die getesteten SchülerInnen semantische Abweichungen eines Ausdrucks erkennen, bzw. ob sie den semantisch präzisen Ausdruck in den Kontext des Satzes einbetten können. Die Schwierigkeit bestand darin, dass einige semantisch ähnliche Ausdrücke ebenso gut in denselben Kontext passen und insofern propositional als „richtig" zu werten wären. Es galt also Ausdrücke zu finden, die zwar semantisch ähnlich sind, aber nicht synonym verwendet werden können.

Bei den Substantiven wurden dafür die einzelnen Bestandteile des Ausdrucks variiert. Anhand des obigen Beispiels lässt sich zeigen, dass bei den letzten beiden Distraktoren jeweils der erste bzw. der zweite Wortteil geändert wurde: Bei *Rangfolge* wurde das Bestimmungswort ausgetauscht, bei *Reihenwirkung* das Grundwort. Beim zweiten Distraktor *Durchlauf* weist das Grundwort eine semantische Ähnlichkeit zum Grundwort der richtigen Antwort auf. Alle drei Ausdrücke sind jedoch in der semantischen Umgebung des Satzes unpassend.

Bei der Entwicklung der Items, mit Hilfe derer die AWS-Fähigkeiten der SchülerInnen im Bereich der Verben erhoben werden sollten, galt es Verschiedenes zu bedenken. Da syntaktisch davon auszugehen ist, dass die Trennbarkeit von Partikelverben nur dann zur Geltung kommt, wenn eine prädikative und keine infinite Verwendung erfolgt, wenn also der Verbstamm und die Präposition eine Satzklammer bilden, wurden entsprechende Testitems entwickelt. Die Lücke im Text besteht hier lediglich aus der Flexionsform des Verbstamms auf der Position der linken Verbklammer, während die Präposition in der rechten Verbklammer des Satzes sichtbar bleibt, bei unausgefülltem Nachfeld also am Satzende. Bei nicht-trennbaren Präfixverben hingegen besteht die Leerstelle aus dem gesamten flektierten Verb, also dem finiten Prädikat aus Verbstamm mit dazugehörigem Präfix. Bei den

Items mit trennbaren Verben wurde jeweils ein Distraktor so konstruiert, dass sein Verbstamm durch die Präposition in der rechten Verbklammer ausgeschlossen werden konnte. SchülerInnen mit einem gewissen Maß an „Prozedurenwissen" können diese Antwortmöglichkeit dadurch ausschließen, dass sie die Kombination aus den beiden Bestandteilen in linker und rechter Verbklammer als das Gesamtprädikat erkennen – und zugleich bemerken, dass der aus der Kombination entstehende Ausdruck nicht zum Bestand des Deutschen gehört. Ein Beispiel dafür:

B2
Die Sauerstoffproduktion _____allerdings nur ein, wenn es Tag ist. In der Nacht kann die Pflanze keinen Sauerstoff herstellen, weil sie dafür das Sonnenlicht braucht.
- o   geht
- o   beginnt
- o   <u>tritt</u>
- o   wandert

Der zweite Distraktor (*beginnt*) wurde so konstruiert wie oben geschildert. Das Verb *beginnen* ist nicht mit der Partikel *ein* kompatibel, während die Ausdrücke *eingehen* und *einwandern* und natürlich die richtige Lösung *eintreten* mögliche Verbindungen sind. Auf der anderen Seite hat der Ausdruck *beginnen* im Satzzusammenhang von B2 eine ähnliche Bedeutung wie *eintreten*. Ohne die Partikel in der rechten Verbklammer würde durch den Einsatz des zweiten Distraktors ein durchaus sinnvoller Satz entstehen, während die anderen beiden Ausdrücke durch das semantische Umfeld des Satzes ausgeschlossen werden können.

Eine weitere Frage war, inwieweit die SchülerInnen über Kenntnisse von Reflexivverben verfügen, ob sie also erkennen, dass ein Verb reflexiv verwendbar ist oder nicht. Anhand des folgenden Beispiels (B3) soll das Vorgehen in Bezug auf die trennbaren Reflexivverben näher erläutert werden.

B3
Anders ist es bei Großkatzen wie Löwen. Sie _____ sich zu größeren Gruppen zusammen, um gemeinsam zu jagen und die Jungen großzuziehen.
- o   verbinden
- o   <u>schließen</u>
- o   kommen
- o   fügen

Bei diesem Beispiel ist die zweite Antwortmöglichkeit *schließen* die richtige. Der Verbstamm *schließ-* bildet mit der Partikel *zusammen* und dem Reflexivpronomen *sich* ein komplexes Reflexivverb. Das Verb *verbinden* ist zwar reflexiv verwendbar und weist eine semantische Ähnlichkeit zu der richtigen Lösung auf, lässt sich allerdings nicht mit der Partikel *zusammen* vereinen. Die dritte Antwortmöglichkeit *kommen* lässt sich zwar damit kombinieren, kann aber nicht reflexiv verwendet werden. Der vierte Ablenker *fügen* kann reflexiv verwendet werden und ist mit der Partikel kompatibel, ist aber im semantischen Umfeld des Satzes, d. h. propositional, unpassend.

Für die Entwicklung des zweiten Testteils wurden dieselben Texte aus Testteil 1 verwendet und die Items entsprechend modifiziert. Der Verbstamm im Finitum blieb diesmal lesbar, aber an der Stelle des Präfixes bzw. der Präposition oder der Partikel wurde eine Lücke gelassen, die wiederum durch die Auswahl einer von vier Alternativen gefüllt werden musste. Durch die Gegenüberstellung des Antwortverhaltens im ersten Testteil mit dem im zweiten Testteil sollte überprüft werden, ob es einen Zusammenhang zwischen den schülerseitigen semantischen Basisqualifikationen im Bereich der Präfixe und Präpositionen einerseits und den semantischen Fähigkeiten im Bereich der Verbstämme andererseits gibt.

3.2.4 Durchführung

Für die Durchführung der Pilotierung wurden jeweils zwei Schulstunden an zwei verschiedenen Tagen benötigt, so dass mit dem ersten Testteil begonnen wurde. Die Testleiterinnen gaben eine mündliche Einführung. Die SchülerInnen konnten sich für die Bearbeitung der Items so viel Zeit nehmen, wie sie brauchten.

Bei der Durchführung zeigten sich bereits große Unterschiede in der von den SchülerInnen benötigten Bearbeitungszeit. Einige Kinder der Jgst. 5 am Gymnasium hatten bereits nach 30 Minuten das komplette Itemset bearbeitet, während andere SchülerInnen, v. a. in Klassen der Jgst. 4, das Testheft erst nach zwei Schulstunden abgaben. Die Fragebögen wurden von den Testleiterinnen gemeinsam mit jedem einzelnen Schüler am ersten Testtag ausgefüllt. Am zweiten Testtag wurde der zweite Testteil von den Schülerinnen und Schülern bearbeitet. Zwischen der Bearbeitung des ersten und des zweiten Testteils lagen mindestens drei Tage.

3.3 Ergebnisse

3.3.1 Itemstatistische Kennwerte

Die Reliabilitätsanalyse des Gesamttests des ersten Testteils mit der dichotomen Auswertung richtig/falsch ergab ein Cronbachs $\alpha = 0{,}954$. Es kann also von einer inhaltlich konsistenten Itemkonstruktion ausgegangen werden. Die durchschnittliche Itemschwierigkeit liegt bei einem Mittelwert von 0,56. Zwei Items müssen aufgrund ihres Mittelwerts unter 0,2 als zu schwer eingestuft werden; 13 werden von mehr als 80% der SchülerInnen richtig gelöst und sind somit zu leicht. Diese 13 Items verteilen sich gleichmäßig über die oben beschriebene Einteilung der getesteten Ausdrücke. Aufgrund einer niedrigen Trennschärfe von < 0,3 können 22 Items nicht gut zwischen Schülerinnen und Schülern mit unterschiedlich guten Fähigkeiten im Bereich AWS differenzieren. Der zweite Testteil weist eine Reliabilität von $\alpha = 0{,}956$ auf. Die mittlere Trennschärfe ist nur bei einem Item unter 0,3. Von den 63 Items können ebenfalls 13 aufgrund eines hohen Mittelwerts als zu leicht eingestuft werden. Die durchschnittliche Itemschwierigkeit hat den Mittelwert 0,68.

Tabelle 2: Überblick über die Reliabilität, die Itemschwierigkeit und die Trennschärfe der entwickelten Items

Testteil	Anzahl Items	Cronbachs a	durchschnittl. Item-schwierigkeit	$P_j < 0{,}2$ / Anzahl der Items	$P_j > 0{,}8$ / Anzahl der Items	$r_{it} < 0{,}3$ / Anzahl der Items
1	102	$a = 0{,}954$	$P_j = 0{,}56$	2	13	22
2	63	$a = 0{,}956$	$P_j = 0{,}68$	0	13	1

3.3.2 Auswertung der Distraktoren

Wie oben bereits ausführlich erläutert gibt es bei den Items, die Verben mit mehreren Bestandteilen testen, sich systematisch unterscheidende Distraktoren. Für die Auswertung wurden zwei Typen von Distraktoren unterschieden:

Bei Distraktoren des Typs D1 kann der Verbstamm durch die Präposition in der rechten Verbklammer ausgeschlossen werden. Der Distraktor ist also semantisch passend, kann aber nicht mit der im Satz vorkommenden Präposition kombiniert werden und ist somit kein Ausdruck des Deutschen (z. B. *beginnt-ein* statt *tritt ein*). Unter diesen Distraktorentyp fallen ebenso Verbstämme, die zwar mit der im Satz vorkommenden Präposition, jedoch nicht mit dem im Satz ebenfalls vorhandenen Reflexivpronomen kombiniert werden können (z. B. *sich zusammenkommen* statt *sich zusammenschließen*). Distraktorentyp D2 ist nach syntaktischen Gesichtspunkten im Satz zwar korrekt, aber im semantischen Umfeld des Satzes, d. h. inhaltlich, unpassend (z. B. *wandert ein* statt *tritt ein*).

Vergleicht man die von den SchülerInnen angekreuzten Distraktoren untereinander, ist auffällig, dass von den insgesamt 47 Items, die einen Distraktor des Typs D1 besitzen, bei 34 Items dieser bevorzugt wird. Bei 72% der falschen Antworten wird D1 gewählt, also ein Distraktor, der semantisch zwar funktionieren würde, syntaktisch jedoch nicht.

Dabei gibt es Unterschiede je nach Konstruktion des Items. Bei Items, die nur trennbare Verben testen, werden nur zu 53% D1-Distraktoren gewählt. Bei Items, die trennbare Reflexivverben testen und damit eine doppelte Schwierigkeit im syntaktischen Bereich aufweisen, werden bereits zu 73% D1-Distraktoren gewählt. Davon wird zu 75% der D1-Distraktor angekreuzt, der ohne Präposition bzw. Partikel semantisch sinnvoll wäre. Nur zu 25% wird der Distraktor, der ohne Reflexivum sinnvoll wäre, gewählt.

Aus diesen Ergebnissen könnte man schließen, dass Reflexivpronomen von den SchülerInnen eher als zum Verb gehörig erkannt werden als Präpositionen und Partikeln von trennbaren Verben. Dem widerspricht jedoch das Antwortverhalten bei nicht-trennbaren Reflexivverben. Hier werden bei falschen Antworten zu 89% D1-Distraktoren gewählt, obwohl pro Item sogar zwei D2-Distraktoren zur

Verfügung stünden. Offensichtlich erkennen die SchülerInnen bei diesen Items das Reflexivum meist nicht als Teil des Verbs. Welche Zusammenhänge zwischen den einzelnen Verbbestandteilen und deren Erkennen als solche im Satz bestehen, muss in weiteren Schritten noch genauer untersucht werden.

3.3.3   Vergleich der Subgruppen

Wegen der Inhomogenität der beiden Jahrgangsstufen (gemischte Gruppe in der Jgst. 4; vorselektierte Gruppe in der gymnasialen Jgst. 5) wäre ein Vergleich der Fähigkeiten der SchülerInnen dieser Gruppen nicht sinnvoll. Stattdessen wurden in beiden Jahrgangsstufen jeweils für zwei unabhängige Variablen (männlich/weiblich, einsprachig Deutsch/mehrsprachig, wurde vorgelesen/wurde nicht vorgelesen, 0 bis 20 Bücher, mehr als 20 Bücher im Haushalt) T-Tests durchgeführt, d. h. die Mittelwerte der durch die SchülerInnen der jeweiligen Subgruppen korrekt beantworteten Items wurden miteinander verglichen und auf Signifikanz überprüft (s. Tabellen 3a bis 3d).

Tabelle 3a: Subgruppe a: männliche und weibliche SchülerInnen, Mittelwerte basierend auf der Anzahl korrekter Antworten der Testteile 1 und 2[13]

Jgst. 4	männlich			weiblich			
	M	SD	Prozent	M	SD	Prozent	t
Testteil 1	36,8	16,0	36	38,2	16,3	37	0,67
Testteil 2	35,0	15,3	56	38,0	12,8	60	1,59
Jgst. 5	männlich			weiblich			
	M	SD	Prozent	M	SD	Prozent	t
Testteil 1	61,2	11,3	60	61,9	12,6	61	0,35
Testteil 2	51,0	11,2	81	49,9	10,1	79	0,92

Zunächst einmal lässt sich feststellen (s. Tabelle 3a), dass weder in Jgst. 4 noch in Jgst. 5 des Gymnasiums zwischen Mädchen und Jungen signifikante Leistungsunterschiede in der Bearbeitung unserer Testitems im ersten Testteil bestehen (Jgst. 4/p = 0,51; Jgst. 5/p = 0,73). Zwischen einsprachig deutsch aufwachsenden SchülerInnen und mehrsprachigen SchülerInnen (vgl. Tabelle 3b) besteht allerdings ein signifikanter Unterschied in der Anzahl der richtigen Antworten in beiden Jahrgangsstufen. In Jgst. 4 lösen mehrsprachige SchülerInnen im Durchschnitt

---

13 Anmerkungen zu Tabellen 3a bis 3d: M = Mittelwert, SD = Standardabweichung, Prozent = Anteil der richtigen Antworten in Prozent, t = T-Wert, * p < 0,05, *** p < 0,001.

13 von 102 Items weniger als ihre einsprachigen MitschülerInnen und liegen damit 13 Prozentpunkte unter der Anzahl der richtigen Antworten der einsprachigen SchülerInnen. Auch in der gymnasialen Jgst. 5 macht sich der Unterschied in der Anzahl der richtigen Lösungen zwischen SchülerInnen mit und ohne Migrationshinweis mit 10 Prozentpunkten Differenz immer noch bemerkbar.

Tabelle 3b: Subgruppe b: einsprachige und mehrsprachige SchülerInnen, Mittelwerte basierend auf der Anzahl korrekter Antworten der Testteile 1 und 2

Jgst. 4	Deutsch			andere Muttersprache als Deutsch			
	M	SD	Prozent	M	SD	Prozent	t
Testteil 1	44,5	15,2	44	31,4	14,4	31	6,82***
Testteil 2	42,3	13,0	67	31,2	13,2	49	6,41***
Jgst. 5	Deutsch			andere Muttersprache als Deutsch			
	M	SD	Prozent	M	SD	Prozent	t
Testteil 1	63,9	10,9	63	53,9	11,4	53	4,71***
Testteil 2	52,4	9,7	83	44,0	11,6	70	4,12***

Tabelle 3c: Subgruppe c: SchülerInnen, denen als Kind vorgelesen wurde und denen nicht vorgelesen wurde, Mittelwerte basierend auf der Anzahl korrekter Antworten der Testteile 1 und 2

Jgst. 4	vorgelesen			nicht vorgelesen			
	M	SD	Prozent	M	SD	Prozent	t
Testteil 1	38,9	16,6	38	29,9	10,6	29	4,19***
Testteil 2	37,7	14,4	60	29,6	10,1	47	3,95***
Jgst. 5	vorgelesen			nicht vorgelesen			
	M	SD	Prozent	M	SD	Prozent	t
Testteil 1	61,8	11,8	61	57,5	12,8	56	1,12
Testteil 2	51,1	10,1	81	42,6	15,9	68	1,67

Auffallend ist auch die Abweichung der Ergebnisse zwischen den SchülerInnen der Jgst. 4, denen nach eigener Aussage als Kind vorgelesen wurde, und solchen,

denen nicht vorgelesen wurde (s. o. Tabelle 3c). Die Bildungsnähe des Elternhauses, indiziert durch die Anzahl der Bücher im Haushalt der Familien der
SchülerInnen (s. Tabelle 3d), scheint in dieser Subgruppe ebenfalls einen Einfluss
auf das Abschneiden der SchülerInnen im Test zu haben. Kinder, deren Familien
mehr als 20 Bücher besitzen, schneiden signifikant besser ab als solche, in deren
Familie weniger als 20 Bücher vorhanden sind. In der Jgst. 5 macht sich in Bezug
auf diese beiden Indikatoren für den familiären Bildungshintergrund kein signifikanter Unterschied im Antwortverhalten mehr bemerkbar.

Tabelle 3d: Subgruppe d: Anzahl der Bücher in den Familien der SchülerInnen, Mittelwerte basierend auf der Anzahl korrekter Antworten der Testteile 1 und 2

Jgst. 4	0 bis 20 Bücher			mehr als 20 Bücher			
	M	SD	Prozent	M	SD	Prozent	t
Testteil 1	31,2	12,8	31	41,6	16,8	41	5,00***
Testteil 2	31,7	12,8	50	39,5	14,3	63	4,16***
Jgst. 5	0 bis 20 Bücher			mehr als 20 Bücher			
	M	SD	Prozent	M	SD	Prozent	t
Testteil 1	58,8	10,8	58	62,2	12,0	61	1,39
Testteil 2	47,0	10,6	75	51,4	10,6	82	2,00*

Ein ähnliches Ergebnis zeigt sich für den zweiten Testteil. Auf den ersten Blick fällt
auf, dass die Bearbeitung dieses Testteils den SchülerInnen leichter gefallen ist als
der erste. In der 4. Klasse erreichen die SchülerInnen durchschnittlich einen Wert
von 36,8% richtiger Lösungen, während im zweiten Testteil 57,8% der Items korrekt gelöst werden. In Jgst. 5 am Gymnasium werden im ersten Testteil 60,4% der
Items richtig gelöst, während im zweiten Testteil 80,2% der Lösungen richtig sind.
Zwischen Mädchen und Jungen (vgl. Tabelle 3a) zeigt sich auch in diesem Testteil
kein signifikanter Unterschied (Jgst. 4/p = 0,11; Jgst. 5/p = 0,54). Die prozentuale
Verteilung der richtigen Antworten auf die Subgruppen zeigt ein ähnliches Bild
wie die des ersten Testteils. Einsprachige Kinder haben gegenüber ihren mehrsprachigen MitschülerInnen in der Bearbeitung des Tests ebenfalls einen Vorteil (vgl.
Tabelle 3b). In Jgst. 4 ergibt sich hier ein signifikanter Unterschied. Kinder, die mit
einer zusätzlichen Sprache als Deutsch aufwachsen, beantworten im Mittel 11 von
63 Items weniger als ihre einsprachig deutsch aufwachsenden Klassenkameraden.
In Jgst. 5 am Gymnasium ist der Unterschied von 8 Items zwar weniger eindeutig,
mit p < 0,001 aber immer noch signifikant. SchülerInnen der Jgst. 4, in deren Familien mehr als 20 Bücher vorhanden sind, schneiden im zweiten Testteil ebenfalls

signifikant besser ab als die Vergleichsgruppe (vgl. Tabelle 3d). Die SchülerInnen, denen als Kind vorgelesen wurde, zeigen gegenüber denen, denen nicht vorgelesen wurde, genau wie im ersten Testteil ein signifikant besseres Ergebnis (vgl. Tabelle 3c). In der erhobenen Jgst. 5 sind die Unterschiede mit $p = 0{,}046$ zwischen den SchülerInnen mit bis zu 20 Büchern und über 20 Büchern leicht signifikant, im Gegensatz zum ersten Testteil, in dem dieser Faktor keinen signifikanten Einfluss auf das Testergebnis hatte. Der Vergleich der SchülerInnen, denen vorgelesen wurde, und denen, denen nicht vorgelesen wurde (vgl. Tabelle 3d), zeigt hier, ebenso wie im ersten Testteil, keinen signifikanten Unterschied ($p = 0{,}127$). Aufgrund niedriger Fallzahlen (10 von 146 SchülerInnen, denen nicht vorgelesen wurde, 30 von 147 SchülerInnen, die weniger als 20 Bücher besitzen) müssten diese Ergebnisse jedoch in einer erneuten Erhebung überprüft werden.

Um zu überprüfen, ob dieselbe Schülergruppe, die im ersten Testteil bessere Ergebnisse erzielt hat, auch im zweiten Testteil besser abschneidet, wurde die Gesamtgruppe der an beiden Testteilen beteiligten SchülerInnen für beide Jahrgangsstufen einzeln anhand des Medians im ersten Testteil in zwei Gruppen geteilt.[14] Anschließend wurden die Mittelwerte der Anzahl der richtigen Antworten im zweiten Testteil dieser beiden Gruppen verglichen (s. Tabelle 4).

Tabelle 4: Vergleich der Gruppen geteilt nach Median, Mittelwerte basierend auf der Anzahl korrekter Antworten in Testteil 2

Jgst. 4	unterhalb des Median Testteil 1 ($N = 162$)			oberhalb des Median Testteil 1 ($N = 61$)			
	M	SD	Prozent	M	SD	Prozent	t
Testteil 2	30,2	11,4	48	52,9	5,7	84	19,75***
Jgst. 5	unterhalb des Median Testteil 1 ($N = 20$)			oberhalb des Median Testteil 1 ($N =122$)			
	M	SD	Prozent	M	SD	Prozent	t
Testteil 2	34,6	11,5	55	53,5	7,8	85	7,10***

Anmerkungen: M = Mittelwert, SD = Standardabweichung, Prozent = Anteil der richtigen Antworten in Prozent, t = T-Wert, *** $p<0{,}001$.

Es zeigt sich, dass die Gruppe der SchülerInnnen der Jgst. 4, die im ersten Testteil oberhalb des Medians liegt, im zweiten Testteil 84% der Präfixe, Präpositionen und Partikeln richtig einsetzt, während die Gruppe unterhalb des Medians nur 48% der Items des zweiten Testteils richtig löst. Dieser Unterschied ist signifikant. In der Jgst. 5 ergibt sich ebenfalls ein signifikanter Unterschied. Die SchülerInnen, die im

---

14 Neun Fälle, die direkt auf dem Median liegen, wurden für diese Berechnung nicht berücksichtigt.

ersten Testteil gut abgeschnitten haben, erreichen im zweiten Testteil 85% richtiger Lösungen, während die schwächeren SchülerInnen des ersten Testteils nur 55% der Items im zweiten Testteil korrekt lösen. Es besteht also ein Zusammenhang zwischen den schülerseitigen Fähigkeiten im Bereich der Verbstämme und denen im Bereich der Präfixe, Präpositionen und Partikeln.

4. Zusammenfassung und Diskussion

Die hier vorgestellten entwickelten Testitems für die Jahrgangsstufen 4 und 5 scheinen nach ersten Auswertungen dazu geeignet zu sein, die schülerseitigen Fähigkeiten dieser Altersspanne im Bereich der Alltäglichen Wissenschaftssprache abzubilden und Unterschiede zwischen den Fähigkeiten verschiedener Subgruppen – insbesondere zwischen Kindern mit und ohne Migrationshintergrund – aufzuzeigen. SchülerInnen, die mehrsprachig aufwachsen, zeigten in unserer Erhebung größere Schwierigkeiten im Bereich der AWS als SchülerInnen, die ohne eine weitere Sprache als Deutsch aufwachsen. Um die Ergebnisse abzusichern, müssen weitere Analysen folgen. An erster Stelle steht ein Abgleich der Testergebnisse mit dem sozio-ökonomischen Status der Familien, um zu ermitteln, welcher dieser beiden Faktoren einen größeren Einfluss auf die AWS-Fähigkeiten hat. Absolut notwendig ist auch eine Erweiterung der Stichprobe um andere Schulformen als das Gymnasium, um einen Vergleich zwischen den Jahrgangsstufen 4 und 5 anstellen zu können. Um bestätigen zu können, dass die Testitems tatsächlich AWS-Fähigkeiten (und nicht bspw. Lesefähigkeit) messen, ist eine Validierung der Items erstrebenswert. Des Weiteren wäre eine längsschnittliche Datenerhebung in den verschiedenen Klassenstufen mit einer abhängigen Stichprobe wichtig, um die Entwicklung der SchülerInnen in Bezug auf ihre Fähigkeiten im Bereich der AWS beobachten zu können. Durch den Vergleich der beiden Testteile wurden Zusammenhänge zwischen den semantischen Fähigkeiten im Bereich der Verbstämme einerseits und den Präfixen, Präpositionen und Partikeln andererseits sichtbar. Zu untersuchen wäre, inwiefern bestimmte Schwierigkeiten, die manche SchülerInnen mit dem Einsatz der richtigen operativen Prozeduren haben, erst durch die Satzklammer hervorgerufen werden.

5. Literatur

Berendes, K., Dragon, N., Weinert, S., Heppt, B. & Stanat, P. (2013). Hürde Bildungssprache? Eine Annäherung an das Konzept „Bildungssprache" unter Einbezug aktueller empirischer Forschungsergebnisse. In A. Redder & S. Weinert (Hrsg.), *Sprachförderung und Sprachdiagnostik – interdisziplinäre Perspektiven*. Münster: Waxmann, 17–41 (in diesem Band)

Bergner, K.- J. et al. (1995). *Das IGL-Buch. Gesellschaftslehre an Gesamtschulen*. Stuttgart u. a.: Ernst Klett Schulbuchverlag

Bernstein, B. (1974). *Class, Codes and Control. Theoretical Studies towards a Sociology of Language.* London: Routledge & Paul

Bertling, B. et al. (1993). *Die Fundgrube. Ein Buch für den Sachunterricht in Nordrhein-Westfalen. Drittes und viertes Schuljahr.* Frankfurt a. M.: Diesterweg

Bickel, H. et al. (2003). *Natura. Biologie für Gymnasien. 5. und 6. Schuljahr.* Stuttgart u. a.: Ernst Klett

Bos, W., Bonsen, M., Baumert, J., Prenzel, M., Selter, C. & Walther, G. (Hrsg.) (2008). *TIMSS 2007. Mathematische und naturwissenschaftliche Kompetenzen von Grundschulkindern in Deutschland im internationalen Vergleich.* Münster: Waxmann

Bos, W., Hornberg, S., Arnold, K., Faust, G., Fried, L., Lankes, E.-M., Schwippert, K. & Valtin, R. (Hrsg.) (2007). *IGLU 2006. Lesekompetenzen von Grundschulkindern im internationalen Vergleich.* Münster: Waxmann

Bühler, K. (³1922). *Die geistige Entwicklung des Kindes.* Jena: Fischer

Bühler, K. (1934). *Sprachtheorie. Die Darstellungsfunktion der Sprache.* Jena: Fischer

Carobbio, G. (2011). Einleitungen und Schlüsse wissenschaftlicher Artikel und Vorträge im Vergleich. In D. Knorr & A. Nardi (Hrsg.), *Fremdsprachliche Textkompetenz entwickeln.* Frankfurt a. M.: Lang, 111–133

Cummins, J. (1979). Cognitive/academic language proficiency, linguistic interdependence, the optimum age question and some other matters. In C. Chaudron (Hrsg.), *Working papers on bilingualism. Issue No. 19.* Toronto: The Ontario Inst for Studies in Education, 198–205

Cummins, J. (2004). BICS and CALP. In M. Byram (Hrsg.), *Routledge Encyclopedia Language Teaching and Learning.* London/New York: Routledge, 76–79

Daller, H. & Grotjahn, R. (1999). The language proficiency of Turkish returnees from Germany. An empirical investigation of academic and everyday language proficiency. *Language, Culture, and Curriculum, 12*(2), 156–172

Dehn, M. (2011). Elementare Schriftkultur und Bildungssprache. In S. Fürstenau & M. Gomolla (Hrsg.), *Migration und schulischer Wandel: Mehrsprachigkeit.* Wiesbaden: VS Verlag für Sozialwissenschaften, 129–151

Dobers, J., Jaenicke, J. & Rabisch, G. (1999). *Erlebnis Biologie 1.* Ein Lehr- und Arbeitsbuch. Hannover: Schroedel

Eckhardt, A. G. (2008). *Sprache als Barriere für den schulischen Erfolg.* Münster: Waxmann

Ehlich, K. (1995). Die Lehre der deutschen Wissenschaftssprache: sprachliche Strukturen, didaktische Desiderate. In H. Kretzenbacher & H. Weinrich (Hrsg.), *Linguistik der Wissenschaftssprache.* Berlin: de Gruyter, 325–351

Ehlich, K. (1999) Alltägliche Wissenschaftssprache. *Info DaF, 26* (1), 3–24

Ehlich, K. (2005). Sprachaneignung und deren Feststellung bei Kindern mit und ohne Migrationshintergrund: Was man weiß, was man braucht, was man erwarten kann. In K. Ehlich (Hrsg.), *Anforderungen an Verfahren der regelmäßigen Sprachstandsfeststellung als Grundlage für die frühe und individuelle Förderung von Kindern mit und ohne Migrationshintergrund.* Bonn/Berlin: Bundesministerium für Bildung und Forschung, 3–75 (Bildungsforschung, 11)

Ehlich, K. (2007). *Sprache und sprachliches Handeln.* 3 Bde. (Bd. 1: Pragmatik und Sprachtheorie). Berlin/New York: de Gruyter

Ehlich, K. & Rehbein, J. (1986). *Muster und Institution. Untersuchungen zur schulischen Kommunikation.* Tübingen: Narr

Feilke, H. (1994). *Common sense-Kompetenz. Überlegungen zu einer Theorie des ,sympathischen' und ,natürlichen' Meinens und Verstehens.* Frankfurt a. M.: Suhrkamp

Feilke, H. (2012). Bildungssprachliche Kompetenzen – fördern und entwickeln. *Praxis Deutsch, 233,* 4–13

Gogolin, I. (2007). *Wem nützt oder schadet Zweisprachigkeit?* http://www.epb.uni-hamburg .de/erzwiss/gogolin/cosmea/core/corebase/mediabase/foermig/website_gogolin/dokumente/publikationen/Bildungssprache.pdf (zuletzt aufgerufen am 07.10.2013)

Gogolin, I., Neumann, U. & Roth, H.-J. (2003). *Förderung von Kindern und Jugendlichen mit Migrationshintergrund.* Bonn: Bund-Länder-Kommission für Bildungsplanung und Forschungsförderung (BLK), Heft 107

Gogolin, I. & Lange, I. (2011). Bildungssprache und durchgängige Sprachbildung. In S. Fürstenau & M. Gomolla (Hrsg.), *Migration und schulischer Wandel: Mehrsprachigkeit.* Wiesbaden: VS Verlag für Sozialwissenschaften, 107–128

Graefen, G. (1997). Wissenschaftssprache – Ein Thema für den Deutsch-als-Fremdsprache-Unterricht? In A. Wolff & W. Schleyer (Hrsg.), *Fach- und Sprachunterricht: Gemeinsamkeiten und Unterschiede.* Materialien Deutsch als Fremdsprache, 43, 31–44

Graefen, G. (1999). Wie formuliert man wissenschaftlich? In H. Barkowski & A. Wolff (Hrsg.), *Alternative Vermittlungsmethoden und Lernformen auf dem Prüfstand. Materialien Deutsch als Fremdsprache, 52,* 222–239

Graefen, G. (2009). Die Didaktik des wissenschaftlichen Schreibens: Möglichkeiten der Umsetzung. *German Foreign Language, gfl-journal,* Dossier: Writing as a Cognitive Tool: Research across Disciplines. ed. J. Löscher (www.gfl-journal.de)

Graefen, G. & Fandrych, C. (2010). Wissenschafts- und Studiensprache Deutsch. In H.-J. Krumm et al. (Hrsg.), *Handbuch Deutsch als Fremdsprache- und Zweitsprache.* Berlin: de Gruyter, 509–517

Graefen, G. & Moll, M. (2011). *Wissenschaftssprache Deutsch: lesen – verstehen – schreiben. Ein Lehr- und Arbeitsbuch.* Frankfurt a. M.: Lang

Habermas, J. (1977). Umgangssprache, Wissenschaftssprache, Bildungssprache. In Max-Planck-Gesellschaft zur Förderung der Wissenschaften (Hrsg.), *Jahrbuch 1977.* Göttingen: Vandenhoeck & Ruprecht, 36–51

Halliday, M. A. K. (1989). Some grammatical Problems in Scientific English. *Australian Review of Applied Linguistics: Genre and Systemic Functional Studies, 5/6,* 13–37

Heller, D. (2009). Wortbildung im Verbalbereich. Beobachtungen zur Verwendung komplexer Verben in deutschen Wissenschaftstexten und zu ihren Entsprechungen im Italienischen. In W. Heinrich & Ch. Heiss (Hrsg.), *Fachsprache, elektronische Wörterbücher, multimediale Datenbanken. Empirische Forschungsansätze der Sprach- und Übersetzungswissenschaft.* München: Iudicium, 80–96

Koch, P. & Oesterreicher, W. (1985). Sprache der Nähe – Sprache der Distanz. Mündlichkeit und Schriftlichkeit im Spannungsverhältnis von Sprachtheorie und Sprachgeschichte. *Romanistisches Jahrbuch 36,* 15–43

Meier, R. (Hrsg.) (2007). *Mobile 4. Sachunterricht Nord.* Braunschweig: Westermann

PISA-Konsortium Deutschland (Hrsg.) (2007). *PISA 2006. Die Ergebnisse der dritten internationalen Vergleichsstudie.* Münster: Waxmann

Pews-Hocke, C. & Zabel, E. (Hrsg.) (1997). *Biologie 5/6, Sachsen-Anhalt.* Mannheim: Duden Schulbuchverlag

Pews-Hocke, C. & Zabel, E. (Hrsg.) (⁵2000). *Biologie. Lehrbuch für die Klasse 5, Sachsen.* Mannheim: Duden Schulbuchverlag

Rehbein, J. (1995). Grammatik kontrastiv – am Beispiel von Problemen mit der Stellung finiter Elemente. *Jahrbuch Deutsch als Fremdsprache 21,* 265–292

Redder, A. (1992). Funktional-grammatischer Aufbau des Verb-Systems im Deutschen. In L. Hoffmann (Hrsg.), *Deutsche Syntax. Ansichten und Aussichten.* Berlin: de Gruyter, 128–154

Redder, A. (2008). Functional Pragmatics. In G. Antos & E. Ventola (Hrsg.), *Handbook of Interpersonal Communication.* Berlin: de Gruyter, 133–178

Redder, A. (2010, September). *Von der „Bildungssprache" zur „Alltäglichen Wissenschafts-sprache".* Vortrag auf der Tagung der Gesellschaft für angewandte Linguistik, Leipzig

Redder, A. (2012a). Rezeptive Sprachfähigkeit und Bildungssprache – Anforderungen in Unterrichtsmaterialien. In J. Doll, K. Frank, D. Fickermann & K. Schwippert (Hrsg.), *Schulbücher im Fokus. Nutzungen, Wirkungen und Evaluation.* Münster: Waxmann, 81–99

Redder, A. (2012b). Wissen, Erklären und Verstehen im Sachunterricht. In H. Roll & A. Schilling (Hrsg.), *Mehrsprachiges Handeln im Fokus von Linguistik und Didaktik.* Duisburg: Universitätsverlag Rhein-Ruhr, 117–134

Redder, A. (2013). Produktivität der Diskontinuität: Verbalkomplex und komplexe Verben in der „Bildungssprache". In K.-M. Köpcke & A. Ziegler (Hrsg.), *Schulgrammatik und Sprachunterricht im Wandel.* Berlin: de Gruyter, 307–328

Redder, A. (2013/i. Dr.). Wissenschaftssprache – Bildungssprache – Lehr-Lern-Diskurs. In A. Hornung et al. (Hrsg.), *Diskursive und textuelle Strukturen in der Hochschuldidaktik: Deutsch und Italienisch im Vergleich.* Münster: Waxmann

Rehbein, J. & Kameyama, S. (2006). Pragmatik. In U. Ammon et al. (Hrsg.), *Sociolinguis-tics/Soziolinguistik.* Berlin: de Gruyter, 556–588

Reich, H. H. (2008). Materialien zum Workshop „Bildungssprache". *Unveröffentlichtes Schulungsmaterial für die FörMig-Weiterqualifizierung „Berater(in) für sprachliche Bildung, Deutsch als Zweitsprache".* Ms.

Schleppegrell, M. J. (2004). *The language of schooling. A functional linguistics perspective.* Mahwah, New Jersey: Lawrence Erlbaum

Thielmann, W. (1999). *Fachsprache der Physik als begriffliches Instrumentarium.* Frankfurt a. M.: Lang

Thielmann, W. (2007). Substantiv. In L. Hoffmann (Hrsg.), *Handbuch der deutschen Wortarten.* Berlin: de Gruyter, 791–822

Thielmann, W. (2009). *Deutsche und englische Wissenschaftssprache im Vergleich: Hinführen – Verknüpfen – Benennen.* Heidelberg: Synchron

Vygotskij, L. S. (1934/Neudruck 2002). *Denken und Sprechen.* Weinheim: Beltz

Weinrich, H. (1986). Klammersprache Deutsch. In G. Drosdowski (Hrsg.), *Sprachnormen in der Diskussion. Beiträge vorgelegt von Sprachfreunden.* Berlin: de Gruyter, 116–145

Antje Krah, Uta Quasthoff, Vivien Heller, Elke Wild,
Jelena Hollmann, Nantje Otterpohl

Die Rolle der Familie beim Erwerb komplexer sprachlicher Fähigkeiten in der Sekundarstufe I

1. Einführung: Die Familie als Spracherwerbskontext in der Sekundarstufe

Der Einfluss der Familie auf den Schulerfolg der Kinder wird seit einiger Zeit in Bildungsforschung und Bildungspolitik breit diskutiert: Die seit der ersten PISA-Studie (PISA-Konsortium Deutschland, 2001) verstärkt in den Blick geratene Abhängigkeit des Bildungserfolgs von der sozialen Herkunft, die in Deutschland besonders ausgeprägt ist, wird in vielen Forschungen zum Thema vertiefender Untersuchungen gemacht (zusammenfassend Ehmke & Baumert, 2007; Baumert, Stanat & Watermann, 2006; Conger & Donnellan, 2007; PISA-Konsortium Deutschland, 2007; Baumert & Lehmann, 1997; Bos et al., 2003; Bos, Hornberg, Arnold & Faust, 2007). Die Bildungspolitik ihrerseits versucht interessanterweise primär durch frühkindliche Förderprogramme gegenzusteuern, die nicht in den Familien selbst, sondern in der institutionellen Betreuung ansetzen.

Im Rahmen der Versuche, die Abhängigkeit des Schulerfolgs von der sozial und ethnisch bedingten familiären Herkunft zu erklären, wurde das Interesse interdisziplinärer Forschung verstärkt auf die Rolle der Sprachkompetenz gelenkt (Quasthoff & Wild i. Vorb.), die in der PISA-Studie lediglich in Form der Lesekompetenz untersucht wurde. Der primäre Erwerb der Erstsprache(n) erfolgt im Regelfall im familialen Kontext, und so lag die Vermutung nahe, dass die sprachsozialisatorisch bedingten Unterschiede in den sprachlichen Kompetenzen der Schülerinnen und Schüler die statistisch ermittelte Herkunftsbedingtheit des Schulerfolgs zumindest z. T. erklären können. Die Rolle der Sprache als familial geprägte Schlüsselqualifikation für Schulerfolg rückte insbesondere unter dem Gesichtspunkt in den Fokus der Aufmerksamkeit, dass im Fall von Familien mit Migrationshintergrund die Familien- und die Unterrichtssprache meistens zwei unterschiedliche Sprachsysteme sind und Deutsch „als Zweitsprache" als neues Sprachsystem erworben werden muss.

Es entstand also ein Forschungsbedarf zur Aufklärung der Rolle der Sprache zwischen den Erwerbskontexten Elternhaus und Schule, die einerseits festgestellte

Zusammenhänge erklären und andererseits fundierte Grundlagen für Interventionen liefern kann. In der verstärkten Interdisziplinarität zwischen psychologischer und erziehungswissenschaftlicher Bildungsforschung einerseits und sprachwissenschaftlich bzw. sprachdidaktisch geprägter Kompetenz- und Erwerbsforschung andererseits, wie sie z. B. in dem in diesem Band repräsentierten Schwerpunkt „Forschungsinitiative Sprachdiagnostik/Sprachförderung" zum Ausdruck kommt, wurde dieser Bedarf vielfältig bearbeitet.

Allerdings wenden sich die meisten Studien, die den Bildungserfolg von Schulkindern und seine Bedingungen in den Blick nehmen (vgl. u. a. DESI-Konsortium, 2006), dem schulischen Umfeld der Kinder zu. Auch hinsichtlich der Forschungen, die sich gezielt der Rolle der Familie bei sprachbedingten Benachteiligungen widmen, bleiben aus unserer Sicht einige wesentliche Felder unbearbeitet:

- Über den Nachweis von statistischen Zusammenhängen zwischen Milieu-/SES-Zugehörigkeit und (Facetten von) Sprachkompetenz hinaus sollte es um die Rekonstruktion der tatsächlichen **Wirkmechanismen** auf unterschiedlichen Ebenen gehen. Das beginnt bei der Rekonstruktion der musterhaften Prozesse in der unmittelbaren Eltern-Kind-Interaktion und schließt den quantitativen Nachweis ihrer Erwerbswirksamkeit über die Zeit ein.
- Über die Untersuchung der elterlichen Rolle bei der Frühförderung hinaus sollte es auch um die über die **Altersspanne** sich verändernden Unterstützungsformen durch die Familie gehen. Das schließt die Betrachtung informeller Verständigungskontexte in Familien von Schülerinnen und Schülern der Sekundarstufen (z. B. „Lerngelegenheiten" für kindliches Argumentieren) in gleicher Weise ein wie formelle, thematisch auf Schule fokussierte Kontexte (z. B. Hausaufgabenbetreuung, Textrevisionen).
- Über die Fokussierung auf sprachstrukturell orientierte Kompetenzen (morpho-syntaktisch, Wortschatz) hinaus sollte es ebenso um häusliche Fördermöglichkeiten für solche sprachliche Fähigkeiten gehen, die in der Sekundarstufe I noch weiter ausdifferenziert werden (**Diskurskompetenzen, komplexere literale Kompetenzen**). Das schließt besonders Kompetenzen wie Erklären und Argumentieren ein, die sowohl in Familien- als auch in Unterrichtskommunikationen situiert und für das Lernen in allen Fächern relevant sind.

Vor dem Hintergrund dieser hier nur kurz zu skizzierenden Konstellation von Forschungen und offenen Fragen präsentieren wir im Folgenden die Vorgehensweise und einige Ergebnisse aus einem interdisziplinären Forschungsprojekt, das sich den beschriebenen Desideraten stellt. FUnDuS[1] zielt auf die Identifikation familialer

---

1   „Die Rolle familialer Unterstützung beim Erwerb von Diskurs- und Schreibfähigkeiten in der Sekundarstufe I" (Förderkennzeichen 01GJ0983 und -84).

Faktoren, die einen Beitrag zur Vorhersage differentieller Entwicklungsverläufe in den mündlichen und schriftlichen Argumentationskompetenzen leisten und – da sie als Schlüsselqualifikationen für die Unterrichtsteilhabe in allen Fächern betrachtet werden können – letztlich auch für die Erklärung von Bildungsungleichheiten bedeutsam sind. Dabei gehen wir davon aus, dass die häuslichen Interaktions- und Sprachpraktiken über das Vorschul- und Grundschulalter hinaus eine wichtige Rolle für die Kompetenzentwicklung in der Sekundarstufe I spielen.

Im Zentrum des Projekts, das Ansätze der Sprachwissenschaft und -didaktik einerseits und der Pädagogischen Psychologie andererseits vereint, stehen somit Fragen nach dem Erwerbsverlauf und nach Erklärungen für (inter-individuell variierende) Entwicklungen der Argumentationskompetenz, quantitative und rekonstruktive Methoden werden trianguliert. Das Hauptaugenmerk liegt auf der Art und Wirksamkeit kommunikativ-dialogischer (in unterschiedlichem Maß erwerbsunterstützender) familialer Sprachpraktiken, die im Längsschnitt mithilfe rekonstruktiver und qualitativer Methoden herausgearbeitet werden. Diese Praktiken untersuchen wir am Beispiel der Interaktionen zwischen Elternteil und Kind in mündlichen argumentativen Interaktionen sowie in kooperativen Revisionen über argumentativen Texten. Theoretisch wird zurückgegriffen auf sozialkonstruktivistische und linguistische (Diskurs- und Text-) Erwerbstheorien sowie lern- und familienpsychologische Ansätze, die auf die Facetten der Produktion von schriftlichen und mündlichen argumentativen Texten hin ausdifferenziert werden.

Die Erkenntnisse zu den Erwerbsabfolgen, den Zusammenhängen zwischen mündlichen Diskurs- und schriftlichen Textproduktionsfähigkeiten sowie das Verständnis der Wirkweise der unterschiedlichen interaktiven Erwerbskontexte bilden die Grundlage für ein laufendes Folgeprojekt,[2] in dem praktische Handlungsempfehlungen und Interventionsprogramme für Familien entwickelt und evaluiert werden.

2. Bisherige Forschungen zum Erwerb komplexer sprachlicher Fähigkeiten und zum familialen Erwerbskontext

2.1 Erwerb von Diskursfähigkeiten

Vorliegende empirische Studien fokussieren überwiegend auf den frühkindlichen Spracherwerb und basieren auf kleinen Fallzahlen (z. B. McCabe & Peterson, 1991). Eine Ausnahme stellt die Studie von Hausendorf & Quasthoff (1996) dar, in der je zwanzig 5-, 7-, 10- und 14-jährige Kinder an drei aufeinanderfolgenden Tagen in Interaktion mit wechselnden erwachsenen Zuhörern beim Erzählen desselben Ereignisses aufgezeichnet wurden. Die rekonstruktiven Fallanalysen zeigen die im Tage- und Altersvergleich sichtbare Wirksamkeit musterhafter interaktiver Verfah-

---

2 FUnDuS II (Förderkennzeichen 01GJ1207A und -B).

ren, die durch die erwachsenen Zuhörer gesteuert werden. Diese Muster wurden unter dem Namen *Discourse Acquisition Support Systems* (DASS) inzwischen auch für andere Gattungen beschrieben (Heller, 2012; Morek, 2012; Quasthoff & Krah, 2012). Wichtig ist, dass DASS als spezifische Kontextualisierung sehr basaler Interaktionsprinzipien (wie z.B. die Einstellung auf den Zuhörer: *recipient design*; vgl. Sacks, 1992) lokal ausschließlich der Verständigung dient: Als Erwerbsunterstützung funktioniert DASS quasi nebenbei, weil sich Erwachsene als aktive Zuhörer auf ihre kindlichen Gesprächspartner einlassen und sie trotz eingeschränkten Ausdrucksvermögens verstehen wollen (kommunikatives Ziel), und nicht, weil sie in Form einer Art von Lehr-Lern-Diskurs (Ehlich, 1981) den Kindern angemessenes Sprachverhalten vermitteln wollen (didaktisches Ziel).

Welche Formen des sprachlich-interaktiven Umgangs von Eltern mit ihren Kindern in unterschiedlichen Familieninteraktionsmustern in diesem Sinne die Diskursfähigkeit von Schulkindern befördern, haben Quasthoff & Kern (2007) in Ansätzen untersucht. Ihren Erkenntnissen zufolge scheint es vorteilhafter zu sein, wenn Kindern ein vergleichsweise großer gesprächsstruktureller Raum zugebilligt wird, der aber durch Zuhöreraktivitäten unterstützend mitgestaltet wird. Diese Erwartung lässt sich theoretisch verbinden mit den Erkenntnissen zu den positiven Effekten einer autonomieunterstützenden Erziehung und Hilfe beim häuslichen Lernen (Wild & Lorenz, 2010, s. u. Abschnitt 2.2). Eine theoretische Verbindung der linguistischen Befunde zum Konzept des häuslichen Anregungsgehalts (vgl. Abschnitt 3.) ergibt sich darüber hinaus insofern, als das erwerbssupportive Potential alltäglicher Interaktionen nicht zuletzt von dem Ausmaß abhängen sollte, in dem Heranwachsende in ihren Familien implizites Wissen über die genrespezifisch angemessene Platzierung, Strukturierung und Formulierung einer möglichst großen Bandbreite mündlicher (und schriftlicher) Gattungen erwerben können.

Lange Zeit wurde mehr oder weniger unterstellt, dass Befunde zur Abfolge und zu den Mechanismen des am besten untersuchten Erzählerwerbs umstandslos auf andere Diskurseinheiten (z. B. Erklärungen, Anweisungen, Argumentationen) übertragbar seien. Erst in jüngerer Zeit zeigen genrevergleichende Studien (Becker, 2001; Quasthoff, Kern, Ohlhus & Stude i. Vorb.; für schriftliche Texte Augst et al., 2007), dass neben Gleichförmigkeiten auch grundlegende Unterschiede in den Erwerbsprozessen zwischen verschiedenen Genres (für Argumentieren Krelle, Vogt & Willenberg, 2007; Grundler, 2011) festzustellen sind. Ebenfalls zeigt die neuere Forschung, dass die interaktiven Muster der Erwachsenen-Kind-Interaktion nicht nur zwischen Familien (McCabe & Peterson, 1991), sondern auch zwischen Typen von Gesprächsaktivitäten variieren (Morek, 2012). Im FUnDuS-Projekt wurde in diesem Zusammenhang der Frage nachgegangen, welches Diskursverhalten (im Vergleich zu den häufiger untersuchten Mahlzeiteninteraktionen) in formelleren und deutlich aufgabenorientierten Kommunikationen im Zusammenhang mit Argumentationen besonders entwicklungsfördernd ist.

2.2 Die Rolle der Familie in der Unterstützung von schulrelevanten Erwerbsprozessen in der Sekundarstufe I

Nachdem Unterschiede im Lernfortschritt von Schülerinnen und Schülern (SuS) lange Zeit ausschließlich oder primär als eine Funktion der Unterrichtsqualität betrachtet wurden, hat sich auch unter dem Eindruck der Befunde internationaler Vergleichsstudien der Blick erweitert. Inzwischen zeigt eine Reihe von Studien, dass eine engagierte Bearbeitung von Hausaufgaben die Lern- und Leistungsentwicklung fördert (zusf. Cooper, Robinson & Patall, 2006), wobei sich Unterschiede im elterlichen Schulengagement und insbesondere in der Qualität der elterlichen Hilfe beim häuslichen Lernen in der Lern- und Leistungsentwicklung von Schülern auch in der Sekundarstufe I niederschlagen (zusf. Wild & Lorenz, 2010; Sacher, 2008). Als Kondensat vorliegender Befunde ist festzuhalten, dass Heranwachsende in ihrer Kompetenzentwicklung vor allem profitieren,

- wenn Eltern Interesse an schulischen Inhalten bekunden und Anteil an den Erfahrungen ihrer Kinder nehmen (emotionale Zuwendung),
- deren Zuversicht in die eigene Leistungsfähigkeit durch sachliche, an einer individuellen Bezugsnorm orientierte Rückmeldungen stärken (Unterstützung des Kompetenzerlebens) sowie
- dem kindlichen Autonomiebedürfnis Rechnung tragen und zugleich der Herausbildung von Selbstregulationskompetenzen Vorschub leisten, indem sie auf kleinschrittige Anweisungen verzichten (Kontrolle, produktorientierte Hilfe) und die kindliche Verantwortungsübernahme für den Lernprozess stärken (autonomieunterstützende, prozessorientierte Hilfe).

Wie sich auf diesen Dimensionen beschreibbare Unterschiede in der Qualität der elterlichen Hilfe im konkreten Interaktionsverhalten niederschlagen, ist erst ansatzweise erforscht (z. B. Rammert, 2012; Wittler, 2008; Wild, 1999). Aus interdisziplinärer Perspektive besonders interessant ist eine frühe Studie von Pratt, Green, MacVicar & Bountrogianni (1992), die am Beispiel mathematischer Aufgabenstellungen der Rolle elterlicher Erziehungspraktiken und lernbezogener Eltern-Kind-Interaktionen („elterliche Instruktion") für den Kompetenzerwerb von Fünftklässlern nachgingen. Auf Basis ihrer Verhaltensbeobachtungen können sie zeigen, dass autoritative, also autonomieunterstützend erziehende Eltern auch in häuslichen Lehr-Lern-Situationen ihre Unterstützungsangebote situationsangemessen anpassen. Da die möglichst selbstgesteuert und ohne die „Einmischung" ihrer Eltern arbeitenden Kinder mit die höchsten Erfolgsraten zeigten, können die Befunde als indirekter Beleg für die Funktionalität des *Discourse Acquisition Support System* (s. o.) verstanden werden. Dieses zeichnet sich prozessual rekonstruierenden Analysen zufolge durch die Anpassung erwachsenen Verhaltens an kindliche Kompetenzniveaus aus (Hausendorf & Quasthoff, 1996).

3. Die Rolle der Familie bei der Entwicklung von Argumentations-kompetenz – der Forschungsansatz von FUnDuS

Ausgehend von vorliegenden Befunden der soziolinguistischen Spracherwerbs-forschung (z. B. Burleson, Jesse & Applegate, 1995) und Studien zur familialen Lesesozialisation (Hurrelmann, 2004; Weinert & Grimm, 2008) dürfte die Heraus-bildung produktiver globaler Strukturierungskompetenzen im Mündlichen und Schriftlichen – also auch die Argumentationskompetenz – schichtabhängig variie-ren, wenngleich sie natürlich nicht durch die Schichtzugehörigkeit determiniert ist.

So lautet die zentrale forschungsleitende These in FUnDuS: Muster der Eltern-Kind-Kommunikation vermitteln und moderieren den Effekt des sozialen Hinter-grunds auf die Entwicklung komplexer sprachlicher Kompetenzen im Mündlichen und Schriftlichen in der Sekundarstufe I. Von bildungspolitischer Relevanz ist beides: die Kenntnis der an der Entstehung primärer Bildungsungleichheit beteiligten Merk-male, aber auch jener im Elternhaus zu verortenden Faktoren, die schichtunabhängig variieren und somit zum Gegenstand von präventiven Interventionen werden kön-nen, die nicht (ausschließlich) an spezifische Risikogruppen gerichtet sind.

Im Folgenden umreißen wir, wie dieser Fragestellung empirisch nachgegangen wurde und welche (summarischen) Erkenntnisse bislang gewonnen werden konn-ten. Allerdings sind die Analysen z. T. vorläufig, da sie auf querschnittlichen Daten basieren.[3] Gleichzeitig möchten wir mit diesem Artikel am Beispiel von FUnDuS aufzeigen, wie bei der interdisziplinären Bearbeitung innovativer Fragestellungen anfallende Herausforderungen zielführend angegangen werden können. Die nach-folgende Darstellung soll dementsprechend (a) den Mehrwert eines interdiszi-plinären Zugriffs für die Theorieentwicklung und die Entwicklung von Diagnose-instrumenten verdeutlichen und (b) anhand des Designs von FUnDuS illustrieren, inwiefern eine „mehrfache Triangulation" qualitativer und quantitativer Herange-hensweisen empirisch fruchtbar ist.

3.1 Das Vorgehen in FUnDuS

Unter den sprachlichen Schlüsselkompetenzen, die in der Sekundarstufe I fächer-übergeifend eine Rolle spielen, schreiben wir der mündlichen und schriftlichen Argumentationskompetenz einen besonders zentralen Stellenwert zu (Krelle et al., 2007; Grundler, 2011). Da mit der Frage nach den familialen Bedingungen, die die Ausbildung von Argumentationskompetenz fördern bzw. behindern können, aller-dings wissenschaftliches Neuland beschritten wird, sieht FUnDuS zur Ermittlung des **Erwerbsverlaufs** ein längsschnittlich angelegtes Design vor, in dem quantitative und qualitative Zugänge systematisch verschränkt werden. Die Datenerhebungen

---

3   Die in der zweiten quantitativen Erhebung erhobenen Daten werden derzeit aufbereitet, die zweite qualitative Erhebung läuft in Kürze an.

erstrecken sich über den gesamten Zeitraum der Pflichtschulzeit (von der 5. bis zur 9. Jahrgangsstufe).

Um die Bedingungen der Kompetenzentwicklung in Form divergierender familialer **Erwerbskontexte** erfassen zu können, werden u. a. in einem systematisch, aus einer umfänglichen Ausgangsstichprobe gezogenen Teilsample familiale Muster argumentativer Praktiken rekonstruiert. Indem diese Muster wiederum eingehen in die quantitativen Erhebungen und verknüpft werden mit den per Fragebögen und Tests erhobenen Daten (vgl. Abbildung 1), lassen sich valide und generalisierbare Aussagen über erwerbssupportive Muster treffen.

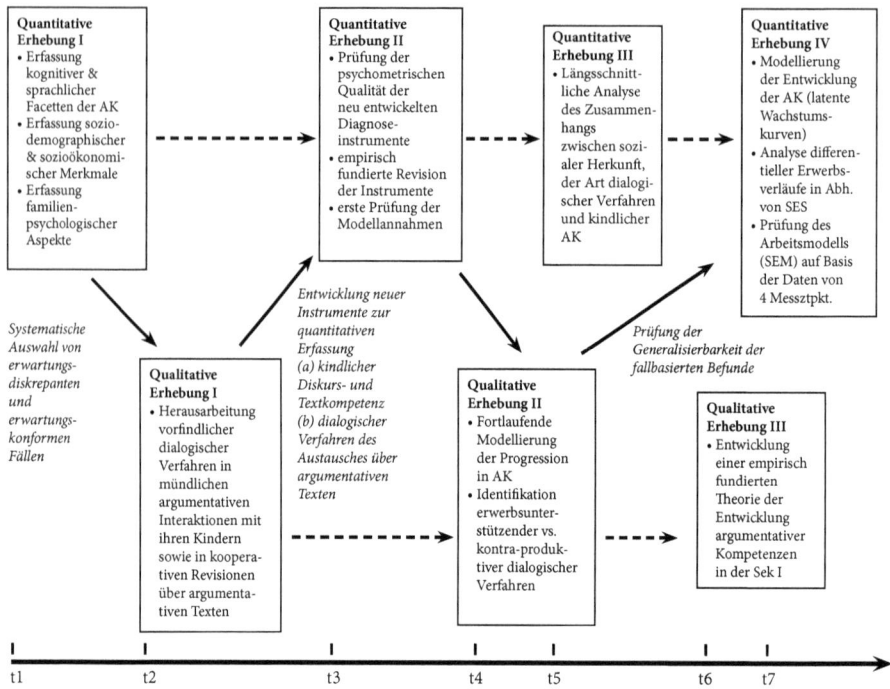

Abbildung 1: Design der Längsschnitterhebung in FUnDuS (AK = Argumentationskompetenz)

Die Evaluation der **Intervention** in Form eines Elterntrainings, das auf der Grundlage der gewonnenen Erkenntnisse über die Bandbreite familialer Interaktions- und Sprachpraktiken sowie ihrer Erwerbswirksamkeit entwickelt wird, wird erweisen, inwieweit entsprechende Routinen auch in bildungsfernen Familienmilieus beeinflussbar sind.

Zur Beantwortung der Fragen nach dem Erwerbsverlauf und dem Einfluss der Erwerbskontexte galt es zunächst, eine umfängliche und möglichst unselegierte Stichprobe von Familien mit FünftklässlerInnen (im Folgenden: *Ausgangsstich-*

probe, in Abbildung 1: *Quantitative Erhebung*) zu rekrutieren. Diese Altersgruppe wurde gewählt, weil mit dem Ende der Grundschule sich die im Fokus stehende mündliche und schriftliche Argumentationskompetenz zunehmend ausbilden sollte.

Das zentrale Konstrukt der ‚Argumentationskompetenz'[4] fassten wir hierbei zunächst theoretisch als eine genrespezifische Art von Diskursfähigkeit (Quasthoff & Katz-Bernstein, 2006), die sich aus kognitiven (z. B. Fähigkeit zum schlussfolgernden Denken) und sprachlichen Facetten (z. B. interner Aufbau, sprachliche Markierung, s. Quasthoff, 2009) sowie rezeptiven und produktiven Anteilen zusammensetzt. In einer Begrifflichkeit von Ehlich (2013 / i. Dr.) können persuasive und explorative Funktionen unterschieden werden, die beide im Projekt untersucht werden.

Im Rahmen der Ausgangserhebung konnten Daten von knapp 1.500 Schülerinnen und Schülern (darunter knapp 600 Hauptschüler) aus 76 Klassen erhoben werden. Die Ausschöpfungsquoten sowohl bei den SchülerInnen (77%) als auch bei den Eltern (72%) sind ausgesprochen zufriedenstellend und liegen deutlich über den in vergleichbaren Studien erzielten Quoten von 30 bis 50%.

In der Ausgangserhebung wurden mittels Tests und Fragebögen für Eltern und Schüler die hypothetisch zentral gesetzten Variablenkomplexe erhoben:

I.   kognitive (z. B. schlussfolgerndes Denken) und sprachliche (z. B. diskursives Genrewissen) *Vorläuferfähigkeiten* der Argumentationskompetenz (AK),

II. *allgemeine Merkmale des Elternhauses* und der Eltern-Kind-Beziehung (z. B. Bildungsnähe, Erziehungsstile),

III. für die Ausbildung argumentativer Kompetenzen im Mündlichen und Schriftlichen mutmaßlich *relevante Charakteristika des Elternhauses* (z.B. Anregungsgehalt von Familienkonversationen),

IV. *konstitutive Aspekte der AK*, die u. a. mithilfe eines innovativen kriteriengeleiteten Verfahrens (TexRa) erfasst wurden, welches auf dem Modell globaler Strukturierungskompetenz aufbaut (Quasthoff, 2009).

Um den Stellenwert (distaler) Merkmale des Elternhauses für die Herausbildung einer so gefassten Argumentationskompetenz quantifizieren zu können und insbesondere um relevante, wesentlich sprachliche (proximale) Charakteristika der Eltern-Kind-Interaktion herausarbeiten zu können, sieht unser Forschungsdesign eine komplexe Triangulation von quantitativen und qualitativen Zugängen vor. Diese impliziert eine systematische Auswahl von Fällen aus der Ausgangsstichprobe, die im Rahmen der qualitativ ausgerichteten *Intensiverhebung* durch rekonstruktive Analysen videographierter Interaktionen näher untersucht werden. Diese Analysen zielen insbesondere darauf ab, unterschiedliche Verfahren und Umsetzungsweisen

---

4   Nähere Erläuterungen zur Konzeption unseres endgültigen Modells finden sich in Abschnitt 4.1.

der dialogischen Unterstützung von Eltern herauszuarbeiten und diese im Längsschnitt auf ihre erwerbsunterstützenden Eigenschaften hin zu befragen. Indem diese
Verfahren so operationalisiert wurden, dass sie ab der zweiten Ausgangserhebung
auch quantitativ erfassbar sind, wurden und werden die qualitativ gewonnenen
Befunde in nachfolgenden Erhebungen schrittweise validiert und in ihrer Generalisierbarkeit geprüft. Die auf diese Weise validierten Verfahren bilden einerseits mit
Blick auf familiale Interaktionsweisen die Grundlage für Handlungsempfehlungen
und sind andererseits unabdingbare Voraussetzungen für die Entwicklung eines auf
diese Interaktionsweisen zielenden Elterntrainings.

3.2   Zur Entwicklung der Instrumente

Da wie erwähnt in weiten Teilen nicht auf bereits vorliegende Instrumente zurückgegriffen werden konnte, stellte die Neuentwicklung von psychometrisch guten
Testaufgaben und Skalen, die auch in zukünftigen Forschungsarbeiten einsetzbar
sind, ein wichtiges Zwischenziel dar. Dass es erreicht wurde, lässt sich an den
durchgängig zufriedenstellenden Ergebnissen zur Zuverlässigkeit (interne Konsis-
tenzen und Interrater-Reliabilitäten) der eingesetzten Instrumente sowie an ersten
Analysen zu deren Validität festmachen.

    Bezogen auf die zentrale abhängige Variable der Argumentationskompetenz
(s. u. Abschnitt 4.) etwa stützen die moderaten Interkorrelationen zwischen den
verschiedenen Kompetenzmaßen die Annahme, dass für das Konstrukt relevante
Facetten erfasst werden konnten, die gleichwohl einen genuinen Beitrag zur Varianzaufklärung leisten.

    Ebenfalls erwartungskonform zeigt sich ein deutlich positiver Zusammenhang
zwischen dem besuchten Schultyp der Kinder sowie dem sozioökonomischen Status der Familien (u. a. operationalisiert über den HISEI-Score, vgl. Abbildung 2 auf
S. 77) einerseits und der kindlichen Argumentationskompetenz (operationalisiert
über einen Gesamtscore, in den die oben skizzierten sprachlichen und kognitiven
Facetten in gewichteter Form eingingen) andererseits. Diese (querschnittlichen)
Befunde stützen somit zunächst unsere auf Basis der Literatur (s. o. Abschnitt 2.)
formulierte Annahme eines systematischen Zusammenhangs zwischen Argumentationskompetenz, sozialer Herkunft und dem Bildungserfolg von Schülern und
Schülerinnen (SuS).

    Die überwiegend theoriekonformen Interkorrelationen zwischen den von uns be-
rücksichtigten Merkmalen des Elternhauses deuten darauf hin, dass alle Konstrukte
mithilfe der adaptierten und z. T. neu entwickelten Instrumente (z.B. Anregungsgehalt in Familienkonversationen) zuverlässig und valide erfasst werden können.
Beispielsweise fallen erwartungsgemäß die Zusammenhänge mit der kindlichen AK
höher aus, wenn domänspezifische (d. h. i. e. S. sprachbezogene) Praktiken anstelle
von bereichsübergreifenden Charakteristika (z. B. Erziehungsstil) betrachtet werden.

Dass die domainspezifischen und -übergreifenden proximalen Merkmale des Elternhauses niedrige bis moderate Assoziationen mit Schichtindikatoren aufweisen, steht in Einklang mit unserer forschungsleitenden Hypothese und eröffnet auch empirisch die Chance, den Schichteffekt vermittelnde *und* moderierende Bedingungen des Elternhauses identifizieren zu können (s. u. Abbildung 2).

Besonders aufschlussreich ist daher eine vergleichende Betrachtung „erwartungskonformer" und „erwartungswidriger" Entwicklungsverläufe (bei denen die Kompetenz der Kinder nicht mit ihrer sozialen Herkunft korrespondiert).

3.3   Die Identifikation erwartungs(dys)konformer Fälle und deren Analyse

Unter der Prämisse, dass die Entwicklung von AK von der sozialen Herkunft beeinflusst, aber nicht determiniert wird, galt es also, drei Subgruppen (erwartungskonforme SuS und zwei Gruppen diskrepanter SuS) zu ermitteln. Dementsprechend wurde bei der vorgenommenen Gruppenzuordnung der erreichte Kompetenzscore und – als sozio-ökonomischer Indexwert für das Prestige des elterlichen Berufs – der pro Familie ermittelte **HISEI-Wert** herangezogen.

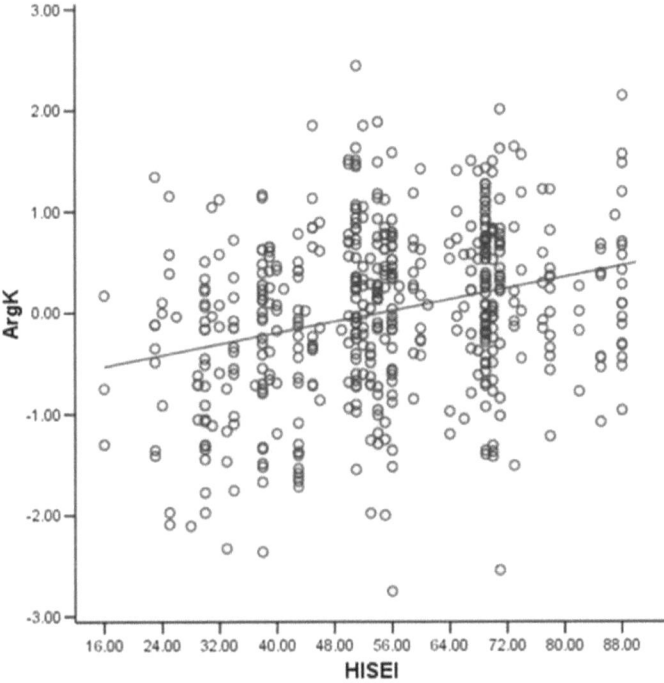

Abbildung 2: Zusammenhang von sozio-ökonomischem Status (HISEI) und argumentativer Kompetenz (ArgK)

Um dem Prinzip der kontrastiven Fallauswahl genügen zu können, wurden für die erwartungsdiskrepanten Subgruppen jeweils die Fälle ausgewählt, deren Werte in beiden Scores dem unteren bzw. oberen Terzil zuzurechnen waren. Innerhalb der Subgruppen wurde zudem eine das Geschlecht der SchülerInnen und den besuchten Schultyp berücksichtigende Rangreihe gebildet, um etwaige Effekte dieser Hintergrundvariablen kontrollieren zu können.

Die Erhebung in der Intensivstichprobe zielte darauf, diejenigen interaktiven Verfahren von Eltern und Kindern zu elizitieren, die diese anwenden, wenn es um klar aufgabenfokussierte, auf ein möglichst optimales Ergebnis orientierte Interaktionen zwischen Elternteil und Kind geht. Entsprechend wurden Aufgabenformate konzipiert, die einerseits ein hinreichend motivierendes Anreizpotential für die Beteiligten aufweisen und andererseits Raum lassen für die kontextuelle Ausgestaltung durch die Dyaden mit verschiedenen Beteiligungsmöglichkeiten für die Kinder. Es wurden Schreib- bzw. Interaktionsaufgaben entwickelt und in der ersten ebenso wie – in leicht abgewandelter Form – der zweiten Erhebungswelle in den Familien durchgeführt. Alle drei Aufgaben wurden nach sprachdidaktischen Kriterien konzipiert, in verschiedenen Versionen revidiert und schließlich pilotiert.

Die Aufgaben umfassen (1.) eine *Schreibaufgabe* an das Kind im Rahmen eines Detektiv-Szenarios mit der Instruktion, als ermittelnder Kommissar in einem Bericht an den Vorgesetzten zu entscheiden und zu begründen, wie nach Meinung des Autors „der Fall" gelöst werden kann. Die institutionelle Kontextualisierung des Textes ist dabei erwünscht, um das Kind zu einer möglichst expliziten Argumentation zu veranlassen.

Die entstehenden Kindertexte dienen (2.) als Grundlage für eine kooperative *Überarbeitungsaufgabe*, in der Elternteil und Kind gebeten werden, gemeinsam den Text „noch besser zu machen". Anhand der audiovisuellen Dokumentation der kooperativen Textrevision (Becker-Mrotzek, 2004) wird der Frage nachgegangen, welche supportiven Mechanismen (Hausendorf & Quasthoff, 1996, 2005) die Eltern in dieser Interaktion mobilisieren.

Als *mündliche Aufgabe* wurden (3.) Kind und Elternteil gebeten, im Gespräch gemeinsam zu begründeten Entscheidungen zu kommen. Hierbei handelt es sich um eine konsensuale Argumentationsaufgabe („einigt euch und begründet"), die wiederum so gestellt wird, dass möglichst ein moralischer und wissensbasierter Vorsprung eines Partners in der asymmetrischen Interaktionskonstellation vermieden wird. Sowohl das Schreibprodukt der Kinder als auch die aufgabenbezogenen Eltern-Kind-Interaktionen wurden photographiert bzw. videographiert.

Für die zweite Erhebungswelle wurden die in der ersten Intensiverhebung erprobten Aufgabenstellungen nur ihrem Inhalt nach, nicht aber in ihrer strukturellen Anlage abgeändert. Auf diese Weise erhielten die Teilnehmer „neue" Aufgaben, zugleich ist aber eine Vergleichbarkeit der Konstellationen im Längsschnitt gewährleistet.

Vorläufige, auf den Daten der ersten Intensivstichprobe basierende Analysen zu mündlichen Argumentationen und Mustern der argumentativen Praktiken in Eltern-Kind-Dyaden wurden für die Neukonzeption von Testinstrumenten genutzt, die bereits in der zweiten Ausgangsstichprobe (Frühjahr 2011) eingesetzt werden konnten. Die auf Basis der (ersten) Intensivstichprobe gewonnenen Einsichten zu verhaltensnahen Charakteristika supportiver und nicht-supportiver familialer Erwerbskontexte konnten in standardisiert zu erhebende Items/Skalen transformiert werden und somit ebenfalls bereits in die zweite Ausgangserhebung eingehen.

4. Was hat FUnDuS bisher an neuen Erkenntnissen in Theorie und Empirie erbracht?

4.1 Theoretischer Ertrag

Als theoretischer Ertrag der bisherigen Forschungsarbeiten in FUnDuS I ist zunächst die *Konzeption eines Modells von Argumentationskompetenz* zu nennen. Unter Berücksichtigung der bisherigen Analysen sowie vorliegender (v. a. sprachwissenschaftlicher) Ansätze haben wir das folgende Modell von Argumentationskompetenz (AK) entwickelt. Wir fassen AK als eine

- genrespezifische Ausprägung von schriftlicher bzw. mündlicher Diskursfähigkeit,
- die sich in Interaktionen bzw. Textproduktionen zeigt, in denen es um das gemeinsame Finden einer Lösung oder um die Klärung von Strittigem geht.

Interaktive Kompetenzen werden gem. unserem linguistischen Ansatz als integraler Bestandteil sprachlicher Praktiken (Diskursfähigkeit) in den Teilbereichen Kontextualisierung, Vertextung und Markierung (Quasthoff, 2009) gefasst.[5]

Da die für das Projekt konstruierten Instrumente über zwei Phasen hinweg kontinuierlich optimiert werden konnten, werden auf der Grundlage von konfirmatorischen Faktorenanalysen die kognitiven und basalen schriftsprachlichen Grund- bzw. Vorläuferkompetenzen weiterhin als wichtige Bedingungen von AK, aber nicht länger als konstitutive Facetten der Argumentationskompetenz erachtet und erfasst.

Argumentationskompetenz umfasst *rezeptive* und *produktive* Facetten, in denen jeweils kognitive und sprachliche Fertigkeiten zusammenwirken. Rezeptive Fähigkeiten ermöglichen es, (gesprochene oder geschriebene) Argumentationen in ihrem jeweiligen interaktiven bzw. textlichen Zusammenhang angemessen einzuordnen. Dabei ist einerseits zentral, dass Argumentationen als solche erkannt und von

---

5   Im linguistischen Teilprojekt werden anhand von Kriterien wie „Rolle des primären Sprechers" und *epistemic stance* Abgrenzungen zu anderen diskursiven Genres und Aktivitäten (z. B. Erklären, Erzählen, Definieren, Belehren) herausgearbeitet.

anderen Genres, z. B. Erzählen, abgegrenzt werden können. Andererseits müssen die Inhalte und Strukturen einer Argumentation verstanden werden, z. B. welcher Zusammenhang zwischen einer Aussage, Gründen und Beispielen besteht, ob diese inhaltlich zueinander passen und relevant sind. Produktive Fähigkeiten beziehen sich auf die Anwendung und Umsetzung (z. B. genrespezifischen) Wissens. Hier geht es darum, selbst Kontexte für eine mündliche oder schriftliche Argumentation herzustellen und Positionen und Begründungen inhaltlich und sequenziell angemessen zu realisieren.

Produktive und rezeptive Fähigkeiten sind außerdem hinsichtlich ihrer Reichweite in *lokale* und *globale* Fähigkeiten zu differenzieren. Diese Unterscheidung ist insofern relevant, als Diskurserwerbsstudien prinzipiell ein Fortschreiten von lokalen zu zunehmend globalen Fähigkeiten zeigen (Hausendorf & Quasthoff, 1996; Felton & Kuhn, 2001). Globale Fähigkeiten sind solche, die strukturell übersatzmäßig operieren und größere Diskurszusammenhänge organisieren. Es geht also um die Fähigkeit, argumentative Texte oder Interaktionen zu kontextualisieren, d.h. in produktiver Hinsicht einen Kontext für eine Argumentation herzustellen bzw. in rezeptiver Hinsicht zu erkennen, wenn eine Begründungspflicht etabliert wurde. Darüber hinaus beinhaltet globale AK die Fähigkeit, komplexere Zusammenhänge – z. B. in einem argumentativen Text – kohärent darzustellen.

Lokale Kompetenzen beziehen sich auf die Ebene der einzelnen Äußerungen und ihre unmittelbare Verkettung. Sie beinhalten das Verfügen über pragmatische Mittel (z. B. Widerspruch, Konzession, Aufwerfen einer Frage/eines Handlungsproblems) und entsprechender sprachlicher Formen der Markierung (z. B. „weil") für die Markierung eines kausalen Zusammenhangs zwischen einem Standpunkt und einer Begründung.

Auf Grundlage dieses Modells ordnen wir die von uns vorgegebenen Aufgaben, die verschiedene Facetten der AK erfassen sollen, in ein Vierfelderschema (vgl. Abbildung 3 auf S. 81) ein. Die Facette LAR (lokale argumentative Rezeption) bildet dabei die Fähigkeit ab, einzelne Begründungen auf ihre Relevanz prüfen zu können, während sich GAR (globale argumentative Rezeption) auf die komplexere globalrezeptive Fähigkeit bezieht, ganze Argumentationen (z.B. Ratschläge mit Begründungen und Konklusionen) hinsichtlich ihrer Plausibilität einschätzen zu können. In produktiver Hinsicht beinhaltet AK zum einen lokal operierende Fähigkeiten: LAPF (lokale argumentative kontextfreie Produktion) und LAPS (lokale argumentative kontextsensitive Produktion), d. h. einerseits die Fähigkeit, im Rahmen eines fiktiven Szenarios – jedoch losgelöst von konkreten Handlungszusammenhängen – Gründe für eine Position zu formulieren (kontextfrei) und andererseits Begründungen innerhalb eines vorgegebenen dialogischen Kontextes sequenziell und semantisch angemessen zu platzieren (kontextsensitiv). GAP bildet nun auf produktiver Ebene die komplexere Fähigkeit ab, einen argumentativen Text schreiben zu können (s. Abbildung 3).

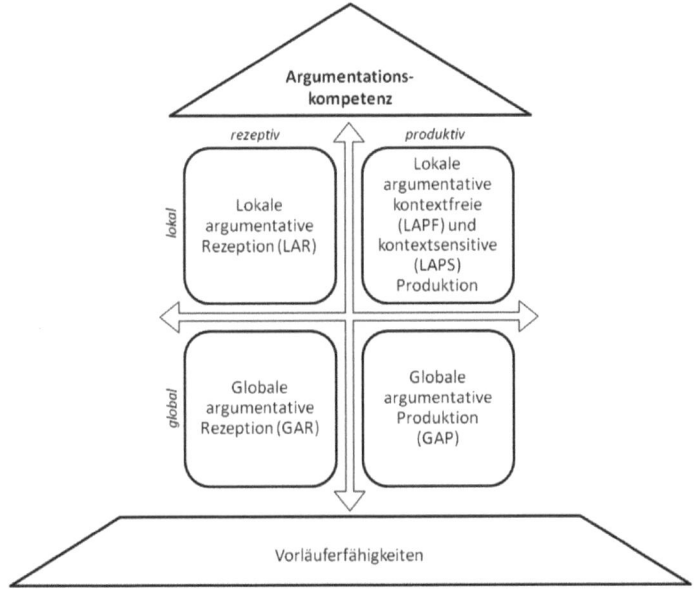

Abbildung 3: Theoretisches Modell der Argumentationskompetenz

4.2 Empirischer Ertrag

Durch das triangulative Design und die Verschachtelung von psychologischen und linguistischen Expertisen entstand eine Datenlage, die besondere empirische Blickwinkel erlaubt. Der umfassende, repräsentative quantitative Datensatz ermöglicht generalisierbare Aussagen zum Erwerbsverlauf und den Erwerbsbedingungen der kindlichen Argumentationskompetenz. Zwar sind beim gegenwärtigen Stand der Auswertungen noch keine Analysen zum Erwerbsverlauf möglich. Jedoch konnten bereits erste Einblicke in die unterschiedlichen Erwerbskontexte im Elternhaus gewonnen werden.

Die Auswertungen zeigen wie erwartet, dass die kindliche Argumentationskompetenz eher mit dem elterlichen Bildungshintergrund als mit anderen Schichtindikatoren zusammenhängt. Auch lassen sich deutliche Unterschiede zwischen Gymnasiasten und Hauptschülern zugunsten ersterer beobachten, wobei sich durchgängig Zusammenhänge mit den Schulnoten in Deutsch und Mathematik zu den ersten beiden Messzeitpunkten in Jgst. 5 und 6 zeigen. In Bezug auf die familiären Einflussfaktoren finden sich signifikante Zusammenhänge in der theoretisch jeweils erwarteten Richtung. Im Bereich des elterlichen Erziehungsstils korreliert die Argumentationskompetenz insbesondere positiv mit der vom Kind wahrgenommenen elterlichen Struktur, während vor allem die elterliche Kontrolle, leistungsbedingte Zuneigung sowie elterliches Überreagieren bei kindlichem

Problemverhalten eine negative Rolle zu spielen scheinen. Auch im wahrgenommenen elterlichen Umgang mit schulischen Belangen weist ein kontrollierendes Verhalten deutlich negative Zusammenhänge zur Argumentationskompetenz auf, was die Befunde von Kline (1998) zum Zusammenhang von Einflussmöglichkeiten und dem Erwerb argumentativer Fähigkeiten bestätigt.

Erwartungsgemäß lassen sich die kindlichen Kompetenzen am besten mit Hilfe des sprachlichen Anregungsgehalts vorhersagen. Insbesondere haben offenbar vor allem Familienkonversationen, die durch Reziprozität (Kommunizieren auf „Augenhöhe") und (Erwartung von) Begründungen charakterisiert sind, einen förderlichen Einfluss auf die kindliche Argumentationskompetenz. Hemmend wirkt sich dagegen vor allem aus, wenn Eltern keine abweichenden Meinungen tolerieren (Dissenz-Intoleranz) und dem Kind auf Paarebene negative argumentative Aushandlungsprozesse vorleben.

Insgesamt stützen die quantitativen Auswertungen somit unsere Annahme, dass die kindliche Argumentationskompetenz in Abhängigkeit von der sozialen Herkunft der Kinder variiert, sich jedoch (veränderbare) Faktoren im Elternhaus identifizieren lassen, die die Zusammenhänge vermitteln bzw. moderieren (s. o. Abschnitt 3.2). Sie stellen – sofern sie sich auch im Längsschnitt als prognostisch bedeutsam erweisen – Ansatzpunkte für Trainings dar, die auf eine Verringerung von sozialen Disparitäten gerichtet sind.

Die qualitativ-rekonstruktiven Analysen der videographierten Familieninteraktionen ermittelten zunächst auf Grund von Theorieannahmen die als supportiv bzw. hemmend identifizierbaren interaktiven Verfahren, die die Elternteile in den beiden untersuchten Settings (mündliche Entscheidungskommunikation und kooperative Textrevision) einsetzen. Hierzu wurden die Gesprächsverläufe Schritt für Schritt rekonstruiert und der elterliche Beitrag zur Interaktion jeweils daraufhin untersucht, inwiefern er zur Lösung der jeweils gestellten Aufgabe sowie zur aktiven Beteiligung des Kindes an der Aufgabenlösung beiträgt. Ziel dieses Analyseschrittes war es, eine Übersicht über die Handlungsoptionen der Eltern zu erarbeiten, die in den untersuchten Settings gegeben sind und der Analyse einzelner Interaktionen zu Grunde gelegt werden können.

Die o. g. Praktiken im Gespräch sind in verschiedener Hinsicht kontextsensitiv: Das Ob und Wie der Umsetzung gerade supportiver Verfahren in der Interaktion ist in den beiden untersuchten Interaktionssettings (gemeinsame Textrevision und mündliche Entscheidungsaufgabe) jeweils unterschiedlich. Darüber hinaus spielt aber auch der konkrete Verlauf der spezifischen Interaktionen als unmittelbarer Kontext eine Rolle. Dieser Kontext wird jeweils durch Eltern und Kinder Schritt für Schritt ko-konstruiert und ist ohne sequenzielle Rekonstruktion nicht zu erfassen. Teil dieser Rekonstruktion ist auch die jeweilige Interpretation der Aufgabenstellung durch die Interaktionsbeteiligten und ihre damit verbundenen, in der Interaktion manifesten Ziele.

Um hier einen stabilen analytischen Zugang zu etablieren, der über die lokale Identifikation jeweiliger Verfahrensweisen hinausgeht, konnten für den Umgang der Eltern-Kind-Dyaden mit den ihnen gestellten Aufgaben aufgabenübergreifend globale *Interaktionsmuster* der Familien identifiziert werden, die mit Hilfe jeweils kontextuell spezifischer *Verfahren* hergestellt werden.

Bei der detaillierten rekonstruktiv-linguistischen Analyse der Familieninteraktionen zeigte sich eine große Varianz zwischen den Familien: Während einerseits erwartungsgemäß Muster des *Discourse Acquisition Support Systems* (Hausendorf & Quasthoff, 1996; vgl. o. Abschnitt 2.1) wie „Fordern und Unterstützen" auch für das Argumentieren in formelleren Settings verwendet wurden, zeigte sich andererseits bei manchen Elternteilen eine starke Tendenz, konversationelle Aufgaben des Kindes selbst zu „übernehmen", etwa im Rahmen des Musters „Übergehen und Selber-Lösen" (vgl. zu einer Variante dieses Muster Heller, 2012). Theoriekonform zeichnet sich ab, dass „Fordern und Unterstützen" eher in Familien mit einer vergleichsweise hohen Kompetenz des Kindes praktiziert wird. Kindern mit niedriger Kompetenz werden die diskursiven Aufgaben hingegen eher abgenommen, so dass für sie kein produktiver „Übungsraum" im Gespräch geschaffen wird (Quasthoff & Krah, 2012). Dies scheint interessanterweise unabhängig von der Schichtenzugehörigkeit der Familien zu gelten.

Das Muster „Fordern und Unterstützen" zeichnet sich in den untersuchten Familieninteraktionen auch dadurch aus, dass das Kind als primärer Aufgabenlöser etabliert wird. Die Eltern unterstützen die Konstituierung der Argumentation insofern, als sie Gegenargumente anbringen und gleichzeitig ihren Kindern – als Gesprächsteilnehmern „auf Augenhöhe" – Raum zugestehen, diese gegebenenfalls zu entkräften und damit die Argumentation vielschichtiger zu machen.

Im Gegensatz dazu etablieren sich die Eltern im Muster „Übergehen und Selber-Lösen" selbst als primäre Aufgabenlöser. Ziel dieser Verfahren ist es zumeist, eine – aus Sicht der Eltern – möglichst gute Argumentation zu produzieren bzw. die gestellte Aufgabe möglichst gut zu lösen. Dabei werden jedoch mögliche andere interaktive Ziele, wie die Partizipation des Kindes und seine autonome Gesprächsrolle, vernachlässigt. Die Kinder werden nicht bzw. selten durch Elaborierungsfragen angeregt und eher unterbrochen, als dass ihnen Raum gelassen wird. Unter Erwerbsgesichtspunkten erhalten sie also keinen „Übungsraum", aber implizit ein argumentatives Modell in Form der von den Eltern „übernommenen" Gesprächsbeiträge.

Zusätzlich konnte ein weiteres Muster rekonstruiert werden: „Raumlassen und Akzeptieren". Dieses zeichnet sich dadurch aus, dass die Eltern den Kindern zwar Gesprächsraum lassen, um eigene Beiträge zu produzieren. Sie gehen jedoch nicht oder kaum auf die Äußerung des Kindes ein. Hierdurch entstehen Argumentationen, die wenig interaktiv sind, in denen Meinungen und Gesprächsbeiträge gewissermaßen nebeneinander stehen. Ein typisches Phänomen ist hier, dass dem Kind beigepflichtet, dann aber zum nächsten Punkt übergegangen wird, ohne dass die Äußerung des Kindes elaboriert oder bestritten würde. Unter Erwerbsgesichtspunkten wird dem Kind im Rahmen dieses Musters zwar „Übungsraum" zugestanden, aber es wird weder „gefordert" noch „unterstützt". Es wird ihm auch kein „Modell" geboten wie in „Übergehen und Selber-Lösen".

Interessant hinsichtlich der im weiteren Verlauf der Arbeit in FUnDuS II im Längsschnitt empirisch zu überprüfenden Erwerbssupportivität ist weiterhin die Feststellung, dass es Muster gibt,

- die sich im Sinne des „kommunikativen Ziels" (s. o. Abschnitt 2.1) primär an dem interaktiven Zweck der lokalen Verständigung orientieren („Fordern und Unterstützen"), andere,
- die funktional sind im Hinblick auf eine möglichst optimale Erfüllung der Aufgabe („Übergehen und Selber-Lösen") bzw. auch „Raumlassen und Akzeptieren", wenn die Aufgabe im Sinne eines Sammelns von Gründen verstanden wird.

Darüber hinaus sind Gesprächsmodi festzustellen,

- die über den lokalen Kontext hinaus im Sinne des didaktischen Ziels (s. o. Abschnitt 2.1) explizit einen Lernerfolg des Kindes in der Zukunft relevant setzen (Belehren, eine Aktivität, die oft mit „Übergehen und Selber-Lösen" einhergeht).

Diese rekonstruierten Muster sind in unserer „erwartungsdiskrepant" zusammengesetzten Intensivstichprobe in ihrer Verteilung nicht klar dem sozioökonomischen Status der Familien zuzuordnen. Es lässt sich aber bestätigen, dass das Muster „Fordern und Unterstützen" eher in Familien vorkommt, in denen die Kinder einen höheren Kompetenzwert erreicht haben, und das Muster „Übergehen und Selber-Lösen" eher in Familien, deren Kinder einen niedrigeren Kompetenzwert aufweisen.

Der Längsschnitt der Daten ermöglicht es als zentrale Fragestellung zukünftiger Projektarbeit, die Wechselwirkung mit der Kompetenzentwicklung der Kinder nachzuvollziehen und auf diese Weise den komplizierten Zusammenhang von familialen Interaktionsmustern mit der Dynamik von Entwicklungsprozessen kindlicher Kompetenzen zu rekonstruieren. Dieser Analyseschritt verspricht wertvolle Erkenntnisse insbesondere im Hinblick auf die Wandelbarkeit von Interaktionsmustern im familialen Kontext und auf die Erwerbsfunktionalität der beobachteten Muster im Verlauf der Sekundarstufe I.

Erste qualitative Analysen unter Einbezug der zweiten Erhebungsphase bestärken die Vermutung, dass tatsächlich die beschriebenen familientypischen Interaktionsmuster induktiv über die jeweils lokal zu beobachtenden Verfahren zu rekonstruieren sind, die sowohl über unterschiedliche Settings als auch über einen bestimmten Zeitpunkt hinaus stabil bleiben. Hierin wird ein zentraler Anknüpfungspunkt für die Triangulation qualitativer und quantitativer Methoden im Projekt liegen.

5. Bisheriges Fazit: Besserer Unterricht allein reicht nicht

Je anspruchsvoller der Lernstoff wird, desto komplexere – fachkulturell spezifische (Prediger, 2004) – argumentative Routinen dürften in der Schule in allen Fächern erwartet werden. Argumentationen prägen also die Unterrichtsinteraktion im Sinne eines Unterrichtsmediums zunehmend mehr. Andererseits dürfte *mündliche* Argumentationskompetenz als Unterrichtsgegenstand nur selten explizit/direkt vermittelt werden. Selbst im Fach Deutsch scheint mündliches Argumentieren unterrichtspraktisch oft eher implizit eine Rolle im Rahmen von unterrichtlichen Diskussionen (Vogt, 2002) zu spielen, obwohl die nationalen Bildungsstandards für Deutsch für den Mittleren Bildungsabschluss das Argumentieren auch im Mündlichen als Zielkompetenz aufführen. Im Ergebnis dürften gerade wegen des impliziten Charakters argumentativen Lernens kumulative Defizite von sozial benachteiligten Kindern dazu führen, dass sie die anspruchsvolleren schulisch geforderten argumentativen Routinen im Mündlichen und nachfolgend auch im Schriftlichen auf Grund der Eingeschränktheit ihrer häuslichen Diskurs- und Unterstützungserfahrungen immer weniger umsetzen können.

Diese Problematik wird gegenwärtig aufgegriffen, um ein Elterntraining zu konzipieren, durchzuführen und zu evaluieren. In konsequenter Umsetzung der gewonnenen Erkenntnisse zielt das Training darauf ab, die teilnehmenden Eltern zu befähigen:

1. den Stellenwert alltäglicher Interaktionen (im Sinne des sprachlichen Anregungsgehalts im Elternhaus und dialogischer Unterstützungsformen) für den Erwerb von schulisch relevanten Sprach- und Diskurskompetenzen besonders im Bereich des Argumentierens zu erkennen,
2. Unterschiede zwischen mehr oder weniger funktionalen dialogischen Verfahren zu kennen und
3. in Kenntnis erwerbsunterstützender Verfahren die eigenen alltäglichen Aushandlungsprozesse förderlicher zu gestalten.

Das erstgenannte Trainingsziel setzt wesentlich an den Zuständigkeits- und Rollenkonzeptionen der Eltern an. In unseren Videodaten lässt sich bspw. beobachten, dass manche Elternteile eine Art Unterrichtssetting ("Belehren") erzeugten. Ausschlaggebend hierfür sind subjektive Theorien über die Wirksamkeit verschiedener instruktionaler Strategien, die das spezifische Potential familialer Lehr-Lern-Settings sowie den Stellenwert beiläufiger Lernprozesse verkennen und kontraproduktive Effekte didaktisch (über-)motivierter Inszenierungen im Elternhaus erzeugen.

Das zweite Teilziel richtet sich weniger auf die elterliche Selbstreflexionsfähigkeit, die stark an intellektuelle Eingangsvoraussetzungen gebunden ist, als auf das Vermögen, eigene Verhaltensweisen entlang einfacher, im Training anschaulich vermittelter Kriterien als mehr oder weniger zweckdienlich zu kategorisieren.

Das dritte Teilziel schließlich hebt auf eine Veränderung des elterlichen Interaktionsverhaltens zunächst in argumentativen Diskursen ab, wobei die Muster der elterlichen Steuerung auch für andere Arten von Diskursaktivitäten gelten (Morek, 2012).

Der Ertrag von FUnDuS besteht also darin zu zeigen, wie sich eine komplexe sprachliche Kompetenz mit ihren kognitiven und interaktiven Voraussetzungen im Altersraum der Sekundarstufe I entwickelt und in welcher Weise systematisch unterschiedliche informelle familiale Interaktionserfahrungen auch in diesem Alter den Erwerbsverlauf der Kinder beeinflussen. Tatsächlich ist es im Rahmen des Projekts bereits jetzt gelungen, einen Teil der Unterschiedlichkeiten in den Lernerfolgen der Kinder zu erklären. Konsequenterweise werden wir durch die sehr sprach- und interaktionsnahe Intervention den Versuch machen, diese Bedingungen unter Erwerbsgesichtspunkten zu optimieren, ohne dabei das kulturelle Familienmilieu zu missachten.

6.   Literatur

Augst, G., Disselhoff, K., Henrich, A., Pohl, T. & Völzing, P. L. (2007). *Textsortenkompetenz. Eine echte Longitudinalstudie zur Entwicklung der Textkompetenz im Grundschulalter.* Frankfurt a. M.: Lang

Baumert, J. & Lehmann, R. (Hrsg.) (1997). *TIMSS – Third International Mathematics and Science Study: Dritte Internationale Mathematik- und Naturwissenschaftsstudie: Anlage, Fragestellungen und Durchführung der TIMSS-Studie in der Bundesrepublik Deutschland.* Berlin: Max-Planck-Inst. für Bildungsforschung

Baumert, J., Stanat, P. & Watermann, R. (2006). *Herkunftsbedingte Disparitäten im Bildungswesen: Differenzielle Bildungsprozesse und Probleme der Verteilungsgerechtigkeit. Vertiefende Analysen im Rahmen von PISA 2000.* Wiesbaden: VS Verlag für Sozialwissenschaften

Becker, T. (2001). *Kinder lernen erzählen. Zur Entwicklung der narrativen Fähigkeiten von Kindern unter Berücksichtigung der Erzählform.* Baltmannsweiler: Schneider Hohengehren

Becker-Mrotzek, M. (2004). Schreibkonferenzen in der Grundschule. In G. Bräuer (Hrsg.), *Schreiben(d) lernen. Ideen und Projekte für die Schule.* Hamburg: edition Körber-Stiftung, 105–119

Bos, W., Hornberg, S., Arnold, K.-H. & Faust, G. (2007). *IGLU 2006. Lesekompetenzen von Grundschulkindern in Deutschland im internationalen Vergleich.* Münster: Waxmann

Bos, W., Lankes, E.-M., Prenzel, M., Schwippert, K., Walther, G. & Valtin, R. (Hrsg.) (2003). *Erste Ergebnisse aus IGLU. Schülerleistungen am Ende der vierten Jahrgangsstufe im internationalen Vergleich.* Münster: Waxmann

Burleson, B. R., Jesse, G. D. & Applegate, J. L. (1995). The Socialization of Person-Centered Communication. Parents' Contributions to Their Children's Social-Cognitive and Communication Skills. In M. A. Fitzpatrick & A. L. Vangelisti (Hrsg.), *Explaining Family Interactions.* Thousand Oaks/London/New Dehli: Sage, 34–76

Conger, R. D. & Donnellan, M. B. (2007). An interactionist perspective on the socioeconomic context of human development. *Annual Review of Psychology, 58,* 175–199

Cooper, H., Robinson, J. C., & Patall, E. A. (2006). Does homework improve academic achievement? A synthesis of research, 1987–2003. *Review of Educational Research, 76* (1), 1–62

DESI-Konsortium (2006*). Unterricht und Kompetenzerwerb in Deutsch und Englisch. Zentrale Befunde der Studie Deutsch-Englisch-Schülerleistungen-International (DESI).* Frankfurt a. M.: DIPF – Deutsches Institut für Internationale Pädagogische Forschung

Ehlich, K. (1981). Schulischer Diskurs als Dialog? In P. Schröder & H. Steger (Hrsg.), *Dialogforschung.* Düsseldorf: Schwann, 334–369

Ehlich, K. (2013/i. Dr.). Argumentieren als sprachliche Ressource des diskursiven Lernens. In A. Hornung et al. (Hrsg.), *Diskursive und textuelle Strukturen in der Hochschuldidaktik: Deutsch und Italienisch im Vergleich.* Münster: Waxmann

Ehmke, T. & Baumert, J. (2007). Familiäre Lebensverhältnisse und Kompetenzerwerb. In PISA-Konsortium Deutschland (Hrsg.), *PISA 2006. Die Ergebnisse der dritten internationalen Vergleichsstudie.* Münster: Waxmann, 309–336

Felton, M. & Kuhn, D. (2001). The Development of Argumentative Discourse Skill. *Discourse Processes, 32* (2), 135–153

Grundler, E. (2011). *Kompetent argumentieren. Ein gesprächsanalytisch fundiertes Modell.* Tübingen: Stauffenburg

Hausendorf, H. & Quasthoff, U. M. (1996). *Sprachentwicklung und Interaktion: Eine linguistische Studie zum Erwerb von Diskursfähigkeiten bei Kindern.* Wiesbaden: Westdeutscher Verlag. Neu aufgelegt bei: Verlag für Gesprächsforschung: http://www.verlag-gespraechsforschung.de/2005/quasthoff.htm

Hausendorf, H. & Quasthoff, U. (2005). Konversations-/Diskursanalyse: (Sprach-) Entwicklung durch Interaktion. In G. Mey (Hrsg.), *Handbuch Qualitative Entwicklungspsychologie.* Köln: Studien-Verlag, 585–618

Heller, V. (2012). *Kommunikative Erfahrungen von Kindern in Familie und Unterricht. Passungen und Divergenzen.* Tübingen: Stauffenburg

Hurrelmann, B. (2004). Informelle Sozialisationsinstanz Familie. In N. Groeben & B. Hurrelmann (Hrsg.), *Lesesozialisation in der Mediengesellschaft: Ein Forschungsüberblick.* Weinheim/München: Juventa, 169–201

Kline, S. L. (1998). Influence Opportunities and the Development of Argumentation Competencies in Childhood. *Argumentation, 12* (3), 367–385

Krelle, M., Vogt, R. & Willenberg, H. (2007). Argumentative Kompetenz im Mündlichen. In H. Willenberg (Hrsg.), *Kompetenzhandbuch für den Deutschunterricht.* Baltmannsweiler: Schneider Hohengehren, 96–107

McCabe, A. & Peterson, C. (1991). Getting the story: A longitudinal study of parental styles in eliciting oral personal narratives and developing narrative skill. In A. McCabe & C. Peterson (Hrsg.), *Developing narrative structure.* Hillsdale, N. J.: Erlbaum, 217–253

Morek, M. (2012). *Kinder erklären: Interaktionen in Familie und Unterricht im Vergleich.* Tübingen: Stauffenburg

PISA-Konsortium Deutschland (Hrsg.) (2001). *PISA 2000. Basiskompetenzen von Schülerinnen und Schülern im internationalen Vergleich.* Opladen: Leske & Budrich

PISA-Konsortium Deutschland (Hrsg.) (2007). *PISA 2006. Die Ergebnisse der dritten internationalen Vergleichsstudie.* Münster: Waxmann

Pratt, M. W., Green, D., MacVicar, J. & Bountrogianni, M. (1992). The mathematical parent: Parental scaffolding, parenting style, and learning outcomes in longdivision mathematics homework. *Journal of Applied Developmental Psychology, 13,* 17–33

Prediger, S. (2004). *Mathematiklernen in interkultureller Perspektive. Mathematikphilosophische, deskriptive und präskriptive Betrachtungen.* München/Wien: Profil-Verlag (Klagenfurter Beiträge zur Didaktik der Mathematik, 6)

Prenzel, M. & Allolio-Näcke, L. (2006). *Untersuchungen zur Bildungsqualität von Schule. Abschlussbericht des DFG-Schwerpunktprogramms.* Münster: Waxmann, 370–397

Quasthoff, U. (2009). Entwicklung der mündlichen Kommunikationskompetenz. In M. Becker-Mrotzek (Hrsg.), *Mündliche Kommunikation und Gesprächsdidaktik.* Baltmannsweiler: Schneider Hohengehren, 84–100 (Deutschunterricht in Theorie und Praxis, DTP, 3)

Quasthoff, U. & Katz-Bernstein, N. (2006). Diskursfähigkeiten. In M. Grohnfeldt (Hrsg.), *Lexikon der Sprachtherapie.* Stuttgart: Kohlhammer, 72–75

Quasthoff, U. & Kern, F. (2007). Familiale Interaktionsmuster und kindliche Diskursfähigkeit: Mögliche Auswirkungen interaktiver Stile auf diskursive Praktiken und Kompetenzen bei Schulkindern. In H. Hausendorf (Hrsg.), *Gespräch als Prozess. Linguistische Aspekte der Zeitlichkeit verbaler Interaktion.* Tübingen: Narr, 277– 306

Quasthoff, U., Kern, F., Ohlhus, S. & Stude, J. (i. Vorb.). *Diskurse und Texte von Kindern: Praktiken – Fähigkeiten – Erwerbsmechanismen*

Quasthoff, U. & Krah, A. (2012). Die familiale Kommunikation als Spracherwerbsressource: Das Beispiel argumentativer Kompetenzen. In E. Neuland (Hrsg.), *Sprache der Generationen, Thema Deutsch, 12,* 115–132

Quasthoff, U. & Wild, E. (i. Vorb.). *Introduction: Learning in context from an interdisciplinary perspective. Learning, Culture and Social Interaction,* submitted

Rammert, M. (2012). *Die Effektivität eines Elterntrainings im Hinblick auf kompetenzunterstützendes Verhalten der Eltern im häuslichen Lernkontext – eine Evaluationsstudie.* Unveröffentlichte Dissertation, Universität Bielefeld

Sacher, W. (2008). *Elternarbeit – Gestaltungsmöglichkeiten und Grundlagen für alle Schularten.* Bad Heilbrunn: Klinkhardt

Sacks, H. (1992). *Lectures on conversation.* Hrsg. v. G. Jefferson. Oxford/Cambridge: Blackwell

Vogt, R. (2002). *Im Deutschunterricht diskutieren. Zur Linguistik und Didaktik einer kommunikativen Praktik.* Tübingen: Niemeyer

Weinert, S. & Grimm, H. (2008). Sprachentwicklung. In R. Oerter & L. Montada (Hrsg.), *Entwicklungspsychologie.* 6. Auflage. Weinheim: Beltz PVU, 502–534

Wild, E. (1999). *Elterliche Erziehung und schulische Lernmotivation.* Unveröffentlichte Habilitation, Sozialwissenschaftliche Fakultät der Universität Mannheim

Wild, E. & Lorenz, F. (2010). *Elternhaus und Schule.* Paderborn: Schöningh/UTB

Wittler, C. (2008). „*Lernlust statt Lernfrust*": *Evaluation eines Elterntrainings zur Förderung autonomieunterstützender Instruktionsstrategien im häuslichen Lernkontext.* Bielefeld: Bielefeld University. Online unter: http://pub.uni-bielefeld.de/publication/2302531 (zuletzt aufgerufen am 07.10.2013)

Dieter Thoma, Daniela Ofner, Rosemarie Tracy

Möglichkeiten und Schwierigkeiten der standardisierten Messung der Sprachförderkompetenz pädagogischer Fachkräfte

1. Fragestellung

Infolge eines stetig wachsenden Anteils von Kindern mit Migrationshintergrund (Bundesministerium des Innern, 2011) sowie sozioökonomischer Entwicklungen (Dubowy, Ebert, von Maurice & Weinert, 2008) ist die gezielte sprachliche Förderung zu einer zentralen Aufgabe frühpädagogischer Fachkräfte geworden. Um diese Herausforderung zu bewältigen, sind spezifische linguistische und pädagogische Kompetenzen erforderlich (Hopp, Thoma & Tracy, 2010; List, 2010). Vereinfacht formuliert würde man daher in erster Linie erwarten, dass Erzieherinnen mit einer hohen Sprachförderkompetenz Kinder besonders gut in ihrer Sprachentwicklung unterstützen können. Aber abgesehen davon, dass eine solche *Sprachförderkompetenz* theoretisch nicht einfach zu fassen ist, ist bisher ungeklärt, ob und wie sich sprachförderrelevante Kenntnisse und Fähigkeiten bei praktisch tätigen Fachkräften inhaltlich differenziert und objektiv vergleichbar feststellen lassen.

Daher gehen wir in diesem Beitrag der Frage nach, ob es möglich ist, frühpädagogische Fachkräfte standardisiert, zuverlässig und zeitökonomisch so zu testen, dass sie das Testinstrument mit angemessener Motivierung gut bearbeiten und dass die Ergebnisse valide Rückschlüsse auf ihre Sprachförderkompetenz zulassen. Zur Beantwortung dieser Frage haben wir im Rahmen des Forschungsprojekts[1] „Sprachliche Kompetenzen pädagogischer Fachkräfte" das Instrument *SprachKoPF*$_{v06}$ nach Kriterien der klassischen Testtheorie (Fisseni, 2004) in einem mehrstufigen und iterativen Prozess der theoretischen und empirischen Itemoptimierung (Mislevy, 2007) erarbeitet. Der Test ist in LimeSurvey implementiert und unter www.sprachkopf.de auf Anfrage zugänglich. Die Validierungsstudie,

1   Erste Projektphase 2009–2012, gefördert durch das Bundesministerium für Bildung und Forschung, Förderkennzeichen 01GJ0905. Wir danken Marije Michel und Carolyn Seybel für ihre Mitarbeit bei der Testentwicklung, Datenerhebung, und -auswertung.

die wir hier auszugsweise vorstellen, orientiert sich an einem evidenzbasierten, approximativen und argumentativen Validitätsverständnis (Kane, 2006; Shadish, Cook & Campbell, 2002). Dafür wurden theoriegeleitet Hypothesen gebildet, relevante Daten erhoben und die Hypothesen anhand der vorgefundenen Evidenz geprüft. Auf der Grundlage der Testleistungen von 144 pädagogischen Fachkräften wurden Reliabilitäts- und Trennschärfekoeffizienten berechnet, differentielle Effekte zum Bildungsstand und über Berufsgruppenvergleiche untersucht sowie die Augenscheinvalidität bzw. Praktikabilität des Tests qualitativ und quantitativ geprüft.

2.   Was ist Sprachförderkompetenz? Theoretische Grundlagen

Professionalisierung und Kompetenzorientierung gewinnen bei der Beschreibung von gewünschten Qualifikationsprofilen frühpädagogischer Fachkräfte zunehmend an Bedeutung. So wurden für die Frühpädagogik allgemeine Kompetenzmodelle formuliert, die sich an der bereits länger etablierten Professionsforschung im Lehrberuf orientieren (Baumert & Kunter, 2006; Shulman, 1986). Fröhlich-Gildhoff, Nentwig-Gesemann & Pietsch (2011) gehen beispielsweise davon aus, dass professionelle Anforderungen in frühpädagogischen Tätigkeitsfeldern dadurch gekennzeichnet sind, dass Handlungssituationen nicht standardisierbar, aber hochkomplex, mehrdeutig und oft schlecht vorhersehbar sind. Sie schlagen ein mehrdimensionales Kompetenzmodell vor, das zwischen Handlungsgrundlagen, sogenannten Dispositionen, Handlungsplanung und -bereitschaft sowie Handlungsrealisierung unterscheidet. Die Dispositionen vereinen explizites theoretisches Wissen, implizites Erfahrungswissen sowie Fähigkeiten und Fertigkeiten. Sie werden von einem Bündel moderierender Variablen beeinflusst: der Situationswahrnehmung und -analyse, der Motivation, handlungsleitenden Orientierungen und Einstellungen. Alle Handlungen sind der Selbstreflexion unterworfen. In einem Gutachten des Aktionsrats Bildung (Blossfeld et al., 2012) werden für die professionelle Handlungskompetenz in der Frühpädagogik ähnlich komplexe Aspekte genannt: Professionswissen, Fachwissen, fachdidaktisches sowie allgemeinpädagogisches Wissen, pädagogische Orientierungen/Einstellungen, motivationale und emotionale Komponenten sowie selbstregulatorische Fähigkeiten. Als besonders zentral für die Professionalität werden Wissen und Können erachtet (Baumert & Kunter, 2006, S. 481).

Trotz der hohen Präsenz sprachförderlicher Aufgaben im frühpädagogischen Alltag existieren neben allgemeinen Ansätzen zur Kompetenzbeschreibung nur wenige Ansätze, die den Fokus spezifisch auf die Bereiche Sprache und Sprachförderung richten. Die meisten Beschreibungen der Kompetenzen, die erfolgreicher Sprachförderung zugrunde liegen sollen, sind eher allgemein und anwendungsorientiert gehalten (Fried & Briedigkeit, 2008; Tracy, 2008). List (2010) wird systematischer und sieht die Fähigkeit zur Sprachförderung als einen der Kernbereiche des Qualifikationsprofils. Sie hält Wissen über Sprache auf den unterschiedlichen linguistischen Ebenen, Erwerbsverläufe sowie über sprachtypologische Unterschiede für essenziell. Darüber hinaus erwartet sie Wissen über Sprachstandserhebungsverfahren, deren Stärken und Schwächen sowie die sichere Handhabung dieser Verfahren. Zudem sollen pädagogische Fachkräfte einen Überblick über Sprachfördermaßnahmen haben und diese kritisch beurteilen können. In der Einrichtung verwendete Maßnahmen sollten sicher angewendet und im Team reflektiert werden.

Hopp, Thoma & Tracy (2010) haben ein Sprachförderkompetenzmodell entwickelt, das aus explizit sprachwissenschaftlicher und spracherwerbstheoretischer Perspektive Kompetenzen beschreibt, die für eine gezielte Sprachförderung notwendig sind. Es modelliert die Sprachförderkompetenz pädagogischer Fachkräfte als die Kompetenz, im pädagogischen Alltag Sprachfördersituationen zu schaffen, welche die Bedingungen des natürlichen Spracherwerbs emulieren und die auf den Entwicklungsstand des Kindes abgestimmt sind. Um dies leisten zu können, müssen Fachkräfte über bereichsbezogene Kenntnisse (*Wissen*), Fähigkeiten (*Können*) und Handlungen (*Machen*) verfügen. Das Modell folgt damit dem in der empirischen Bildungsforschung vertretenen Verständnis von Kompetenzen als „prinzipiell erlernbare, mehr oder minder bereichsspezifische Kenntnisse, Fertigkeiten und Strategien" (Baumert, Stanat & Demmrich, 2001, S. 22). Die Kategorisierung von Teilkompetenzen orientiert sich an Erkenntnissen für Lehrende im schulischen Kontext (Baumert & Kunter, 2006; Shulman, 1986). Sprachförderkräfte „verfügen über Fachwissen zu Sprache und Spracherwerb (content knowledge), besitzen anwendungsbezogenes Wissen in der Schaffung von Sprachfördersituationen (pedagogical content knowledge) und allgemeines pädagogisches Wissen (pedagogical knowledge)" (Hopp et al., 2010, S. 614). Das Konstrukt beschränkt sich auf fachliche und fachpädagogische Kompetenzen im Bereich Sprache.

Das bereichsbezogene *Wissen* umfasst Kenntnisse zu Form und Funktion von Sprache und Sprachen, insbesondere der geförderten Zielsprache, zu Spracherwerbsprozessen im ein- und mehrsprachigen Kontext, sowie Kenntnisse über Methoden und Inhalte von Sprachdiagnostik und -förderung. Sind die notwendigen Fähigkeiten erlernt, *können* Fachkräfte sprachdiagnostische Maßnahmen auswählen, anwenden und auswerten. Sie sind grundsätzlich in der Lage, Sprachförderung durchzuführen und zu reflektieren. Die Komponente *Machen* bezieht sich darauf, dass Fachkräfte unter gegebenen Echtzeit- und Randbedingungen in konkreten Sprachfördersituationen ihre Sprachförderung aus *Wissen* und *Können* ableiten und in sprachfördernde Handlungen umsetzen.

3. Operationalisierung von Sprachförderkompetenz

3.1 Bisherige Ansätze zur empirischen Erfassung von Sprachförderkompetenz

Obwohl Sprachförderkompetenz von in der Frühpädagogik tätigem Personal erwartet wird, gibt es kaum Methoden, mit denen sich diese im Sinne einer objektiven und vergleichbaren Leistungsbeurteilung zuverlässig messen und valide einschätzen lässt. Zudem ist unklar, ob ein solches Ansinnen bei einer bisher wenig akademisierten Berufsgruppe, die kaum Erfahrung mit Testsituationen hat, überhaupt sinnvoll durchführbar ist. Bisherige methodische Ansätze, die sprachförderrelevante Kompetenzen mitberücksichtigten, sind fragebogenbasierte Skalen zur Selbst- und Fremdeinschätzung, Interviews und Hospitationen bzw. Audio- und Videoanalysen. Sie verfolgen überwiegend andere Ziele als eine Leistungsdiagnostik, werden im Folgenden aber trotzdem kurz vorgestellt, bevor wir auf ein zeitgleich mit SprachKoPF entwickeltes Instrument eingehen.

Im Rahmen von Qualitätsinitiativen im Elementarbereich (Preissing, 2003; Tietze, Schuster, Grenner & Roßbach, 2005) entstanden fragebogenbasierte **Skalen zur Selbst- und Fremdeinschätzung**, in denen auch sprachliche Aspekte eine Rolle spielen. Allerdings bleiben diese meist sehr vage. Bei Preissing (2003, S. 191) soll etwa der Grad der Zustimmung zu Aussagen wie „Ich fördere gezielt den Erwerb der deutschen Sprache; Ich führe häufig Einzelgespräche mit den Kindern, die auf deren Alltag bezogen sind" angegeben werden. Abgesehen von mangelnder Präzisierung (was bedeuten „gezielt" und „häufig"?) ist fraglich, ob Fachkräfte angeben könnten, was es heißt, die „deutsche Sprache" – etwa im Unterschied zur Kommunikationsfreude im Allgemeinen – zu fördern. Spezifischere fragebogengeleitete Selbsteinschätzungen zum Thema Sprachförderung (Fried, 2008; Mroz & Hall, 2003) zielen überwiegend auf die wahrgenommene Selbstsicherheit und Haltungen in den Arbeitsbereichen Sprachförderung und Mehrsprachigkeit. Sie liefern somit vorwiegend Meinungsbilder und keine objektivierbaren Kompetenzmaße. Fried & Briedigkeit (2008) legten mit der Dortmunder Rating-Skala zur Erfassung sprachförderrelevanter Situationen (DO-RESI) erstmals ein Instrument vor, das die Sprachförderkompetenz von pädagogischen Fachkräften in messbaren Kategorien abbilden soll. Durch Beobachtung von Erzieherinnen-Kind-Interaktionen sollen unterschiedliche Kompetenzen erfasst werden, die den Qualitätsdimensionen Organisation der Sprachförderung, Beziehung, adaptive Unterstützung und sprachlich-kognitive Herausforderung zugeordnet werden. Konkrete linguistische Aspekte beschränken sich auf wenige Items in der Dimension „sprachlich-kognitive Herausforderung" und vernachlässigen aus sprachwissenschaftlicher Sicht wichtige Aspekte (vgl. dazu Tracy, Ludwig & Ofner, 2010).

Alternativ wird versucht, das Wissen bzw. die Handlungsrepertoires pädagogischer Fachkräfte durch **Interviews** (Faas, 2010; Knopp, 2009) zu ermitteln. Faas

(2010) untersuchte anhand von Leitfadeninterviews, auf welche Wissens- und Könnens-Bestandteile pädagogische Fachkräfte bei der Auseinandersetzung mit beruflichen Handlungsanforderungen im Bereich Sprachförderung zurückgreifen. Mithilfe von Videosequenzen und Fallschilderungen sollten eigene Handlungsstrategien zur sprachlichen Förderung entwickelt, das Verhalten anderer Fachkräfte bewertet und diese Bewertungen begründet werden. Aus diesen Aussagen hat Faas Wissensstrukturen herausgearbeitet und qualitativ und quantitativ ausgewertet. So wurde zum Beispiel auf der qualitativen Ebene untersucht, wie elaboriert die Äußerungen der Befragten sind. Ähnlich aufwändig wurde in explorativen **Audio-/Videoanalysen** das Verhalten von pädagogischen Fachkräften in Fördersituationen beleuchtet (z.B. Dickinson, 2012; Ricart Brede, 2011). Ricart Brede (2011) bewertete z. B. die Prozessqualität von Sprachförderung nach detaillierten deskriptiven Analysen des sprachlichen Verhaltens von Fachkräften und Kindern. Die Studie zeichnet ein Gesamtbild der Art und Weise, wie Sprachförderung durchgeführt wird, und zielt nicht darauf ab, interindividuelle Unterschiede zwischen Probandinnen herauszuarbeiten.

Während die bisher beschriebenen Studien keine standardisierte Erfassung des Wissens und Könnens von pädagogischen Fachkräften anstreben, gibt es neben SprachKoPF für die Frühpädagogik einen weiteren Ansatz der Leistungsmessung im Bereich der Sprachförderkompetenz von Hendler, Mischo, Wahl & Strohmer (2011). Das Instrument **FESKO-F** soll Wissen über Grundbegriffe und Strukturen der deutschen Sprache, Unterschiede zwischen Migrantensprachen und dem Deutschen, Schritte der kindlichen Sprachentwicklung, Sprachdiagnostik und Sprachförderung testen. Es wurde im Rahmen einer Längsschnittstudie entwickelt, die zeigen soll, wie sich die Kompetenzen von angehenden Erzieherinnen an Fachschulen und Hochschulen unterscheiden und in Beziehung zu Selbsteinschätzungen stehen. Als theoretische Grundlage der 33 Mehrfachwahlfragen des Wissenstests werden Qualifikationsanforderungen an pädagogische Fachkräfte (List, 2010; Hopp et al., 2010) sowie zahlreiche für Sprachförderung relevante Beiträge (z. B. Fried & Briedigkeit, 2008) genannt. Die Prüfung der linguistischen Angemessenheit erfolgte durch drei Experteneinschätzungen. Zusätzlich sollen in derzeit noch nicht publizierten Testteilen die diagnostische Kompetenz und die sprachbezogene Förderkompetenz mit offenen Fragen zu jeweils vier Vignetten (Fallbeschreibungen mit Transkripten kindlicher Äußerungen) gemessen werden. Hendler et al. (2011) können in einem Vergleich der Ergebnisse von 536 Fachschülerinnen und 416 Frühpädagogik-Studierenden im ersten Semester erwartungsgemäß nachweisen, dass die Studierenden im Wissenstest besser abschneiden und dass sie relativ dazu ihr per Selbsteinschätzung erhobenes sprachbezogenes Wissen stärker unterschätzen als Fachschülerinnen.

Insgesamt eignen sich Selbst- und Fremdeinschätzungen über Fragebögen, Interviews und Situationsanalysen aufgrund ihrer methodischen Eigenschaften nur sehr bedingt, um die Sprachförderkompetenz pädagogischer Fachkräfte standardisiert zu erfassen. Einem generellen psychologischen Effekt folgend (Kruger & Dunning, 1999), ist gerade im Bereich der Muttersprache, die alltäglich benutzt wird, die Gefahr der Überschätzung der eigenen Förderkompetenzen sehr groß (Neugebauer, 2010) und sie nimmt mit abnehmenden tatsächlichen Fähigkeiten tendenziell noch zu. Aufgrund der hohen Präsenz und Relevanz des Themas im Berufsalltag liegt es zudem nahe, dass die Befragten sozial erwünschten Antwortmustern folgen, die ihr tatsächliches Verhalten schlecht abbilden (Moosbrugger & Kelava, 2008). Abgesehen von den sprachwissenschaftlichen Lücken bisheriger Fragebögen sind Selbsteinschätzungen damit sowohl als Kompetenzmaß als auch als Validierungskriterium (vgl. Hendler et al., 2011) problematisch. Fremdeinschätzungen authentischer Fördersituationen haben eine hohe ökologische Validität, sind aber für Querschnittsuntersuchungen wenig praktikabel. Für wissenschaftliche Evaluationsstudien oder berufspraktische Bedarfsanalysen bzw. zur Überprüfung von Lernfortschritten in der Aus- und Weiterbildung sowie bei der Personalauswahl ist es aber notwendig, Kompetenzen im Bereich der sprachlichen Förderung und Bildung belastbar, valide und zeitökonomisch zu bestimmen. Mit SprachKoPF wollen wir daher ein Instrument vorlegen und weiterentwickeln, das diesen Bedürfnissen nachkommen kann.

3.2   SprachKoPF$_{v06}$

SprachKoPF$_{v06}$ ist ein standardisierter und computerbasierter Test, der durch die systematische Ableitung der Testinhalte aus einem sprachwissenschaftlichen Konstrukt (Hopp et al., 2010) valide Schlüsse auf die Sprachförderkompetenz pädagogischer Fachkräfte erlaubt. Die hier beschriebene Testversion bildet die Bereiche *Wissen* und *Können* des Konstrukts ab. Die Handlungskompetenz (*Machen*) in authentischen Sprachfördersituationen, die aus der Integration der ersten beiden Kompetenzbereiche resultiert, ist noch nicht berücksichtigt. Die Testinhalte wurden theoriegeleitet in einem systematischen Prozess der Itementwicklung und -reduktion nach psychometrischen Kriterien und Verfahren der klassischen Testtheorie (Fisseni, 2004) ausgewählt. Der Test ist in LimeSurvey Version 1.91 (LimeSurvey Project Team & Schmitz, 2012) implementiert und unter www.sprachkopf.de auf Anfrage zugänglich.

Die Version *SprachKoPF*$_{v06}$ beinhaltet in der Komponente *Wissen* 55 Multiple-Choice-Aufgaben zu den Bereichen Sprache als kognitives System (Teilbereiche: Phonologie, Lexikon, Morphologie, Syntax, Semantik/Pragmatik), Sprache als kommunikatives System (Soziolinguistik), Spracherwerb und Mehrsprachigkeit, Sprachdiagnostik und Sprachförderung. Die vorliegende Testversion ist Ergebnis eines umfangreichen Entwicklungsprozesses. Ausgehend vom Konstrukt wurde für die *Wissen*s-Komponente ein umfangreicher Fragenpool mit >250 Items in offenen und geschlossenen Antwortformaten erstellt. In fünf Pilotierungsrunden bearbeiteten mehr als 500 Probandinnen unterschiedlicher Populationen (pädagogische Fachkräfte der Elementar- und Primarstufe, Studierende der Linguistik oder Frühpädagogik, Experten) die Aufgaben. Grundlage für die Itemselektion waren empirische Indices zur internen Konsistenz und Trennschärfe sowie der Anspruch, das Sprachförderkompetenzmodell vollständig abzubilden.

Der Bereich *Können* ist unterteilt in die Teilbereiche *Beobachten Können* und *Fördern Können*. Die Fähigkeit zur Beobachtung von Kindern und Sprachförderkräften (*Beobachten Können*) wird anhand von sieben authentischen Videoausschnitten von Sprachförderinteraktionen getestet. Nach einer ersten Präsentation zur Familiarisierung folgt jeweils die Anweisung, in der Wiederholung besonders auf die sprachlichen Äußerungen des Kindes oder der Sprachförderkraft zu achten. Zu den Videos werden 12 True-False- bzw. Multiple-Choice-Fragen gestellt. Die gewählte Antwortoption muss immer über ein offenes Kommentarfeld begründet werden. Der Bereich *Fördern Können* umfasst fünf Items, die ebenfalls auf Grundlage von Videostimuli erfassen sollen, ob pädagogische Fachkräfte in der Lage sind, ausgehend vom vermuteten Sprachstand der beobachteten Kinder spezifische Fördermaßnahmen auszuwählen (*Fördern Können*). Aus einem für jedes Item identischen Pool von spezifischen, unspezifischen sowie angesichts des Sprachstandes nicht (mehr) geeigneten Fördermaßnahmen ($k = 21$) sollen zwei zum Sprachstand des Kindes passende Optionen ausgewählt werden.

Die Items in der *Können*-Komponente entstammen ursprünglich 20 Videoaufnahmen von je 45–60 Minuten, die Erzieherinnen-Kind-Interaktionen in sieben Sprachfördergruppen in zwei Kindertagesstätten über mehrere Monate dokumentieren. Aus diesen Aufnahmen wählten wir Videosequenzen aus, die die Beobachtung des Sprachverhaltens pädagogischer Fachkräfte und des Sprachstands von Kindern auf unterschiedlichen sprachlichen Ebenen ermöglichen. Beobachtungskriterien für das Sprachverhalten pädagogischer Fachkräfte sind z. B. Fragetechniken, variations- und kontrastreicher sprachlicher Input, Korrekturverhalten und sprachliches Begleiten von Handlungen (Dannenbauer, 1997; Ritterfeld, 2000; Tracy & Lemke, 2009). Nach Pilotierungen mit offenem Frageformat wurden geschlossene Fragen entwickelt. Vorversionen mit insgesamt 89 Items wurden mit Anerkennungspraktikantinnen bzw. Schülerinnen im letzten Schuljahr aus unterschiedlichen Fachschulen für Sozialpädagogik erprobt. Aufgrund der integrierten qualitativen Komponente der offenen Kommentare lag der Fokus neben der Analyse der Itemschwierigkeiten und Reliabilitätswerte bei der Itemreduktion auf der Aussagekraft und Bewertbarkeit der Kommentare.

4. Validierungsstudie

4.1 Überblick

In diesem Abschnitt stellen wir wesentliche Ergebnisse der bisherigen Validierungsstudie zu *SprachKoPF$_{v06}$* vor. Wir beschränken uns dabei auf das Testverhalten von berufstätigen frühpädagogischen Fachkräften als Zielpopulation. Deren Testleistung analysieren wir zunächst nach klassischen psychometrischen Gütekriterien. Anschließend differenzieren wir sie nach der Schulbildung und vergleichen sie mit formal geringer und höher für die Sprachförderung qualifizierten Berufsgruppen. Die grundsätzliche Eignung der Testmethode für die Zielpopulation beleuchten wir in einer Analyse des Bearbeitungsverhaltens und qualitativ anhand von freien Kommentaren der Probandinnen. Der Abschnitt beginnt mit der Beschreibung der Stichprobe und geht kurz auf die bei der Testauswertung verwendeten Regeln ein.

4.2 Stichprobe

In fünf süddeutschen Städten nahmen 144 berufstätige frühpädagogische Fachkräfte freiwillig und gegen eine Aufwandsentschädigung an *SprachKoPF$_{v06}$* teil. Der Frauenanteil betrug 96%, das durchschnittliche Alter 40 Jahre (Spannweite 21–60). Von den Befragten verfügten 44% über einen Haupt-/Realschulabschluss, 28% über eine Fachhochschulreife und 27% über die allgemeine Hochschulreife. Eine darauf folgende Fachschulausbildung absolvierten 74%, ein Viertel besuchte eine Pädagogische Hochschule, Fachhochschule oder Universität. Bis auf die Überrepräsentation der Akademikerinnen (üblich ca. 5%) kann die Stichprobe als repräsentativ für frühpädagogische Fachkräfte in Deutschland angesehen werden (Statistisches Bundesamt, 2011).

4.3 Auswertung

Aufgrund der Verschiedenheit der Datentypen der drei Testkomponenten wurde eine jeweils unterschiedliche Bewertung durchgeführt, so dass die Testwerte der Komponenten alle auf einer Skala von null bis eins normiert sind. Für die Komponente *Wissen* erhielten Probandinnen jeweils einen Punkt für eine korrekte Antwort. Bei Mehrfachantwortfragen wurde die binäre Auswertungsmethode (Poizner, Nicewander & Gettys, 1978) gewählt. Demnach wurden korrekt ausgewählte richtige Antworten oder korrekt nicht ausgewählte falsche Antworten positiv, andere neutral bewertet und mit der Anzahl der Antwortmöglichkeiten gewichtet. Um einen Gesamtwert pro Teilkomponente (z. B. Syntax, Morphologie) zu erhalten, wurden die Punktzahlen zufallskorrigiert summiert. Jede der linguistischen Teilkomponenten floss mit dem gleichen Gewicht in den Gesamtscore *Wissen* mit ein.

Bei den *Beobachten Können*-Items muss eine Antwortoption ausgewählt und die Wahl begründet werden. Korrekt gewählte Optionen wurden einfach bepunktet. Unabhängig davon wurden alle Kommentare als korrekt, teilweise korrekt, falsch oder nicht klassifizierbar eingestuft. Alle Kommentare wurden von zwei, etwa 10% von drei linguistisch geschulten Personen begutachtet und bei Abweichung bis zur Übereinstimmung diskutiert. Der Testwert berücksichtigt die Antwortoption und den Kommentar. Die *Fördern Können*-Items bieten 21 Antwortoptionen, von denen in Expertengesprächen jeweils eine unterschiedliche Anzahl als korrekt (spezifisch), unspezifisch oder falsch (situativ ungeeignet) eingestuft wurde. Nur korrekte Antworten ergeben die volle Punktzahl. Der Gesamtscore der Komponente *Fördern Können* setzt sich aus der itemgewichteten Summe der zufallskorrigierten Einzelwerte zusammen.

4.4　Psychometrische Gütekriterien

Als Maße für teststatistische Gütekriterien der klassischen Testtheorie wurden Reliabilitätswerte (Cronbachs α) und Trennschärfen (korrigierte Item-Testwert-Korrelationen) für die einzelnen Komponenten sowie für den Gesamtscore berechnet (s. Tabelle 1).

Tabelle 1: Statistische Kennwerte *SprachKoPF*$_{v06}$

| $N = 144$ | | | | | | Itemtrennschärfe | | |
Komponente	Items (k)	MW (SD)	Min	Max	Cron-bachs α	Min	Max	MW
Wissen	51	.56 (.14)	.28	.85	.75	-.096	.525	.219
Beobachten Können	12	.58 (.12)	.25	.90	.20	-.164	.341	.071
Fördern Können	5	.29 (.17)	.00	.70	.49	.107	.396	.272
Gesamtscore	79	.50 (.10)	.29	.75	.77	-.133	.533	.208

Anmerkungen: *MW* = Mittelwert; *SD* = Standardabweichung; Min = Minimum; Max = Maximum.

SprachKoPF$_{v06}$ weist für den Gesamtscore einen guten Reliabilitätswert von .77 auf, der überwiegend auf die Komponente *Wissen* zurückzuführen ist. Die unbefriedigenden Werte für interne Konsistenz der beiden *Können*-Komponenten sind im Wesentlichen eine statistische Folge der geringen Itemzahlen. Zudem war die Variation innerhalb der Probandenstichprobe relativ gering, was hohe Korrelationskoeffizienten unwahrscheinlich macht.

Die Werte der Itemtrennschärfe sind im Mittel für den Gesamtscore und die drei Teilkomponenten kleiner als .3 und bleiben damit hinter allgemeinen Empfehlungen von Werten um .5 (Fisseni, 2004) zurück. Neben der Homogenität der Leistungen der Fachkräfte führen wir dies auf Kompromisse zwischen der psychometrischen Optimierung und der Konstruktvalidität bei der Testentwicklung zurück. Um das Konstrukt der Sprachförderkompetenz angemessen im Test abzubilden, wurden zu jedem Teilbereich der Kompetenzdimensionen mindestens zwei Items integriert. So beinhaltet z. B. die Komponente *Wissen* Items aller linguistischen Ebenen (z. B. Phonologie, Syntax), obwohl einzelne leicht negative Trennschärfen aufwiesen bzw. von der Mehrheit der Teilnehmer nicht korrekt gelöst werden konnten. Insgesamt sind alle Testscores und insbesondere der Gesamtscore normalverteilt (Kolomogorov-Smirnov $Z(144) = .84$, $p = .476$). Die durchschnittliche Testleistung von 50% ist bei geringer Streuung unter den Fachkräften (vgl. Tabelle 1) gegenüber dem sprachwissenschaftlich definierten Kriterium eher schwach. Auf diesen Punkt können wir in diesem methodischen Beitrag nicht weiter eingehen. Wichtiger ist, dass im Gesamtscore und v. a. im reliablen *Wissens*-Test keine Boden- oder Deckeneffekte auftraten. Die Bearbeitungszeit war grundsätzlich unbegrenzt, pendelte sich aber bei 1,5–2 Stunden ein.

Zusammenfassend können die Werte der psychometrischen Gütekriterien der Version *SprachKoPF*$_{v06}$ insgesamt und für die Wissenskomponente, die den Großteil der Items stellt, als gut bewertet werden. Für die *Können*-Komponenten sind die Werte zum jetzigen Entwicklungsstand des Instruments nur ausreichend.

4.5   Differentielle Effekte

4.5.1   Schulbildung

Mindestens zwei Gründe sprechen für die Erwartung, dass Fachkräfte mit einer höheren Schulbildung in einem standardisierten Test zur Sprachförderkompetenz und besonders in einem funktionierenden Wissenstest besser abschneiden sollten als Kolleginnen, die eine kürzere Schulzeit hinter sich haben: (1) Sprache und Wissen über Sprache sind Bestandteile schulischer Ausbildung und (2) Leistungsmessung in Form von Tests ist Standard in schulischer und akademischer Ausbildung und damit auch Übungssache. Letzteres birgt für differentielle Validierungsstudien das Problem, dass stärker akademisierte Probandengruppen unbesehen der Testinhalte schon allein aufgrund ihrer Testerfahrung (Rogers & Yang, 1996) generell besser abschneiden als andere (vgl. dazu die Ergebnisse von Fachschülerinnen vs. Frühpädagogikstudierenden bei Hendler et al., 2011).

Für *SprachKoPF*$_{v06}$ zeigten Korrelationsanalysen, dass der Faktor Schulabschluss mit *Wissen* moderat ($\rho = .438$, $p \leq .001$) und mit *Beobachten Können* schwach positiv ($\rho = .285$, $p \leq .001$) zusammenhängt. Der signifikante Haupteffekt der Schulbildung auf die Komponenten *Wissen* (F(2, 109) = 20.95, $p \leq .001$, $\eta2 = .28$) und *Beobachten Können* (F(2, 109) = 8.50, $p \leq .001$, $\eta2 = .14$) ist *post hoc* auf das signifikant bessere Abschneiden der pädagogischen Fachkräfte mit allgemeiner Hochschulreife in diesen Komponenten zurückzuführen (s. Abbildung 1). In ihrer Fähigkeit, für eine vorgegebene Situation adäquate Fördermaßnahmen auszuwählen, unterscheiden sich die Gruppen nicht signifikant.

$SprachKoPF_{v06}$ differenziert erwartungsgemäß in Bereichen, die auf möglicherweise schulisch erworbenes Wissen und seine Anwendung zurückgreifen, zwischen Fachkräften mit unterschiedlich hohen Schulabschlüssen. Inwiefern sich diese Effekte auch auf Unterschiede in der Testerfahrenheit zurückführen lassen bzw. die Eignung des Tests für pädagogische Fachkräfte im Beruf betreffen, wird bei nachfolgenden qualitativen Analysen noch einmal aufgegriffen.

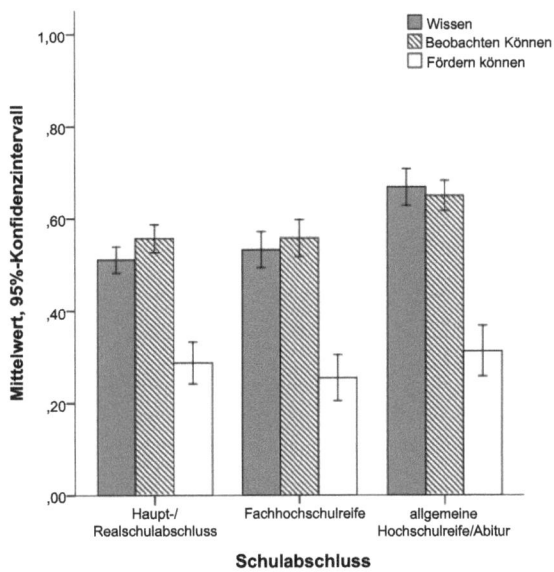

Abbildung 1: *SprachKoPF*-Mittelwerte (Y-Achse) der Komponenten *Wissen* (grau), *Beobachten Können* (gestreift) und *Fördern Können* (weiß) in Abhängigkeit des Schulabschlusses (X-Achse)

4.5.2 Berufsgruppenvergleiche

Unser Fokus liegt auf der Erhebung der Sprachförderkompetenz von frühpädagogischen Fachkräften, die im beruflichen Alltag stehen. Vermutlich wichtiger als die teilweise Jahrzehnte zurückliegende Schulbildung ist für die tatsächliche Kompetenz in der Sprachförderung das gesamte Spektrum an Qualifizierungs- und Erfahrungsmöglichkeiten, das diese Berufsgruppe als solche definiert und auszeichnet. Wir erwarten daher, dass sich die Testleistung der pädagogischen Fachkräfte in $SprachKoPF_{v06}$ von der für die kindliche Sprachförderung formal und praktisch geringer oder umfassender qualifizierter Berufsgruppen unterscheidet. Nun ist es nicht einfach, eine Gruppe mit ansonsten sehr ähnlicher Berufsbiographie aber vermutlich geringerer Sprachförderkompetenz zu finden. Unsere Wahl fiel auf die Berufsgruppe der Friseurinnen, weil sie erstaunlich gute soziostrukturelle Parallelen aufweist. Friseurinnen arbeiten in einem Beruf, der sprachliche und kommunikative Kompetenzen im Umgang mit der Kundschaft erfordert. Die Mehrzahl hat einen Haupt- oder Realschulabschluss (93%), ist weiblich (91%) und absolviert eine dreijährige Ausbildung an einer Berufs(fach)schule (Bundesinstitut für Berufsbildung, 2012). Dadurch sollte die Bearbeitung von $SprachKoPF_{v06}$ grundsätzlich für diese Berufsgruppe möglich sein. Da es selbstverständlich nicht zum Berufsbild von Friseurinnen gehört, sich mit frühkindlicher Entwicklung und Bildung zu beschäftigen, sollte die Sprachförderkompetenz geringer ausgeprägt sein. Die höher qualifizierte Berufsgruppe im Rahmen der Untersuchung waren Lehrkräfte an Fachschulen für Sozialpädagogik. Sie sollten bessere Testleistungen aufweisen, da sie ihrerseits pädagogische Fachkräfte ausbilden.

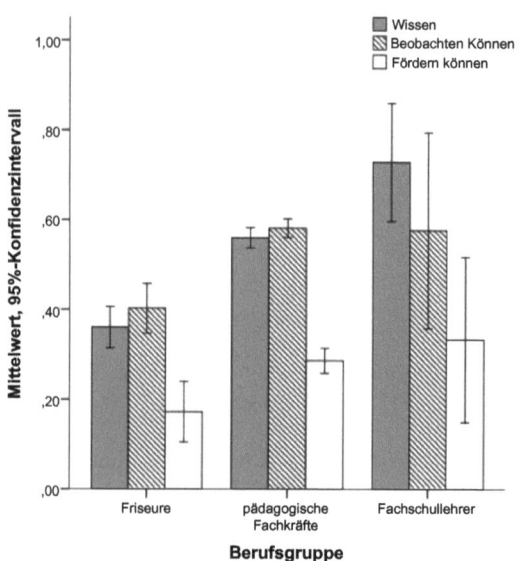

Abbildung 2: Vergleich der Berufsgruppen auf $SprachKoPF_{v06}$: Friseurinnen ($N = 18$), pädagogische Fachkräfte ($N = 144$), Fachschullehrkräfte ($N = 6$)

Unsere Stichprobe der Friseurinnen ($N = 18$) kann, bis auf eine Überrepräsentation von Männern (28%), als repräsentativ gelten. Im Vergleich mit den pädagogischen Fachkräften waren die Friseurinnen jünger ($MW = 30$ Jahre, $SD = 10$ Jahre) und schulisch geringer qualifiziert (94% hatten einen Haupt-/Realschulabschluss). Die höher qualifizierte Berufsgruppe der Fachschullehrkräfte ($N = 6$) war den pädagogischen Fachkräften in Alter und Geschlecht sehr ähnlich

(MW = 45 Jahre, SD = 10, 100% weiblich) und verfügte über einen Hochschulabschluss. Beide Vergleichsgruppen nahmen freiwillig teil und erhielten eine Aufwandsentschädigung.

Abbildung 2 (s. o.) zeigt die Testergebnisse der drei Berufsgruppen in den Teilbereichen *Wissen*, *Beobachten Können* und *Fördern Können*: In der *Wissens*-Komponente erreichten die pädagogischen Fachkräfte im Schnitt 20 Prozentpunkte mehr als die Friseurinnen und unterschieden sich damit signifikant von dieser Gruppe, $p \leq .001$. Die Testwerte lagen signifikant unter denen der Pilotstichprobe der Fachschullehrkräfte, die um 16 Prozentpunkte besser abschnitt, $p \leq .05$.

Im *Beobachten Können* waren nur die Friseurinnen signifikant schlechter als die anderen beiden Gruppen; im *Fördern Können* unterschieden sich die Berufsgruppen nicht signifikant. Unter den Friseurinnen waren relativ viele Hauptschulabgängerinnen und keine Abiturientinnen. Um mögliche Scheineffekte der Schulbildung zu neutralisieren, wurden die Leistungen der Friseurinnen zusätzlich denen einer gleich großen Teilstichprobe pädagogischer Fachkräfte gegenübergestellt, deren Alter und Schulbildung vergleichbar waren. Dazu wurden alle fünf Fachkräfte mit Hauptschulabschluss und per Zufallsauswahl 13 weitere mit Realschulabschluss ausgewählt. Die Unterschiede zwischen den gematchten Berufsgruppen waren geringer, die pädagogischen Fachkräfte blieben im *Wissen* aber 11 Prozentpunkte und im *Beobachten Können* 17 Prozentpunkte und damit signifikant besser als die Friseurinnen, $t(34)$ = -3.64, $p \leq .001$ und $t(34)$ = -4.87, $p \leq .001$.

Die Vergleiche der Testleistungen frühpädagogischer Fachkräfte mit denen formal und praktisch geringer oder höher für die Sprachförderung qualifizierter Berufsgruppen belegen, dass *SprachKoPF*$_{v06}$ und insbesondere der zuverlässig messende Wissenstest eine erwartungsgemäße Gruppendifferenzierung der Sprachförderkompetenz zulässt.

4.6 Augenscheinvalidität: Kommentare von Erzieherinnen zum Test

Neben der bereits angesprochenen Problematik, dass für elementarpädagogische Fachkräfte mangels Übung standardisierte Leistungstests unbesehen ihrer Inhalte eine außergewöhnliche Belastung darstellen könnten, ist es eine offene empirische Frage, wie viel Linguistik man dieser Berufsgruppe „zumuten" kann. Wäre die Zielgruppe also mit der Bearbeitung von *SprachKoPF*$_{v06}$ völlig überfordert und würde sie die Testinhalte für in ihrem beruflichen Kontext unangemessen erachten, so würde man im Zuge schwindender Motivierung erwarten, dass zahlreiche Probandinnen den Test abbrechen bzw. sich zumindest frustriert darüber äußern.

Keine der Fachkräfte hat den Test abgebrochen, auch wenn die Bearbeitung in Einzelfällen – teilweise auch wegen des ungewohnten Umgangs mit dem Computer – doppelt so lange dauerte wie im Mittel. Zu unserer Überraschung waren die Rückmeldungen zur Testteilnahme beeindruckend positiv. Die Fachkräfte fanden die Inhalte interessant, relevant und fühlten sich motiviert, ihre Arbeit in den Bereichen Sprache und Sprachförderung stärker zu reflektieren bzw. sich zukünftig mit dem Thema intensiver zu beschäftigten. Das wird in nachfolgenden, exemplarischen Kommentaren (originalgetreue Wiedergabe) deutlich, die von den Probandinnen nach der Bearbeitung des Tests freiwillig aufgeschrieben wurden:

- *Ich war beeindruckt, wie viel es zu dem Thema Grammatik gab was ich vergessen habe, dank Ihres Testes habe ich bemerkt das ich dringend in diesem Gebiet aufgefrischt werden muss. Ich muss Sie loben der Test war sehr informativ wie auch fachgerecht.* (Prob46)
- *Das war sehr spannend und interessant. Ich denke, das schärft nochmals das Bewusstsein für den Umgang mit Sprache und dem eigenen Umgang damit.* (Prob47)
- *Die Videosequenzen haben mir sehr gefallen, da ich nun Beispiele gesehen habe, die ich in die Praxis umsetzen kann. Außerdem habe ich mich selber reflektieren können, was ich noch für Defizite im Hinblick auf grammatikalische Fremdwörter habe und woran ich noch arbeiten muss. Danke schön dafür.* (Prob174)
- *Durch die Fragen wurde ich sehr sensibilisiert, bei den Äußerungen der Kinder (ich arbeite im Krippenbereich) noch differenzierter hinzuhören.* (Prob62)
- *Fragen zu Konsonanten, Artikeln und ähnliches sind sehr „schulisch", diese Themen wurden teilweise in der Schulzeit (nicht mal in der Ausbildung!!) durchgenommen und liegen wirklich sehr lange zurück, so dass man diese kaum richtig beantworten kann. Dies erweckt in mir den Eindruck, dass ich sprachlich nicht fit genug bin, um Kinder in ihrer Sprache zu unterstützen und zu fördern.* (Prob116)

Einschränkend sei angemerkt, dass sowohl die Ausgangsmotivation freiwilliger Teilnehmerinnen als auch die extrinsische Motivation über die Aufwandsentschädigung das Gesamtbild positiv beeinflusst haben könnten. Der Tenor der Rückmeldungen deutet trotzdem an, dass der Test auch aus Sicht der Probandinnen relevantes Wissen abdeckt und pädagogische Fachkräfte die Teilnahme an der Studie als nützlich und anregend für ihre eigene berufliche Entwicklung und Qualifizierung empfanden. Dem Einwand, dass frühpädagogische Fachkräfte mit den Testinhalten überfordert sein könnten, weil sie zu komplex und zu schwierig sind, stehen zudem die Leistungen einzelner Fachkräfte entgegen: Zehn Prozent erreichten über 75% im Wissenstest und die besten fünf zwischen 80–85%. Es gibt also bereits heute pädagogische Fachkräfte, deren Wissensbestände sich dem linguistischen Kriterium annähern. Insgesamt lassen diese Ergebnisse darauf schließen, dass die Augenscheinvalidität und Praktikabilität von *SprachKoPF*$_{v06}$ gut sind.

5. Diskussion

Dieser Beitrag widmete sich der Frage, ob und wie sich die aus linguistischer Perspektive definierte Sprachförderkompetenz (Hopp et al., 2010) frühpädagogischer Fachkräfte standardisiert erheben lässt. Da standardisierte Leistungsmessungen bei dieser Berufsgruppe bisher nicht vorgesehen sind, berücksichtigte die Untersuchung neben gängigen Evidenzarten empirischer Validierungsstudien auch, wie die Fachkräfte mit der Testsituation am Computer zurechtkamen und ob sie die Testinhalte als relevant für ihre pädagogische Arbeit erachteten. Die Standardisierbarkeit und Testökonomie wurden mit klassischen psychometrischen Gütekriterien und hypothesengeleiteten Analysen differentieller Testleistungen unterschiedlich qualifizierter Probandengruppen analysiert. Das Bearbeitungsverhalten und qualitative Rückmeldungen der Teilnehmerinnen dienten zur Überprüfung der Angemessenheit des Tests für die Zielpopulation.

Die teststatistischen Gütekriterien zur internen Konsistenz und zur Trennschärfe sind für die Hauptkomponente, *Wissen*, der derzeitigen Testversion *SprachKoPF*$_{v06}$ gut. Sie basieren auf den Testergebnissen einer recht homogenen, freiwillig teilnehmenden Probandenstichprobe von 144 berufstätigen frühpädagogischen Fachkräften. Die Testkomponente differenziert zudem sehr deutlich zwischen Fachkräften mit unterschiedlich hohen Schulabschlüssen, wie es bei den meisten Wissenstests zu erwarten wäre. Berufsgruppenvergleiche, bei denen wir die Testleistungen der frühpädagogischen Fachkräfte einer soziostrukturell ähnlichen, aber nicht für die Sprachförderung qualifizierten Berufsgruppe (Friseurinnen) und denen einer formal umfassender qualifizierten Berufsgruppe (Fachschullehrkräfte) gegenübergestellt haben, belegen zusätzlich die Messbarkeit differentieller Effekte berufsspezifischer Kompetenzen, die unabhängig von der Schulbildung erworben worden sein können. Dies unterstützt nicht nur die Validität von Aussagen über Unterschiede in der Sprachförderkompetenz auf Grundlage der Testleistung, sondern es bestärkt auch die berufspraktische Relevanz der Kompetenzdimensionen des sprachwissenschaftlichen Konstrukts von Hopp et al. (2010), aus dem die Testitems abgeleitet sind. Die Reaktionen der Fachkräfte nach der Testung waren unerwartet positiv. Alle Probandinnen führten den Test bis zum Ende durch und auch ältere Erzieherinnen ließen sich von Schwierigkeiten beim Umgang mit dem Computer ihre Motivation für die Testbearbeitung nicht nehmen. Während wir eine abschreckende oder ermüdende Wirkung der Methode bei der generell eher testunerfahrenen Zielgruppe befürchtet hatten, gingen die meisten Fachkräfte mit großem Interesse und Begeisterung an die Aufgaben heran und äußerten sich in abschließenden Kommentaren motiviert, sich (noch) intensiver mit den Themen Sprache und Sprachförderung auseinandersetzen zu wollen. Neben den Fakten des Wissenstests trugen insbesondere die in den *Können*-Items dargestellten authentischen Sprachfördersituationen zur Augenscheinvalidität bei. Aus psychometrischer Perspektive besteht für die *Können*-Komponenten gleichzeitig noch Verbesserungsbedarf, dem wir uns derzeit in der zweiten Projektphase[2] widmen.

---

2 Projekt SprachKoPF 2, 2012–2014, gefördert durch das Bundesministerium für Bildung und Forschung, Förderkennzeichen 01GJ1201.

Die Schwierigkeiten mit den bisherigen *Können*-Items lassen sich v. a. auf drei methodische Eigenschaften zurückführen. **Erstens** war die Komplexität der in den Videostimuli gezeigten Sprachfördersituationen hoch, so dass es einigen Probandinnen auch nach zweimaliger Präsentation schwer fiel, die Äußerungen der gezeigten Kinder und Sprachförderkräfte zu verstehen und sprachförderrelevante Einzelheiten bis zur Aufgabenbearbeitung im Gedächtnis zu behalten. Die Vorführung der Videos war zudem relativ zeitaufwändig. Da gleichzeitig nur das jeweils eindeutigste Sprachförderverhalten für die Messung der Beobachtungsfähigkeiten im Fokus stand, hat dies die testbare Itemanzahl erheblich beschränkt. Zu wenige Items schaden üblicherweise der psychometrischen Qualität. Bei der Weiterentwicklung von SprachKoPF wird sich die Auswahl künftiger Items weniger an der Verfügbarkeit authentischen Materials und dafür mehr an den Teilbereichen des Konstrukts von Sprachförderkompetenz orientieren. Die als Stimuli präsentierten Sprachfördersituationen werden kürzer, eindeutiger und damit gedächtnisfreundlicher sein. Zur weiteren Reduktion der Komplexität werden wir zusätzlich (aber nicht ausschließlich) Audiosequenzen bzw. schriftliche Situationsbeschreibungen einsetzen. Die dadurch erwarteten Verbesserungen in der Testdurchführbarkeit und -statistik sollten die Authentizitätsverluste ausgleichen. Ein zentraler Unterschied zu den meisten Sprachfördersituationen, die pädagogischen Fachkräften aus dem eigenen Berufsalltag bekannt sein könnten, bleibt bei einer standardisierten Leistungsmessung immer, dass die präsentierten Kinder und ihre Entwicklungsverläufe unbekannt sind. **Zweitens** wurde in der Komponente *Beobachten Können* dieselbe Terminologie (z. B. *Hauptsatz, Laut*) verwendet wie im Wissenstest. In der Weiterentwicklung soll *Können* unabhängig von grammatikalischen Fachbegriffen und damit soweit als möglich unabhängig vom *Wissen* überprüft werden. **Drittens** waren neben den Videostimuli auch einzelne Antwortoptionen vermutlich zu komplex. Bei den Aufgaben zum *Fördern Können* fiel den Probandinnen die Auswahl weniger, spezifischer und zur im Video gezeigten Situation passenden Fördermaßnahmen aus 21 Optionen sehr schwer. Sie bevorzugten allgemein sprachförderliche Maßnahmen, wie beispielsweise „Ich schaffe Sprechanreize" oder „Ich greife kindliche Äußerungen auf und gebe sie in korrekter Form wieder". Diese Optionen sind nicht falsch, entsprechen jedoch nicht der gewerteten Zielantwort, da sie zu unspezifisch sind. Unter Einbezug des sprachlichen Entwicklungsstands des Kindes, das in der gezeigten Situation Probleme mit der Genuszuweisung hat, wären Maßnahmen wie „Ich verwende Substantive mit Artikeln in unterschiedlichen Fällen" angemessener. Auch die Anforderungen an das Arbeitsgedächtnis während der Testbearbeitung müssen hier gesenkt werden. Neue Itemtypen und Auswertungsregeln sollen zudem die Bandbreite bzw. die Niveauunterschiede bei der beobachtungsbasierten, kriteriengeleiteten Fähigkeit zur Reflexion und Planung in der Sprachförderung erfassen können. Dazu werden wir uns methodisch z. B. an den sogenannten *Situational Judgement Tests* (McDaniel & Nguyen, 2001) orientieren.

Unsere Forschung zur Sprachförderkompetenz pädagogischer Fachkräfte und ihrer Messbarkeit wird sich zusätzlich zur Weiterentwicklung des Instruments auf die Zusammenhänge zwischen der Testleistung und tatsächlichem Handeln sowie auf Leistungsunterschiede als Folge von Berufsqualifikation und Weiterbildung richten. Zum jetzigen Zeitpunkt können wir nicht einschätzen, wie die gemessene Sprachförderkompetenz mit dem pädagogischen Handeln in Sprachfördersituationen, also mit der Komponente *Machen* bei Hopp et al. (2010), zusammenhängt. Studien zur Interaktion im Elementarbereich (z. B. Albers, 2009; Siraj-Blatchford & Manni, 2008) finden Unterschiede im sprachlichen Verhalten von pädagogischen Fachkräften. Offen ist, inwiefern sich diese Verhaltensunterschiede auf ein situationsunabhängiges Konstrukt professioneller Sprachförderkompetenz zurückführen lassen. Wir werden daher Videoaufnahmen der Sprachförderung anfertigen, überwiegend qualitativ auswerten und mit den Testleistungen in SprachKoPF vergleichen.

Die hier vorgestellten Berufsgruppenvergleiche konnten zeigen, dass Sprach-KoPF sprachförderrelevante Kompetenzen berufsgruppenspezifisch der formalen Qualifikation folgend differenzieren kann. Nach den Vergleichen der Testleistungen frühpädagogischer Fachkräfte mit denen von Friseurinnen und einer Pilotgruppe von Fachschullehrkräften soll eine Testung von weiteren Expertinnen für Sprachförderung (z. B. Logopädinnen) diesen Befund untermauern. Zusätzliche, kausale Evidenz zur Differenzierbarkeit von Sprachförderkompetenz werden wir aus der Vor- und Nachtestung pädagogischer Fachkräfte gewinnen, die sich systematisch für die Sprachförderung im pädagogischen Alltag weiterbilden lassen.

6. Literatur

Albers, T. (2009). *Sprache und Interaktion im Kindergarten. Eine quantitativ-qualitative Analyse der sprachlichen und kommunikativen Kompetenzen von drei- bis sechsjährigen Kindern.* Bad Heilbrunn: Klinkhardt

Baumert, J. & Kunter, M. (2006). Stichwort: Professionelle Kompetenz von Lehrkräften. *Zeitschrift für Erziehungswissenschaft, 9* (4), 469–520

Blossfeld, H.-P., Bos, W., Daniel, H.-P., Hannover, B., Lenzen, D. & Prenzel, M. (2012). *Professionalisierung in der Frühpädagogik. Qualifikationsniveau und -bedingungen des Personals in Kindertagesstätten.* Gutachten. Münster: Waxmann

Bundesinstitut für Berufsbildung (2012). *Datensystem Auszubildende des Bundesinstituts für Berufsbildung auf Basis der Daten der Berufsbildungsstatistik der statistischen Ämter des Bundes und der Länder* (Erhebung zum 31.12.). Berlin: Editor

Bundesministerium des Innern (Hrsg.) (2011). *Demografiebericht. Bericht der Bundesregierung zur demografischen Lage und künftigen Entwicklung des Landes.* Berlin: Editor

Dannenbauer, F. M. (1997). Die Therapie grammatischer Entwicklungsstörungen. In S. Baumgartner, C. Crämer, F. M. Dannenbauer, I. Füssenich, D. Hacker & G. Schumann (Hrsg.), *Sprachtherapie mit Kindern. Grundlagen und Verfahren.* München: Ernst Reinhardt, 165–203

Dickinson, D. K. (2012). Approaches to studying language in preschool classrooms. In E. Hoff (Hrsg.), *Research methods in child language: a practical guide*. Oxford: Wiley Blackwell, 254–270

Dubowy, M., Ebert, S., von Maurice, J. & Weinert, S. (2008). Sprachlich-kognitive Kompetenzen beim Eintritt in den Kindergarten. *Zeitschrift für Entwicklungspsychologie und Pädagogische Psychologie, 40* (3), 124–134

Faas, S. (2010). Erfassung und Analyse frühpädagogischen Professionswissens – Eine forschungsmethodische Annäherung. In K. Fröhlich-Gildhoff, I. Nentwig-Gesemann & P. Strehmel (Hrsg.), *Forschung in der Frühpädagogik III. Schwerpunkt Sprachentwicklung und Sprachförderung*. Freiburg: FEL Verlag, 219–245

Fisseni, H.-J. (2004). *Lehrbuch der psychologischen Diagnostik: Mit Hinweisen zur Intervention*. 3., überarb. und erw. Auflage. Göttingen: Hogrefe

Fried, L. (2008). Professionalisierung von Erzieherinnen am Beispiel der Sprachförderkompetenz – Forschungsansätze und erste Ergebnisse. In H. von Balluseck (Hrsg.), *Professionalisierung der Frühpädagogik – Perspektiven, Entwicklungen, Herausforderungen*. Opladen/Farmington Hills: Budrich, 265–277

Fried, L. & Briedigkeit, E. (2008). *Sprachförderkompetenz – Selbst- und Teamqualifizierung für Erzieherinnen, Fachberatungen und Ausbilder*. Berlin u. a.: Cornelsen Scriptor

Fröhlich-Gildhoff, K., Nentwig-Gesemann, I. & Pietsch, S. (2011). *Kompetenzorientierung in der Qualifizierung frühpädagogischer Fachkräfte. Eine Expertise der Weiterbildungsinitiative Frühpädagogische Fachkräfte (WiFF)*. München: DJI

Hendler, J., Mischo, C., Wahl, S. & Strohmer, J. (2011). Sprachbezogene Kompetenzen von Fachkräften in der Frühpädagogik: der Fragebogen FESKO-F. *Empirische Pädagogik, 25* (4), 518–542

Hopp, H., Thoma, D. & Tracy, R. (2010). Sprachförderkompetenz pädagogischer Fachkräfte: Ein sprachwissenschaftliches Modell. *Zeitschrift für Erziehungswissenschaft, 13* (4), 609–629

Kane, M. T. (2006). Validation. In R. L. Brennan (Hrsg.), *Educational measurement*. 4. Auflage. Washington, DC: American Council on Education/Praeger, 18–64

Knopp, M. (2009). Ergebnisse der Qualitativen Interviews. In K. Ehlich, U. Bredel & H. H. Reich (Hrsg.), *Referenzrahmen zur altersspezifischen Sprachaneignung – Forschungsgrundlagen*. Bonn/Berlin: Bundesministerium für Bildung und Forschung, 271–288 (Bildungsforschung, 29/II)

Kruger, J. & Dunning, D. (1999). Unskilled and unaware of it: How difficulties in recognizing one's own incompetence lead to inflated self-assessments. *Journal of personality and social psychology, 77* (6), 1121–1134

List, G. (2010). *Frühpädagogik als Sprachförderung. Qualitätsanforderungen für die Aus- und Weiterbildung der Fachkräfte*. Frankfurt a. M.: DJI

McDaniel, M. A. & Nguyen, N. T. (2001). Situational judgement tests: A review of practice and constructs assessed. *International Journal of Selection and Assessment, 9* (1;2), 103–113

Mislevy, R. J. (2007). Validity by design. *Educational Researcher, 36* (8), 463–469

Moosbrugger, H. & Kelava, A. (2008). *Testtheorie und Fragebogenkonstruktion*. Berlin/Heidelberg: Springer

Mroz, M. & Hall, E. (2003). Not yet identified: The knowledge, skills, and training needs of early years professionals in relation to children's speech and language development. *Early Years, 23* (2), 117–130

Neugebauer, U. (2010). Keine Outcomes trotz Kompetenzüberzeugung? Qualifikationen und Selbsteinschätzungen von Sprachförderkräften in KiTa's. *Empirische Sonderpädagogik, 10* (2), 34–47

Poizner, S. B., Nicewander, W. A. & Gettys, C. F. (1978). Alternative response and scoring methods for multiple-choice items: An empirical study of probabilistic and ordinal response modes. *Applied Psychological Measurement, 2* (83), 83–96

Preissing, C. (2003). *Qualität im Situationsansatz.* Weinheim: Beltz

Ricart Brede, J. (2011). *Videobasierte Qualitätsanalyse vorschulischer Sprachfördersituationen.* Freiburg i. Br.: Fillibach

Ritterfeld, U. (2000). Welchen und wieviel Input braucht das Kind? In H. Grimm (Hrsg.), *Sprachentwicklung.* Göttingen u. a.: Hogrefe, 403–432

Rogers, W. T. & Yang, P. (1996). Test-wiseness: Its nature and application. *European Journal of Psychological Assessment, 12* (3), 247–259

Shadish, W. R., Cook, T. D. & Campbell, D. T. (2002). *Experimental and quasi-experimental designs for generalized causal inference.* Boston/New York: Houghton, Mifflin and Company

Shulman, L. S. (1986). Those who understand: Knowledge growth in teaching. *Educational Researcher, 15* (2), 4–14

Siraj-Blatchford, I. & Manni, L. (2008). „Would you like to tidy up now?" An analysis of adult questioning in the English Foundation Stage. *Early Years, 28* (1), 5–22

Statistisches Bundesamt (2011). *Statistiken der Kinder- und Jugendhilfe: Kinder und tätige Personen in Tageseinrichtungen und in öffentlich geförderter Kindertagespflege am 01.03.2011.* Wiesbaden: Statistisches Bundesamt

Tietze, W., Schuster, K.-M., Grenner, K. & Roßbach, H.-G. (2005). *Kindergarten-Skala (KES-R). Feststellung und Unterstützung pädagogischer Qualität in Kindergärten.* 3. überarb. Auflage. Weinheim: Beltz

Tracy, R. (2008). *Wie Kinder Sprachen lernen.* Tübingen: Francke

Tracy, R. & Lemke, V. (2009). *Sprache macht stark: Offensive Bildung.* Berlin/Düsseldorf: Cornelsen Scriptor

Tracy, R., Ludwig, C. & Ofner, D. (2010). Sprachliche Kompetenzen pädagogischer Fachkräfte – Versuch einer Annäherung an ein schwer fassbares Konstrukt. In M. Rost-Roth (Hrsg.), *DaZ – Spracherwerb und Sprachförderung Deutsch als Zweitsprache. Beiträge aus dem 5. Workshop Kinder mit Migrationshintergrund.* Freiburg i. Br.: Fillibach, 183–204

Angelika Redder

Sprachliches Kompetenzgitter

Linguistisches Konzept und evidenzbasierte Ausführung

1.   Linguistische Grundlagen

1.1   *Sprachlich handeln lernen und Basisqualifikationen*

Anknüpfend an ein funktionales Verständnis der sprachlichen Ontogenese im Sinne von Bruner (1983), ist die Entwicklung sprachlicher Fähigkeiten auf der Basis eines Handlungskonzepts von Sprache zu bestimmen. Spracherwerb wird mithin als Erwerb sprachlichen Handelns rekonstruiert, genauer: als eine individuelle Aneignung von historisch-gesellschaftlich erarbeiteten sprachlichen Handlungsmöglichkeiten. Eine Analyse kindlicher Sprachaneignung hat demgemäß Sprache in allen systematischen Dimensionen sprachlichen Handelns zu berücksichtigen. Durch sprachliche Handlungsmöglichkeiten erschließt sich ein Kind verschiedene Handlungsräume; nicht zuletzt erschließt es sich Teile der Wirklichkeit als einer gesellschaftlichen Handlungspraxis.

Sprachaneignung als Aneignung sprachlicher Handlungsmöglichkeiten geschieht interaktiv. Allein im deutschsprachigen Raum ist mittlerweile durch zahlreiche empirische Untersuchungen belegt, dass Kinder vom ersten Lebensmoment an als Interaktionspartner in soziales, aktionales und eben auch sprachliches Handeln involviert werden (Leimbrink, 2010) und im Laufe der ersten vier bis fünf Jahre auch untereinander ihre sprachlichen Handlungsfähigkeiten über diverse Formen des Ausprobierens hinweg (Garlin, ²2008) entfalten – dies in ihrer zweiten Sprache sogar bis weit in das Primarstufenalter hinein (Komor, 2010).

Im biographischen Durchgang durch die verschiedenen gesellschaftlichen Institutionen der Sozialisierung (Familie, Kindergarten) und der Bildung (Schule, Hochschule) werden die nötigen Befähigungen zum sprachlichen Handeln nicht nur reicher, differenzierter und komplexer, sondern zugleich ändern sich die Handlungserfordernisse qualitativ. Die sprachliche Interaktion unter den Bedingungen der Institution Schule etwa vollzieht sich in eigenen, relativ zur außerinstitutionellen Konstellation modifizierten oder gar neuen Handlungsformen (Ehlich & Rehbein, 1986). Die Aneignung von Handlungsräumen erfolgt zudem nicht mehr einfach in die kindliche Handlungspraxis und deren Bedürfnisstruktur eingebettet. Sprache kommt nicht mehr bevorzugt als Medium kindlich zweckmäßiger Interaktion und Einsozialisierung zu Geltung, im Sinne von Ehlich (2007/I, Kap. B7) also nicht mehr allein in ihrer teleologischen und kommunitären Funktion. Vielmehr erfolgt die Wirklichkeitsaneignung nun zunehmend praxisenthoben und rein sprachlich vermittelt, so dass die gnoseologische, d. h. die erkenntnisstiftende und wissenstransferierende Funktion von Sprache prägend wird. Die vieldiskutierte *cognitive academic language proficiency (CALP)* (Cummins, 2008) oder Bildungssprache bzw. (Alltägliche) Wissenschaftssprache stellen mit Schuleintritt eigene Herausforderungen dar – und bedürfen sprachsystematisch einer Bestimmung als wissens- und erkenntnisbezogene objektsprachliche Methodologie (Redder, 2012a; Uesseler, Runge & Redder, in diesem Band). Insofern findet Sprachaneignung mit dem Eintritt in die Schule keineswegs ihr Ende.[1] Dies gilt auch für die sprachlich vermittelte Begriffsbildung, wie Vygotskij sie bis in das Jugendalter hinein konzipiert. Sprachförderung hat an der interdisziplinären Kenntnis darüber anzuknüpfen.

Sprachlich handeln zu lernen ist linguistisch als eine langwierige Aneignung unterschiedlicher, aber miteinander verbundener sprachlicher Handlungsfähigkeiten aufzufassen. Zur diagnostischen Bestimmung sprachlichen Handelns, wie es die Institution Schule erwartet, vermittelt und fördert, sind die erforderlichen Befähigungen von Ehlich (2005) durch das Konzept eines „Qualifikationenfächers" erfasst worden. Er wird durch mindestens acht „Basisqualifikationen" gebildet: die phonische Basisqualifikation, pragmatische Basisqualifikation I, semantische, morphologisch-syntaktische und diskursive Basisqualifikation, pragmatische Basisqualifikation II sowie literale Basisqualifikationen I und II (a. a. O., S. 12).[2] Die Scheidung dieser sprachlichen Befähigungen ist eine rein analytische. *Basis*-Qualifikationen heißen sie lediglich mit Blick auf die grundlegenden schulischen Erfordernisse; sie lassen sich auch für komplexere Befähigungen als Systematisierungsangebot nutzen und heißen dann schlicht sprachliche Qualifikationen. Ihre rein analytische Distinktion bedeutet, dass diese (Basis-) Qualifikationen in der Realität des sprachlichen Handelns in komplexer Weise miteinander interagieren.

---

1 Dass mit der erforderlichen Bewältigung neuer Praxisbereiche oder dem Kontakt mit unterschiedlichen Gesellschaftsformationen lebenslang eine Ausdifferenzierung und gegebenenfalls Umorganisation sprachlicher Handlungsfähigkeiten verbunden sein mag, ist aus der Soziolinguistik hinreichend bekannt. Diese Weiterentwicklung erfolgt jedoch nicht mehr unter Bedingungen eigens für die Sozialisierung und Bildung unterhaltener gesellschaftlicher Institutionen.

2 Die Differenzierung der Basisqualifikationen (BQ) in pragmatische BQ I und II betrifft die Befähigung zu nicht-institutionsspezifischen (I) und institutionell modifizierten oder institutionsspezifischen (II) Sprechhandlungen; die literale BQ I umfasst die Beherrschung des Schriftsystems und einfache schriftsprachliche Handlungen, während die literalen BQ II textuelles Handeln und insbesondere komplexere Textartenkenntnisse beinhalten.

1.2 Interrelation der (Basis-)Qualifikationen

Dieses reale Wechselverhältnis der sprachlichen (Basis-)Qualifikationen ist bereits systematisch erwartbar, wenn man sich verdeutlicht, wie sprachliche Äußerungen durchschnittlicher Größenordnung konstituiert sind und welche Befähigungen sie dementsprechend erfordern. Seit der „pragmatischen Wende" in der Linguistik ist bekannt, dass mit einer sprachlichen Äußerung besonders eine Sprechhandlung (eine *'speech action'* im Sinne von Austin oder ein *'speech act'* im Sinne von Searle) realisiert wird und dass jede Sprechhandlung wiederum im gleichzeitigen Vollzug dreier Akte besteht: Äußerungsakt, propositionaler und illokutiver Akt. Im Falle von Mündlichkeit wird der Äußerungsakt aus einzelsprachspezifischen Lautungen sowie entsprechend gebildeten Wörtern, ihren konkreten Formungen und Kombinationen gebildet, während im Falle der Schriftlichkeit an die Stelle der Lautungen, Silben oder sonstigen einzelsprachlichen Struktureinheiten die Schriftzeichen, Schreibsilben und geschriebenen Spracheinheiten (einschließlich der Zeichensetzung) treten. Somit sind allein für die Konstituierung des Äußerungsaktes bereits phonische oder literale Qualifikation I sowie semantische und morphologisch-syntaktische Basisqualifikationen in einem zielführenden Wechselverhältnis zueinander erforderlich. Um relativ dazu auch den propositionalen Akt angemessen zu verbalisieren, spielen insbesondere semantische und diskursive Basisqualifikationen zusammen, zudem (zumindest in flektierenden und agglutinierenden Sprachen) wiederum besondere morphologisch-syntaktische Qualifikationen. Um im Wechselverhältnis zum propositionalen Akt den angestrebten illokutiven Akt zu realisieren, müssen pragmatische Basisqualifikationen mit diskursiven Qualifikationen aufeinander abgestimmt sein, gegebenenfalls auch literale Qualifikationen II. Diskursive Qualifikationen betreffen das interaktive, kooperationsbasierte Abstimmen der Handlungen von Sprecher und Hörer aufeinander, wenn sie im Diskurs miteinander handeln. Dazu gehören die sprecherseitige Antizipation von Hörerwissen und Hörerplänen ebenso wie die Organisation des Turn-Takings, dazu rechnet das Verknüpfen eines ganzen Ensembles von Sprechhandlungen zu einem übergeordneten Zweck und somit zu einer Diskursart wie dem Erzählen, Berichten oder Beraten ebenso wie die Phasierung von Diskurstypen wie Lehr-Lern-Diskurs oder Kauf-Verkaufs-Diskurs zwecks Synchronisierung der interaktiven Handlungen beider Aktanten. Diese diskursive Befähigung zu elementarer Kooperation, wie sprachliche Interaktion sie grundsätzlich erfordert, wird qualitativ verstärkt nötig für sprachliches Handeln im Medium von Texten,[3] indem dann Sprecher und Hörer nicht, wie beim Diskurs, kopräsent sind, so dass produktives und rezeptives Handeln von Sprecher und Hörer in verschiedenen Situationen geschieht und die gesamte Sprechsituation systematisch „zerdehnt" wird (Ehlich, 1983).

---

3   Mündlich überlieferte Texte sind etwa Epos, Sage, Märchen, Ballade, Deklaration, Plädoyer, klassische wissenschaftliche Vorlesung oder Vortrag und Rede; ein Text ist also nicht durch Schriftlichkeit definiert, sondern durch mangelnde Kopräsenz aus einem Diskurs abgeleitet.

Die sprachlichen (Basis-)Qualifikationen sind Befähigungen. Sie werden im wirklichen sprachlichen Handeln als je ausgeprägte Fähigkeiten instanziiert. Im Vollzug der verschiedenen Einheiten sprachlichen Handelns – Diskurse wie Texte, Sprechhandlungen wie Prozeduren[4] – werden sie also konkret als Ressource abverlangt und umgesetzt. Dem Vollzug dieser Handlungseinheiten dienen die verschiedenen sprachlichen Mittel einer Einzelsprache – seien diese Mittel formal lexikalischer oder morphologischer Art („Wörter" oder „Morpheme"), seien sie syntaktisch-kombinatorische oder prosodische Mittel (z. B. Phrase bzw. Satz oder Wort- bzw. Satzintonation), seien sie von positionaler oder intonatorischer Ausdrucksform (sog. Wortstellung oder segmentale Intonation). Eine erworbene Befähigung zum sprachlichen Handeln erweist sich als solche also konkret im Gebrauch der sprachlichen Mittel zum Vollzug der verschiedenen Handlungseinheiten. Dabei lässt sich weder schlicht ein sprachliches Mittel mit einer der (Basis-)Qualifikationen korrelieren noch eine Einheit sprachlichen Handelns mit einer Qualifikation. Vielmehr kulminieren stets unterschiedliche Fähigkeiten im konkreten Handeln – umgekehrt erfordert jedes sprachliche Handeln stets mehrdimensionale Befähigungen und insofern mehrere (Basis-)Qualifikationen.

Beispielsweise kulminieren im Ausruf „Da!" angesichts einer Gefahrenlage beim Autofahren (i) die diskursive Basisqualifikation – hier ausgeprägt als Antizipation des Wahrnehmungsraumes des Hörers, (ii) die pragmatische Basisqualifikation – hier ausgeprägt als handlungspraktisches Wissen um das Erfordernis einer Neufokussierung der hörerseitigen Aufmerksamkeit (= deiktische Prozedur) nebst dem einer direkten Eingriffsmöglichkeit in das hörerseitige Handeln (= expeditive Prozedur), (iii) die semantische Basisqualifikation – als sprachliches Wissen hier umgesetzt in der Wahl eines bestimmten, nämlich *lokal*deiktischen Ausdrucksmittels der Ferne (‚da') und eines intonatorisch geformten expeditiven Mittels (rasch und stark fallende Intonation der Exklamation), (iv) die morphologisch-syntaktische Basisqualifikation „ex negativo" – hier umgesetzt in der Prozedurenkombination als Fusion von deiktischem und expeditiven Mittel zu einer suffizienten Handlungseinheit *ohne* syntaktische Erweiterung.

Welche der analytisch geschiedenen (Basis-)Qualifikationen im Einzelnen aufeinander bezogen sind und auf welch differenzierte Weise sie konkret interagieren,

---

4   Die Funktionale Pragmatik differenziert systematisch Funktionseinheiten sprachlichen Handelns verschiedener Größenordnung und nimmt für die kleinsten Einheiten, die Prozeduren, eine funktionale Binnenklassifikation nach sprachlichen Feldern im Sinne des Sprachpsychologen Bühler (1934) vor (knapp graphisch dargelegt in Redder, 2005, S. 47): Diskurse und Texte sind funktionale Ensembles von Sprechhandlungen mit Kopräsenz von S (= systematischer Sprecher) und H (= systematischer Hörer) im Diskurs oder ohne Kopräsenz und dementsprechendem Erfordernis der Überbrückung einer diatopisch und diachronisch zerdehnten Sprechsituation im Text; Sprechhandlungen sind Einheiten mittlerer Größenordnung; die atomaren Prozeduren werden vollzogen durch Mittel des Lenkfeldes, Zeigfeldes, Symbolfeldes, Operativen Feldes oder Malfeldes.

damit im Einzelfall sprachlich gehandelt werden kann, damit also eine bestimmte Sprechhandlung wie eine Frage, eine Begründung oder eine Anweisung vollziehbar wird, ist mithin jeweils empirisch und systematisch zu rekonstruieren. Dementsprechend sind die zu erwartenden Fähigkeiten an die sprachlich Handelnden – als Sprecher in produktiver Hinsicht und als Hörer in rezeptiver Hinsicht – zu bestimmen. Es sind mithin die empirisch konkreten Interrelationen dieser Basisqualifikationen von grundlegendem Interesse für Forschungen zur kindlichen Sprachaneignung, insbesondere für Fragen der Sprachdiagnostik und Sprachförderung.

2. Sprachliches Kompetenzgitter

2.1 Begriff

Für die Rekonstruktion der wirklichen Interrelation von (Basis-)Qualifikationen schlage ich das *linguistische Konzept* eines *sprachlichen Kompetenzgitters* vor. Erste Ausführungen liegen im Projekt MüWi[5] vor. In einem Kompetenzgitter werden die jeweils thematisierten Basisqualifikationen als Dimensionen eines Raumes (z. B. zweidimensional: nach Art einer Matrix) angeführt und in ihrer Interrelation erfassbar. *Ein sprachliches Kompetenzgitter besteht also in der Darstellung des Wechselverhältnisses von Basisqualifikationen als seinen Dimensionen.*

Der Ausdruck „(sprachliches) Kompetenzgitter" selbst ist aus folgenden Gründen gewählt worden: „Gitter" soll – in Anlehnung an sprachtypologische Komparationen von sprachlichen Strukturen (Ehlich, 2007/I, Kap. B1) – die wechselseitige Bedingtheit der Dimensionen sprachlichen Handelns bzw. der für ihre Realisierung erforderlichen Befähigungen zum Ausdruck bringen. Anstelle des Qualifikationsbegriffs, wie er für die Basisqualifikationen gewählt wurde, anstelle also einer alternativ möglichen Rede von einem „Qualifikationsgitter", soll „Kompetenzgitter" zugleich die erwartbare Entwicklungsperspektive bei der Aneignung verdeutlichen. „Kompetenz" ist mithin in einem weiten Sinne als Fähigkeit gemeint, der eine je eigene Dynamik des Erwerbs zukommt. Kompatibel mit dem sprachlichen Handlungsbegriff, welcher dem Konzept der Basisqualifikationen, wie beschrieben, zugrunde liegt, ist der weite, ebenfalls auf Situationsbearbeitungen hin orientierte Kompetenzbegriff von Franz Weinert. Er versteht darunter „die bei Individuen verfügbaren oder durch sie erlernbaren kognitiven Fähigkeiten und Fertigkeiten, um bestimmte Probleme zu lösen, sowie die damit verbundenen motivationalen, volitionalen und sozialen Bereitschaften und Fähigkeiten, um die Problemlösungen in variablen Situationen erfolgreich und verantwortungsvoll nutzen zu können [...]." (F. Weinert, 2001, S. 27f)

5　Dies Projekt zur „Mündlichen Wissensprozessierung und -konnektierung" wurde im Rahmen von FiSS 2009–2012 durch das BMBF finanziert (Förderkennzeichen 01GJ0904). Die Ergebnisse erscheinen soeben als Monographie unter Redder, Guckelsberger & Graßer (2013) bei Waxmann.

Das Konzept des sprachlichen Kompetenzgitters unterscheidet sich in seiner sprachsystematischen und entwicklungspsychologischen Grundlegung sowie in seiner analytischen Qualität erheblich vom deskriptiven, theoretisch bislang noch wenig reflektierten Konzept „Kompetenzraster", wie es in den Bildungsinstitutionen vor allem zum Zweck der Aufnahme kompetenzbasierter Bildungsstandards in die Diskussion gebracht geworden ist. Weder der Kritik am Qualifikationsbegriff als einem ökonomisch bedingten Konzept noch der Kritik am Kompetenzbegriff als einem Dispositivausdruck soll ausgewichen werden. Vielmehr wären in einer eigenen theoretischen Auseinandersetzung die für konkrete Gesellschaftsformationen je notwendigen begrifflichen Reduktionismen im Wege einer Kritik auszuführen.[6] Bezogen auf die linguistischen Ausführungen und Grundlegungen, wie sie unter anderem im Konzept des Kompetenzgitters zu Geltung kommen, sei lediglich darauf hingewiesen, dass insbesondere die hier und im Weiteren genutzte Sprachtheorie der Funktionalen Pragmatik, welche ein historisch-gesellschaftliches Konzept von Sprache als Handeln entfaltet hat, die gesellschaftliche Bedingtheit im Zuge der Analysen institutioneller Kommunikation vielfältig darlegte (vgl. Redder, 2004, 2008). Hinsichtlich der Sprach- und Entwicklungspsychologie sei insbesondere auf die Darstellung bei Weinert & Weinert (2006) und die diversen Anknüpfungen an Vygotskij verwiesen.

2.2 Differenzierung nach sprachlichen Mitteln, Abstraktionsstufen und Dimensionenzahl

Grundsätzlich ist das Konzept des sprachlichen Kompetenzgitters darauf orientiert, das Wechselverhältnis aller (Basis-)Qualifikationen so darzustellen, wie es einem voll entwickelten und für verschiedene Praxisdomänen geeigneten sprachlichen Handlungsvermögen entspricht. Dieses Ziel stellt gleichsam ein Ideal dar. Denn es würde bedeuten, dass alle acht Qualifikationen in ihrer Interrelation für eine Einzelsprache ausbuchstabiert würden. Die Folie für das Äußerungspotential würde wiederum die linguistische Struktur einer Einzelsprache bilden, also die Darstellung der Systematik sprachlicher Mittel einer Einzelsprache durch ein sprachliches Strukturgitter.[7]

Im Rahmen der empirischen Erforschung schulischen sprachlichen Handelns sind der sprachliche Handlungsraum bereits selegiert und im projektspezifisch Besonderen auch die jeweils interessierenden sprachlichen Mittel bereits ausgewählt. Es geht im Kontext der Forschungsinitiative FiSS um die Rekonstruktion des sprachlichen Kompetenzgitters für sprachliches Handeln in der Institution Schule,

---

6   Die frühen Diskussionen der Bildungsökonomie könnten dazu aufgegriffen werden (vgl. Huisken, 1992).

7   Forschungsperspektivisch könnte sich mittels Vergleich von Strukturgitter und Kompetenzgitter der kontaktbedingte Sprachwandel, genauer: die Sprachveränderung durch mehrsprachige Handlungskompetenz lokalisieren und systematisieren lassen – etwa Veränderungen im Deutschlandtürkischen, wie sie z. B. von Rehbein, Herkenrath & Karakoç (2009) beschrieben werden. Darum kann und soll es hier aber nicht gehen.

vor allem im Unterrichtsdiskurs – sei er plenar oder in selbstorganisierten Arbeitsgruppen praktiziert. Eingegrenzt auf diejenigen sprachlichen Handlungsfähigkeiten, für deren Entwicklung innerhalb der nachfolgenden Generation die Institution Schule einen gesellschaftlichen Auftrag hat, sind generell und längerfristig die Interrelationen der (Basis-)Qualifikationen für institutionell erwartete sprachliche Handlungsfähigkeiten auszubuchstabieren: Sie bilden dann das *Kompetenzgitter schulischen sprachlichen Handelns*. Darin, in dieser Art von Soll-Bestimmung, besteht aus dieser theoretischen Sicht gewissermaßen der Fluchtpunkt der Empirischen Bildungsforschung seitens der Bildungsinstitutionen und ihrer Agenten. Seitens der *Klienten* der Bildungsinstitutionen, der Eltern wie insbesondere der Schülerinnen und Schüler, ist es die Aufgabe der Empirischen Bildungsforschung, zunächst einmal die Faktizitäten der Handlungsvermögen evidenzbasiert zu erheben und zu systematisieren, insofern also eine Bestimmung des „Habens" vorzunehmen.[8] Dies Vorhaben kann nur Schritt für Schritt alters- und schulbezogen sowie fachspezifisch bzw. fächerübergreifend angelegt werden.

In der Vermittlung zwischen *Haben und Sollen* ist der Bereich von Sprachdiagnostik und Sprachförderung im methodisch und praktisch engeren Sinne angesiedelt. Als attribuierendes Kürzel für die beiden institutionell unterschiedlichen Perspektiven sei die Rede von einem *agentenseitigen* und einem *klientenseitigen sprachlichen Kompetenzgitter* vorgeschlagen, sofern die Argumentation dies erfordert.[9] In den empirischen Analysen der FiSS-Projekte MüWi und Bispra/TP Linguistik geht es zentral um das *klientenseitige* sprachliche Kompetenzgitter. Mit anderen Worten: Es geht um die evidenzbasierte linguistische Darstellung der faktisch umgesetzten Interrelation von Basisqualifikationen.

Und es geht um die Rekonstruktion des sprachlichen Kompetenzgitters anhand ausgewählter sprachlicher Mittel. Am Beispiel der beiden FiSS-Projekte MüWi und BiSpra/TP Linguistik sind dies: einerseits deiktische Mittel und deiktisch abgeleitete operative Ausdrucksmittel (Zeigwörter wie ‚dieser/diese/dieses', ‚jener/jene/jenes',

---

8   Dazu sind im FiSS-Projekt MüWi (Leitung: A. Redder) wie auch im linguistischen Teilprojekt des FiSS-Verbundes BiSpra (Leitung: S. Weinert; Projektleiter A. Redder & P. Stanat) authentische Unterrichtsdiskurse in der 1. und 2. Jahrgangsstufe sowie der 4. und 5. Jahrgangsstufe erhoben worden. Sie werden im linguistischen Korpus jeweils flankiert von elizitierten produktiven Sprachdaten anhand von mündlichen Videoclip-Wiedergaben und einer kleinen schriftlichen Darlegung eines Schaubildes für den Wasserkreislauf.

9   Ein *agentenseitiges Kompetenzgitter* gibt im Sinne der Institution Schule primär die schulische, insofern quasi „normative", Erwartung an die Interrelation der Qualifikationen bei Schülern pro Jahrgangsstufe und Fach sowie Schultyp wider. Der individuelle Lehrer mag in seinen konkreten Erwartungen davon abweichen, ist aber, gerade im Zuge wachsender Standardisierung von Anforderungen, als institutioneller Agent mit seinen Einschätzungen von Schülerfähigkeiten daran gebunden. Sekundär könnte man sich vorstellen, auch hinsichtlich des professionellen sprachlichen Handelns der Lehrenden selbst eben deren eigene Kompetenzen entsprechend darzustellen, um gleichsam das Vorbild von sprachlichem Handeln als Folie für die Schülerbefähigungen erfassen zu können.

isoliertes ‚der/die/das‘, ‚da‘, ‚dann‘, ‚hier‘, ‚so‘ oder Konnektoren wie ‚da‘, ‚dabei‘, ‚danach‘, ‚damit‘, ‚deswegen‘, ‚deshalb‘, ‚also‘, ‚denn‘), andererseits um Ausdrucksmittel des Symbolfeldes, die zur Alltäglichen Wissenschaftssprache (AWS) gehören wie insbesondere Verben, Präpositionen und Substantive (vgl. Uesseler, Runge & Redder, in diesem Band); gleichermaßen sind dies zudem Sprechhandlungen wissensbearbeitender Illokution wie Beschreiben, funktionales Beschreiben, Erläutern, Erklären sowie Instruieren. Insofern werden anhand der Projektergebnisse jeweils bestimmte Prozeduren mit Sprechhandlungen in Relation gesetzt und anhand der empirischen Äußerungen die durch sie rekonstruierbaren (Basis-)Qualifikationen in ihrer Interrelation dargestellt. Die empirischen Analysen ermöglichen also die Gewinnung eines *exemplarischen* sprachlichen Kompetenzgitters.

Diese exemplarische Darstellung betrifft (a) einmal das individuell Besondere und ein andermal das jahrgangsbezogene Allgemeine, sie muss (b) in verschiedenen Abstraktionsstufen erfolgen sowie schließlich (c) das Vorliegende als solches oder als an Erwartungen Bewertetes wiedergeben. Daher wird das linguistische Kompetenzgitter forschungspraktisch in einem Spektrum von Darstellungsformaten konzipiert.

Das individuell Besondere wird als konkrete, empirisch abgesicherte Vorstufe des Kompetenzgitters aufgefasst und in individuellen *Qualifikationenbögen* mithilfe von Filemaker-Dateien nach sprachlichen *tokens* dargelegt, in denen die Reiter die jeweiligen Analysegegenstände benennen.

Abbildung 1: Aufbau eines Qualifikationenbogens mit Reitern am Beispiel von MüWi

Die datennahe, jedoch *type-bezogene* Eintragung einzelner oder mehrerer Individuen einer Querschnittsanalyse erfolgt sodann mittels Sprechersigle pro Ausdruckstype in einer Matrix, welche *Qualifikationenmatrix* genannt wird.

Abstraktionen erfolgen durch Verallgemeinerung auf eine Jahrgangsstufe zu einem *sprachlichen Kompetenzgitter* für die ausgewählten sprachlichen Gegenstände und bezogen auf besonders fokussierte (Basis-)Qualifikationen als den Dimensionen des sprachlichen Kompetenzgitters. Die Dimensionalität der Qualifikationen bestimmt die graphische Darstellungsmöglichkeit der Interrelationen im Konkreten. Vom Maximum der Achtdimensionalität (nicht geometrisch umsetzbar, sondern nur als mathematische *Matrize*) über eine *kubische Dreidimensionalität* (*Qualifikationenkubus*) bis hin zur *Zweidimensionalität* einer *Matrix*, wie sie bereits in der Qualifikationenmatrix Abbildung 2 (s. S. 116) illustriert ist, sind möglich.

Bislang wurde in den FiSS-Projekten MüWi und BiSpra primär die *Interrelation von semantischer und pragmatischer Basisqualifikation* analysiert (unter fallanalytischem Einbezug der diskursiven Qualifikationen, welche im Qualifikationenbogen

Erhebung „Stromkreislauf"

recte: Jgst. 4; *kursiv*: Jgst. 5

Qualifikationenmatrix BiSpra$_{HH}$ – empirisch, verallgemeinert ©Redder 2012	einfaches Beschreiben	funktionales Beschreiben	Erklären (ohne beschreibende Elemente)
ø			
NP			
PP			
Präp	CRO		
Komplement		*FAM*	
Partikel			*BSS*
abgeleitetes Partikelverb	MIK		*FAM*
abgeleitetes Präfixverb			
reflexives Partikelverb		MIK	
reflexives Präfixverb			

Basisverben

Abbildung 2: Aufbau einer (zweidimensionalen) Qualifikationenmatrix (Ausschnitt) am Beispiel von BiSpra

noch angeführt werden) und graphisch dargestellt, so dass derzeit die zweidimensionalen Formate von Qualifikationenmatrix und Kompetenzgitter dominieren.

Die Verallgemeinerung für die Jahrgänge 4 und 5 im sprachlichen Kompetenzgitter von BiSpra (s. Abbildung 3 auf S. 117) ist mit Prozentangaben ausgeführt; genauer ist der prozentuale Anteil der von den (Schüler-)Subgruppen verwendeten Verb-Types einer Kategorie relativ zu der (von den Subgruppen) verwendeten Gesamttypeanzahl der Verben angeführt. Die Darstellung erfolgt in zwei Varianten: als Matrix (Abbildung 3) und als dimensioniertes Balkendiagramm (Abbildung 4):

		Beschreiben		Instruieren		Erklären	
		Jgst. 4 ($N = 8$)	Jgst. 5 ($N = 6$)	Jgst. 4 ($N = 5$)	Jgst. 5 ($N = 7$)	Jgst. 4 ($N = 27$)	Jgst. 5 ($N = 27$)
Modalverben	ø	0,00%	0,00%	0,00%	0,00%	0,00%	0,20%
	mit infinitem Verb	3,97%	2,25%	6,85%	7,41%	7,39%	7,48%
	mit Komplement	0,79%	0,00%	0,00%	0,00%	1,09%	0,79%

Abbildung 3: Sprachliches Kompetenzgitter (Ausschnitt), zweidimensionale Matrix, am Beispiel BiSpra

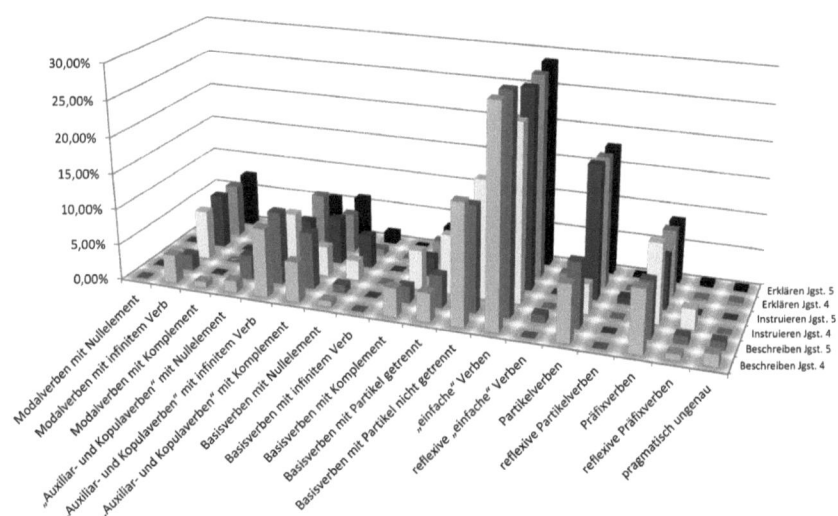

Abbildung 4: Sprachliches Kompetenzgitter (zweidimensional) für die Jahrgänge 4 und 5 am Beispiel BiSpra

Eine genauere Erläuterung und Auswertung der in Abbildung 4 dokumentierten Ergebnisse erfolgt im nächsten Abschnitt. Hier geht es zunächst um die Illustration der Visualisierungsformate von einem sprachlichen Kompetenzgitter und seiner Vorstufe, der Qualifikationenmatrix.

Durch eine Überlagerung von quer- und längsschnittlichen Erhebungen über mehrere Messzeitpunkte hinweg – so geschehen im Projekt MüWi zu drei Messzeitpunkten – kann bei angemessener Langzeituntersuchung ein *dynamisches* Kompetenzgitter gewonnen werden, in dem Entwicklungen deutlich werden. In MüWi wird dies bislang durch Hervorhebung der längsschnittlich untersuchten Sprecher in Form einer Fettung der Sprechersiglen dokumentiert; für größere Langzeitstudien genügt eine solche graphische Umsetzung der Dynamik nicht mehr. Andere Formate, etwa Überblendungsdarstellungen oder Tiefenstaffelungen, müssen dafür entwickelt werden.

Die verschiedenen Abstraktionen von individuellen Einzelfähigkeiten führen zur Darstellung eines *sprachlichen Kompetenzgitters* für die anhand ausgewählter sprachlicher Mittel rekonstruierten (Basis-)Qualifikationen in den jeweils untersuchten Jahrgangsstufen (MüWi: 1. und 2. Jgst., BiSpra/TP Lingustik: 4. und 5. Jgst.) in naturwissenschaftlichen Fächern. Schließlich ermöglicht eine Bewertung der rekonstruierten Kompetenz-Interrelationen durch Lehrpersonen und Linguisten ein Darstellungsformat, das ich *institutionell bewertetes* und *linguistisch gewichtetes Kompetenzgitter* nennen möchte. Abstrakt lässt sich eine solche Bewertung durch farbliche Unterlegung (hier: durch unterschiedliche Grauschraffierung) darstellen.

Die Graphik sähe dann für eine zweidimensionale Interrelation von Basisqualifikationen am Beispiel semantischer relativ zu pragmatischer Qualifikation folgendermaßen aus (s. Abbildung 5). Die abnehmende Intensität der Grauschraffierung markiert eine wachsende Leistung bzw. Beanspruchung der Fähigkeiten und deren Bewertung. Zugleich wird so erkennbar, welche sprachlichen Mittel als Repräsentanten der Qualifikationen gelten und insofern auch welche Qualifikationen jeweils das „Zugpferd" bilden und die Leistung auf eine höhere Stufe ziehen. Im konstruierten Beispiel von Abbildung 5 ist dies zweimal die pragmatische und einmal die semantische Qualifikation.

	Pragmat.	BQs	...	...
Semant.				
BQs				
...				
...				

Abbildung 5: Institutionelle oder linguistische Bewertung der Interrelation von zwei Basisqualifikationen in einem „gewichteten" sprachlichen Kompetenzgitter, Beispiel: linguistische Komplexitätsbewertung

Institutionelle Bewertungen können und müssen durch Lehrerurteile gewonnen werden. Konkrete Äußerungen, wie sie etwa im Transkriptkorpus zum Unterrichtsdiskurs oder in den elizitierten sprachlichen Daten vorliegen, werden dazu erfahrenem Lehrpersonal entsprechender Jahrgangsstufen und Schultypen anonym zur Bewertung vorgelegt. Daraus wird eine durchschnittliche Bewertung ermittelt.

Linguistische Bewertungen werden aus systematischen Sprachanalysen und Kenntnissen über sprachliche Komplexität gewonnen. Solche Bewertungen liegen in einem ersten, nicht jahrgangsbezogenen Schritt bereits dem jeweiligen Aufbau von Qualifikationenmatrix und Kompetenzgitter zugrunde. Dies soll im nächsten Abschnitt genauer dargelegt werden.

3. Systematik der Architektur eines sprachlichen Kompetenzgitters

Der Aufbau eines sprachlichen Kompetenzgitters ist nicht beliebig, sondern folgt im Sinne einer Architektur einer linguistischen Systematik.[10] Diese Architektur wird aus einer linguistischen Bestimmung der Komplexität betrachteter sprachlicher Mittel als Repräsentanten für sprachliche Fähigkeiten und insofern für Umsetzungen sprachlicher Befähigungen gewonnen. Dies setzt voraus, dass man ein hinreichendes sprachwissenschaftliches Wissen über die ausgewählten sprachlichen Gegenstände hat und deren Komplexität als sprachpsychologische Prozesse, die zu ihrer rezeptiven wie produktiven Handhabung erforderlich sind, anzugeben vermag. Beispielsweise erwies sich das warnenden „Da!" (s. o. Abschnitt 1.2) durch das perfekte Wechselspiel einer ganzen Reihe von Qualifikationen als hochfunktional, auch wenn es lexikalisch oder grammatisch einfach erscheint; eine derart prozedural hinreichende (suffiziente) Äußerung ist sprachpsychologisch deutlich komplexer als die Verwendung der einfachen Lokaldeixis für ein sprachliches Zeigen im Wahrnehmungsraum, etwa in Äußerungen vom Typ „Die Servietten liegen übrigens da." Wiederum kann zur Bestimmung derartiger linguistischer Komplexität eine Handlungstheorie von Sprache von Nutzen sein.

3.1 Exemplarische Architekturen, linguistisch begründet

Als Repräsentanten für pragmatische (Basis-)Qualifikationen sind in den beiden FiSS-Projekten MüWi und BiSpra/TP Linguistik wissensbearbeitende sprachliche Handlungen untersucht worden, und zwar (funktionales) Beschreiben, Erklären und Instruieren. Empirische Diskursanalysen (z. B. Hoffmann, 1984, Rehbein, 1989;

---

10 Sie ist darin begründet, dass es um die Interrelation von sprachbezogenen Fähigkeiten geht. Für die Umsetzung in eine Sprachdidaktik sind die Vergleiche von Jahrgangsprofilen einerseits und Kenntnissen aus der didaktischen Theoriebildung zur Bewertung andererseits vorzunehmen. Solche transdisziplinären Diskussionen sollen nicht zuletzt durch die Erstellung von sprachlichen Kompetenzgittern angeregt und solide empirisch basiert werden. Erziehungswissenschaftliche und psychologische Kriterien sind weitere Bewertungsaspekte, die für – nicht im psychometrischen Sinne – „gewichtete" Kompetenzgitter sodann einzubeziehen sein werden.

Hohenstein, 2006, Thielmann, 2009; Rehbein, 1977, Ehlich, Noack & Scheiter, 1994, Morek, 2012) lassen folgende Bestimmungen dieser durch Abfolgen mehrerer Sprechhandlungen charakterisierten Großformen sprachlichen Handelns zu: Eine Beschreibung dient der Wiedergabe wahrnehmbarer Sach- oder Sachverhaltsstrukturen nach Art einer topischen Assemblage für die Vorstellbarkeit des Hörers. Eine funktionale Beschreibung ist nach der Funktion der beschriebenen Einzelelemente organisiert und übersteigt insofern die reine Wahrnehmungsorientierung der sprachlichen Wiedergabe. Eine Erklärung orientiert sich an der inneren, systematischen Struktur einer Sache oder eines Sachverhalts und gibt insofern ein Wissen darüber sprachlich wieder, um diese Kenntnis auch dem Hörer zu vermitteln und so seinen Handlungsraum bezüglich der gewussten Sache zu erweitern.[11] Eine Instruktion oder (Handlungs-)Anleitung dient der Wiedergabe von bewährten Handlungsschritten zur Realisierung bestimmter Handlungsziele, damit der Hörer in die Lage ihrer Reproduzierbarkeit versetzt wird. Die bewährten Handlungsschritte können als Umsetzung von routinierten Handlungsplänen betrachtet werden.

Bereits bei dieser analytischen Bestimmung der einzelnen Illokutionen wird deutlich, dass bestimmte diskursive Fähigkeiten zu ihrer Realisierung erforderlich sind. Beschreibung und funktionale Beschreibung erfordern eine besondere Berücksichtigung der hörerseitigen Wahrnehmungsbedingungen als diskursive Ausgangskonstellation und seines sukzessiven vorstellenden Mitvollzugs im Einzelnen; Erklärungen erfordern die Antizipation hörerseitigen Wissens und daran anknüpfende diskursive Sicherung seines Wissensausbaus; Instruktionen erfordern eine hörerbezogene Identifikation von Handlungszielen, Handlungswegen und Handlungsmitteln in geeigneter diskursiver Abfolge. In sich, so zeigt sich etwa im Projekt MüWi, enthalten Instruktionen zuweilen basale Listungen der Handlungsmittel oder Beschreibungen der Abläufe einzelner Handlungswege anstelle von Instruktionen i.e.S., während Beschreibungen und Erklärungen oft supportiv Erläuterungen oder Begründungen einschließen.

In einer lediglich zweidimensionalen Interrelationsanalyse, wie sie hier durch das Wechselverhältnis von pragmatischen und semantischen (Basis-)Qualifikationen angestrebt wird, gehen diese diskursiven Befähigungen bereits integral in die Anordnung der ausgewählten Sprechhandlungen nach zunehmender Komplexität in das Kompetenzgitter ein. Berücksichtigt man, dass Wahrnehmungsgebundenheit sprachpsychologisch leichter ist und also eher beherrscht wird als Wissensgebundenheit, so stellen Beschreibung – funktionale Beschreibung – Erklärung in dieser Folge zunehmend komplexe Sprechhandlungen dar. Aufgrund ihres handlungspraktischen Bezuges ist die Instruktion einerseits konkret, an Erfahrungswissen gebunden, ande-

---

11 Durch den Sachbezug unterscheidet sich das Erklären vom Begründen, welches durch die Bezugnahme auf das hörerseitige Verstehen strukturiert ist und stets über anderen, sistierten Handlungen operiert, indem ein fehlendes Verstehenselement geliefert wird und somit kooperative Handlungsfortsetzung ermöglicht wird (Ehlich & Rehbein, 1986).

rerseits, mit Blick auf die Reproduzierbarkeit, wiederum abstrakt und an die Ziellogik gebunden. Für die Aneignung sprachlichen Handelns dürfte die Instruktion daher eigens zu berücksichtigen sein und hinsichtlich der Komplexität zwischen (funktionalem) Beschreiben und Erklären liegen (vgl. Kopf von Abbildung 3).

Organisiert man die Architektonik des sprachlichen Kompetenzgitters so, dass die Illokutionen bzw. Sprechhandlungen als Repräsentanten der pragmatischen Qualifikationen die Spalten bilden, so werden sie in zunehmender Komplexität in der oberen Zeile der Matrix von links nach rechts eingetragen.

einfaches Beschreiben	funktionales Beschreiben	Erklären (ohne beschreibende Elemente)	Listung	Ablauf-beschreibung	Instruieren

Abbildung 6: Illokutionen nach zunehmender Komplexität, Instruktionen eigens, am Beispiel von MüWi

Quer dazu, insofern zeilenbildend, werden sodann die jeweils betrachteten sprachlichen Mittel als Repräsentanten für bestimmte semantische (Basis-)Qualifikationen von oben nach unten mit zunehmender Komplexität abgetragen.

Im Projekt MüWi bilden, so wurde gesagt, die deiktischen Ausdrücke und deiktisch abgeleiteten Konnektoren (funktional: para-operative Ausdrücke) in ihrer jeweils besonderen Zeigefunktion die ausgewählten Repräsentanten für semantische Basisqualifikationen. Sprachliches Zeigen, die deiktischen Prozeduren also, erfordern unter zweierlei Gesichtspunkten eine wachsende mentale Abstraktionsleistung: erstens bezüglich der Vorkategorisierung der Verweisobjekte und zweitens bezüglich ihrer funktionalen Nutzung für ein Zeigen in sprachsystematisch abstrakteren Verweisräumen. Ehlich (1987) leitet demgemäß ab: Personaldeixeis und Objektdeixeis sind vergleichsweise einfacher, da konkreter vorkategorisierend, Aspektdeixis (‚so') und Temporaldeixeis zeigen auf zunehmend, ja höchst abstrakte Verweisobjekte, Lokaldeixeis (einschließlich der Richtungsdeixeis ‚her', ‚hin') liegen dazwischen. Zum anderen leitet er (Ehlich, 1979) systematisch folgende Verweisräume ab: „Sprechzeitraum" (SZR) (als einen spezifischen, durch das sprachliche Handeln geprägten Wahrnehmungsraum), „Rederaum" (RR), „Textraum" (TR), „Vorstellungsraum" (VR) (Bühlers „phantasma"). Da alle deiktischen Prozeduren – im Deutschen – gleichermaßen für eine Neufokussierung der Aufmerksamkeit in all diesen Verweisräumen genutzt werden können, bilden die letztgenannten Abstraktionen eine jeweilige Binnensteigerung der erforderlichen Befähigungen zum zielführenden Einsatz der einzelnen Prozeduren beim sprachlichen Handeln. Dem entsprechend ist das Kompetenzgitter im Projekt MüWi angelegt worden (s. Abbildung 7 auf S. 122 und 123).

recte: Jgst. 1; kursiv: Jgst. 2;
fett: Längsschnittkinder
(MiWi) © Redder 2012

»Kompetenzgitter –
empirisch, verallgemeinert« –
Pragmatische und semantische
Basisqualifikationen
(exemplarisch)

Objekt-Deixis

	Muster	— Erhebung „Schiff Ahoi"				Erhebung „Erdbeereis"		
		Frage-Antwort-Muster	einfaches Beschreiben	funktionales Beschreiben	Erklären (ohne beschreibende Elemente)	Listung	Ablauf-beschreibung	Instruieren
DIES	SZR		PAS					DAN
	RR		ALB; CHE			FAM; ATN; **MXI**		FRA; GEG; NIO; ATN; *ISA*; *MXI*; *LES*;
	VR		**ART**: *ISA*; KEK; PAS	ENT				√
DER	SZR		GOK; ALB; PNA; RAF; HAS; ?NIS; PAS					
	RR	EMS;	*ISA*; ANK; KEK; GOK; ALB; PNA; LED; CHE; AMI; NIS; EIR; MUS; PAS	ENT; ANK; ANI; GOK; ?AMI; SIL		**MXI**; *LES*	FAM; ?FAM; ?JUL; CRO	DAN; ALA; GEG; BGM; FNY; JOL; ESU; NIO; MIK; ONK; GTA; DIJ; ?DIJ; AEL; ATN; COS; **ART**; **EMS**; *ISA*; **MXI**; *LES*
DAS abstrakt	VR		**MXI**; *LED*; CHE; PAS	**ART**; **ASL**		CRO; *LES*	CRO; YLZ	?FRA; NIO;
	(WR)							
	RR		**MXI**; PNA; ?HAS; CHE; NIS; SIL; PAS	ENT; ANK; RAF;		FAM	BSS; CRO; **ASL**;	√ ?FRA; DAN; ALA; GEG; FNY; JOL; ESU; NIO; GTA; DIJ; AEL; ANB; COS; EIK; **EMS**; *ISA*; **ASL**; **MXI**;
	VR		?*ISA*; INA; MUS	**ISA**;		*JOL*; **FAM**; CRO		DAN; ?NIO; NIO; ANB; *LES*;
	WR		MUS	MUS		MIK		
das + **[klappen]**			**ASL**;	SIL; MUS				

Legende: recte: Jgst. 1; *kursiv: Jgst. 2;* **fett: Längsschnittkinder** (MüWi © Redder 2012)

„Kompetenzgitter – empirisch, verallgemeinert" – Pragmatische und semantische Basisqualifikationen (exemplarisch)

Spalten „Frage-Antwort-Muster", „einfaches Beschreiben", „funktionales Beschreiben" und „Erklären (ohne beschreibende Elemente)" gehören zur **Erhebung „Schiff Ahoi"**; Spalten „Listung", „Ablauf-beschreibung" und „Instruieren" zur **Erhebung „Erdbeereis"**.

Lokal-Deixis		Frage-Antwort-Muster	einfaches Beschreiben	funktionales Beschreiben	Erklären (ohne beschreibende Elemente)	Listung	Ablauf-beschreibung	Instruieren
hier	SZR		**MXI**; KEK; GOK	MUS				
	RR(?)							
	VR							
(he)r	SZR							
	RR		*MUS*	*ENT*				
	VR							
r-	SZR		**MXI**; GOK	*ENT*				
	RR		ART; ISA; **MXI**; KEK; ALB; PNA; *AMI*; NIS; INA; *SIL*; *MUS*	*MUS*			FAM; JUL; *BBS*; CRO; YLZ; *ASL*;	FRA; GEG; BGM; FNY; NIO; MIK; ONK; GTA; AEL; ANB; ATN; COR; COS; EIK; **ART**; **EMS**; **ISA**;
	VR		**MXI**; GOK; ALB; *LED*; AMI	**ART**;		**MXI**;	?FRA; ?DAN; ?ALA; FNY; ESU; **MXI**;
hin	SZR		?**MXI**;					
	RR		ANK					
	VR							
hinterher		**EMS**;		**MXI**; GOK; ALB			FAM	
hin und her								
da	SZR		ENT; PNA; NIS; PAS	KEK		JOL	FAM; JUL; **ASL**	√ FRA; *JOL*; ESU; NIO; GTA; *DIJ*; EIK; **ISA**;
	RR		ART; ISA; ENT; ANK; KEK; *LED*; INA; *SIL*; *MUS*					√ FNY; *JOL*; MIK; ONK; GTA; ATN; COR; COS; **EMS**; **ISA**;
	VR		**EMS**;	**MXI**; GOK; ALB; *LED*; AMI; NIS; PAS	**ASL**; GOK		MIK; *ASH*; COR; EIK; YLZ	FAM; JUL; *BSS*; CRO	?FRA; DAN; *ESU*; NIO; *DIJ*; AEL; EIK; **ART**; **MXI**;
	(WR)							

Abbildung 7: Kompetenzgitter im Projekt MüWi (Ausschnitt), nach wachsender Komplexität aufgebaut

Bereits aus diesem kleinen Ausschnitt mit Sigleneinträgen von SchülerInnen der 1. und 2. Jahrgangsstufe (recte bzw. kursiv), einschließlich längsschnittlich verfolgter SchülerInnen (fett), kann man eines der Ergebnisse von MüWi nachvollziehen:[12] Die Kompetenz in der semantischen Differenzierung der Deixeis wird derjenigen in der pragmatischen Differenzierung nach- oder gleichgezogen. Den Motor der Entwicklung bilden also die Sprechhandlungen und die in ihnen umgesetzten pragmatischen Fähigkeiten (im Detail vgl. Redder, Guckelsberger & Graßer, 2013).

In BiSpra/TP Linguistik ist die Komplexität der symbolischen Ausdrucksmittel der Alltäglichen Wissenschaftssprache ungleich schwerer zu bestimmen. Die für das Deutsche sowohl im Bereich der Verben als auch der Substantive so reich ausgeprägte Wortbildung kann zwar eines der Kriterien sein. Die jeweilige Rekonstruktion der Kombination und Fusion einzelner Prozeduren – etwa ‚ver‘- + ‚binden‘ oder + ‚brauchen‘ – ist linguistisch problemlos möglich und kann gleichsam einen Richtwert für eine mögliche Komplexität bilden. Jedoch ist für das sprachliche Handeln zu bedenken, (a) dass keineswegs selbstverständlich zunächst das Grundverb (im engeren Sinne der einfache Verbstamm) und dann erst das zusammengesetzte bzw. fusionierte Verb erworben wird, genauer: handlungspraktisch in bestimmten Kontexten benötigt wird; (b) dass damit ebenso wenig selbstverständlich entsprechende analytische sprachpsychologische Prozesse bei der produktiven wie rezeptiven Beherrschung vollzogen werden, sondern oft holistische Zugänge dominieren, so dass die rekonstruierten Prozeduren synthetisch, nicht analytisch erfasst und also bedeutungsmäßig gewusst werden (z. B. ‚versprechen‘).

Eine Operationalisierung der Komplexität stellt daher eine besondere Herausforderung dar. Sie geht einher mit der Aufgabe, alltägliche und alltäglich wissenschaftssprachliche Mittel eigens im empirischen Material zu identifizieren und ihrem Gebrauch im sprachlichen Handeln zu analysieren (Runge, in diesem Band; Uesseler, Runge, Redder, in diesem Band). Nicht zuletzt erfordert diese Identifikation empirisch abgesicherte Kenntnisse über Ausdrucksbedürfnisse und entsprechend entwickeltes sprachliches Wissen in vorschulischen relativ zu schulischen Handlungsdomänen. Semantische Rekonstruktionen der wissensmethodischen Leistung einzelner Ausdrücke vermögen solche empirische Erfahrung sprachtheoretisch zu stützen.

Ich schlage für eine allgemeine *Operationalisierung* folgende Bestimmungselemente und Kriterien vor.

i.   Sprachliche Mittel der Alltäglichen Wissenschaftssprache (AWS) und der (fachspezifischen) Wissenschaftssprache (WS, fWS) sind von ihrer metho-

---

12   Die Haken in Abbildung 7 markieren, dass im sprachlich kommentierten Videoclip „Erdbeereis herstellen", der wiederzugeben war gemäß der Aufgabe: ‚Wie kann man denn Erdbeereis herstellen?‘, entsprechende Ausdrucksmittel vorkamen. Der Videoclip „Schiff ahoi" ist stumm.

dischen *Qualität* her, genauer: von ihrem *methodischen Stellenwert für die Wissensbearbeitung im Sinne von Wissensaufbau, -ausbau, -umbau, -revision* her systematisch und sprachpsychologisch zu bestimmen. AWS-Mittel leisten dies durch Funktionalisierung alltäglicher Mittel, fWS-Mittel leisten dies als eigens gebildete Mittel kategorialer Art und insofern gebunden an die Aktivierung von begrifflichem Wissen.

ii.   Für die AWS-Mittel sind folgende *sprachpsychologische Prozesse einschlägig:*[13]

- Verallgemeinerung
- Perspektivenwechsel
- Negation
- Abstraktion
- Systematisierung

Substantive sind Symbolfeldmittel zur Benennung von Wirklichkeitselementen, Verben sind solche zur Benennung von Wirklichkeit unter dem Aspekt ihrer Veränderung (Redder 2005). Im Kontext der AWS enthalten Substantive immer einen Prozess der Verallgemeinerung oder Abstraktion, so dass sie relativ zu AWS-Verben grundsätzlich höhere Fähigkeiten beanspruchen. Zugleich attrahieren AWS- und fWS-Substantive im Unterschied zu Verben, die zu Zwecken der Prädikation genutzt werden, meist eine höhere Aufmerksamkeit im Lehr-Lern-Diskurs und erfahren daher eine (i. A. holistisch angelegte) Vermittlung, so dass sie zuweilen in Schüleräußerungen gleichsam hervorstechen, umgeben von höchst alltäglichen Verben (Redder, 2012b). Empirische Untersuchungen haben erwiesen, dass SchülerInnen für die Erfassung wissensmethodisch relevanter Relationen von Sachverhaltselementen oft besonders auf entsprechende Präpositionen konzentriert sind, die nicht zuletzt bei trennbaren Partikelverben in der rechten Verbklammer „diskontinuierlich", d. h. im Verhältnis zum finiten Verb (als Prädikatskern) eigens positioniert sind (Redder, 2013); konsequenterweise werden dann nur basale Verben für das Finitum genutzt, wie auch Runge (in diesem Band) nachweist. Das steht in durchaus systematischem Zusammenhang mit der erforderlichen Umstrukturierung der semantischen Qualifikationen für Präfix- und Partikelverben oder sonstiger, komplexer gebildeter Symbolfeldmittel (Redder, 2012c).

Prozedurale Komplexität von Verben (sei sie als syntagmatische Kombination oder als lexikalische Fusion realisiert) mit ihrer genannten analytischen wie synthetischen Herausforderung kann als eine Ressource, als ein Potential für AWS-Ausdrücke betrachtet werden. Anders gesagt: Prozedurale Komplexität ist eine hinreichende, aber keine notwendige Bedingung für eine wissensmethodische Funktionalität, wie sie bei Alltäglicher Wissenschaftssprache in Anspruch genommen wird. Insofern wird der

---

13 Als derart sprachpsychologisch einschlägige Prozesse sind zugleich sie es, welche, in ihren verschiedenen sprachlichen Realisierungsformen, die sogenannte Bildungssprache – als lediglich deskriptiv brauchbare heuristische, nicht jedoch erklärende Kategorie – von den vieldiskutierten Kennzeichen her systematisch bestimmbar machen.

Einzelidentifikation von AWS-Ausdrücken eine Identifikation von prozedural komplex gebildeten Ausdrücken vorgeschaltet. Die empirisch basierte Einzelbestimmung erfolgt sodann gleichsam „von Hand", nach Maßgabe der genannten Operationalisierungen, komplementiert durch empirisches Erfahrungswissen.

Vor dem Hintergrund dieser linguistischen Einsichten ist die Architektur der Zeilen mit Bezug auf potentielle AWS-Ausdrücke als Repräsentanten semantischer Basisqualifikationen folgendermaßen angelegt worden (s. Abbildung 8, vgl. den Ausschnitt in Abbildung 3):

Den sprachsystematischen Hintergrund bilden die prozedurale Prädikationsanalyse und handlungstheoretische Klassifikationen von Verben in Redder (1992). Insofern werden integral Wechselverhältnisse zu morphologisch-syntaktischen Basisqualifikationen in die semantische Komplexitätsbestimmung einbezogen. Modalverben (‚möchten, wollen, sollen; können, dürfen, müssen, nicht brauchen') benennen Qualitäten von Handlungszielen und -möglichkeiten in der Vorgeschichte einer Handlung oder eines Prozesses (Redder, 2009) und sind insofern pragmatisch früh vertraut und sprachpsychologisch weniger komplex. Sie werden deshalb zuerst angeführt – differenziert nach ihrem Komplement in der rechten Verbklammer (Verb im Infinitiv wie ‚studieren wollen' oder sonstiges Komplement wie ‚weg wollen' oder Nullelement, d. h. als „Vollverb"). Die sogenannten Auxiliar- und Kopulaverben (‚haben', ‚sein', ‚werden', ‚bleiben') und die Basisverben (z. B. ‚gehen', ‚kommen', ‚machen') bilden den für Prädikationen im Deutschen

Inhalt	Kategorie
ø / mit infinitem Verb / mit Komplement	Modalverben
ø / mit infinitem Verb / mit Komplement	„Auxiliar- und Kopulaverben"
ø / mit infinitem Verb / mit Komplement	Basisverben
getrennt / nicht getrennt	Basisverben mit Partikel
	„einfache" Verben
	reflexive „einfache" Verben
	Partikelverben
	reflexive Partikelverben
	Präfixverben
	reflexive Präfixverben
	AWS-Substantive

Abbildung 8: Kompetenzgitter im Projekt BiSpra (Ausschnitt), nach wachsender Komplexität bzgl. semantischer BQ aufgebaut

durchaus gängigen elementaren Zugriff und werden zugleich differenziert nach ihren Komplementen in der rechten Verbklammer (,laufen/schwimmen/radeln/einkaufen/längs … gehen‘, ,an/auf/zusammen … machen‘ etc.). Ihre Kompositorik lässt sie gleichwohl für komplexere Ausdrucksbedürfnisse fruchtbar werden, so dass sie entsprechend nach den Modalverben angeordnet sind. „Einfache Verben" sind treffsicher nach ihrer (schlicht wie ,gleichen‘ oder aufwendig besonderten wie ,pressen‘) Bedeutung gewählte Verben in synthetischer Prädikatsbildung, also mit leerer rechter Verbklammer; genau die treffliche Wissensaktivierung macht sie komplexer als die Komposition aus basalem Verb und z. B. komplementierender Präposition oder Partikel in den Zeilen zuvor. Reflexive und trennbare sowie nicht-trennbare Präfix-Verben folgen (in sich noch einmal nach kompositorischer Struktur geschieden) als die verbalen AWS-Ausdrucksmittel höherer bis höchster Komplexion. – AWS-Substantive schließen sich an.

Die sprachtheoretisch fundierte Architektonik erlaubt – jenseits der quantitativen Auswertung durch numerische Einträge zum Ist-Stand der schülerseitigen Handlungsfähigkeiten (s. o. Voraberläuterung zu Abbildung 3 und 4) – einen ersten qualitativen Interpretationsschritt. Daraus lassen sich Erwartungen über (jahrgangsbezogene) Fähigkeiten ableiten und diese sich mit institutionell erwarteten Befähigungen abgleichen. Aus derartigen Vergleichen sowie einer Markierung von einzelnen Bewertungen der Fähigkeiten (in BiSpra ist das in einem Dreier- und einem Sechserschritt erprobt worden), lässt sich das sprachliche Kompetenzgitter im Modus des „gewichteten" Kompetenzgitters als ein Instrument zur Einschätzung von Förderbedarf ausbauen.

3.2 Exemplarische Interpretation

Die Darstellung der Interrelation von semantischen (Basis-)Qualifikationen anhand prozedural komplex gebildeter und insofern potentieller AWS-Verben in Interrelation zu illokutiv repräsentierten pragmatischen (Basis-)Qualifikationen, wie sie am Übergang in die Sekundarstufe I im Projekt BiSpra/TP Linguistik als Wiedergabe des klientenseitigen Ist-Standes der Fähigkeiten geboten werden kann, soll nun exemplarisch nach einigen Gesichtspunkten ausgewertet werden. Daran möge der nicht nur quantitative, sondern auch qualitative Wert des evidenzbasierten sprachlichen Kompetenzgitters und allgemeiner des entsprechenden Konzeptes nachvollziehbar werden.

Dazu sei erneut auf Abbildung 4 zurückgegriffen (hier zur besseren Überschaubarkeit noch einmal wiedergegeben als Abbildung 9, s. S. 128).

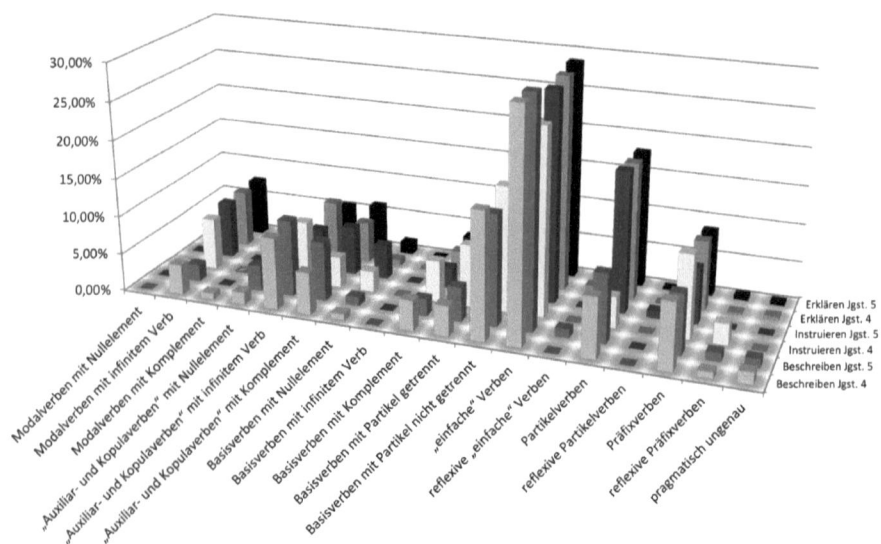

Abbildung 9 = Abbildung 4

Viererlei wird gut erkennbar:

(1) Erstens fordert das Instruieren durchgehend zu einem höheren Gebrauch prozedural komplexer gebildeter Verben heraus.
(2) Zweitens erfolgt der treffsichere prädikative Zugriff durch einfache Verben und die Nutzung von nicht getrennten Basisverben mit Partikeln markant für das Beschreiben.
(3) Drittens forciert das Erklären eine Nutzung zunehmend komplexer Verben, v. a. Partikelverben.
(4) Viertens bieten einfache reflexive Verben und Modalverben offenbar den Zugang zum Erklären, während im Übrigen die pragmatischen Basisqualifikationen den Motor darstellen.

Wie sind die jeweiligen Interrelationen zu interpretieren?

ad (1): Der Umstand, dass beim Instruieren beide Jahrgänge nahezu durchgehend ein breiteres Spektrum an prädikativen Formen mittels der verschieden komplexen Verben nutzen, zeugt davon, dass die Adaptierung des propositionalen Aktes an den illokutiven Akt prägend wird; die für den Hörer interaktiv zu vermittelnden Handlungswege werden also seitens der SchülerInnen sorgfältig verbal geplant und differenziert zum Ausdruck gebracht. Die pragmatische (Basis-)Qualifikation stimuliert insofern die Differenzierung der semantischen (Basis-)Qualifikationen. In der 5. Jgst. wird dies besonders im Gebrauch komplexer Partikelverben umgesetzt.

ad (2): Das Beschreiben wird in beiden Jahrgangsstufen durch verhältnismäßig hohen Einsatz von treffsicheren einfachen Verben und von durch Partikeln differenzierten Basisverben realisiert, was einer souveränen Beherrschung einer wahrnehmungsbasierten Beschreibung angemessen ist. Denn diese Konzentration auf verbale Differenziertheit in der Prädikation entspricht dem Erfordernis der Wiedergabe experimenteller Abläufe bzw. experimenteller Konstruktionen (Stromkreislauf zum Bau einer Lampe z. B.), wie die Videoclips sie einfordern. Relationen, wie vor allem präpositional abgeleitete Partikeln sie ausdrücken, taugen dazu sehr gut. Es werden semantische und pragmatische BQs im Gleichgewicht gehalten.

ad (3): Das Erklären stellt eine komplexe sprachliche Handlung dar, die präzises und zugleich vernetztes Sachwissen zur Voraussetzung hat. Partikelverben werden offenbar als zweckdienliche Mittel für die sprachliche Umsetzung von Sachstrukturen in ihrer dynamischen Komponente erkannt und produktiv genutzt. Die erhöhte illokutive Herausforderung an die sprachlichen Befähigungen stimuliert offensichtlich eine differenzierte Aktivierung von Symbolfeldausdrücken entsprechender Komplexität. Freilich werden noch nicht in nennenswertem Ausmaß Formulierungen aus der Perspektive ablaufender Prozesse genutzt; dazu sind die Quantitäten bei Auxiliar-/Kopulakonstruktionen, zu denen z. B. auch das Zustandspassiv relativ zum Vorgangspassiv rechnet (vgl. Chen, 1995 zu entsprechenden Kommentierungen ablaufender Prozesse im Chemielabor), zu gering und auch reflexive Partikelverben zu wenig in Gebrauch. Offenbar gehören diese Formen des Perspektivenwechsels von Wirklichkeitsdarstellungen in höhere Jahrgangsstufen.

ad (4): Produktiv genutzt werden jedoch Modalverben und einfache reflexive Verben für ein einfaches, eher an experimentelles Wissen gebundenes Erklären. Die beiden Qualifikationen sind daher auf grundlegendem Level austariert.

Das Kompetenzgitter in Abbildung 9 dokumentiert, so wurde gesagt, prozedural zunehmend komplexe Verben in seinen Zeilen, so dass sie in steigendem Maße im Falle einer analytischen statt holistischen Rezeption und Produktion zu Umstrukturierungen im Bedeutungswissen, in der „Semantik" von Ausdrücken herausfordern und insofern potentiell für die AWS-spezifische wissensmethodische Funktionalisierung taugen mögen – und dies im Wechselverhältnis zu wissensbearbeitenden Illokutionen mit den ihnen eigenen pragmatischen Qualifikationen. Daher bieten sie zunehmend ein Potential für AWS-Funktionalisierungen.

In einem nächsten Schritt ist „von Hand", d. h. im Wege einer Einzelbestimmung nach den genannten Operationalisierungen, der Anteil von wirklichen AWS-Ausdrücken an den Verben allgemein und an den komplexeren Verben im Besonderen zu ermitteln und auszuwerten. Das interrelationale Fähigkeitspotential der SchülerInnen ist nunmehr in einem Querschnitteinblick bekannt. Heuristisch, bezogen auf die gesteigerte kognitive Anforderung, könnte man die im Kompetenzgitter dokumentierten Fähigkeiten bereits als Ressourcen für bestimmte Segmente der „Bildungssprache" betrachten.

Das AWS-spezifische Fähigkeitspotential gilt es nun im Verhältnis dazu herauszufiltern. Dazu sei der Anteil an AWS-Ausdrücken (hier: AWS-Verben, AWS-Substantive und beide) pro Illokution als Blockdiagramm dargestellt.

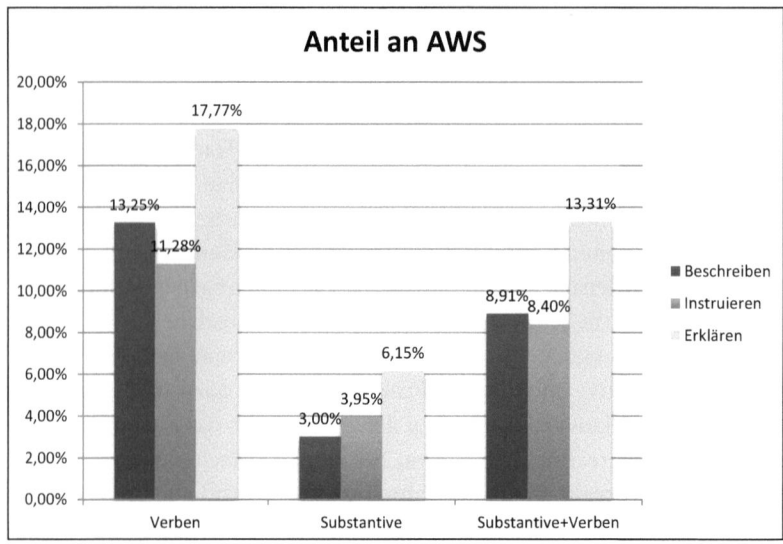

Abbildung 10: Anteil verbaler und substantivischer Symbolfeldmittel Alltäglicher Wissenschaftssprache (AWS) pro wissensbearbeitender Illokution, experimentelles Korpus BiSpra/TP Linguistik (4. und 5. Jgst.)

Im Verhältnis zum Kompetenzgitter in Abbildung 9 seien primär die AWS-Verben diskutiert. Die Graphik in Abbildung 10 ist folgendermaßen zu lesen: 13,25% der Verb-Verwendungen derjenigen Kinder, die im experimentellen Setting der Videoclip-Wiedergabe hauptsächlich beschreiben, sind der AWS zuzuordnen; 11,28% der Verb-Verwendungen beim Instruieren gehören der AWS zu; mit 17,77% AWS-Verben an allen Verb-Verwendungen beim Erklären liegt in dieser Illokution der maximale Anteil an AWS-Verben pro Illokution vor.

Das Erklären wird also in verhältnismäßig höchstem Maße prädikativ durch Ausdrucksmittel der Alltäglichen Wissenschaftssprache realisiert. Dies gilt im Übrigen auch für substantivische AWS-Ausdrücke, so dass beim Erklären insgesamt die wissensmethodische Leistung von AWS-Mitteln von den SchülerInnen am stärksten produktiv in das sprachliche Handeln eingebracht wird. Die sprachpsychologische Komplexität wird in semantischer wie in pragmatischer Hinsicht ausgeglichen sprachlich bearbeitet und verhältnismäßig gut bedient. Insofern bestätigt sich der bereits für komplexe Verben insgesamt formulierte Befund (s. o. ad (3)) auch für AWS-Mittel.

Bei den beiden anderen Illokutionen liegt der AWS-Anteil deutlich darunter, allerdings für Verben anders als für Substantive und insofern auch in ihrer Summe. Interessant sind die verhältnismäßigen Differenzen pro Illokution.

Konnte für das Instruieren ein recht breites Spektrum an komplexen Verben für beide Jahrgänge konstatiert werden (s. o. ad (1)), so zeigt sich nun: Relativ zum Beschreiben wird für die Instruktion anteilig mehr von AWS-Substantiven als von AWS-Verben Gebrauch gemacht. In einer jahrgangsbezogenen Detailsicht gilt das mehr für den 4. als für den 5. Jahrgang, wo sich die Partikelverben weiter als (AWS-)prominent erweisen. Dies ist kompatibel mit dem Befund in Redder (2012b) anhand eines anderen Korpus von Unterrichtsdiskurs im 4. Jahrgang: Der AWS-spezifische wissensmethodische Umbau setzt zunächst an Benennungen für Sachen oder Sachverhalte an, dann erst an Handlungen oder Prozessen. Die niedrigere AWS-Gesamtbilanz von AWS-Verben+AWS-Substantiven für das Instruieren ist dem Umstand geschuldet, dass der verbale AWS-Gebrauch beim Beschreiben ungleich höher ist, was die AWS-Substantive beim Instruieren nicht ausgleichen.

Für das Beschreiben kann man konstatieren: Mit hohem AWS-Verb-Anteil wird die vergleichsweise leichtere, da wahrnehmungsgebundene Illokution zugleich zum Erprobungsfeld für eine wissensmethodisch weitergehende sprachliche Erfassung der Sache. Die allgemein festgestellte Nutzung von differenzierenden Partikeln (Abbildung 9 und ad (2)) birgt zugleich ein AWS-Potential.

Weitere Aufschlüsselungen darüber, welche Ausdrucksformen funktionalisiert werden, erfordern eine differenzierte Anteilsbestimmung für die prozedural verschieden komplexen Verben. Schließlich muss ein Rückgriff auf die individuellen Qualifikationenbögen zeigen, welche Wege die Entfaltung von AWS-Fähigkeiten konkret nehmen kann. Dazu ist hier nicht der Raum. Des Weiteren ist der illokutionsunspezifische Anteil von AWS-Verben an der Gesamtverwendung von Verben mit 16% für die SchülerInnen beider Jahrgänge (15% in der 4. Jgst., 17% in der 5. Jgst.) von einsprachigen (mit 18%) überschritten und von mehrsprachigen (mit 14%) unterschritten, was zu weiteren Interpretationen herausfordert.

4.   Konklusion

Eine Sprachförderung wird stets zur Aufgabe haben, die vorantreibenden Qualifikationen als Push-Faktoren zu identifizieren und insgesamt auf eine Balance von (Basis-)Qualifikationen zu achten. Im sprachlichen Kompetenzgitter wäre diese Balance als Drift zu etwa gleichartig komplexen sprachlichen Mitteln als jeweiligen Instanzen der Qualifikationen abzulesen. Die „Hochhäuser" in Abbildung 9 sollten sich, als AWS-Potentiale, demnach vor allem im hinteren und nach rechts sich erstreckenden Raum finden. Dies ist – bis auf die komplexesten reflexiven Präfixverben, welche offenbar altersgemäß noch nicht sehr produktiv sind –, hier auch der Fall. Insofern dürften die Fähigkeiten der untersuchten Schüler, als Gesamtgruppe gesehen, keine sprachlichen Fördermaßnahmen notwendig machen. Der Peak beim Beschreiben mittels trennbarer und nicht-trennbarer Partikelverben deutet darauf hin, dass an dieser relativ zum Erklären einfacheren Illokution – konkret am funktionalen Beschreiben – der Abstoßungspunkt für semantische Differenzierungen im Sinne einer zunehmend sachabstrakter angelegten Wissensstruktur genommen werden kann. Das bestätigen die AWS-Anteile (Abbildung 10). Man kann diesen Interrelationsbereich als Zone nächster Entwicklung annehmen und das Erfordernis von Erklärungen als Motor für weitere produktive sprachliche Handlungsentfaltung.

5. Literatur

Bruner, J. (1983). *Child's Talk: Learning To Use Language*. Oxford: University Press

Bühler, K. (1934). *Sprachtheorie*. Jena: Fischer

Chen, Sh. (1995). *Pragmatik des Passivs in chemischer Fachkommunikation*. Frankfurt a. M.: Lang

Cummins, J. (2008). BICS and CALP: Empirical and Theoretical Status of the Distinction. In B. Street & N. H. Hornberger (Hrsg.), *Encyclopedia of Language and Education*. 2nd Edition. Vol. 2: Literacy. New York: Springer, 71–83

Ehlich, K. (1979). *Verwendungen der Deixis beim sprachlichen Handeln*. 2 Bde. Frankfurt a. M.: Lang

Ehlich, K. (1983). Text und sprachliches Handeln. In A. Assmann, J. Assmann & Ch. Hardmeier (Hrsg.), *Schrift und Gedächtnis*. München: Fink, 24–43

Ehlich, K. (1987). „so" – Überlegungen zum Verhältnis sprachlicher Formen und sprachlichen Handelns, allgemein und an einem widerspenstigen Beispiel. In I. Rosengren (Hrsg.), *Sprache und Pragmatik*. Stockholm: Almqvist & Wiksell, 279–298

Ehlich, K. (2005). Sprachaneignung und deren Feststellung bei Kindern mit und ohne Migrationshintergrund – Was man weiß, was man braucht, was man erwarten kann. In K. Ehlich et al., *Anforderungen an Verfahren der regelmäßigen Sprachstandsfeststellung als Grundlage für die frühe und individuelle Sprachförderung von Kindern mit und ohne Migrationshintergrund. Eine Expertise für das Bundesministerium für Bildung und Forschung*. Bonn/Berlin: Bundesministerium für Bildung und Forschung, 11–75

Ehlich, K. (2007/I). *Sprache und sprachliches Handeln*. Band 1: *Pragmatik und Sprachtheorie*. Berlin/New York: de Gruyter; darin: B1: Sprachmittel und Sprachzwecke. B7: Medium Sprache

Ehlich, K., Noack, C. & Scheiter, S. (Hrsg.) (1994). *Instruktion durch Text und Diskurs*. Opladen: Westdeutscher Verlag

Ehlich, K. & Rehbein, J. (1986). *Muster und Institution*. Tübingen: Narr

Garlin, E. (2008²). *Bilingualer Erstspracherwerb: sprachlich handeln, Sprachprobieren, Sprachreflexion*. Münster: Waxmann

Hoffmann, L. (1984). Berichten und Erzählen. In K. Ehlich (Hrsg.), *Erzählen in der Schule*. Tübingen: Narr, 55–66

Hohenstein, Ch. (2006). *Erklärendes Handeln im wissenschaftlichen Vortrag: ein Vergleich des Deutschen mit dem Japanischen*. München: Iudicium

Huisken, F. (1992). *Kritik der Erziehung.* 2 Bde. Hamburg: VSA

Komor, A. (2010). *Miteinander kommunizieren – Kinder unter sich.* Münster: Waxmann

Leimbrink, K. (2010). *Kommunikation von Anfang an.* Tübingen: Stauffenburg

Morek, M. (2012). *Kinder erklären. Interaktionen in Familie und Unterricht im Vergleich.* Tübingen: Stauffenburg

Redder, A. (1992). Funktional-grammatischer Aufbau des Verb-Systems im Deutschen. In L. Hoffmann (Hrsg.), *Deutsche Syntax. Ansichten und Aussichten.* Berlin: de Gruyter, 128–154

Redder, A. (2004). Vorstellung – Begriff – Symbol: zu Konzeption und Konsequenzen bei Vygotskij und Bühler. In K. Ehlich & K. Meng (Hrsg.), *Die Aktualität des Verdrängten.* Heidelberg: Synchron, 339–367

Redder, A. (2005). Wortarten oder sprachliche Felder, Wortartenwechsel oder Feldtransposition? In C. Knobloch & B. Schaeder (Hrsg.), *Wortarten und Grammatikalisierung.* Tübingen: Niemeyer, 43–66

Redder, A. (2008). Functional Pragmatics. In G. Antos & E. Ventola (Hrsg.), *Interpersonal Communication.* Berlin: de Gruyter, 133–178 (Handbook of Applied Linguistics, 2)

Redder, A. (2009). Modal sprachlich Handeln. *Der Deutschunterricht,* (3), 88–93

Redder, A. (2012a). Rezeptive Sprachfähigkeit und Bildungssprache – Anforderungen in Unterrichtsmaterialien. In J. Doll, K. Frank, D. Fickermann & K. Schwippert (Hrsg.), *Schulbücher im Fokus. Nutzungen, Wirkungen und Evaluation.* Münster: Waxmann, 81–99

Redder, A. (2012b). Wissen, Erklären und Verstehen im Sachunterricht. In H. Roll & A. Schilling (Hrsg.), *Mehrsprachiges Handeln im Fokus von Linguistik und Didaktik.* Duisburg: Universitätsverlag Rhein-Ruhr, 117–134

Redder, A. (2012c). Prozedurale Re-Analyse von elementaren Wortarten und Wortbildung. *Jahrbuch Deutsch als Fremdsprache, 37,* 125–141

Redder, A. (2013). Produktivität der Diskontinuität: Verbalkomplex und komplexe Verben in der „Bildungssprache. In K.-M. Köpcke & A. Ziegler (Hrsg.), *Schulgrammatik und Sprachunterricht im Wandel.* Berlin: de Gruyter, 307–328

Redder, A., Guckelsberger, S. & Graßer, B. (2013). *Mündliche Wissensprozessierung und Konnektierung. Sprachliche Handlungsfähigkeiten in der Primarstufe.* Münster: Waxmann (Sprach-Vermittlungen, 13)

Rehbein, J. (1977). *Komplexes Handeln.* Stuttgart: Metzler

Rehbein, J. (1989). Biographiefragmente. Nicht-erzählende rekonstruktive Diskursformen in der Hochschulkommunikation. In R. Kokemohr & R. Marotzki (Hrsg.), *Studentenbiographien I.* Frankfurt a. M.: Lang, 163–253

Rehbein, J., Herkenrath, A. & Karakoç, B. (2009). Turkish in Germany – On contact-induced language change of an immigrant language in the multilingual landscape of Europe. *Special Issue of Sprachtypologie und Universalienforschung – Language Typology and Universals, 62* (3), 171–204

Runge, A. (2013). Die Nutzung von (bildungssprachlichen) Verben in naturwissenschaftlichen Aufgabenstellungen bei SchülerInnen der Jgst. 4 und 5. In A. Redder & S. Weinert (Hrsg.), *Sprachförderung und Sprachdiagnostik – interdisiplinäre Perspektiven.* Münster: Waxmann, 152–173 (in diesem Band)

Thielmann, W. (2009). *Deutsche und englische Wissenschaftssprache im Vergleich: Hinführen – Verknüpfen – Benennen.* Heidelberg: Synchron

Uesseler, S., Runge, A. & Redder, A. (2013). „Bildungssprache" diagnostizieren – Entwicklung eines Instruments zur Erfassung von bildungssprachlichen Fähigkeiten bei Viert- und Fünftklässlern. In A. Redder & S. Weinert (Hrsg.), *Sprachförderung und Sprachdiagnostik – interdisiplinäre Perspektiven.* Münster: Waxmann, 42–67 (in diesem Band)

Weinert, F. (Hrsg.) (2001). *Leistungsmessungen in Schulen.* Weinheim: Beltz

Weinert, S. & Weinert, F. E. (2006). Entwicklung der Entwicklungspsychologie: Wurzeln, Meilensteine, Entwicklungslinien. In W. Schneider & F. Wilkening (Hrsg.), *Theorien, Modelle und Methoden der Entwicklungspsychologie.* Göttingen: Hogrefe, 3–58 (Enzyklopädie der Psychologie C/V/1)

Susanne Guckelsberger

Mündliches Umformulieren im Unterrichtsdiskurs der Primarstufe

1. Einleitung

„Streiche durch, was nicht in die Federmappe passt.": Diese schriftliche Handlungs-anweisung auf einem Arbeitsblatt sollen Schülerinnen und Schüler einer zweiten Klasse im Rahmen einer Mathematikeinheit zum Thema „Schätzen und Messen" mündlich umformulieren. Ziel ist es, im Fachunterricht gemeinsam eine sprach-liche Klärung der Handlungsanweisung herbeizuführen – als Voraussetzung für ein eigenständiges Erarbeiten der mathematischen Lösung zu Hause. Der Diskurs, der sich in diesem Zusammenhang zwischen der Lehrerin und den SchülerInnen entwickelt, wurde im Rahmen des Projekts „Mündliche Wissensprozessierung und -konnektierung" (MüWi)[1] auf Video aufgezeichnet und liegt in transkribierter Form vor. Die linguistische Fallanalyse, die ich im Folgenden vorstelle, gibt Ein-blicke darin, wie lehrer- und schülerseitiges Handeln beim Umformulieren inein-andergreifen, welchen Einfluss das sprachliche und nicht-sprachliche Handeln der Lehrerin dabei hat und welche sprachlichen Ressourcen und Schwierigkeiten auf Seiten der Schülerinnen und Schüler sichtbar werden.

Der Fallanalyse (Abschnitt 4.) vorangestellt sind einige linguistische Vorausset-zungen (Abschnitt 2.) sowie ein Überblick über typische Vorkommen von Umfor-mulierungen im Unterricht der Primarstufe (Abschnitt 3.).

2. Linguistische Voraussetzungen

2.1 Sprachtheoretischer Hintergrund: Funktionale Pragmatik

Der linguistischen Analyse (Abschnitt 4.) liegt eine handlungstheoretische Sprach-auffassung zugrunde, wie sie seit den 1970er Jahren im Rahmen der Funktionalen Pragmatik entwickelt wurde (siehe für einen Überblick z. B. Rehbein, 2001, Rehbein

---

1 Vom BMBF im Rahmen der „Forschungsinitiative Sprachdiagnostik und Sprachförderung (FiSS)" gefördert (Förderkennzeichen 01GJ0904; 2009–2012); Leitung: Angelika Redder, Universität Hamburg; die Projektergebnisse sind publiziert in Redder, Guckelsberger & Gras-ser (2013).

& Kameyama, 2004, Redder, 2008). Sprache wird in der Funktionalen Pragmatik als eine Form sozialen, zweckgerichteten Handelns zwischen einem (systematischen) Sprecher S und einem (systematischen) Hörer H verstanden. Konstitutiv für eine sprachliche Handlung sind der Äußerungsakt (die konkrete sprachliche Oberfläche), der propositionale Akt (der Inhalt/propositionale Gehalt einer Äußerung) und der illokutive Akt (die Handlungsqualität). Die Interaktanten greifen auf für den jeweiligen Zweck ihres Handelns geeignete sprachliche Muster[2] zurück – etwa auf das Frage-Antwort-Muster, um eine Wissenslücke zu schließen, oder auf das Umformulieren, um ein kommunikatives Defizit zu beheben. Durch die konkrete Realisierung der Positionen eines Handlungsmusters in der Interaktion entstehen jeweils unterschiedliche sprachliche Oberflächen.

Untersuchungsgegenstand auf der Mikroebene bilden in der Funktionalen Pragmatik die kleinsten Einheiten sprachlichen Handelns, sog. ‚Prozeduren‘, die entsprechend ihrer Funktion fünf Feldern zugeordnet sind (Ehlich, 1996). Durch den Vollzug dieser kleinsten Handlungseinheiten wird es dem Sprecher möglich, direkt in das Handeln des Hörers einzugreifen (expeditive Prozeduren des Lenkfelds), eine Neufokussierung der hörerseitigen Aufmerksamkeit zu bewirken (deiktische Prozeduren des Zeigfelds), beim Hörer spezifische Wissenselemente aufzurufen (nennende Prozeduren des Symbolfelds), eine propositionale Bearbeitung des sprachlichen Geschehens zu leisten (operative Prozeduren des operativen Felds) oder eine bestimmte Stimmung bzw. Atmosphäre sprachlich umzusetzen (expressive Prozeduren des Malfelds).

2.2 Sprachlicher Qualifikationenfächer

Für die Untersuchung von (kindlicher) Sprachaneignung hat sich der von Ehlich (2005) konzipierte *Sprachliche Qualifikationenfächer* als hilfreich erwiesen. Voraussetzung für gelingendes sprachliches Handeln ist demgemäß die Beherrschung verschiedener sprachlicher (Basis-)Qualifikationen, die in der konkreten Kommunikationssituation interagieren:

> „Die Befähigung zu einer angemessenen, für das zivilgesellschaftliche Handeln hinreichenden sprachlichen Kompetenz erfordert die Aneignung und Entfaltung einer Reihe von Einzelfähigkeiten, die freilich nicht isoliert voneinander sind; vielmehr bildet erst deren Verbund jene allgemeine kommunikative Befähigung, die als Grundausstattung für das Handeln in der Gesellschaft verlangt wird. Es geht also um einen ganzen Qualifikationenfächer, der angeeignet und systematisch ausgebaut wird." (Ehlich, 2005, S. 11f)

---

2 Handlungsmuster sind abstrakte Tiefenstrukturen, die nur durch die Analyse von Diskursen bzw. Texten rekonstruiert werden können. Kompetente Sprecher haben im Verlauf ihrer Sozialisation implizites Musterwissen erworben.

Folgende Einzelfähigkeiten sind Teil des Qualifikationenfächers: die phonische Qualifikation (z. B. Lautwahrnehmung und -produktion; Prosodie); die pragmatische Qualifikation (z. B. Nutzung sprachlicher Handlungsmuster zur Erreichung von Handlungszielen in unterschiedlichen sozialen Kontexten wie Familie und Schule); die semantische Qualifikation (z. B. Lexikonaneignung; Begriffsbildung); die morphologisch-syntaktische Qualifikation (z. B. nominale und verbale Flexion; einfache und komplexe Syntax), die diskursive Qualifikation (z. B. sprachliche Kooperation; diskursive Großformen wie Beschreiben und Erzählen); die literale Qualifikation (z. B. Wort-, Satz-, Textschreiben; Lesen).[3]

2.3 ,Umformulieren': Veränderung der sprachlichen Form zum Zweck der Behebung kommunikativer Defizite

Im Mittelpunkt der Fallanalyse (Abschnitt 4.) wird das ,Umformulieren' als kommunikative Anforderung im Fachunterricht einer zweiten Klasse stehen. Aus linguistischer Perspektive kann das Umformulieren den *reformulierenden Handlungen* zugeordnet werden (Bührig, 1996).[4] Diese zeichnen sich dadurch aus, dass in der Bezugsäußerung verbalisierte Wissenselemente in einer zweiten Äußerung (also in der reformulierenden Handlung) sprachlich in einer Weise neu angeordnet werden, die dem Hörer die Bewertung und Einordnung der Bezugsäußerung erleichtert. Die Verarbeitung der sprachlichen Form (Äußerungsakt) steht dabei gegenüber einer inhaltlichen Bearbeitung im Vordergrund. Im Unterschied zur einfachen Wiederholung,[5] wie sie etwa bei akustischen Beeinträchtigungen relevant ist, wird das diskursive Gelingen beim Reformulieren durch „treffende" Formulierungen, durch eine Veränderung an der sprachlichen Oberfläche befördert. In Bezug auf den Ablauf des Diskurses haben reformulierende Handlungen einen „retardierenden Charakter": „Sie stellen ,Inserte' (...) in einer Handlungsabfolge dar, die bei einem ,Defizit' (...) eingeschoben werden, das erst behoben werden muß, bevor der nächste Handlungsschritt erfolgen kann." (Bührig, 1996, S. 3)

Die spezifische reformulierende Illokution des Umformulierens zeichnet sich dadurch aus, dass mehrere Wissenselemente aus einer Bezugsäußerung unmittelbar anschließend in veränderter Weise vom Sprecher so versprachlicht werden, dass sie für den Hörer besser rezipierbar sind. Zweck ist die Behebung kommunikativer Defizite:

---

3   Im „Referenzrahmen zur altersspezifischen Sprachaneignung" (hg. von Ehlich, Bredel & Reich, 2008a und 2008b) werden zentrale Forschungsergebnisse zu den einzelnen Qualifikationen diskutiert.

4   Zur Gruppe der reformulierende Handlungen gehören nach Bührig (1996) neben dem ,Umformulieren' das ,Rephrasieren' und das ,Zusammenfassen'.

5   Zum ,Wiederholen' und ,Repetieren' im verständnissichernden Handeln s. Kameyama (2004).

„Durch das >Umformulieren< der Bezugshandlung verändert der Sprecher seine ursprüngliche Formierung von Wissen im Hinblick auf die von ihm antizipierten illokutiven Bedingungen des Hörers. An der sprachlichen Oberfläche schlägt sich dieser Prozeß in der erneuten Versprachlichung eines Wissenselementes nieder, das Prozeduren in sich trägt, mit denen der Hörer zu einer Prozessierung des propositionalen Gehaltes angewiesen wird." (Bührig, 1996, S. 283)

Die reformulierende Handlung des Umformulierens stellt sich in den von Bührig untersuchten Diskursausschnitten – es handelt sich überwiegend um institutionelle Kommunikation unter erwachsenen Sprechern des Deutschen – nicht grundsätzlich als Mittel der Verständnissicherung dar. Es wird also nicht deshalb umformuliert, weil auf Seiten des Hörers ein Verstehensdefizit bezüglich des propositionalen Gehalts vorliegt; vielmehr wird eine neue Formierung bereits verbalisierten Wissens angestrebt, die den Bedingungen der Sprechsituation besser entspricht als die ursprünglich gewählte (Bührig, 1996, S. 114ff). Hingegen stellt Kameyama in den von ihm untersuchten Diskursen zwischen Muttersprachlern und Nicht-Muttersprachlern durchaus auch Formen des Umformulierens fest, die speziell auf die Verständnissicherung gerichtet sind; er spricht im Zusammenhang mit verständnissicherndem Handeln differenzierend von ‚verständnissicherndem Umformulieren' (Kameyama, 2004, S. 140).

3. Umformulieren in der Primarstufe: Empirische Erkenntnisse

Umformulierungen gehören, wie die Unterrichtsaufzeichnungen im Rahmen des Projekts „Mündliche Wissensprozessierung und -konnektierung" nahelegen, zu den zentralen sprachlichen Handlungen der Wissensprozessierung im Lehr-Lern-Diskurs der Primarstufe. Sie kommen meist integriert in Illokutionen wie ‚Beschreiben', ‚Erklären', ‚Begründen' oder ‚Instruieren' (Handlungsmuster erster Stufe) vor (Redder, Guckelsberger & Graßer, 2013). Allerdings geschieht das Umformulieren meist „unauffällig": Im Unterricht wird diese sprachliche Handlung selten explizit thematisiert oder selbst zum Unterrichtsgegenstand gemacht. Dabei trägt es wesentlich zum Auf-, Aus- und Umbau von Wissen bei: So werden durch lehrer- und schülerseitige Umformulierungen beispielsweise Aufgabenstellungen und Instruktionen geklärt, Beschreibungen und Erklärungen werden in sprachlicher Hinsicht präzisiert bzw. an die schulischen Erfordernisse adaptiert; das Umformulieren dient somit der Bearbeitung tatsächlicher oder erwarteter kommunikativer Defizite und ist für das Gelingen unterrichtlichen sprachlichen Handelns von großer Bedeutung.

Die Auswertung des Korpus authentischer Unterrichtsdiskurse, welches für das Projekt MüWi in ersten und zweiten Klassen an Hamburger Grundschulen erhoben wurde und 36 Tageskorpora umfasst, macht deutlich, dass Umformulierungen im Unterrichtsdiskurs variabel eingesetzt werden:

1. *Lehrerseitiges Umformulieren eigener sprachlicher Handlungen* ist zum Beispiel dann zu beobachten, wenn Lehrer bei ihren Schülern Wissen aus vorangegangenen Unterrichtseinheiten reaktualisieren möchten.[6] Dies geschieht über Lehrerfragen, die mehrfach umformuliert, d. h. (bei weitgehender Beibehaltung des propositionalen Gehalts) an der sprachlichen Oberfläche variiert werden. Der Zweck solcher Umformulierungen besteht darin, den Schülern unterschiedliche (lexikalische) Anknüpfungspunkte im eigenen Wissen zu geben. Aber auch die Adaptation der lehrerseitigen Formulierung an das erwartete sprachliche Wissen auf Schülerseite spielt eine Rolle (wenn z. B. ‚X erfragen' umformuliert wird in: ‚Informationen über X zusammentragen').

2. *Lehrerseitiges Umformulieren von Schülerbeiträgen* findet sich in unseren Daten beispielsweise dann, wenn Lehrer Beschreibungen von Schülern in (fach- oder bildungs-)sprachlicher Hinsicht adaptieren. So beschreibt ein Erstklässler die Skizze einer Tulpenzwiebel folgendermaßen: „der Stängel versucht (aus der Erde) rauszugucken"; die Lehrerin greift die Äußerung auf und formuliert um: „sie (die Tulpenzwiebel) hat schon so 'n Ansatz für 'n Stängel" und führt damit den fachsprachlichen Ausdruck ‚Ansatz' ein.

3. *Schülerseitiges Umformulieren eigener sprachlicher Handlungen* kommt sowohl auf Anforderung als auch selbstinitiiert vor. Letzteres ist ein Zeichen dafür, dass der Schüler seine eigene Äußerung (z. B. das Begründen eines Lösungswegs bei einer Mathematikaufgabe) als sprachlich noch nicht passend einstuft und daher von selbst eine Überarbeitung einleitet.

4. Ein *schülerseitiges Umformulieren von mündlichen und schriftlichen Aufgaben oder Instruktionen* wird von Lehrern angefordert, wenn das Verständnis der Schüler vorab – d. h. vor der Bearbeitung der Aufgabe bzw. vor der Durchführung der Instruktion – gesichert werden soll (s. u.).

5. Schließlich gibt es auch Fälle, in denen ein *gemeinsames lehrer- und schülerseitiges Umformulieren* stattfindet, so etwa im Zusammenhang mit der Erarbeitung einer geeigneten Bestimmung für eine geometrische Figur. Hier tragen Lehrer und Schüler jeweils abwechselnd zu einer sprachlichen Adaptation bei.

Umformuliert wird in den von uns aufgezeichneten Unterrichtsdiskursen also gleichermaßen von Lehrern wie von Schülern, manchmal auch gemeinsam. Die Umformulierungen können sich auf eigene vorgängige sprachliche Handlungen beziehen (sprecherseitiges Umformulieren) oder auf sprachliche Handlungen anderer (hörerseitiges Umformulieren), und sie können selbst- oder fremdinitiiert sein. Was die sprachlichen Adaptationsprozesse betrifft, so wirkt das Umformulieren in der Primarstufe ganz offenbar in zwei Richtungen: Einerseits werden (schülerseitige) eher alltagssprachliche Formulierungen in fach- oder bildungs-

---

6 Vgl. Bührig (1996, S. 106ff) zum Umformulieren einer Lehrerfrage als Beispiel für serielles Umformulieren.

sprachlicher Hinsicht überarbeitet und auf diese Weise den Erfordernissen schulischer Kommunikation und schulischen Lernens angepasst, andererseits werden komplexere lehrerseitige Äußerungen oder Formulierungen in Lehrtexten so umformuliert, dass sie dem sprachlichen Wissen aller Schüler entsprechen. Das Umformulieren spielt also beim Auf- und Ausbau sprachlichen wie fachlichen Wissens eine wichtige Rolle. In den ersten beiden Jahrgangsstufen liegt der Schwerpunkt auf dem mündlichen Umformulieren, wobei, wie das im Folgenden im Detail vorgestellte Beispiel „Federtasche" zeigen wird, die Bezugsäußerung durchaus auch schriftlich vorliegen kann.

4. „Federtasche": Eine Fallanalyse

4.1 Datengrundlage

Grundlage für die Fallanalyse ist eine nach dem HIAT-Verfahren (Ehlich & Rehbein, 1976, 1979)[7] transkribierte Unterrichtsvideographie aus dem Mathematikunterricht einer zweiten Klasse; der hier diskutierte Ausschnitt trägt den Titel „Federtasche". Die Schule, in der die Aufzeichnung erstellt wurde, befindet sich in einer Hamburger Schulregion, in der – laut einer Sprachstandserhebung bei Viereinhalbjährigen, die das Landesinstitut für Lehrerbildung und Schulentwicklung (LI Hamburg) 2007/08 durchgeführt hat – bei über 40% der Kinder ein erhöhter Sprachförderbedarf besteht (s. May & Kinze, 2008, S. 12). Entsprechend besteht eine Begrenzung der Klassengröße auf 19 Schüler; am Tag der Aufnahme besuchten 16 Kinder den Unterricht.

Die Aufnahme wurde im Juni 2009 erstellt. Sie ist Bestandteil des Unterrichtskorpus des Projekts „Mündliche Wissensprozessierung und -konnektierung", das Videographien von je 18 Unterrichtsvormittagen in ersten und zweiten Klassen umfasst (s. Redder, Guckelsberger & Graßer, 2013).[8]

---

7 HIAT steht für das Verfahren der „Halbinterpretativen Arbeitstranskription". Das Verfahren wurde seit den 1970er Jahren von Ehlich und Rehbein entwickelt, um mündliche Kommunikation der linguistischen Analyse in geeigneter Weise zugänglich zu machen. Dieser Transkriptionstyp „trägt den Charakter einer Arbeitstranskription, weil es sich um eine Fassung handelt, die durch weitere Arbeitsschritte korrigiert und vereinfacht werden kann, und zwar unter unterschiedlichen Zielsetzungen. Er ist halbinterpretativ, weil der Transkribent einerseits in der Gliederung und Kommentierung auf der Grundlage seiner reflektiert eingesetzten Alltagskenntnisse von Sprache eine Strukturierung des sprachlichen Materials bereits vornimmt; weil er aber andererseits keine darüberhinausgehenden Interpretationsraster über das Material legt." (Ehlich & Rehbein, 1976, S. 22f)

8 Wir danken allen beteiligten Lehrern, Schülern und Eltern sehr herzlich für ihre Erlaubnis, uns einen Einblick in ihren schulischen Alltag zu gewähren. Den Schulleitern danken wir für ihre freundliche Kooperation und Unterstützung bei der Umsetzung unseres Vorhabens. Die präsentierten Daten sind selbstverständlich anonymisiert.

4.2 Zur Kommunikationssituation

Im Mathematikunterricht der o. g. zweiten Klasse werden die Körpermaße (Daumen-breite, Elle, Armspanne etc.) sowie das Schätzen und Messen der Länge bzw. Breite von Gegenständen behandelt. Dabei zeigt sich immer wieder, dass die Zweitklässler Schwierigkeiten bei der Unterscheidung der Handlungen ‚Schätzen' und ‚Messen' haben. Am Ende der Unterrichtsstunde erhalten die Schüler ein Arbeitsblatt, auf dem eine Federtasche sowie verschiedene Gegenstände (Schere, Bleistift, Lineal etc.) abgebildet sind. Die schriftliche Handlungsanweisung auf dem Blatt lautet: „Streiche durch, was nicht in die Federmappe passt." Syntaktisch gesehen ist diese Formulierung insofern komplex, als das grammatische Objekt als Teilsatz präsentiert wird („was nicht in die Federmappe passt"). Die auf dem Arbeitsblatt abgebildeten Gegenstände, deren „Pas-sung" geprüft werden soll, finden sich nur implizit als bestimmtes Nicht-Gewusstes, vorkategorisiert als „Sache", in der operativen Prozedur ‚was' wieder.

Um sicherzustellen, dass die Schüler die Anweisung verstanden haben und das Arbeitsblatt als Hausaufgabe eigenständig bearbeiten können, fordert die Lehre-rin eine mündliche Umformulierung der schriftlichen Aufgabe an. Die Lehrerin möchte auf diese Weise die Voraussetzung für eine erfolgreiche Bearbeitung der mathematischen Schätz- bzw. Messaufgabe schaffen, die hinter der Anweisung steckt, ohne dass dies auf dem Arbeitsblatt explizit gemacht würde.

4.3 Die lehrerseitige Aufgabenklärung

Im Folgenden gebe ich zunächst die sprachlichen und nicht-sprachlichen Hand-lungen der Lehrerin wieder, mit denen sie das Umformulieren der Textaufgabe einleitet:[9]

(s01)	L:	So, zweiter Anlauf.[10] Wir waren nämlich gerade dabei, ((1s)) zu sagen, dass es heute eine Mathehausaufgabe gibt, und zwar für alle · · ·
(s02)		Es ist ein Arbeitsblatt, das hat auch was mit Messen zu tun, · aber <u>auch</u> · mit · <u>Schätzen</u>. ((*präsentiert Arbeitsblatt, lässt dabei den Finger über die Abbildungen kreisen*))
(s03)		Ähm das steht da zwar nicht so genau,
(s04)		hier oben ist eine Federtasche abgebildet und hier sind Gegenstände, · · · ((*zeigt auf einzelne Abbildungen*))
(s05)		und · dort steht: · ·
(s06)		„Streiche durch, was nicht in die Federtasche · passt."
(s07)		Du kannst das erst mal schätzen ((2s)) du kannst es aber auch messen.
(s08)		Steht ja nicht da, was man machen soll.
(s09)		· · Aber · · was sollst du auf jeden Fall machen mit den <u>Gegenständen</u>? ((*lässt den Finger über die Abbildungen kreisen*))

---

9 Für die Wiedergabe im Text wird aus Platzgründen die segmentierte Darstellungsweise gewählt.

10 Der erste „Anlauf" wurde aufgrund einer Störung abgebrochen.

Die Äußerungsverkettung der Lehrerin, mit der sie auf eine schülerseitige Umformulierung der Anweisung auf dem Arbeitsblatt abzielt, ist selbst keineswegs klar formuliert. Das liegt vor allem an der Verquickung von zwei methodischen Aspekten, die vor der Bearbeitung zu klären wären:

(i)   Wahl eines geeigneten Verfahrens für die Bestimmung der Länge bzw. Breite der Gegenstände auf dem Arbeitsblatt (Schätzen vs. Messen) (thematisiert in (s02) und (s07))
(ii) Klärung der Vorgehensweise, nachdem die Länge bzw. Breite der Gegenstände bestimmt ist (thematisiert in (s06) und (s09))

Dass die Lehrerin den ersten Aspekt (i) – die Frage des geeigneten mathematischen Verfahrens – zweimal thematisiert, ist darauf zurückzuführen, dass die Schüler in der vorangegangenen Unterrichtsstunde Schwierigkeiten hatten, die Handlungen ‚Schätzen‘ und ‚Messen‘ zu unterscheiden. Da die Schüler dazu neigten, den Part des Schätzens wegzulassen und gleich mit dem Lineal zu messen, betont die Lehrerin zunächst, dass die zu bearbeitende Aufgabe „(…), aber auch mit Schätzen“ (s02) zu tun habe. Dies steht allerdings nur in einem mittelbaren Zusammenhang mit der Anweisung auf dem Arbeitsblatt; es werden, wie die Lehrerin dann auch in (s03) und (s08) selbst sagt, diesbezüglich keine Vorgaben gemacht. Sie verlagert daher ihren Fokus auf die kommunikative Sicherung dessen, was auf dem Arbeitsblatt tatsächlich schriftlich vorgegeben ist – wie nämlich zu verfahren ist, *nachdem* die Länge der Gegenstände bestimmt wurde (ii). Hierfür initiiert sie eine schülerseitige Umformulierung der schriftlichen Aufgabe „Streiche durch, was nicht in die Federmappe passt“, und zwar mit den Worten: „Aber was sollst du auf jeden Fall machen mit den Gegenständen?“ (s09). Die Verwendung des „konnektiven Operativums“ ‚aber‘ dient, so Redder (2007, S. 514), dem Vollzug eines „Schwenks in der Erwartungsbildung“: „Was nicht bruchlos mental zu rezitieren ist, wird durch eine Erwartungsumlenkung mittels *aber* für die hörerseitige Wissensintegration kompatibel zu machen versucht.“

Die Äußerung der Lehrerin enthält zahlreiche objektdeiktische (‚das‘) und lokaldeiktische Ausdrücke (‚da‘, ‚hier‘, ‚dort‘), die vorkategorisierte Verweisobjekte neu fokussieren und – in der konkreten Äußerung – in verschiedenen Verweisräumen sprachlich zeigen.[11] Insbesondere die Verwendung der Objektdeixis ‚das‘ in (s07) scheint mir interessant zu sein. In ihr wird auf höchst abstrakte Weise gefasst, was gewissermaßen das fehlende „Zwischenstück“ zwischen dem Schätzen oder Messen eines Gegenstandes und der Entscheidung, einen nicht passenden Gegenstand durchzustreichen, ist: nämlich die Bestimmung des Größenverhältnisses von Gegenstand und Federtasche und damit der (Nicht-)Passung.[12]

---

11 Zur deiktischen Prozedur und den Verweisräumen siehe Ehlich (2007, Bd. 2).
12 Zur verallgemeinernden und sprachlich abstraktiven Komplexität der neutralen Objektdeixis ‚das‘ – auch relativ zur Phorik ‚es‘ – im Einzelnen s. Redder (i. Dr.).

Trotz der nicht ganz klaren Anforderungsformulierung seitens der Lehrerin haben immerhin fünf der insgesamt acht Schüler, die sich am folgenden Diskurs beteiligen, grundsätzlich verstanden, worin die sprachliche Anforderung der Lehrerin besteht: nämlich im Umformulieren der schriftlichen Handlungsanweisung.[13] Drei Schüler werden hingegen im weiteren Verlauf Lösungsversuche anbieten, die sich direkt auf die mathematische Problemstellung (und nicht auf die Aufgabe des Umformulierens) beziehen (s. u.).

4.4   Umformulierungsversuche

Insgesamt beteiligen sich die folgenden Schülerinnen und Schüler am Diskurs:

Jenny:	w; Sprachen: Deutsch; Alter: 8;6
Rada:	w; Sprachen: Deutsch, Serbisch, Romanes; Alter: 8;6
Nina	w; Sprachen: Deutsch; Alter: 8;1
Halim	m; Sprachen: Deutsch, „Afghanisch";[14] Alter: 8;10
Tano:	m; Sprachen: Deutsch, „Ghanaisch";[15]Alter: 8;2
Admir:	m; Sprachen: Deutsch, Albanisch; Alter: 8;11
S2:	unbekannte/r Schüler/in
S3:	unbekannte/r Schüler/in

4.4.1   Jennys Beitrag

Der erste Beitrag kommt von der Schülerin Jenny:

(s09)	L:	· · Aber · · was sollst du auf jeden Fall machen mit den <u>Gegenständen</u>? ((*lässt den Finger über die Abbildungen kreisen*))
(s10)		((2s)) Jenny.
(s11)	Jenny:	Ähm ((*atmet ein*)) die sollen wir · · · ähm · einkreisen. · ·
(s12)	L:	((*schüttelt den Kopf*))
(s13)	Jenny:	Aber können wir das Bild auch anmalen?
(s14)	L:	Einkreisen hab' ich grad'/ hab ich grad' nicht vorgelesen,
(s15)		ich les' nochmal vor:
(s16a)		· „Streiche <u>durch</u>, was nicht in die Feder/" · · · „Feder" · äh/
(s17)	Jenny:	Tasche.
(s16b)	L:	„Mappe", steht da, Federtasche steht da nicht,
(s18)	Jenny:	Können wir das auch anmalen?
(s16c)	L:	„Federmappe · passt". ((*zeigt auf die Gegenstände*))
(s19)	Jenny:	· · Ich mal das an.

---

13 In einem vergleichbaren Zusammenhang formulierte eine Lehrerin z. B. sehr viel expliziter: „Was muss man nochmal machen? Wir wollen's nochmal wiederholen. (...) Sag's mit deinen Worten, nicht ablesen".

14 Bei der Erhebung der Schülerdaten ließ sich nicht ermitteln, um welche afghanische Sprache es sich handelt.

15 Bei der Erhebung der Schülerdaten ließ sich nicht ermitteln, um welche ghanaische Sprache es sich handelt.

Jennys erste Äußerung (s11) bezieht sich direkt auf die in (s09) formulierte Frage der Lehrerin. Dabei gelingt Jenny das Verständnis der von der Lehrerin verwendeten singularischen Personaldeixis ('du') als verallgemeinerte Hörerdeixis – eine Form, die in der Grundschule häufig anstelle der Hörergruppendeixis 'ihr' verwendet wird, um alle Kinder einer Klasse anzusprechen und zugleich eine individuenbezogene Adressierung zu leisten – und die Umperspektivierung in ihrem Antwortversuch zur Sprechergruppendeixis 'wir' für die gesamte Schülerschaft, zu der Jenny, nicht jedoch die Lehrerin, gehört (sog. exklusives 'wir').

Bei ihrer Beantwortung orientiert sich Jenny nicht am Text auf dem Arbeitsblatt, sondern – was durchaus naheliegend scheint – an der Gestik der Lehrerin: Diese hatte das Arbeitsblatt für alle Schüler sichtbar präsentiert und den Finger mehrfach (in (s2) und (s9)) darüber kreisen lassen. Für die Schülerin ist die Antwort so offensichtlich, dass sie – trotz der nonverbal realisierten negativen Bewertung durch die Lehrerin in (s12) – eine Erwartungsumlenkung mittels der operativen Prozedur 'aber' (s13) vornimmt und den Bezug zu ihrem eigenen Handlungsplan herstellt: Sie möchte das Bild anmalen.

Die Lehrerin verfolgt hingegen ihrerseits ihren Plan, potentielle kommunikative Defizite im Hinblick auf die Formulierung auf dem Arbeitsblatt auszuräumen. Sie bewertet die Antwort von Jenny in (s14) nun auch mit sprachlichen Mitteln als falsch und liest in (s16a–s16c) erneut die Handlungsanweisung vor. Jenny ist in (s17) noch rezeptiv „dabei": Sie hilft beim Wortfindungsproblem der Lehrerin. Nachdem diese aber nicht auf ihre erneute Frage eingeht, ob das Bild auch angemalt werden dürfe (s18), entscheidet Jenny sich, ihren eigenen Handlungsplan unabhängig von einer lehrerseitigen Zustimmung zu verfolgen: „Ich mal das an." (s19) Sie beteiligt sich am weiteren Diskurs nicht mehr aktiv.

4.4.2   Radas Beitrag

Die Lehrerin erneuert ihre Aufgabenstellung in (s20) und weist nochmals darauf hin, dass sie „einkreisen" „nicht vorgelesen" habe (s21)–(s22). Die Schülerin Rada meldet sich und formuliert den zweiten Antwortversuch:

(s20) L: Was sollst du tun? · ·
(s21)   Nicht einkreisen.
(s22)   Sta/ hab' ich nicht vorgelesen. · · ·
(s23) Rada: ((meldet sich))
(s24) L: Rada.
(s25) Rada: Was ich nicht in der Federtasche hab', das soll ich äh durchstreichen.

Rada greift die 'was'-Konstruktion aus der Formulierung auf dem Arbeitsblatt auf, wobei sie die Teilsätze umstellt:

Arbeitsblatt: „Streiche durch, was nicht in die Federmappe passt."
Rada: „Was ich nich' in der Federtasche hab', das soll ich äh durchstreichen."

Ihr gelingt es, im zweiten Äußerungsteil mittels Objektdeixis (‚das') anadeiktisch auf das im ersten Teil Geäußerte zu verweisen und so durch Neufokussierung im Rederaum eine gute Hörerorientierung herzustellen. Indem sie die Aufgabe mittels Sprecherdeixis ‚ich' auf ihre eigene Erfahrungswelt bezieht („Was ich nich' in der Federtasche hab" statt: „Was nicht in die [auf dem Arbeitsblatt abgebildete] Federtasche passt"), verändert sie allerdings den propositionalen Gehalt – die Umformulierung ist also in dieser Hinsicht fehlgeschlagen. Die zweite Teiläußerung „Streiche durch" gibt Rada hingegen insofern richtig wieder, als sie die Aufforderung in ein an sie gerichtetes Sollen umformuliert („soll ich durchstreichen").[16]

Die Lehrerin bewertet Radas Antwortversuch als „nicht ganz" zutreffend (s26) und hebt hervor, dass es nicht um den Inhalt der eigenen Federtasche geht, sondern um die auf dem Aufgabenblatt abgebildeten Gegenstände:

(s26)	L:	((1,5s)) Nicht ganz.
(s27)		Was du nicht in der Federtasche <u>hast</u>, nicht.
(s28)		((1s)) Guck mal, das sind die Sachen, die hier ((*gedehnt*)) · · · auf dem Bild sind.
(s29)		Es geht nicht um <u>deine</u> Federtasche, sondern es geht · um diese Gegenstände, die hier rum/ drumrum liegen.
(s30)	S2:	· Bleistift ( ).
(s31)	L:	Ein Teil war ja schon richtig, aber nicht, was du in der Federtasche <u>hast</u>.
(s32)		Das ((*Zeigegeste in Richtung Radas Tisch*)) interessiert uns jetzt nicht.

Zur Veranschaulichung greift die Lehrerin mehrfach auf einfache deiktische Verweise zurück und nimmt eine Neufokussierung von Personen, Objekten und Orten im gemeinsamen Wahrnehmungsraum vor:

- „*hier* auf dem Bild" – Lokaldeixis (s28)
- „*deine* Federtasche" – Personaldeixis (s29)
- „*diese* Gegenstände, die *hier* (...) drumrum liegen" – Objektdeixis, Lokaldeixis (s29)
- „*das* (+*Zeigegestik*) [= Radas Federtasche] interessiert uns jetzt nicht" – Objektdeixis (s32)

Die Lehrerin formuliert also mithilfe elementarer sprachlicher Mittel, dass es um die Gegenstände auf der Abbildung und nicht um den jeweiligen Inhalt der Schülerfedermappen geht.[17] Allerdings entsteht durch die zweimalige intonatorische Hervorhebung des Verbs ‚haben' in (s27) und in (s31) der Eindruck, als könne ein Austausch des Verbs zur richtigen Lösung führen.

---

16 Zur Verwendung des Modalverbs ‚sollen' in schulischen Handlungsanweisungen s. Redder (1984, S. 229ff).

17 Der Einwurf des Schülers S2 „Bleistift" in (s30), der als Antwortversuch auf die letztlich zu lösende Mathematikaufgabe zu verstehen ist, bleibt an dieser Stelle im Diskurs – möglicherweise ganz einfach aus akustischen Gründen – unberücksichtigt.

4.4.3   Ninas Beitrag

Die Schülerin Nina, die sich nun zu Wort meldet, hat offenbar die lehrerseitige Betonung des Verbs ‚haben' als Hinweis zum Umformulieren aufgefasst[18] – sie ersetzt das Verb ‚haben' durch ‚brauchen'. Damit stellt sie, wie Rada, einen Bezug zur eigenen Erfahrungswelt her. Die von der Lehrerin verwendete Hörerdeixis (‚du') behält sie bei, nimmt also, anders als Jenny (‚wir') und Rada (‚ich'), keinen Transfer zur Sprecherdeixis vor.

(s33)	Nina:	((*meldet sich*))
(s34)	L:	Nina.
(s35)	Nina:	Was du in der Federtasche brauchst.
(s36)	L:	<u>Auch</u> nicht. · · ((*schüttelt den Kopf*))

Auch Ninas Lösungsversuch bewertet die Lehrerin als falsch, ohne ihre Bewertung zu begründen. Sie liest stattdessen ein weiteres Mal die Handlungsanweisung vor – wobei deutlich wird, dass die Klärung zu viel Zeit in Anspruch nimmt (vgl. ihre Äußerung in (s40), s. u.).

4.4.4   Admirs und S3s Beitrag

Mehrere Schüler bemühen sich um das Rederecht; Admir wird aufgerufen, außerdem ergreift der Schüler S3 das Wort:

(s37)	L:	Nochmal: · „Streiche durch, was <u>nicht</u> in die Federmappe passt."
(s38)	S3:	((*stöhnt*))
(s39)	Sn:	((*Handmeldungen und Meldegeräusche*))
(s40)	L:	· So, · · das ist der dritte Versuch.
(s41)		Admir.
(s42)	Admir:	Die Schere?
(s43)	L:	· · Du hast jetzt schon die/ 'ne Antwort, aber was sollt du tun? ((*lässt den Finger über die Abbildungen kreisen*))
(s44)	S3:	· · Die Schere passt da drin rein.
(s45)	Tano:	((*Meldegeräusch*))
(s46)	L:	Kann ja richtig sein.

Während die Beiträge von Jenny, Rada und Nina auf die Aufgabe des Umformulierens bezogen waren, geben Admir und der Schüler S3 in (s42) und (s44) Lösungsversuche für die eigentlich zu lösende Mathematikaufgabe. (Dabei ist die Äußerung von S3, die ja eine Wiedergabe von Admirs Antwort in „Satzform" ist, möglicherweise darauf zurückzuführen, dass die Lehrerin in anderen Zusammenhängen im-

---

18   Dies lässt auf eine gute Aufmerksamkeit der Schülerin im Bereich der phonischen Qualifikation schließen.

mer wieder explizit gefordert hat, „im ganzen Satz" zu antworten.[19] Hier ist also auf Seiten des Schülers S3 eine Sensibilität im Bereich der syntaktischen Qualifikation zu verzeichnen.) Die Lehrerin qualifiziert diese Antworten in (s43) und (s46) als potentiell angemessen, lenkt dann jedoch die Aufmerksamkeit ein weiteres Mal auf die Klärung der Handlungsanweisung. Dabei greift sie erneut (wie bereits in (s09) und (s20)) auf die sehr allgemeine Formulierung „Was sollst du tun?" zurück, nimmt also keine Umformulierung oder Erläuterung ihrer Aufgabenstellung vor.

4.4.5   Halims Beitrag

Halim bringt nun mit seinem Beitrag das Umformulieren ein Stück voran:

(s47)	Halim:	((*meldet sich*))
(s48)	L:	Halim.
(s49)	Halim:	·· Äh also man sollte da/· man/man müsste da äh Sä/Sachen einkreisen, die zu groß für die Federtasche sind.
(s50)	L:	··· Also ähm das wäre ja nicht ganz falsch,
(s51)		aber von/· von Einkreisen hab' ich nicht vorgelesen.
(s52)		· Äh trotzdem hast du recht, Sachen, die zu groß sind, mit denen sollst du was machen.
(s53)		Der Teil war richtig.

Halim übernimmt, anders als Rada, bei seiner Umformulierung die ursprüngliche ‚was'-Konstruktion der Aufgabenstellung nicht. Vielmehr benennt er das durch ‚was' charakterisierte bestimmte Nicht-Gewusste durch den Symbolfeldausdruck ‚Sachen' und schließt, sprachlich wie inhaltlich passend, mittels aus dem Zeigfeld transponiertem para-operativen ‚die' (Redder, 1990) einen Relativsatz an: „Sachen (...), die zu groß für die Federtasche sind" (s49). Damit ist der zweite Teil der ursprünglichen Äußerung – nämlich: „was nicht in die Federmappe passt" – erfolgreich umformuliert. Anders hingegen der erste Teil („Streiche durch"): Offenbar lässt auch Halim sich von der Gestik der Lehrerin dazu verleiten, das Verb ‚durchstreichen' durch ‚einkreisen' zu ersetzen. Allerdings nimmt er dabei, im Unterschied zu seinen Mitschülern, eine eigenständige Perspektivierung mittels ‚man' vor („man sollte/man müsste (...) einkreisen" (s49)) und wählt damit eine operative Prozedur, die für eine verallgemeinerte Instruktion und damit auch im vorliegenden Zusammenhang gut geeignet ist.

Die Lehrerin bewertet in (s50) zunächst die Antwort allgemein als „nicht ganz falsch" und weist in (s51) erneut auf das Kriterium der Verbwahl hin. In (s52) und (s53) formuliert sie dann auch explizit, welcher Teil von Halims Umformulierung richtig war.

---

19 Redder (2011) diskutiert grammatische Formate von Antworten detailliert aufgrund der Struktur des Frage-Antwort-Musters und liefert zugleich eine linguistische Kritik der häufigen schulischen Maxime „Antworte im ganzen Satz".

4.4.6 Tanos Beitrag

Tano greift in seiner sich unmittelbar anschließenden Äußerung die positiv bewertete Formulierung von Halim auf und ersetzt das Verb ‚einkreisen' durch das
ursprüngliche Verb ‚durchstreichen'. Dieser Schülerbeitrag wird von der Lehrerin
schließlich als Umformulierung der Handlungsanweisung akzeptiert:

(s53)	L:	Tano.
(s54)	Tano:	· · Die Sachen, die zu/ · die Sachen, die zu groß sind ((*atmet ein*)), die müssen wir durchstreichen.
(s55)	L:	Hmhm. · Die nicht in <u>diese</u> Federtasche passen ((*Zeigegeste auf Abbildung*))

4.5 Diskussion

Insgesamt wird das Muster Frage-Antwort zur Klärung der Handlungsanweisung
auf dem Arbeitsblatt durch eine Umformulierung sechsmal durchlaufen, bis eine
von der Lehrerin als zutreffend eingeschätzte Umformulierung erreicht wird.

In syntaktischer Hinsicht gelingt das Umformulieren der Äußerung „Streiche
durch, was nicht in die Federmappe passt" allen am Diskurs beteiligten Schülern.
Dies ist – angesichts der syntaktischen Komplexität der Äußerung einerseits, der
Mehrsprachigkeit der meisten Schüler andererseits – durchaus bemerkenswert. So
wird der erste Äußerungsteil, also der Imperativ „Streiche durch", stets durch Mo-
dalverbkonstruktionen (‚sollen' bzw. ‚müssen' + Infinitiv) wiedergegeben:

- *sollen* wir *einkreisen* (Jenny)
- *soll* ich *durchstreichen* (Rada)
- man *müsste* (...) *einkreisen* (Halim)
- *müssen* wir *durchstreichen* (Tano)

Bei der Umformulierung des zweiten Äußerungsteils („was nicht in die Federmappe passt") finden sich zum einen zwei syntaktisch korrekte Übertragungen
der ursprünglichen ‚was'-Konstruktion auf eigene Äußerungen, zum anderen eine
Relativsatz-Konstruktion:

- *was ich nicht in der Federtasche hab'* (Rada)
- *was du in der Federtasche brauchst* (Nina)
- Sachen (...), *die zu groß für die Federtasche sind* (Halim)
- die Sachen, *die zu groß sind* (Tano)

Die syntaktische Qualifikation kann also bei den Schülern, die sich im vorliegenden
Diskursausschnitt zu Wort melden, als gut entwickelt eingeschätzt werden.

Schwierigkeiten sind hingegen im Bereich der pragmatischen Qualifikation –
wirklich eine Umformulierung zu realisieren – und im Bereich der semantischen
Qualifikation zu verzeichnen. Letzteres zeigt sich bei der Wiedergabe der Verben

‚durchstreichen' (1. Teil der Bezugsäußerung) und ‚(nicht) passen' (2. Teil der Bezugsäußerung).

Was das Verb ‚durchstreichen' betrifft, so nehmen zwei Schüler eine Ersetzung durch ‚einkreisen' vor – was offenkundig der Gestik der Lehrerin geschuldet ist:

– sollen wir *einkreisen* (Jenny)
– man müsste (...) *einkreisen* (Halim)

Die anderen beiden Schüler, welche den ersten Äußerungsteil aufgreifen, behalten hingegen das ursprüngliche Verb ‚durchstreichen' bei:

– soll ich *durchstreichen* (Rada)
– müssen wir *durchstreichen* (Tano)

Die Umformulierungsversuche enthalten also entweder ein Verb mit anderer Bedeutung (‚einkreisen') oder aber den Wortlaut aus der Bezugsäußerung (‚durchstreichen'). Für Schüler, die das Verb ‚durchstreichen' nicht kennen (und das ist in einer Klasse mit einem überwiegenden Anteil an mehrsprachigen Schülern durchaus denkbar), erschließt sich also dessen Bedeutung nicht, zumal der Unterschied zu ‚einkreisen' nicht geklärt wird.

Auch für das Verb ‚passen' bzw. seine Negation ‚(nicht) passen' werden zunächst zwei Umformulierungen angeboten, die nicht den propositionalen Gehalt der Bezugsäußerung wiedergeben: ‚haben' und ‚brauchen'.

– Was ich nicht in der Federtasche *hab'* (Rada)
– Was du in der Federtasche *brauchst* (Nina)

Beide Umformulierungen stellen durchaus sachlich mögliche, stärker auf die Erfahrungswelt der Schüler bezogene Äußerungen dar – sie geben allerdings nicht die hier gestellte Aufgabe im Kontext des Schätzens und Messens wieder. Erst Halim bietet mit ‚zu groß sein' eine Umformulierung, bei der die Proposition der Bezugsäußerung (durch Berücksichtigung des relationalen Anteils der Bedeutung von ‚passen') erhalten bleibt:

– Sachen (...), *die zu groß* für die Federtasche *sind* (Halim)

An der hier vorgestellten Sequenz aus einem Unterrichtsdiskurs wird deutlich, dass das Wiedergeben der schriftlichen Handlungsanweisung (und, davon ist wohl auszugehen, erst recht die dahinterstehende Aufgabenstellung) für die Schüler in mancherlei Hinsicht nicht ganz einfach ist. Dies liegt einerseits daran, dass ihre Aufmerksamkeit - obwohl die Besprechung direkt an eine Unterrichtseinheit zum Schätzen und Messen anschließt - nicht auf die Ausführung mathematischer Operationen gerichtet ist; vielmehr versuchen sie, die Handlungsanweisung ihren Erwartungen und Bedürfnissen gemäß zu interpretieren („was du in der Federtasche brauchst"; „was ich nicht in der Federtasche hab'"). Andererseits sind die Schwierigkeiten m. E. auch in der Formulierung der Anweisung selbst begründet. Die sprachlich knappe Form, die der Autor des Arbeitsblattes wahrscheinlich gewählt hat, um nicht zu viel Zeit für das Lesen (statt für das Lösen) der Aufgabe zu beanspruchen, führt dazu, dass schon das Nicht-Verstehen eines Wortes Konsequenzen für das Verständnis der Gesamtaufgabe haben kann. Hinzu kommt die (möglicherweise beabsichtigte) Schwierigkeit, die sich aus der Verbindung der Verben ,durchstreichen' und ,nicht passen' ergibt: Sie machen ein „Um-die-Ecke-Denken" erforderlich, das mit der mathematischen Aufgabe an sich nichts zu tun hat. Eine alternative Formulierung wie: „Unterstreiche, was in die Federmappe passt." wäre möglicherweise besser zu erfassen.

Was schließlich ganz fehlt, ist ein Hinweis darauf, welche mathematischen Operationen zur Lösung der hinter der Handlungsanleitung stehenden Aufgabe herangezogen werden sollen. Für die Lehrerin, deren Fokus ganz auf das Thema „Schätzen und Messen" gerichtet ist, ist die Wahl der mathematischen Operationen wiederum so selbstverständlich, dass sie sie bei der Klärung der Aufgabe nicht systematisch einbezieht.

Es wäre empirisch zu überprüfen, ob mit einer sprachlich redundanteren Formulierung, welche die Schüler systematisch und unter konkreter Benennung der beteiligten Gegenstände und Rechenoperationen an die Aufgabe heranführt, ein besseres und letztlich – trotz eventuell längerer Lesezeit – schnelleres Verständnis erreicht werden könnte.

5. Literatur

Bührig, K. (1996). *Reformulierende Handlungen. Zur Analyse sprachlicher Adaptierungsprozesse in institutioneller Kommunikation*. Tübingen: Narr

Ehlich, K. (1996). Funktional-pragmatische Kommunikationsanalyse. Ziele und Verfahren. In L. Hoffmann (Hrsg.), *Sprachwissenschaft. Ein Reader*. Berlin: de Gruyter, 183–201

Ehlich, K. (2005). Sprachaneignung und deren Feststellung bei Kindern mit und ohne Migrationshintergrund: Was man weiß, was man braucht, was man erwarten kann. In K. Ehlich (Hrsg.), *Anforderungen an Verfahren der regelmäßigen Sprachstandsfeststellung als Grundlage für die frühe und individuelle Förderung von Kindern mit und ohne Migrationshintergrund*. Berlin: Bundesministerium für Bildung und Forschung, 11–75 (Bildungsforschung, 11)

Ehlich, K. (2007). *Sprache und sprachliches Handeln. Band 2: Prozeduren des sprachlichen Handelns*. Berlin/New York: de Gruyter

Ehlich, K., Bredel, U. & Reich, H. H. (Hrsg.) (2008a). *Referenzrahmen zur altersspezifischen Sprachaneignung*. Berlin: Bundesministerium für Bildung und Forschung (Bildungsforschung, 29/I)

Ehlich, K., Bredel, U. & Reich, H. H. (Hrsg.) (2008b). *Referenzrahmen zur altersspezifischen Sprachaneignung – Forschungsgrundlagen.* Berlin: Bundesministerium für Bildung und Forschung (Bildungsforschung, 29/II)

Ehlich, K. & Rehbein, J. (1976). Halbinterpretative Arbeitstranskriptionen (HIAT). *Linguistische Berichte, 45,* 21–41

Ehlich, K. & Rehbein, J. (1979). Erweiterte halbinterpretative Arbeitstranskriptionen (HIAT2): Intonation. *Linguistische Berichte, 59,* 51–75

Kameyama, S. (2004). *Verständnissicherndes Handeln. Zur reparativen Bearbeitung von Rezeptionsdefiziten in deutschen und japanischen Diskursen.* Münster: Waxmann (Mehrsprachigkeit, 14)

May, P. & Kinze, J. (2008). *Vorstellungsverfahren Viereinhalbjähriger.* Bericht über die Auswertung der Ergebnisse im Schuljahr 2007/2008. Hamburg: Landesinstitut für Lehrerbildung und Schulentwicklung

Redder, A. (1984). *Modalverben im Unterrichtsdiskurs. Pragmatik der Modalverben am Beispiel eines institutionellen Diskurses.* Tübingen: Niemeyer (Reihe Germanistische Linguistik, 54)

Redder, A. (1990). *Grammatiktheorie und sprachliches Handeln: ‚denn' und ‚da'.* Tübingen: Niemeyer (Linguistische Arbeiten, 239)

Redder, A. (2007). Konjunktor. In L. Hoffmann (Hrsg.), *Deutsche Wortarten.* Berlin: de Gruyter, 483–524

Redder, A. (2008). Functional Pragmatics. In G. Antos & E. Ventola (Hrsg.), *Interpersonal Communication.* Berlin: de Gruyter, 133–178 (Handbook of Applied Linguistics, 2)

Redder, A. (2011). Schnittstellen von Satz- und Textgrammatik. In K.-M. Köpcke & A. Ziegler (Hrsg.), *Grammatik – Lehren, Lernen, Verstehen.* Berlin: de Gruyter, 397–410

Redder, A. (i. Dr.). Das operative Geschäft der Morphologie – z. B. das Neutrum. In A. Bittner & C. Spieß (Hrsg.), *Genus und Kontrolle.* Berlin: de Gruyter

Redder, A., Guckelsberger, S. & Graßer, B. (2013). *Mündliche Wissensprozessierung und Konnektierung. Sprachliche Handlungsfähigkeiten in der Primarstufe.* Münster: Waxmann (Sprach-Vermittlungen, 13)

Rehbein, J. (2001). Konzepte der Diskursanalyse. In K. Brinker et al. (Hrsg.), *Text- und Gesprächslinguistik.* Berlin: de Gruyter, 927–945 (Handbücher zur Sprach- und Kommunikationswissenschaft, HSK, 16.2)

Rehbein, J. & Kameyama, S. (2004). Pragmatik. In U. Ammon et al. (Hrsg.), *Sociolinguistics/Soziolinguistik.* 2., vollst. neu bearb. u. erw. Auflage. Berlin: de Gruyter, 556–588 (Handbücher zur Sprach- und Kommunikationswissenschaft, HSK, 3.2)

Anna Runge

Die Nutzung von (bildungssprachlichen) Verben in naturwissenschaftlichen Aufgabenstellungen bei SchülerInnen der Jahrgangsstufen 4 und 5

0. Einleitung

In diesem Beitrag[1] möchte ich anhand eines Beispiels veranschaulichen, welche sprachliche Vielfalt SchülerInnen der Jahrgangsstufen (Jgst.) 4 und 5 nutzen, wenn sie über sachkundliche Themen sprechen. Dabei liegt der Fokus auf der Verbalisierung einer bestimmten Handlung bei 80 Kindern mit und ohne Migrationshintergrund. Die Ergebnisse zeigen eine große Varianz in der Nutzung von möglichen Verben zur sprachlichen Realisierung dieser Handlung. Im Schulunterricht werden nach Apeltauer (2008) im Schuljahr um die 3000 neue Wörter eingeführt. Dies erschwert besonders Kindern mit Migrationshintergrund die Situation, da sie bereits einen Rückstand im Wortschatzerwerb gegenüber monolingualen Kindern haben. Baur et al. (1993) stellen signifikante Unterschiede im Wortschatz von Kindern mit und ohne Migrationshintergrund fest. Dabei fehlen ersteren neben Fachtermini häufig bereits Basisausdrücke der Allgemeinsprache. In dem Beitrag wird geprüft, ob sich solche Tendenzen auch in den vorliegenden Daten herausbilden und ob auch andere Faktoren bei der produktiven Nutzung von Verben eine Rolle spielen könnten.

1. Empirische Grundlage

Die hier analysierten empirischen Sprachdaten wurden im Rahmen des Hamburger Teilprojekts „Bildungssprachliche Kompetenzen" (BiSpra) erhoben.[2] Ziel des Teilprojekts ist die Erfassung produktiver und rezeptiver bildungssprachlicher

---

1   Der Beitrag ist eines der Ergebnisse des linguistischen Teilprojekts BiSpra („Bildungssprachliche Kompetenzen") unter der Leitung von Angelia Redder (Universität Hamburg; Förderkennzeichen 01GJ0977; Mitarbeiterinnen: Anna Runge (geb. Komor), Stella Uesseler, Mareike Ramforth); der gleichnamige, im Rahmen des BMBF-Förderschwerpunkts zur Empirischen Bildungsforschung geförderte FiSS-Verbund wird von Sabine Weinert (Universität Bamberg) geleitet. Zum Projekt und zu seinen Ergebnissen s. den Abschlussbericht des Teilprojekts Linguistik 2009–2013, Redder, Uesseler & Ramforth (2013).
2   Hamburger BiSpra-Korpus, © Redder.

Kompetenzen bei SchülerInnen der Jahrgangsstufen 4 und 5. Dazu wurden unterschiedliche Sprachdaten in verschiedenen Hamburger Schulen erhoben – zum einen Videographien authentischer Unterrichtsdiskurse (Hamburger BiSpra-Korpus DU), zum anderen experimentell elizitierte Äußerungen (Hamburger BiSpra-Korpus EL), auf die ich mich hier konzentriere. An der experimentellen Erhebung der produktiven Sprachdaten nahmen sechs Grundschulklassen der Jgst. 4, drei Klassen der Jgst. 5 an Gesamtschulen und vier Klassen der Jgst. 5 an Gymnasien teil. Die teilnehmenden Schulen liegen in verschiedenen Stadtteilen mit unterschiedlicher Bevölkerungszusammensetzung. Dadurch sollte gewährleistet werden, dass keine Einseitigkeit in Bezug auf den sozio-ökonomischen Status der Familien der Kinder entsteht. Der sozio-ökonomische Status wurde bei der Erhebung selbst aus datenschutzrechtlichen Gründen nicht miterhoben.

Zur Erfassung der mündlichen produktiven Sprachfähigkeiten wurde u. a. das physikalische Phänomen „Stromkreis" ausgewählt und ein Videoclip dazu entwickelt. Um rezeptive Sprachfähigkeiten auszuschließen, wurde der Film nicht durch einen sprachlichen Kommentar begleitet. Der Videoclip wurde den SchülerInnen von Versuchsleiterinnen in Einzelgesprächen gezeigt. Die Aufgabe zur sprachlichen Wiedergabe des Videoclips hatte eine standardisierte Einstiegsfrage („Wie kann man sich selbst eine Lampe bauen?"). Nach dieser Einstiegsphase wurde das Gespräch offen geführt, um eine relativ natürliche Kommunikationssituation zu erhalten.

1.1 Auswahl der 80 SchülerInnen

Aus den insgesamt 242 Schülerinnen und Schülern, die an den experimentellen Einzelerhebungen teilgenommen haben, wurden 80 Schülerinnen und Schüler nach Schultyp (Grundschule, Gesamtschule, Gymnasium), Geschlecht und Sprachen (einsprachig, mehrsprachig) ausgewählt. Zudem wurde versucht, aus den jeweiligen Schulen und Klassen eine ähnliche Anzahl an SchülerInnen aufzunehmen. Bei den mehrsprachigen Kindern wurde keine differenziertere Einteilung bezüglich der jeweiligen Einzelsprachen vorgenommen (s. Tabelle 1 auf S. 154).

In Jgst. 5 überwiegen erkennbar die einsprachig deutschen SchülerInnen. Dies betrifft allerdings nur die Schulform des Gymnasiums. Hier finden sich im Korpus insgesamt nur vier Kinder mit Migrationshintergrund. Deshalb wurde die Stichprobe mit weiteren einsprachig deutschen Kindern ergänzt. Aus diesem Grund überwiegen die einsprachigen SchülerInnen deutlich.

Tabelle 1: SchülerInnen im Hamburger BiSpra-Korpus EL

	männlich/ einsprachig	männlich/ mehrsprachig	weiblich/ einsprachig	weiblich/ mehrsprachig
Jgst. 4				
Grundschule	AR13	AB11 (Arabisch)	CL30	AH09 (Vietnamesisch)
	AR26	AM29 (Türkisch)	EM10	AI29 (Russisch)
	BC03	DN11 (Persisch)	HN17	BY23 (Türkisch)
	DR10	DN13 (Griechisch)	IA30	DL08 (Türkisch)
	DV20	IO12 (Serbisch)	JN17	EI16 (Albanisch)
	JS10	KL02 (Twi)	KM23	EI24 (Albanisch)
	LA27	MH10 (Russisch)	LN30	JC29 (Russisch)
	MR05	MH20 (Türkisch)	MT23	KT06 (Russisch)
	OE01	MN29 (Panjabi)	PU08	MR18 (Griechisch)
	TO14	SS20 (Russisch)	RN24	WD14 (Dari)
Jgst. 5				
Gesamtschule	DV18	AR09 (Griechisch)	DN29	AV14 (Russisch)
	FN10	EB05 (Türkisch)	DO10	ML01 (Slowakisch)
	LR29	MH25 (Türkisch)	JN31	PT29 (Polnisch)
	MK18	MN01 (Indisch)	AN16	VN10 (Dari)
	TB02	TM08 (Englisch)	MR26	ZY01 (Türkisch)
Gymnasium	AN20	LV20 (Italienisch)	AI08	HL14 (Mandarin)
	BN30		AT20	SN04 (Persisch)
	DV14		CA19	VO23 (Albanisch)
	FB26		FL28	
	FE23		LO16	
	JA28		PA14	
	JK31		SP27	
	LC16			
	PT07			

1.2 Beschreibung des Videoclips „Stromkreis"

Für den zu beschreibenden Film wurde das Thema „Strom" gewählt, das spätestens in Jgst. 4 an Hamburger Schulen unterrichtet wird.[3] Die an der Studie teilnehmenden SchülerInnen haben dieses Thema bereits durchgenommen oder beschäftigen sich zum Zeitpunkt der Aufnahmen im Unterricht mit dem Thema. Der Videoclip „Stromkreis" zeigt, wie man sich mit Hilfe einer Blockbatterie und einer kleinen Glühbirne mittels eines einfachen Stromkreises eine Lampe bauen kann. Diese wird in einem zweiten Schritt mit einem Schalter in Form einer verschiebbaren Büro-

---

3   Eine linguistische Analyse zu einer entsprechenden Unterrichtssituation in Jgst. 4 findet sich bei Redder (2012).

klammer versehen, damit man die Lampe ein- und ausschalten kann. Die einzelnen Phasen des Videoclips lassen sich wie folgt beschreiben:

1. Folgende Gegenstände werden gezeigt: Blockbatterie, Kabel, Reißzwecken, eine Büroklammer, eine Glühbirne in einer Fassung mit zwei kleinen Löchern an den Seiten zur Befestigung auf einem Untergrund, zwei Holzbrettchen.
2. An der Fassung der Glühbirne werden zwei Kabel angeschlossen.
3. Die Glühbirne wird mit Reißzwecken auf einem Holzbrettchen befestigt.
4. Die zwei Kabel werden ebenso an die Batterie angeschlossen.
5. Die Lampe leuchtet.
6. Eine „richtige" Lampe wird an- und ausgeschaltet, dasselbe wird ohne Erfolg an der selbstgebauten Lampe probiert.
7 Die Person im Versuch denkt nach.
8. Die Person im Versuch hat eine Idee zur Problemlösung.
9. Ein Kabel wird von der Batterie gelöst und daran stattdessen eine Büroklammer befestigt. Die Büroklammer wird mit einer Reißzwecke auf einem Holzbrettchen befestigt.
10. Ein drittes Kabel wird an der Batterie und an einer weiteren Reißzwecke befestigt. Diese Reißzwecke wird mit einem kleinen Abstand gegenüber der anderen Reißzwecke auf dem Holzbrettchen befestigt.
11. Die Büroklammer wird auf die gegenüberliegende Reißzwecke geschoben.
12. Die Lampe leuchtet.
13. Die Büroklammer wird von der Reißzwecke genommen.
14. Die Lampe leuchtet nicht.

Nachdem die SchülerInnen den Film gesehen hatten, wurden sie mit der standardisierten Frage *„Wie kann man sich selbst eine Lampe bauen?"* zu einer sprachlichen Wiedergabe aufgefordert, die illokutiv eine Großform sprachlichen Handelns vom Typ ‚Instruktion' elizitiert. Neben reinen Instruktionen haben die SchülerInnen auch Beschreibungen und/oder Erklärungen produziert. Die sprachlichen Realisierungen wurden videographiert und nach HIAT-Konventionen[4] transkribiert.

Um die Qualität der Instruktionen einordnen zu können, wurde eine Globaleinschätzung mit dreistufiger Einteilung (schwach, mittel, stark) vorgenommen. Folgende Kriterien wurden hierfür berücksichtigt:

- Nennung der relevanten Gegenstände (Glühbirne, Batterie, Kabel) oder nachvollziehbare Umschreibung der Gegenstände (z. B. *schwarzer Kasten, Stromquelle* statt *Batterie*)
- Nennung der wichtigsten Handlungsschritte für den Bau eines einfachen Stromkreises (auch ohne Schalter möglich)
- relativ eigenständige und zusammenhängende Darstellung der einzelnen Handlungsschritte, also ohne oder nur mit wenigen Unterbrechungen

---

4   „Halbinterpretative Arbeitstranskription", Ehlich & Rehbein (1976).

- sinnvolle Nutzung von Deixeis (bei Instruktionen mit übermäßig vielem nicht-zuweisbarem *da/das/dort* wird die gesamte Instruktion nicht mehr nachvollziehbar)

Die im Experiment anschließend gewünschte Erklärung zur Funktion des Stromkreises wurde für die Einschätzung des instruktiven Teils nicht berücksichtigt. Für die Globaleinschätzung wurden zudem nur die Phasen 1 bis 5 beachtet, da diese noch ohne größere Erinnerungs-Schwierigkeiten verbalisiert werden können. Im Folgenden wird die Frage behandelt, welchen Stellenwert Verben – insbesondere bildungssprachliche Verben – für die geforderte sprachliche Wiedergabe haben.

1.3   Forschungen zum Erwerb von Verben

Bereits ab der ersten Hälfte des zweiten Lebensjahres finden sich nach Kauschke (2000) erste Verben im produktiven Wortschatz von Kindern mit monolingualem Spracherwerb.[5] Als erstes nutzen die Kinder Bewegungsverben und erste Handlungsverben mit Bezug auf sich selbst, wobei sie die Handlungsverben zunächst nicht verstehen, wenn sie sich auf andere Personen beziehen (Huttenlocher, Smiley & Ratner, 1985). Die Verbvielfalt nimmt allerdings erst ab dem 3. Lebensjahr deutlich zu (Smith & Sacks, 1990). So finden sich jetzt zunehmend Modal- und Hilfsverben (wie *können, müssen, haben*), spezifische Verben (wie *hüpfen, tragen, stechen*) und Partikelverben (wie *herkommen, angucken, aufdrehen*). Da die Kinder zu Beginn des Spracherwerbs nur über einen geringen produktiven Wortschatz verfügen, ist es für sie hilfreich, mittels Verbneubildungen eigenständig Ausdrücke neu zu schöpfen, die sie in ihren Handlungszusammenhängen benötigen, für die sie aber noch kein standardsprachlich adäquates Wort haben. Bereits ab dem Alter von zwei Jahren nutzen Kinder Verfahren, um Verben zu bilden. Zum einen werden Substantive in Verben transferiert, die dann die Aktion bezeichnen, welche mit dem jeweiligen Objekt vollzogen werden kann. Zum anderen greifen die Kinder auf Präfixpaare zurück, die sie in diesem Alter bereits beherrschen (wie *an* und *ab*), mittels derer sie neue Verben bilden (z. B. *abmachen*) (Clark, 1993). Für das Deutsche besteht bei dieser Methode das Problem jedoch darin, dass die Negation eines Verbs (z. B. von *anzünden*) häufig nicht mit demselben Simplex gebildet wird (≠ **ausznden*, sondern *ausblasen*). Das dreijährige Kind beherrscht die klassischen Passepartout-Verben wie *haben, machen, tun, kriegen* bereits und hat nun durch die Kombination mit Partikeln beinahe unerschöpfliche Möglichkeiten der Verbneubildung (ebd.). Noch bei vierjährigen Kindern wird das Passepartout-Simplex *machen* am häufigsten verwendet. Ab der Mitte des fünften Lebensjahres nimmt die Nutzung der einfachen Partikel

---

5   Die Forschungsergebnisse zum Erwerb des Deutschen werden hier z. T. unterfüttert durch Forschungen zum monolingualen Erwerb des Englischen.

wie *ab* oder *an* zugunsten anderer Präfixe langsam ab. Auch werden fehlerhafte Negationsbildungen nicht mehr umstandslos übernommen (ebd.). Bereits Fünfjährige haben einen aktiven Gesamtwortschatz von etwa 2.600 bis 5.200 Wörtern (Augst, 1978, Eisenberg & Linke, 1996, Rothweiler & Meibauer, 1999). Mit sechs Jahren beläuft sich der passive Wortschatz bereits auf 9.000 bis 14.000 Wörter (Eisenberg & Linke, 1996, Rothweiler & Meibauer, 1999). Während der Schulzeit verändert sich die Struktur des Wortschatzes nochmals, indem nun Nominalisierungen sowie die lexikalische Varianz deutlich zunehmen (Schmidlin, 1999). Dabei ist die lexikalische Varianz im mündlichen Unterrichtsdiskurs (Redder, 2013) wie auch durch den Prozess der Verschriftlichung zu beobachten (Uesseler, 2011). Diese sprachlichen Veränderungen während der Schulzeit werden meist unter dem Begriff der „Bildungssprache" oder der „Alltäglichen Wissenschaftssprache" gefasst.[6]

Die Entwicklung des Wortschatzes bei Kindern mit Deutsch als Zweitsprache erfolgt relativ analog zum Erstspracherwerb (Jeuk, 2003; Landua et al., 2008). So kann Kostyuk (2005) einen starken Anstieg beim Erwerb von Verben feststellen. Für Jeuk (2003) ist die Zunahme von Verben sogar ein möglicher Indikator zur Erfassung des Sprachstandes. Kinder mit Deutsch als Zweitsprache eignen sich zunächst Bewegungsverben an, danach auch Handlungsverben (Kostyuk, 2005). Je besser die Kinder des Deutschen mächtig sind, desto häufiger finden sich auch Partikelverben. Zunächst werden diese vorwiegend mit dem Passepartout-Simplex *machen* gebildet. Bei Vorschulkindern dominieren nach Karasu (1995) im Wortschatz noch die Nomina. Während der Schulzeit nehmen diese ab und werden von den Verben abgelöst. Da mehrsprachige Kinder zeitlich verzögert den Wortschatz des Deutschen erwerben, weisen sie – im Vergleich zu ihren monolingualen AltersgenossInnen – einen deutlichen Rückstand auf (Apeltauer, 2004). Diese Diskrepanz bleibt nach Apeltauer (2006, 2008) über die Schulzeit hinweg bestehen, da im Unterricht wiederum neue lexikalische Anforderungen an die Kinder gestellt werden, d. h. ein weiterer – bildungssprachlicher – Wortschatz (ca. 3000 Wörter pro Schuljahr) von den SchülerInnen angeeignet werden muss. Auch Baur et al. (1993) stellen signifikante Unterschiede zwischen einsprachigen und mehrsprachigen Kindern fest (vgl. u. a. Eckhardt, 2008), wobei sich diese nicht auf den bildungssprachlichen Wortschatz beschränken, sondern auch für Ausdrücke aus der Alltagssprache gelten – darunter auch eine Reihe von Verben (vgl. Baur et al., 1993; Menk, 1989). Durch ihren bereits eingeschränkten Alltagswortschatz haben Kinder mit Migrationshintergrund besondere Schwierigkeiten, neue Ausdrücke in ihren Wortschatz zu integrieren, da ihnen weniger Vernetzungen und Ableitungsmöglichkeiten zur Verfügung stehen (Apeltauer 2008). So können sie sich deutlich schlechter selbst Bedeutungen erschließen. Einen

---

6 Zu den Begriffen der Bildungssprache und der Alltäglichen Wissenschaftssprache vgl. die Beiträge von Berendes et al. und Uesseler, Runge & Redder in diesem Band.

weiteren qualitativen Schritt benötigt es, um neben dem rezeptiven Umgang mit neuen Ausdrücken diese auch produktiv zu nutzen (vgl. Apeltauer, 2008; Swain & Lapkin, 1995). Harnisch (1991) verdeutlicht, dass das Erschließen von Bedeutungen beim Erwerb und der Nutzung neuer Ausdrücke eine besondere Hürde für Kinder mit Migrationshintergrund darstellt. Durch das Fehlen von Merkmalen und das Erstellen falscher Merkmalsverknüpfungen bleiben die Ausdrücke in ihrer Bedeutung unklar. Die SchülerInnen beziehen den neuen Ausdruck auf eine konkrete Situation und können ihn nicht auf andere Situationen übertragen. Dadurch bleibt die semantische Basisqualifikation (im Sinne von Ehlich, 2005) schwach, eine abstraktere Ebene der Bedeutungserfassung wird nicht erreicht, sondern die SchülerInnen verharren im Konkreten. Ahrenholz (2010) stellt fest, dass SchülerInnen mit Migrationshintergrund durchaus über das jeweilige Fachwissen verfügen, jedoch bei seiner Versprachlichung große Schwierigkeiten haben. Besonders deutlich wird dies bei der Nutzung von Partikel- und Präfixverben, deren Negation nicht mit jeweils demselben Simplex gebildet wird (wie *sich ausdehnen – sich zusammenziehen, sich erwärmen – sich abkühlen*). Um die Problematik zu umgehen, greifen die SchülerInnen stattdessen auf Ausdrücke der Alltagssprache zurück (wie *warm werden, hochsteigen*).

2. Die Verbalisierung des Anschließens der Kabel an die Glühbirne / die Batterie / die Reißzwecken

Im Folgenden werden ausgewählte Passagen aus den elizitierten Äußerungen des Hamburger BiSpra-Korpus genauer untersucht. Im Zentrum der Analyse steht ein kleiner Handlungsschritt aus dem Videoclip „Stromkreis": das Anschließen der Kabel wahlweise an die Glühbirne, die Batterie und/oder die Reißzwecken. Bei dieser sich im Videoclip mehrmals wiederholenden Sequenz handelt es sich um eine wichtige und eigentlich unumgängliche Stelle, die bei einer Instruktion zum Bauen eines Stromkreises erwähnt werden muss.

2.1 Häufigkeiten der genutzten Verben

Trotz der Relevanz der Sequenz für eine nachvollziehbare Instruktion haben immerhin 10% der SchülerInnen bei ihren Instruktionen diese Sequenzen überhaupt nicht angesprochen. Dabei gibt es keine Unterschiede zwischen ein- und mehrsprachigen SchülerInnen (4 mehrsprachige und 4 einsprachige Kinder verbalisieren die Sequenz nicht). Die Nicht-Verbalisierungen treten gleichmäßig verteilt bei 4.- und 5.-KlässlerInnen auf, wobei Mädchen die Sequenz häufiger nicht ansprechen (6 von insgesamt 8 fehlenden Verbalisierungen). Die anderen SchülerInnen verbalisieren durchschnittlich 2,8mal die Sequenz mit einer Varianz zwischen 1maliger bis zu 8maliger Verwendung. Es zeigt sich dabei kein Unterschied zwischen ein- und mehrsprachigen SchülerInnen. Beim Vergleich von Mädchen und Jungen lässt sich feststellen, dass Jungen geringfügig häufiger (3,0mal) die Sequenz verbalisieren als Mädchen (durchschnittlich 2,7mal). Während die SchülerInnen der Jgst. 4 insgesamt 106mal (2,7mal pro Kind) die Sequenz verbalisieren, realisieren die SchülerInnen der Jgst. 5 insgesamt 118mal (3,0mal pro Kind) die Sequenz. Auch hier sind also keine großen Unterschiede zu verzeichnen.

Da sozio-ökonomischer Status sowie Bildungsnähe bzw. -ferne aus datenschutzrechtlichen Gründen nicht erhoben werden konnten, werden hier zwei Faktoren genutzt, um doch eventuell Aussagen darüber treffen zu können: So wird der Anteil an allgemeiner Arbeitslosigkeit in den Stadtteilen, in denen die Schulen liegen, berücksichtigt. Zudem wird – ebenfalls stadtteilbezogen – der Anteil an Kindern zwischen 0 und 6 Jahren mitberücksichtigt, die Sozialleistungen zur laufenden Lebensführung erhalten. Damit wird der durchschnittliche sozio-ökonomische Status der Stadtteile, in denen die einzelnen Schulen liegen, zu Teilen erfasst.[7] Die Schulen lassen sich demnach in zwei Gruppen einteilen: Schulen in Stadtteilen, die eine niedrige Arbeitslosigkeit (1,5% bis < 5,2%) und einen niedrigen Prozentsatz an Sozialleistungen für Kinder (unter 17%) aufweisen (niedriger Sozialleistungsanteil (SLA)), und Schulen in Stadtteilen, die eine überdurchschnittliche bis hohe Arbeitslosigkeit (8,6% bis < 14,9%) und einen mittleren bis hohen Prozentsatz an Sozialleistungen für Kinder (17% bis 55% der Kinder) aufweisen (hoher SLA).

In den Daten zeigt sich, dass in den Schulen mit niedrigem SLA kein einziges Kind die Sequenz nicht bearbeitet hat. Alle 8 Kinder, die die Sequenz überhaupt nicht erwähnen, besuchen hingegen Schulen mit hohem SLA. Auch verbalisieren die Kinder an Schulen mit niedrigem SLA deutlich häufiger die Sequenz (3,6mal pro Kind) als die SchülerInnen an Schulen mit hohem SLA (2,3mal pro Kind).

Neben Kindern, die die Sequenz als solche nicht versprachlichen, finden sich auch Fälle, in denen eine Äußerung zur Sequenz getätigt wird, das Verb, das die Handlung bezeichnen sollte, jedoch ausgelassen wird.

B1: „(…) an die Glühbirne zwei Kabel ø." (ZY01, Jgst. 5, GES, w, mehrsprachig)
B2: „und danach die Glühbirne, also ein Draht unten und ein Draht in der Mitte ø." (IO12, Jgst. 4, m, mehrsprachig)

Solche Ellipsen[8] sind in der Regel durch den außersprachlichen Zusammenhang, in dem sie geäußert werden, für den Hörer leicht mental zu ergänzen und dadurch verständlich. Jedoch fehlt ihnen eine gewisse Präzision, die mit zunehmender Klassenstufe verstärkt eingefordert wird, sobald der außersprachliche Zusammenhang

---

7   Die Daten wurden dem *Bildungsbericht Hamburg 2011* entnommen.
8   Zu sprachlichen Ellipsen und ihrer Funktion im mündlichen Diskurs vgl. Bühler (1934), Hoffmann (1999).

nicht mehr gegeben ist (z. B. bei schriftlichen Aufgaben). Ellipsen treten in den Daten insgesamt 8mal auf. Auf diese Strategie greifen vor allem mehrsprachige Kinder zurück, nur in einem Fall nutzt ein einsprachiges Kind die Ellipse.

Betrachtet man die Verteilung nach der Globaleinschätzung der Instruktion, zeigt sich, dass die SchülerInnen mit schlechter Bewertung bei der Instruktion durchschnittlich nur 1,4mal pro Kind die Sequenz verbalisieren. Die SchülerInnen mit mittlerer Bewertung verbalisieren die Sequenz hingegen durchschnittlich 3mal, die Kinder mit bester Bewertung sogar im Schnitt 3,5mal pro Kind. Dies zeigt, dass für eine verständliche Instruktion zum Bau eines Stromkreises offensichtlich diese Sequenz relevant ist, da sie an verschiedenen Stellen verbalisiert werden muss, damit der Hörer inhaltlich folgen kann. Zudem zeigt das Ergebnis, dass die schwachen SchülerInnen die Sequenz durchschnittlich nur halb so oft verbalisieren wie mittelgute SchülerInnen. Zudem finden sich 6 der 8 Kinder unter den schwachen SchülerInnen, die die Sequenz überhaupt nicht verbalisieren. Bei den schwachen SchülerInnen gehen 89% in Schulen mit hohem SLA. 63% besuchen die 4. Klasse. 57% sind mehrsprachig. 74% der Kinder mit schlechter Bewertung sind weiblich.

Bei der Betrachtung der Globaleinschätzung der Instruktionen zeigt sich also, dass Jahrgangsstufe und Migrationshintergrund nur eine untergeordnete Rolle bei der Bewältigung der Aufgabe spielen. Sehr viel wichtiger scheint der SLA der Schule zu sein. Zudem scheint auch das Geschlecht bei den schwachen Kindern ein Einflussfaktor zu sein, da hier auffällig viele Mädchen zu finden sind. Vielleicht wirkt das häufig auch außerschulische Interesse am Thema Strom kompensatorisch auf die Leistungen der Jungen bei der Aufgabenstellung.

SchülerInnen mit mittlerer Bewertung finden sich zu 58% in Jgst. 4. 45% der SchülerInnen sind mehrsprachig. Insgesamt fallen 55% mit mittel-guter Globaleinschätzung auf Äußerungen von Jungen. Mit 58% mittel-guter Einschätzung liegen die SchülerInnen aus Schulen mit hohem SLA knapp über dem Durchschnitt.

Unter den sehr guten Kindern sind immerhin noch 50% der SchülerInnen von Schulen mit hohem SLA; 73% dieser SchülerInnen sind männlich. Insgesamt finden sich unter den SchülerInnen mit bester Globaleinschätzung nur 40% Mädchen; sie bleiben also weiterhin ein wenig unterrepräsentiert. Unter den besten Instruktionen finden sich nur noch 30% SchülerInnen mit Migrationshintergrund. Dies könnte u. a. daran liegen, dass bei vielen SchülerInnen das fachliche Vokabular – besonders in Bezug auf die im Videoclip gezeigten Gegenstände – nicht auf Anhieb abrufbar war und somit regelmäßig längere supportive Frage-Antwort-Sequenzen mit dem Versuchsleiter entstanden, die die Erhebungssituation so stark störten, dass die eigentliche Instruktion nicht zu Ende geführt wurde.

2.2   Semantik und Nutzung der Verben

Insgesamt wird die eingangs (Abschnitt 1.2) beschriebene Sequenz im Hamburger BiSpra-Kopus EL 224mal verbalisiert. Dabei nutzen die SchülerInnen eine große Auswahl an Verben:[9]

anbinden	B3: „(...) das Kabel bindet man auch an die Batterie (...)" (FL28, Jgst. 5, GYM, w, einsprachig)
anschließen	B4: „(...) der hat die Lampe genommen und hat das an die Batterie angeschlossen (...)" (MN29, Jgst. 4, GS, w, mehrsprachig)
befestigen	B5: „(...) man soll die Drähte an der Lampe befestigen (...)" (AH09, Jgst. 4, GS, w, mehrsprachig)
binden	B6: „(...) das Kabel bindet man auch an die Batterie (...)" (FL28, Jgst. 5, GYM, w, einsprachig)
dranbinden	B7: „(...) dann bindet man das [?] an die Lampe dran (...)" (SN04, Jgst. 5, GYM, w, mehrsprachig)
dranmachen	B8: „(...) Büroklammer dranmachen und an der anderen Seite das gleiche (...)" (LR29, Jgst. 5, GES, m, einsprachig)
durchstecken	B9: „(...) dann hat der Bänder da [Lampe] durchgesteckt (...)" (PU08, Jgst. 4, GS, w, einsprachig)
festdrehen	B10: „(...) wenn man sie [Drähte] an diesem Teil festdreht (...)" (AH09, Jgst. 4, GS, w, mehrsprachig)
festklemmen	B11: „(...) dann musst du das [Lampe mit Kabeln] an diesen Magazin da, an diese Batterie da festklemmen beide Seiten (...)" (TO14, Jgst. 4, GS, m, einsprachig)
festknoten	B12: „(...) dann hat er die Kabel durch die Löcher, die an dem Ding waren, durchgemacht und das festgeknotet" (AR13, Jgst. 4, GS, m, einsprachig)
festmachen	B13: „(...) an ne andere Reißzwecke einen Draht festmachen und das Ende von diesem Draht an der Batterie" (SS20, Jgst. 4, GS, m, mehrsprachig)
festschrauben	B14: „(...) dann [das Kabel] an der einen Seite von der Glühbirne festschrauben (...)" (LV20, Jgst. 5, GYM, m, mehrsprachig)
machen	B15: „(...) das [Kabel] muss man erstmal an die Büroklammer machen (...)" (SS20, Jgst. 4, GS, m, mehrsprachig)
ranbinden	B16: „(...) dann wurden diese zwei Drähte an die Batterie, an diese zwei Zapfen, also rangebunden (...)" (DN13, Jgst. 4, GS, m, mehrsprachig)
ranknoten	B17: „(...) tut dann (...) ne Büroklammer ran, oder so ähnlich, ranknoten (...)" (FE23, Jgst. 5, GYM, m, einsprachig)

---

9   Zu folgenden Verben gibt es keinen Eintrag in Wörterbüchern: *dranbinden, dranmachen, durchstecken, festklemmen, festknoten, ranbinden, ranknoten, (d)rumlegen, rumwickeln.* Bei Verkürzungen wie *rum* war auch die ungekürzte Version (mit *herum-*) nicht im Lexikon vertreten. Es handelt sich bei diesen Ausdrücken also um nicht-lexikalisierte ad-hoc-Bildungen, die der deutschen Verbbildung jedoch entsprechen.

ranmachen	B18: „(…)dann muss man die andere Seite ranmachen und auch an die Büroklammer (…)" (JN17, Jgst. 4, GS, w, einsprachig)
rantun	B19: „(…) tut dann (…) ne Büroklammer ran, oder so ähnlich, ranknoten (…)" (FE23, Jgst. 5, GYM, m, einsprachig)
raufmachen	B20: „(…)muss man diesen Draht, muss man den raufmachen und mit den anderen auch so (…)" (WD14, Jgst. 4, w, mehrsprachig)
reinmachen	B21: „(…) und dann so Stromschnur (…), die macht man in diese Löcher [an der Lampe] rein, jeweils bei den Seiten (…)" (LO16, Jgst. 5, GYM, w, einsprachig)
reinpacken	B22: „(…) danach hat er das [?] dann mit die Drähten reingepackt (…)" (IO12, Jgst. 4, GS, m, mehrsprachig)
reinstöpseln	B23: „(…) und dann irgendwo reinstöpseln mit irgendwie einer Nadel (…)" (KL02, Jgst. 4, GS, m, mehrsprachig)
reintun	B24: „(…) dann muss man immer eine Stromkabel ans eine Loch von der Lampe reintun, die andere in das andere (…)" (DV18, Jgst. 5, GES, m, einsprachig)
(d)rumlegen	B25: „(…) dann macht man das eine Ende / legt man so da drum, um die Stecknadel (…)" (PA14, Jgst. 5, GYM, w, einsprachig)
rumwickeln	B26: „(…) dann muss man diese Leitung mit dem Draht halt da rumwickeln und dann an so ne Lampe stecken, an so n Stecker, und das von beiden Seiten (…)" (DV14, Jgst, 5, GYM, m, einsprachig)
stecken	B27: „(…) man nimmt Kabel, so Drähte, und steckt sie an ne Batterie und an ne Lampe. Den einen an die eine Seite der Batterie an einen Pol, den anderen an die andere Seite (…)" (LC16, Jgst. 5, GYM, m, einsprachig)
tun	B28: „(…) dann macht man noch n anderes Kabel, tut das an die Batterie (…)" (FE23, Jgst. 5, GYM, m, einsprachig)
verbinden	B29: „(…)dann muss man die Kabel mit der Lampe und mit der Batterie verbinden (…)" (JK31, Jgst. 5, GYM, m, einsprachig)
wickeln	B30: „(…) das eine Kabel hat er um eine Büroklammer gewickelt (…)" (OE01, Jgst. 4, GS, m, einsprachig)
zusammenbauen	B31: „(…) man baut sie [die Sachen] zusammen (…)" (MR26, Jgst. 5, GES, w, einsprachig)
zusammenmachen	B32: „(…) dann hat er das [Kabel, Lampe und Batterie] zusammengemacht (…)" (AR13, Jgst. 4, GS, m, einsprachig)
zusammensetzen	B33: „(…) dann hat er die Teile, die er da hatte, zusammengesetzt (…)" (PT07, Jgst. 5, GYM, m, einsprachig)
zusammenstecken	B34: „(…) muss dann das alles [Lampe, Batterie, Kabel] zusammenstecken und verbinden (…)" (DR10, Jgst. 4, GS, m, einsprachig)

Aus der Liste der empirischen Äußerungsbelege geht hervor, dass bei der Verbalisierung der Sequenz vorzugsweise Präfix- und Partikelverben genutzt werden. Unter Partikelverben sind nach Eichinger (2000) komplexe Verben zu verstehen, die aus einem Verbstamm und einer auch als Präposition vorkommenden Partikel (z. B. *an, ab, aus*) gebildet werden (z. B. *zusammenbauen*). Partikelverben unterscheiden sich von Präfixverben insofern, als ihre beiden Bestandteile im Satz getrennt voneinander auftreten können, sie also eine Satzklammer[10] bilden können (z. B. *Man baut die Sachen zusammen.*). Präfixverben bestehen hingegen aus einem Verbstamm und einem Präfix, also einem Wortbestandteil, der alleinstehend keine eigene Funktion (mehr) hat (z. B. *ver-*). Die Bestandteile von Präfixverben bleiben im Satz immer miteinander verbunden und bilden keine Satzklammer.

Neben Partikel- und Präfixverben treten in den Daten einige Passepartout-Verben (*tun, machen*) auf, aber auch spezifischere Verben (wie *wickeln, stecken, binden*) werden genutzt. Viele der gelisteten Verben treten in den Daten nur ein- oder zweimal auf, weshalb eine semantische Bündelung von Ausdrücken sinnvoll ist. So werden alle Verben mit dem Simplex *machen* zusammengefasst betrachtet, mit einer Ausnahme: dem Ausdruck *festmachen*. Zudem werden die Passepartout-Verben *tun* und *packen*[11] mit ihren verschiedenen Kombinationsmöglichkeiten mit Partikeln zusammengenommen. Die Ausdrücke *setzen* und *bauen* mit ihren Kombinationsmöglichkeiten werden ebenfalls zusammengefasst. Zuletzt werden die spezifischen Verben *binden, wickeln, drehen, legen, schrauben* mit ihren Kombinationsmöglichkeiten gemeinsam betrachtet.

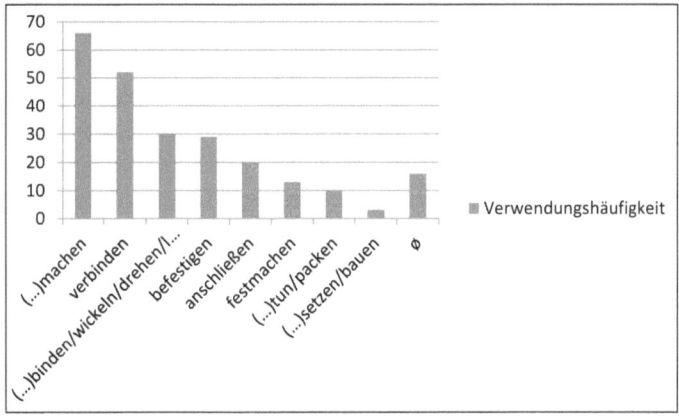

Abbildung 1: Verteilung der Verben nach Verwendungshäufigkeit

Abbildung 1 zeigt die Verteilung der Verben nach ihrer Verwendungshäufigkeit. Auffällig ist dabei, dass am häufigsten Ausdrücke mit dem Passepartout-Verb *machen* von den SchülerInnen genutzt werden (insg. 66 Vorkommen).

Semantisch besitzen Passepartout-Verben einerseits eine Verwendungsvielfalt und -flexibilität durch ihre Passepartout-Bedeutung (,überall hindurchgehen'), ihre

---

10 Zur Satzklammer als besonderer Charakteristik des Deutschen s. Weinrich (1986).
11 Der Ausdruck *packen* als Passepartout-Verb ist im norddeutschen Sprachraum anzutreffen und wird dort z. T. exzessiv genutzt. Der Ausdruck kann u. a. *tun, setzen, legen* oder *stellen* ersetzen.

konkrete Bedeutung ist allerdings sehr reduziert. So beruht beim Verb **machen** das ahd. *machôn* nach Grimm & Grimm[12], 1854–1971 (Bd. 12, Sp. 1363–1397) auf dem ahd. Adjektiv *gamah* mit der Bedeutung „gewöhnlicher *makligr* ziemend, passend, bequem" (a. a. O., Bd. 12, Sp. 1363). Das Verb *machen* „entwickelt sich demnach von der vorstellung des passend machens, bereitens aus". Seinen Bedeutungskern bildet „die überlegende und zielbewuszte arbeit" (a. a. O., Bd. 12, Sp. 1364). Das Verb *machen* fasst also den Handlungsaspekt an sich mit einer gewissen Zielorientierung und Arbeitskomponente, jedoch keine spezifische Handlung. Ähnlich wird das Verb auch bei Pons (2004) mit ‚etw. anfertigen, produzieren, etwas tun' (vgl. ebd., S. 872) gefasst. Neben der bereits zitierten kurzen Erläuterung findet sich bei Grimm & Grimm noch eine Vielzahl von Funktionsverb-Gefügen und anderen Kollokationen (insg. 34 Spalten), die mit dem Passepartout-Verb *machen* gebildet werden. Im Leipziger Korpus (http://wortschatz.uni-leipzig.de/) wird eine große Anzahl an Synonymen zu *machen* angegeben, die eine sehr viel spezifischere Bedeutung als das Basisverb aufweisen und untereinander nicht unbedingt als Synonyme fungieren können.

Passepartout-Verben treten nicht nur alleine auf, sondern werden häufig präfigiert und erlangen so eine spezifischere Bedeutung, wobei hier die Bedeutung im Präfix konzentriert ist.[13] Dadurch büßt das Simplex seine vielseitige Verwendungsmöglichkeit ein wenig ein, erlangt aber in Kombination mit dem Präfix oder der Partikel eine spezifischere Bedeutung (Mungan, 1986). Die Kombination von semantisch gehaltvollen Präfixen oder Partikeln mit Passepartout-Verben ist eine schnelle und einfache Möglichkeit, sich auszudrücken, und auch im Spracherwerb durchaus früh zu beobachten (Clark, 1993). Entsprechend häufig sind solche Ausdrücke im mündlichen Diskurs zu finden, in dem die Zeit für verbale Planungstätigkeiten des Sprechers begrenzt ist.

Am zweithäufigsten (insg. 52mal) wird das Präfixverb **verbinden** von den SchülerInnen verwendet. Dieses Verb ist semantisch deutlich komplexer und sehr viel spezifischer. Das nicht-trennbare Präfixverb mit spezifischem Simplex hat die Bedeutung ‚mit etw. zusammenfügen, verknüpfen, eine Verkehrsverbindung zwischen zwei Orten herstellen, eine Leitung zwischen zwei Teilnehmern schalten' (vgl. Pons, 2004, S. 1440), ‚einen Kontakt / eine Überbrückung zwischen zwei Punkten herstellen' (vgl. Duden [6]2007, S. 1794). Das Präfix *ver-* hat „die bedeutung des einfachen zeitwortes nicht wesentlich geändert, sondern nur verstärkt, festbinden. es theilt sich diese bedeutung nach zwei richtungen, insofern das verdecken oder das festaneinanderfügen betont wird" (Grimm & Grimm, 1854–1971, Bd. 25, Sp. 116).

_____

12 Das Deutsche Wörterbuch (DWB) von Grimm und Grimm ist bis heute das umfangreichste und detaillierteste etymologische Wörterbuch zum Deutschen.

13 Lange (2007) untersucht die Nutzung der Passepartout-Verben *machen, haben, gehen* und *kommen* bei Kindern im Alter von 4 bis 5 Jahren. Sie stellt fest, dass bei Präfix- und Partikelverben mit Passepartout-Simplex die Partikeln die semantisch dominanten Einheiten sind.

Im vorliegenden Fall wird der Ausdruck nur im Sinne des ‚Fest-aneinander-Fügens‘ genutzt. Bei dieser abstrakteren Verwendungsweise tritt die Bedeutung des Bandes (wie bei ‚eine Wunde verbinden‘) zurück und die Bedeutung des ‚Zusammenfügens‘ steht im Vordergrund. Grimm & Grimm (Bd. 25, Sp. 115–125) weisen darauf hin, dass – im Gegensatz zum einfachen Verb *binden* – der Ausdruck *verbinden* i. d. R. keine sinnlich wahrnehmbare, sondern eine abstrakte bzw. bildliche Bedeutung hat.[14] Der Ausdruck *verbinden* enthält also bereits ein Konzept davon, dass eine Verbindung, eine Überbrückung notwendig ist, damit der Strom fließen kann. Es geht hier also nicht primär um die beobachtbare Handlung des Experimentators, sondern im Fokus steht die zugrundeliegende Funktion, der diese Handlung dient.[15]

An dritter Stelle steht eine Vielzahl an spezifischen (Partikel-)Verben, die die sichtbare Handlung der im Film gezeigten Person relativ spezifisch umschreiben. Alle Ausdrücke haben gemeinsam, dass sie mit einem spezifischen Simplex gebildet werden (**binden, drehen, legen, schrauben, wickeln**). Das Simplex **binden** bedeutet ‚etw. zu umwickeln, etw. einzufassen‘ (vgl. Pons, 2004, S. 200). Ähnlich verhält es sich mit dem Simplex **wickeln** mit der Bedeutung ‚etw. um etw. herumlegen, etw. einhüllen‘ (s. a. a. O., S. 1575). Beide Verbstämme weisen gewisse semantische Ähnlichkeiten auf. Auch *drehen* und *schrauben* gehören demselben Wortfeld an. Während **drehen** die Bedeutung ‚etw. wenden, um die eigene Achse bewegen, in kreisförmiger Bewegung‘ (vgl. a. a. O., S. 309) hat, ist unter **schrauben** zu verstehen: ‚mit Schrauben etw. zu befestigen‘, dies meist jedoch ‚mit drehender, kreisförmiger Bewegung‘ (vgl. a. a. O., S. 1204). Einzig der Ausdruck **legen** (‚in eine bestimmte Lage bringen‘, vgl. a. a. O., S. 836) fällt hier etwas aus der Reihe. Allen Ausdrücken gemeinsam ist also eine bestimmte Handlung, wobei sie – im Gegensatz zum Basisverb *machen* – die Handlung spezifizierter darstellen. Immerhin 30mal werden Ausdrücke dieser Art von den SchülerInnen genutzt, um die Handlung zu umschreiben.

Insgesamt 29mal wird das Präfixverb **befestigen** von den SchülerInnen verwendet. Das nicht-trennbare Verb mit spezifischem Simplex hat die Bedeutung ‚etw. mit einer festen Verbindung anbringen, stabil machen‘ (Pons, 2004, S. 146). Dieses Verb hat heute keine metaphorischen Bedeutungen mehr,[16] der Fokus liegt hier auf der lokalen Fixierung eines Gegenstands an einem anderen.

Mit immerhin noch 20 Vorkommen wird das Partikelverb **anschließen** genutzt. Auch hier handelt es sich um ein Verb mit spezifischem Simplex. Im konkreten Sinne hat es die Bedeutung ‚mit etw. verbinden, mit einem Schloss befestigen‘ (vgl. Pons, 2004, S. 72) und damit einen stärkeren Fokus auf der Handlung

---

14 Hier unterscheidet sich das Verb z. B. vom einfachen Verb *binden* und dem Partikelverb *anbinden*, die in den Daten ebenfalls genutzt wird.

15 Zur Funktion von *ver-* bei der Wortbildung vgl. Redder (2012a).

16 Anders ist dies noch bei Grimm & Grimm (Bd. 1, Sp. 1257–1258), die noch die abstraktere Verwendungsweise ‚eine Freundschaft befestigen, bekräftigen‘ erwähnen.

des Befestigens, im Gegensatz zum Ausdruck *verbinden*, bei dem der Fokus nicht auf dem Festmachen liegt (eine Verbindung kann auch lose sein, z. B. durch eine einfache Berührung). Der Ausdruck *anschließen* hat jedoch auch eine metaphorische Bedeutung (z. B. ‚den einen Ort ans Telefonnetz anschließen, ein Gerät an das Stromnetz anschließen'), die hier neben der konkreten Bedeutung sehr viel stärker zum Tragen kommt, da durch die Kabel die Glühlampe an die Stromquelle angeschlossen wird. SchülerInnen, die diesen Ausdruck nutzen, erkennen also – ähnlich wie beim Verb *verbinden* – die zugrundeliegende Funktion, die die sichtbare Handlung hat, und verbalisieren diese in dem Ausdruck gleich mit.

Das Partikelverb ***festmachen*** mit Passepartout-Simplex tritt in den Daten 13mal auf. Nach Pons (2004) hat es die Bedeutung ‚befestigen; bewirken, dass etwas eine feste Verbindung mit etwas hat' (vgl. ebd., S. 442). Dieselbe Bedeutungszuweisung findet sich bei Grimm und Grimm (1854–1971). Dieser Ausdruck hat – wie *befestigen* – ebenso den Fokus auf der Fixierung eines Gegenstandes an einem anderen. Zwar hat der Ausdruck zudem eine metaphorische Bedeutung (‚etw. feststellen'). Diese kann für die Instruktion im Bereich „Strom" aber nicht genutzt werden. Die SchülerInnen, die dieses Verb nutzen, gebrauchen es also in seiner konkreten Bedeutung.

Ausdrücke mit dem Passepartout-Simplex ***tun*** (‚arbeiten, leisten, handeln, machen', vgl. Pons, 2004, S. 1356) oder ***packen*** (standardsprachlich ‚ergreifen, festhalten', s. Pons, 2004, S. 1016) werden von den SchülerInnen kaum genutzt (insges. nur 10mal). Der Passepartout-Verbstamm ***tun*** hat seine Wurzeln bereits im westgermanischen *dâ*, aus dem sich ahd. *tuon duon, tuan duan tuen, toan tôn dôn* gebildet hat (Grimm & Grimm, 1854–1971. Bd. 21, Sp. 435). Nach Grimm & Grimm hat sich die ursprüngliche Bedeutung von *thun* (‚setzen, legen') bereits frühzeitig erweitert um ‚setzen, legen, stellen, richten, an einen oder von einem bestimmten ort bringen, nehmen', „mit angabe der richtung" (Bd. 21, Sp. 436). D. h. das Verb wird vor allem in Kombination mit Partikeln (wie der Richtungsdeixis *hin-* oder dem Adverb *weg-*) genutzt. Bei einer Reihe von Verwendungsmöglichkeiten wurde der Ausdruck *tun* im Laufe der Zeit durch *machen* ersetzt. Grimm & Grimm (1854–1971) weisen auf die Bedeutungsverwandtschaft von *machen* mit dem Verb *tun* hin, wobei *tun* noch den Aspekt des Platzierens beinhaltet, der Arbeitsaspekt hingegen weniger stark ist. Ähnlich wird im norddeutschen Raum das Verb ***packen*** (standardsprachlich *ergreifen, festhalten*, s. Pons, 2004, S. 1016) genutzt. Beide Verben haben also – ähnlich dem Verb *machen* – eine relativ diffuse Eigensemantik. Sie bezeichnen den Handlungsaspekt an sich, allein mit der Spezifizierung durch den Platzierungsaspekt. Diese Ausdrücke sind also einerseits vielseitig einsetzbar, andererseits fehlt ihnen eine gewisse Spezifik, die im schulischen Handlungszusammenhang verlangt wird. Im hier untersuchten Handlungszusammenhang ist für eine gelungene Verbalisierung der Platzierungsaspekt jedoch zu stark in den Verben verankert.

Die Partikelverben *(…)setzen / bauen* mit spezifischem Simplex werden insgesamt nur 3mal von den SchülerInnen herangezogen, meist mit der Bedeutung ,einen Stromkreis zusammensetzen bzw. zusammenbauen'. Beide Partikelverben haben auf der Bedeutungsebene gemeinsam, dass ,etw. aus Teilen zu einem Ganzen' wird (vgl. Pons, 2004, S. 1650 und 1655). Hier haben die SchülerInnen nicht mehr die spezifische Handlung im Blick, sondern schon den Stromkreis als ganzen, der nur durch das Zusammenfügen einzelner Teile entstehen kann. Die konkrete Handlung wird in diesem Fall bei der Verbalisierung nicht mehr beachtet.

Im Folgenden wird die Verb-Nutzung nach der Globaleinschätzung der Instruktionen betrachtet. Hier findet sich eine deutlich andere Verteilung.

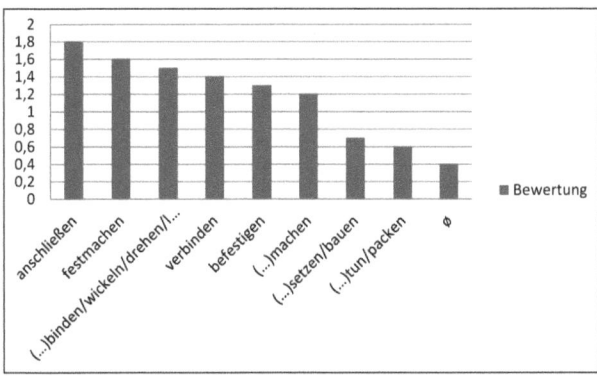

Abbildung 2: Verteilung der Verben nach Globaleinschätzung der Instruktion

Abbildung 2 zeigt, dass SchülerInnen, die überdurchschnittlich gut abschneiden, eher zu den Ausdrücken *anschließen, festmachen, verbinden* neigen. Haben diese SchülerInnen – z. T. auch durch die mündliche Erhebungssituation verursacht – Wortfindungsschwierigkeiten, greifen sie eher auf Ausdrücke wie *(…)binden, -wickeln, -drehen, -schrauben* etc. zurück, also auf spezifische Ausdrücke, die die Handlung genauer umschreiben. Sehr viel seltener nutzen sie Verben mit Passepartout-Simplex wie *machen* oder *tun*. SchülerInnen, die bei der Instruktion gut abschneiden, steht also offensichtlich ein vielfältiger Wortschatzpool zur Verfügung, auf den sie zurückgreifen und aus dem sie einen passenden Ausdruck auswählen können. Allerdings nutzen auch diese SchülerInnen überdurchschnittlich häufig das Partikelverb *festmachen*, das mit dem einfachen Passepartout-Verb *machen* gebildet wird. Einfache Ausdrücke, die semantisch geeignet sind, treten also auch in sehr guten Instruktionen häufig auf.

Interessanterweise wird der Ausdruck *verbinden*, der neben *anschließen* ebenfalls semantisch sehr komplex ist, vorzugsweise von SchülerInnen mit mittlerer Bewertung genutzt. Möglicherweise tritt im Unterricht zum Thema *Strom* dieses Verb besonders häufig auf. Von dieser Gruppe wird zudem das konkrete Präfixverb *befestigen* häufig genutzt. Auch diese Gruppe greift auf diverse Partikelverben, die mit dem Simplex *machen* gebildet werden, zurück, die im Handlungszusammenhang semantisch sinnvoll sind. Die SchülerInnen der mittleren Gruppe haben also ebenfalls die Möglichkeit, bei Wortfindungsschwierigkeiten auf passende Ausdrücke zurückzugreifen. Diese sind dann zwar deutlich unspezifischer als in der besten Gruppe, da ein Passepartout-Simplex gewählt wird, dennoch ist das Verständnis für den Hörer kaum eingeschränkt.

SchülerInnen hingegen, die bei der Globaleinschätzung im Schnitt am schlechtesten abschneiden, versprachlichen die Sequenz entweder überhaupt nicht, oder das Verb wird bei der Realisierung einfach ausgelassen. Ob der Grund für die Auslassung in Wortfindungsschwierigkeiten oder in diskursstrukturierenden Schwierigkeiten liegt, bleibt hier unklar. Wird die Sequenz dennoch verbalisiert, greifen diese SchülerInnen deutlich häufiger auf die für die zu verbalisierende Handlung unpassenden Ausdrücke *tun* und *packen* zurück. Offensichtlich können diese SchülerInnen nur schwer das semantisch passendere Passepartout-Verb *machen* und seine Kombinationsmöglichkeiten nutzen, um die Handlung des Verbindens der Kabel auszudrücken. Die SchülerInnen mit schlechter Globaleinschätzung haben also zum einen deutlich weniger spezifische Ausdrücke für die Verbalisierung zur Verfügung, zum anderen können sie offensichtlich nicht so leicht auf die Wortbildungsmöglichkeiten, die das Deutsche bietet, zurückgreifen. Diese SchülerInnen haben also nicht nur einen deutlich kleineren Wortschatzpool zur Verfügung, sie können diesen auch schlechter produktiv nutzen, um neue Wortkombinationen zu generieren.

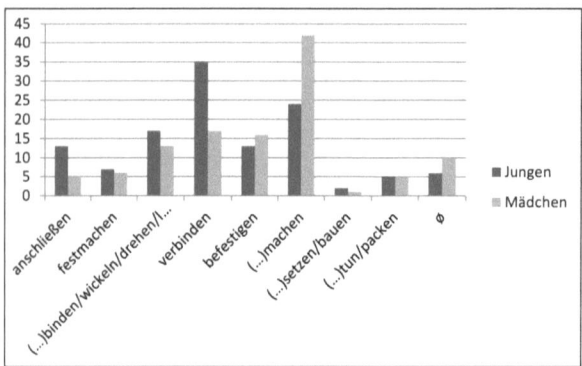

Abbildung 3: Verwendungshäufigkeit nach Geschlecht

Vergleicht man die Verbnutzung der beiden Geschlechter, zeigt sich in Abbildung 3, dass die Jungen in der Auswahl der Verben deutlich häufiger auf solche Verben zurückgreifen, die sich nicht nur auf die konkrete Handlung beziehen, sondern auch auf das dahinterliegende Konzept (wie *anschließen*, *verbinden*). Die Mädchen hingegen greifen sehr viel häufiger auf Kombinationen mit dem Simplex *machen* zurück und bleiben damit nicht nur auf der Ebene der konkreten Handlung, sondern auch relativ unspezifisch. Diese starken Geschlechterunterschiede bei der Verbalisierung waren nicht zu erwarten, da Mädchen in Studien in der Regel im sprachlichen Bereich besser abschneiden als Jungen (vgl. u. a. PISA 2003).

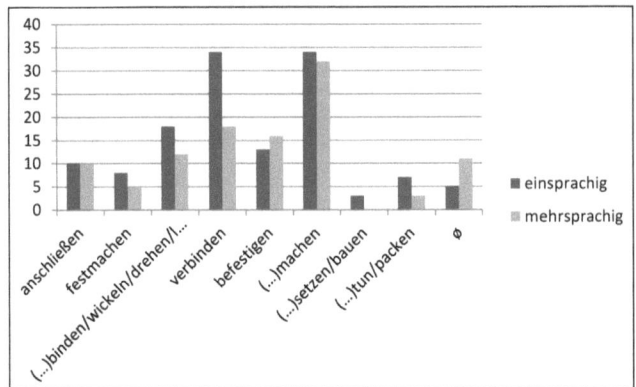

Abbildung 4: Verwendungshäufigkeit nach Einsprachigkeit/Mehrsprachigkeit

Die Unterschiede zwischen den ein- und mehrsprachigen SchülerInnen sind etwas geringer. Deutliche Unterschiede zeigen sich vor allem bei der Nutzung des Verbs *verbinden*, das etwa doppelt so häufig von einsprachigen Kindern verwendet wird. Zudem greifen diese etwas häufiger auf Partikel- und Präfixverben mit spezifischem Simplex zurück. Grund hierfür könnte ein größerer Wortpool sein, auf den sie zurückgreifen können. So finden sich bei den mehrsprachigen SchülerInnen deutlich mehr Nicht-Realisierungen als bei den einsprachigen Kindern.

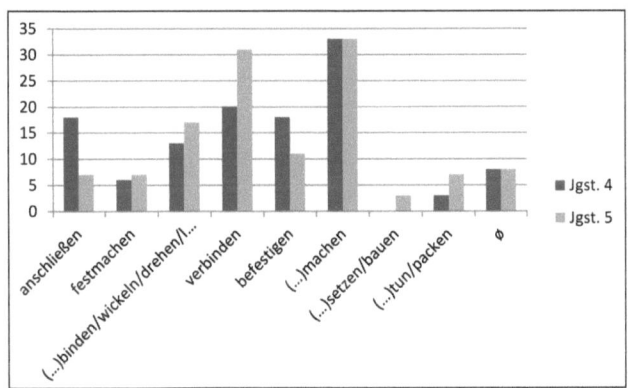

Abbildung 5: Verwendungshäufigkeit nach Jahrgangsstufe

Der Vergleich der Jahrgangsstufen zeigt, dass Viert- und FünftklässlerInnen etwa gleichhäufig auf Verben zurückgreifen, die nicht die konkrete Handlung, sondern das dahinterliegende Konzept beschreiben. Dabei bevorzugen die Viertklässler-

Innen den Ausdruck *anschließen*, während SchülerInnen der Jgst. 5 häufiger den Ausdruck *verbinden* wählen. Unter den konkreten Handlungsverben greifen SchülerInnen der Jgst. 4 häufiger auf *befestigen* zurück, SchülerInnen der Jgst. 5 hingegen auf andere Partikelverben mit unterschiedlichem Simplex. Die Nutzung des Passepartout-Verbs *machen* bleibt in beiden Jahrgangsstufen hingegen gleich. Unterschiede bei der Null-Realisierung finden sich nicht.

Bei der Betrachtung des SLA zeigen sich im Hinblick auf die abstrakteren Ausdrücke *anschließen* und *verbinden* keine gravierenden Unterschiede zwischen SchülerInnen mit hohem und niedrigem SLA. Bei den Verben, die die konkrete Handlung beschreiben, sieht das anders aus. Mehr als doppelt so häufig verwenden SchülerInnen aus Schulen mit niedrigem SLA das Präfixverb *befestigen* sowie Partikelverben mit spezifischem Simplex. SchülerInnen aus Schulen mit hohem SLA hingegen bevorzugen das Passepartout-Verb *machen* oder Partikelverben, die mit diesem gebildet werden. Auch dieses Ergebnis weist darauf hin, dass Kinder aus Schulen mit niedrigem SLA Zugang zu einem größeren Wortschatzpool haben, aus dem sie für ihre Verbalisierungen spezifische Ausdrücke auswählen und mittels Wortbildungsverfahren weiter spezifizieren können. SchülerInnen aus Schulen mit hohem SLA greifen ebenfalls auf die Wortbildungsverfahren des Deutschen zurück, nutzen dafür jedoch sehr viel häufiger einen Passepartout-Simplex. Zudem kommen Null-Realisierungen fast ausschließlich bei SchülerInnen aus Schulen mit hohem SLA vor.

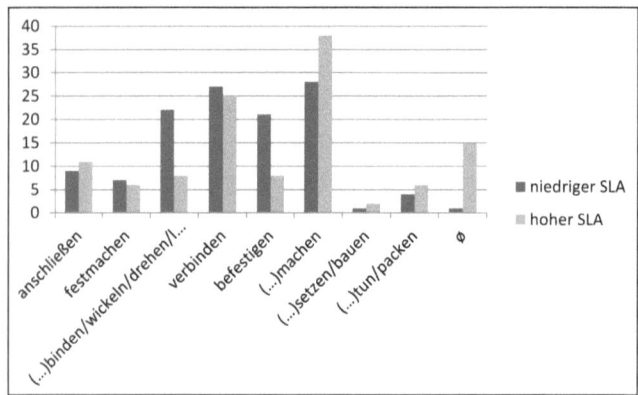

Abbildung 6: Verwendungshäufigkeit nach SLA

3. Fazit

Die Ergebnisse zeigen, dass SchülerInnen der Jgst. 4 und 5 für die Verbalisierung einer einzigen Handlung eine Vielzahl an Ausdrücken nutzen. Dabei unterscheiden sich die verwendeten Ausdrücke im Hinblick auf den Abstraktionsgrad ihrer

Bedeutung deutlich. So fokussieren die Verben *verbinden* und *anschließen* nicht auf die konkret beobachtbare Handlung, sondern vielmehr auf das dahinterliegende Konzept des Stromkreises. Deutlich häufiger werden von den SchülerInnen jedoch Verben verwendet, die die konkret beobachtbare Handlung benennen. Solche Verben können eine sehr spezifische Handlung bezeichnen (wie z. B. *befestigen*) oder sehr diffus bleiben (z. B. *machen*). SchülerInnen, die eher eine sehr gute Instruktion realisieren, nutzen dabei auffällig häufig spezifische Ausdrücke.

Die Ergebnisse lassen zudem vermuten, dass auch die fachliche Kenntnis über das Thema „Strom" eine wichtige Rolle bei der Fähigkeit, darüber zu sprechen, spielt. Dies zeigt sich u. a. daran, dass Jungen, die generell ein größeres, auch außerschulisches Interesse an diesem Themengebiet haben, bei den Instruktionen deutlich besser abschneiden als ihre Mitschülerinnen, die vermutlich nur im Unterricht das Thema behandelt haben, obwohl Mädchen in Schulleistungsstudien generell besser bei sprachlichen Aufgaben abschneiden. Ist das der Fall, könnte das fachliche Vorwissen für die erfolgreiche Versprachlichung eine wichtigere Rolle spielen als bisher angenommen. Um hierzu eindeutigere Ergebnisse zu erzielen, sollte dieser Aspekt auch bei Studien zum Sprachstand und Spracherwerb im schulischen Zusammenhang miterfasst werden.

4. Literatur

Ahrenholz, B. (2010). Bildungssprache im Sachunterricht der Grundschule. In B. Ahrenholz (Hrsg.), *Fachunterricht und Deutsch als Zweitsprache*. Tübingen: Narr, 15–36

Apeltauer, E. (2004). Sprachliche Frühförderung von zweisprachig aufwachsenden türkischen Kindern im Vorschulbereich. Bericht über die Kieler Modellgruppe. *Flensburger Papiere zur Mehrsprachigkeit und Kulturenvielfalt im Unterricht, Sonderheft 1*

Apeltauer, E. (2006). Sprachliche Frühförderung von Kindern mit Migrationshintergrund. *Flensburger Papiere zur Mehrsprachigkeit und Kulturenvielfalt im Unterricht, 42/43*

Apeltauer, E. (2008). Wortschatzentwicklung und Wortschatzarbeit. In B. Ahrenholz & I. Oomen-Welke (Hrsg.), *Deutsch als Zweitsprache*. Baltmannsweiler: Schneider Hohengehren, 239–252

Augst, G. (1978). Zur Ontogenese des Metaphernerwerbs – eine empirische Pilotstudie. In G. Augst (Hrsg.), *Spracherwerb von 6 bis 16. Linguistische, psychologische, soziologische Grundlagen*. Düsseldorf: Schwann, 220–232

Baur, R. S., Bäcker, I. & Wölz, K. (1993). Zur Ausbildung einer fachsprachlichen Handlungsfähigkeit bei Schülerinnen und Schülern mit der Herkunftssprache Russisch. *Zeitschrift für Fremdsprachenforschung, 4/2*, 4–38

Berendes, K., Dragon, N., Weinert, S., Heppt, B. & Stanat, P. (2013). „Bildungssprache" diagnostizieren. Entwicklung eines Instruments zur Erfassung von bildungssprachlichen Fähigkeiten bei Viert- und Fünftklässlern. In A. Redder & S. Weinert (Hrsg.), *Sprachförderung und Sprachdiagnostik – interdisziplinäre Perspektiven*. Münster: Waxmann, 17–41 (in diesem Band)

Bildungsbericht Hamburg 2011. Hrsg. von der Behörde für Schule und Berufsbildung. Institut für Bildungsmonitoring. Hamburg: Alsterdruck

Bühler, K. (1934/Nachdruck 1982). *Sprachtheorie. Die Darstellungsfunktion der Sprache.* Stuttgart/New York: UTB Gustav Fischer

Clark, E. V. (1993). *The Lexicon in Acquisition.* Cambridge: Cambridge University Press

Duden (⁶2007). *Deutsches Universalwörterbuch.* Mannheim u. a.: Dudenverlag

Eckhardt, A. G. (2008). *Sprache als Barriere für den schulischen Erfolg. Potenzielle Schwierigkeiten beim Erwerb schulbezogener Sprache für Kinder mit Migrationshintergrund.* Münster: Waxmann

Ehlich, K. (2005). Sprachaneignung und deren Feststellung bei Kindern mit und ohne Migrationshintergrund: Was man weiß, was man braucht, was man erwarten kann. In K. Ehlich et al., *Anforderungen an Verfahren der regelmäßigen Sprachstandsfeststellung als Grundlage für die frühe und individuelle Sprachförderung von Kindern mit und ohne Migrationshintergrund.* Bonn/Berlin: Bundesministerium für Bildung und Forschung, 11–75 (Bildungsforschung, 11)

Ehlich, K. & Rehbein, J. (1976). Halbinterpretative Arbeitstranskriptionen (HIAT). *Linguistische Berichte, 45,* 21–46

Eichinger, L. M. (2000). *Deutsche Wortbildung: Eine Einführung.* Tübingen: Narr

Eisenberg, P. & Linke, A. (1996). Wörter. *Praxis Deutsch 139,* 20–30

Grimm, J. & Grimm, W. (1854-1971). *Wörterbuch der deutschen Sprache.* Frankfurt a. M.: Zweitausendeins

Harnisch, U. (1991). Zur Begriffsentwicklung in zwei Sprachen. Ein Erfahrungsbericht in einem Schulversuch zur zweisprachigen Erziehung. In H. Barkowski & G. R. Hoff (Hrsg.), *Berlin – interkulturell. Ergebnisse einer Berliner Konferenz zu Migration und Pädagogik.* Berlin: Colloquium, 109–120

Hoffmann, L. (1999). Ellipse und Analepse. In J. Rehbein & A. Redder (Hrsg.), *Grammatik und mentale Prozesse.* Tübingen: Stauffenburg, 69–91

Huttenlocher, J., Smiley, P. & Ratner, H. (1985). Was verraten Wortbedeutungen über die kognitive Entwicklung? In Th. B. Seiler & W. Wannenmacher (Hrsg.), *Begriffs- und Wortbedeutungsentwicklung. Theoretische, empirische und methodische Untersuchungen.* Berlin: Springer, 211–230

Jeuk, S. (2003). *Erste Schritte in der Zweitsprache Deutsch. Eine empirische Untersuchung zum Zweitspracherwerb türkischer Migrantenkinder in Kindertageseinrichtungen.* Freiburg i. Br.: Fillibach

Karasu, I. (1995). *Bilinguale Wortschatzentwicklung bei türkischen Migrantenkindern vom Vor- bis ins Grundschulalter in der Bundesrepublik Deutschland.* Frankfurt a. M.: Lang

Kauschke, C. (2000). *Der Erwerb des frühkindlichen Lexikons – eine empirische Studie zur Entwicklung des Wortschatzes im Deutschen.* Tübingen: Narr

Kostyuk, N. (2005). *Der Zweitspracherwerb beim Kind. Eine Studie am Beispiel des Erwerbs des Deutschen durch drei russische Kinder.* Hamburg: Kovac

Landua, S., Maier-Lohmann, Ch. & Reich, H. H. (2008). Deutsch als Zweitsprache. In K. Ehlich, U. Bredel & H. H. Reich (Hrsg.), *Referenzrahmen zur altersspezifischen Sprachaneignung – Forschungsgrundlagen.* Bonn/Berlin: Bundesministerium für Bildung und Forschung, 171–201 (Bildungsforschung, 29/II)

Lange, B. (2007). *Machen, haben, gehen, kommen: Einige „Passepartout"-Verben im Primärspracherwerb des Deutschen.* Frankfurt a. M.: Lang

Menk, A.-K. (1989). Sprachliches Lernen im Fachunterricht. *Deutsch lernen, 14,* 153–165

Mungan, G. (1986). *Die semantische Interaktion zwischen dem präfigierenden Verbzusatz und dem Simplex bei deutschen Partikel- und Präfixverben.* Frankfurt a. M.: Lang

PISA-Konsortium Deutschland (Hrsg.) (2004). *PISA 2003. Der Bildungsstand der Jugendlichen in Deutschland – Ergebnisse des zweiten internationalen Vergleichs.* Münster: Waxmann

Pons (2004). *Großwörterbuch Deutsch als Fremdsprache.* Stuttgart: Klett Sprachen

Redder, A. (2012). Wissen, Erklären und Verstehen im Sachunterricht. In H. Roll & A. Schilling (Hrsg.), *Mehrsprachiges Handeln im Fokus von Linguistik und Didaktik.* Duisburg: UVRR, 117–134

Redder, A. (2012a). Prozedurale Re-Analyse von elementaren Wortarten und Wortbildung. *Jahrbuch Deutsch als Fremdsprache, 37,* 125–141

Redder, A. (2013). Produktivität der Diskontinuität. Verbalkomplex und komplexe Verben in der Bildungssprache. In K.-M. Köpcke & A. Ziegler (Hrsg.), *Wohin steuert die Schulgrammatik – Kontinuität und Wandel.* Berlin: de Gruyter, 307–328

Redder, A., Uesseler, S. & Ramforth, M. (2013). *Bildungssprachliche Kompetenzen – Anforderungen, Sprachverarbeitung, Diagnostik.* Teilprojekt Linguistik im FiSS-Verbund; Abschlussbericht im Januar 2013, eingereicht beim BMBF. Hamburg

Rothweiler, M. & Meibauer, J. (1999). Das Lexikon im Spracherwerb – Ein Überblick. In M. Rothweiler & J. Meibauer (Hrsg.), *Das Lexikon im Spracherwerb.* Tübingen: Francke, 9–31

Schmidlin, R. (1999). *Wie Deutschschweizer Kinder schreiben und erzählen lernen. Textstruktur und Lexik von Kindertexten aus der Deutschschweiz und aus Deutschland.* Tübingen: Francke

Smith, Ch. A. & Sachs, J. (1990). Cognition and the verb lexicon in early lexical development. *Applied Psycholinguistics, 11,* 409–424

Swain, M. & Lapkin, S. (1995). Problems in output and the cognitive processes they generate: a step towards second language learning. *Applied Linguistics, 16,* 371–391

Uesseler, S. (2011). Alltägliche Wissenschaftssprache im Unterricht – eine Fallanalyse. In U. Behrens & B. Eriksson (Hrsg.), *Sprachliches Lernen zwischen Mündlichkeit und Schriftlichkeit.* Bern: hep, 55–74

Uesseler, S., Runge, A. & Redder, A. (2013). „Bildungssprache" diagnostizieren – Entwicklung eines Instruments zur Erfassung von bildungssprachlichen Fähigkeiten bei Viert- und Fünftklässlern. In A. Redder & S. Weinert (Hrsg.), *Sprachförderung und Sprachdiagnostik – interdisziplinäre Perspektiven.* Münster u. a.: Waxmann, 42–67 (in diesem Band)

Weinrich, H. (1986). Klammersprache Deutsch. In G. Drosdowski (Hrsg.), *Sprachnormen in der Diskussion. Beiträge vorgelegt von Sprachfreunden.* Berlin/New York: de Gruyter, 116–145

Katrin Neumann und Harald A. Euler

Kann ein Sprachstandsscreening zwischen dem Bedarf für Sprachförderung und für Sprachtherapie trennen?

1. Warum Sprachscreenings in Deutschland?

Das Beherrschen der Verkehrssprache im Vorschulalter ist ein Prädiktor für den Erwerb der Schriftsprache sowie für schulische Leistungen allgemein (Aram, Ekelman & Nation, 1984), damit letztlich auch für beruflichen Erfolg. Um hier früh fördernd oder regulierend einwirken zu können, rückten flächendeckende Sprachstandserfassungsprogramme im Kindergartenalter in den letzten Jahren in vielen Industrieländern in den Blickpunkt des Interesses.

In Deutschland ist es seit dem „PISA-Schock" bildungspolitisches Ziel, durch gezielte Sprachförderung oder Sprachtherapie eine ausreichende Deutschsprachfähigkeit der Schulanfänger zu sichern. Voraussetzung für individuell angepasste Förder- und Therapiekonzepte ist jedoch eine Erfassung des Sprachstands und seine Verlaufskontrolle. Deshalb haben verschiedene Bundesländer Screening-Programme für eine flächendeckende Erfassung der vorschulischen Sprachkompetenz implementiert (Schnieders & Komor, 2007). Deren Hauptproblem besteht darin, dass sie zwar sicher zwischen einem regelrechten Sprachentwicklungsstand und sprachlichen Auffälligkeiten unterscheiden können, letztere aber nicht ausreichend reliabel in eine gestörte Sprachentwicklung mit einem daraus folgenden Sprachtherapiebedarf und lediglich förderbedürftige Sprachkompetenzen differenzieren können. Daran wird im Folgenden angesetzt.

2. Zur Klassifikation sprachlicher Auffälligkeiten

Sprachliche Auffälligkeiten lassen sich in Sprachentwicklungsstörungen und umgebungsbedingte Sprachauffälligkeiten einteilen.

Sprachentwicklungsstörungen (SES) sind gekennzeichnet durch gravierende zeitliche und inhaltliche Abweichungen von der normalen Sprech- und Sprachentwicklung eines Kindes. Sie können das Sprachverständnis oder die Sprachproduktion oder beides auf einer, mehreren oder allen sprachlich-kommunikativen Ebenen betreffen. Etwa 40 bis 80% der Kinder, bei denen im Vorschulalter eine SES diagnostiziert wurde, weisen auch vier bis fünf Jahre später noch entsprechende Symptome auf (Aram et al., 1984). Für 40 bis 75% von Kindern mit umschriebenen (isolierten) Sprachentwicklungsstörungen (USES) wurden spätere Defizite im Schriftspracherwerb berichtet, die sich bis in das Jugend- und Erwachsenenalter negativ auswirken (Conti-Ramsden et al., 2008). SES bilden sich ohne Intervention meist nicht vollständig zurück und benötigen eine fachspezifische Diagnostik und Behandlung.

SES unterteilen sich in *Umschriebene Entwicklungsstörungen des Sprechens und der Sprache (USES* gem. ICD-10 F80-), die nicht auf andere Defizite zurückgeführt werden können, und SES, die mit eben solchen Defiziten assoziiert sind. Letztere umfassen SES bei Intelligenzminderungen, Hörstörungen, anderen Sinnes- und Mehrfachbehinderungen, tiefgreifende Entwicklungsstörungen wie Autismus, Störungen sozialer Funktionen mit Beginn in der Kindheit und Jugend, wie selektiver Mutismus, sprachrelevante Syndrome und Störungen motorischer Funktionen.

Prävalenzangaben zu SES reichen für den gut beforschten angelsächsischen Sprachraum von 3% bis 15%, meist von 6 bis 8%, wobei schwere Störungen in ca. 1% der Fälle auftreten. Jungen sind etwa doppelt so häufig betroffen wie Mädchen. Bei uneinheitlicherer Datenlage werden auch für den deutschen Sprachraum Prävalenzen mit 6 bis 15% angegeben (Grimm et al., 2004; Tröster & Reineke, 2007), wobei sie denen des angloamerikanischen Sprachraums ähneln sollten, da SES kulturuniversell sind. Entgegen landläufiger Meinungen hat der Anteil an von SES betroffenen Kindern in Deutschland in den letzten Jahren nicht zugenommen. Für USES wird entsprechend der Diagnosekriterien der International Classification of Diseases (ICD) von einer Prävalenz von 6 bis 8% ausgegangen. Das Geschlechterverhältnis wird meist mit 1.3 : 1 bis 3 : 1 Jungen : Mädchen angegeben. Die Prävalenz von mit Komorbiditäten assoziierten SES liegt einer konservativen Schätzung nach bei 3% betroffener Kinder (Kany & Schöler, 2007). Berücksichtigt man aber, dass Prävalenzen für „Schallleitungsschwerhörigkeit durch Tubenventilationsstörung" bereits mit etwa 10% bis 20% (Vorschulalter) und 5% bis10% (Schulalter) angegeben werden und die für geistige Behinderung mit 3% – beide Bedingungen können mit SES einhergehen –, so wird klar, dass die Zahl der Betroffenen auch durchaus größer sein könnte.

Bei USES sind Spracherwerb und Aufbau eines sprachlichen Regelsystems von frühen Stadien der Entwicklung an beeinträchtigt. Kennzeichnend sind ein später oder ausbleibender Beginn des Sprechens und ein verlangsamter Verlauf oder eine Stagnation der Sprachentwicklung. Die Identifikation bzw. Diagnosestellung einer USES kann keinesfalls durch ein Sprachscreening geleistet werden, da es sich hier um eine Ausschlussdiagnose handelt. Diese kann nur anhand medizinischer und psychologischer Kriterien gestellt werden und einer testbasierten Bemessung der expressiven und rezeptiven Störungsanteile für die verschiedenen linguistischen Ebenen, die in ihrem Ausmaß in einer definierten Diskrepanz zur jeweiligen Altersnorm stehen müssen (AWMF, 2011).

Hauptursache für USES sind genetische Faktoren (Rosenfeld & Horn, 2011). Umwelteinflüsse, insbesondere solche der Sprachsozialisation, sind deutlich weniger an der Genese von USES beteiligt. Insbesondere Auswirkungen der familiären Umgebung scheinen vernachlässigbar zu sein, bis auf den Umfang des Vokabulars. Damit scheint die in der Familie stattfindende Sprachanregung, und hier insbesondere die mütterliche, keine primäre Ursache für USES zu sein. In mehreren großen Studien wirkte sich der sozio-ökonomische Status nicht auf das Vorliegen einer USES aus. Es müssen also vor allem genetisch determinierte Entwicklungsfaktoren und möglicherweise gewisse psychosoziale und Umgebungsbedingungen als ursächlich für das Entstehen von USES angenommen werden. Weiterhin muss eine Gen-Umwelt-Kovariation in Betracht gezogen werden. Da die Ätiologie von USES noch nicht ausreichend geklärt und meist nur für Subgruppen belegt ist, ist auch keine kausale, sondern nur eine symptomatische Therapie des Störungsbildes möglich.

Ungünstige Umgebungsbedingungen können die Sprachentwicklung beeinträchtigen und zu sprachlich-kommunikativen *umgebungsbedingten Auffälligkeiten* führen, die einer SES ähneln (Grimm et al., 2004). Neben der angeborenen spezies-spezifischen Fähigkeit zur Herausbildung von Sprache werden deren quantitative und qualitative Ausgestaltung auch von Ausmaß und Informationsgehalt des Sprachangebots der Umgebung bestimmt. Kinder nutzen den sprachlichen Input aus ihrer Umgebung, um sich der Zielsprache zu nähern. Umgebungsbedingte Sprachauffälligkeiten können einerseits bei Anregungsarmut und/oder unzureichende bzw. falsche Sprachvorbilder auftreten, vorzugsweise in einkommensschwachen, bildungsfernen Schichten, oder bei Kindern mit Migrationshintergrund, die die Verkehrssprache (noch) nicht ausreichend erlernt haben.

Normal entwickelte Kinder können ohne Probleme mehrere Sprachen simultan oder sukzessive oder als Mischform erwerben, wenn diese in ausreichender Quantität und Qualität angeboten werden (Rothweiler & Kroffke, 2006). Mehrsprachig aufwachsende Kinder zeigen öfter vorübergehende sprachliche Eigenheiten, basierend auf prosodischen, phonetisch-phonologischen, semantisch-lexikalischen und morphologisch-syntaktischen Interferenzen der Sprachen. Ungünstigere Spracherwerbsbedingungen können zu Sprachauffälligkeiten führen, die eine Förderung notwendig machen, aber keine Sprachtherapie, da es sich hierbei nicht um Sprachentwicklungsstörungen handelt.

3. Das Spannungsfeld zwischen förder- und therapiebedürftigen Sprachauffälligkeiten

Eine SES betrifft immer alle Sprachen eines Kindes, wobei sprachspezifische Besonderheiten auftreten können. Kinder, die in einem mehrsprachigen, jedoch nicht ungünstigen Umfeld aufwachsen, entwickeln nicht häufiger SES als monolingual aufwachsende Kinder (Rothweiler & Kroffke, 2006). Für Kinder mit simultanem zwei- oder mehrsprachigem Spracherwerb und USES ist der Erwerb von mehr als einer Sprache nicht erschwerend, sondern im Gegenteil eher sprachförderlich. Bei Kindern mit sukzessivem Spracherwerb und USES erscheint das Bild heterogener (Chilla, Rothweiler & Babur, 2010).

Umgebungsbedingte Sprachauffälligkeiten können einerseits SES aggravieren (Grimm et al., 2004), andererseits auch vortäuschen. Dies erschwert die Unterscheidung beider Problemkreise und stellt eine Herausforderung für eine Sprachdiagnostik und erst recht für ein Sprachscreening dar. Bislang konnten umgebungsbedingte Sprachauffälligkeiten nur durch eine interdisziplinäre, differenzierte Diagnostik von SES abgegrenzt werden, die ja auch bereits eine Ausschlussdiagnose darstellen. Die hier zu beantwortende Frage ist, ob ein Sprachscreening bereits eine solche Differenzierung ausreichend valide leisten kann. Kinder mit SES benötigen immer eine medizinisch indizierte Sprachtherapie. Pädagogische Sprachfördermaßnahmen in den Bildungseinrichtungen können eine solche unterstützen, wären aber allein nicht ausreichend, um die Störung angemessen zu behandeln. Andererseits können Kinder mit umgebungsbedingter Sprachauffälligkeit von einer Sprachförderung profitieren, benötigen aber ausdrücklich keine Sprachtherapie. Diese Kinder, unabhängig davon, ob monolingual oder mehrsprachig aufwachsend, können ihre Sprachdefizite durch mehr oder verbesserten Input, z. B. mehr deutschsprachige Kommunikationspartner und Einsatz von Sprachförderprogrammen, überwinden.

Sprachförderung ist als Sammelbegriff für eine Interventionsform bei Sprachdefiziten ohne medizinischen Störungswert zu verstehen. Sie besteht in der Regel aus pädagogischen und/oder heilpädagogischen Maßnahmen, meist in der Gruppe angewendet. Ihre Gesetzesgrundlagen sind in SGB IX, Kap.1, § 3 und Kap. 4, § 30 festgelegt. Die Inhalte flächendeckender Sprachfördermaßnahmen legen die Bildungspläne der Länder fest.

Da einer Sprachförderung in der Regel keine den SES vergleichbare Diagnostik vorausgeht, ist zu hinterfragen, wie sich ein Sprachförderbedarf bemisst. Prävalenzen umgebungsbedingter Sprachauffälligkeiten sind schwer festzumachen, da es sich hierbei nicht um eine Gesundheitsstörung mit objektiven oder symptomorientierten Kriterien handelt. Sie hängen stark vom regionalen Anteil an Kindern mit einkommensschwachem, bildungsfernen Hintergrund und an Kindern mit Migrationshintergrund und deren schwerpunktmäßigen Herkunftsländern sowie ihrem sprachkulturellen und sozialen Umfeld ab, weiterhin von bildungspolitischen Ansprüchen und Normen. Es erscheint als grobe Annäherung nicht unvernünftig, das Kriterium für förderbedürftige Sprachauffälligkeiten (SES, die von Sprachförderung zusätzlich zur Therapie profitieren würden, plus umgebungsbedingte Sprachauffälligkeiten) für große Populationen monolingual deutschsprachiger Kinder mit etwa einer bis anderthalb Standardabweichung unter dem Durchschnitt mit validen standardisierten Verfahren getesteter sprachlicher Fähigkeiten anzusetzen, entsprechend 10–20% Kindern mit deutlichen Schulschwierigkeiten im Lese-Rechtschreibbereich, und den Anteil an förderbedürftigen Kindern mit Migrationshintergrund an den Cutoff-Punkten der sprachlichen Leistungen dieser Kinder zu bemessen.

In der Praxis sind Ärzte häufig durch unzureichende Kenntnis über die grundlegend unterschiedliche Natur von umgebungsbedingten Sprachauffälligkeiten und SES, die Schwierigkeit ihrer Unterscheidung oder durch den Druck von medizinischen Laien – Eltern, Erzieherinnen, Lehrerinnen –, aber auch von Sprachtherapeuten, dazu gedrängt, auch für Kinder mit lediglich umgebungsbedingten Sprachauffälligkeiten Sprachtherapien zu verordnen. Dies trifft insbesondere für Kinder mit Migrationshintergrund zu, vor allem, wenn sich abzeichnet, dass Sprachfördermaßnahmen nicht ohne Weiteres zugänglich oder für einen bevorstehenden Schulbesuch nicht ausreichend sind. Sprachstandsscreenings sollten dazu beitragen, diesem Missstand abzuhelfen und den richtigen Weg für eine Intervention zu weisen. Das hat auch ökonomische Hintergründe: Sprachtherapien werden in aller Regel durch Krankenversicherungen finanziert, Sprachförderung durch das Bildungssystem oder das öffentliche Gesundheitssystem. Systemische Fehlzuordnungen führen zu Regressforderungen der Krankenkassen an die Ärzte und deren abnehmende Bereitschaft, Sprachtherapien zu verordnen, sowie zu unnötigen Spannungen zwischen verschiedenen, mit kindlichen Sprachdefiziten befassten Berufsgruppen und unrealistischen Vorstellungen und Ansprüchen von Eltern.

Für die Bewertung der Sinnhaftigkeit eines universellen Sprachstandsscreenings im Kindergartenalter muss zunächst klar definiert sein, welche Art von Sprachdefizit mit ihm eigentlich aufgefunden werden soll. Sicherlich ist es nicht sinnvoll, in Bildungseinrichtungen nach rein medizinisch relevanten SES zu fahnden und nicht gleichzeitig nach sprachförderbedürftigen Kindern. Andererseits würden das Übersehen von SES und der Zuführung eines betroffenen Kindes zu einer Sprachförderung die Eltern fälschlicherweise in Sicherheit wiegen, das „ja etwas getan werde", und dem Kind würde eine notwendige Therapie vorenthalten werden. Daher erscheint es sinnvoll, flächendeckende Sprachscreenings zunächst generell auf Sprachauffälligkeiten auszurichten, die sowohl SES als auch umgebungsbedingte Sprachauffälligkeiten einschließen. Dies leisten auch einige in Deutschland universell angewendete Sprachscreenings, z. B. das Sprach-Screening für Kinder im Vorschulalter (SSV; Grimm, 2003), das Heidelberger Auditive Screening in der Einschulungsuntersuchung (*HASE*; Brunner & Schöler, 2002) und *Delphin* 4 (Fried, 2004). Diese Tests überprüfen in erster Linie das Phonologische Arbeitsgedächtnis über das Nachsprechen von Nichtwörtern und ggf. Zahlwörtern sowie das Satzgedächtnis. Sie untersuchen damit vor allem die phonologische Speicherkomponente des auditiven Arbeitsgedächtnisses, die es einem Kind ermöglicht, größere noch nicht analysierte Einheiten im phonologischen Arbeitsgedächtnis zur Verfügung zu halten, was in kausaler Beziehung zu Laut- und Wortschatzerwerb, Grammatikentwicklung und Schriftspracherwerb steht und Voraussetzung dafür ist, formale sprachliche Regelbildungen abzuleiten (Hasselhorn & Grube, 2003).

Der medizinische Ansatz, ein Screening allein für SES (und nicht für umgebungsbedingte Sprachauffälligkeiten) zu prüfen, wurde im Rahmen der Neuregelungen der Kinderrichtlinie zu den Vorsorgeuntersuchungen im Kindesalter verfolgt. Hier wurde das Institut für Qualität und Wirtschaftlichkeit im Gesundheitswesen (IQWiG) 2006 vom Gemeinsamen Bundesausschuss (G-BA) beauftragt, den Nutzen einer Früherkennungsuntersuchung auf USES bei Kindern bis zu sechs Jahren zu bewerten. Laut Abschlussbericht des IQWiG wurde die Zielstellung allerdings ausgeweitet auf die Identifikation von Kindern mit einem besonders hohen Risiko „für Schwierigkeiten in der Schulausbildung sowie für Beeinträchtigungen im zwischenmenschlichen und emotionalen Bereich" (IQWiG, 2009, S. V), also deutlich über USES hinausgehend. Es wird resümiert, dass derzeit der Nutzen einer solchen Früherkennungsuntersuchung nicht belegt sei, was aber nicht bedeute, dass es ihn nicht gebe. Für eine Prüfung der Erfüllung notwendiger Voraussetzungen für ein Screeningprogramm sei jedoch zu belegen, dass Kinder mit Therapiebedarf ausreichend zuverlässig diagnostiziert werden könnten, dass nicht zu viele Kinder fälschlicherweise als behandlungsbedürftig eingestuft würden und dass die Behandlung von Sprachstörungen im Vorschulalter der Behandlung im Schulalter überlegen sei. Es gebe derzeit keinen Beleg dafür, dass Sprachtherapien bei jüngeren Kindern einen höheren Nutzen hätten als bei älteren und dass die Wirkung von Sprachtherapien über kurzfristige positive Effekte hinausginge. Zudem seien für deutschsprachige Diagnostikinstrumente keine Gütekriterien bezogen auf die Identifikation von Kindern mit USES in der Gesamtbevölkerung vorhanden. Somit fehlten in Deutschland derzeit wesentliche methodische Grundlagen für ein Screening von USES. Sollten diese jedoch geschaffen werden, könne man den potenziellen Nutzen und Schaden eines Screenings untersuchen.

IQWiG-Auftrag und -Bericht müssen sich allerdings einer entscheidenden Kritik stellen: Ein Sprachscreening kann nur SES allgemein identifizieren, nicht aber USES, die eine Teilmenge der SES darstellen. USES sind eine Ausschlussdiagnose, die erst dann gestellt werden kann, wenn sprachrelevante Komorbiditäten ausgeschlossen sind. Dieser Ausschluss kann allerdings nicht Ergebnis eines Screenings sein, sondern bedarf einer dezidierten fachärztlichen Diagnostik. Oft sind Komorbiditäten nämlich nicht offensichtlich, z. B. Hörstörungen. Hier war der Auftrag des G-BA, ein Screening auf USES zu bewerten, sicherlich etwas unscharf formuliert. Er hätte ein Screening auf SES, wenn nicht gar ein Screening auf sprachliche Auffälligkeiten, beinhalten sollen. Das IQWiG bewertet zudem medizinische Prozeduren ausschließlich unter dem Aspekt der Evidenzbasiertheit. Ein hohes Evidenzniveau für Verfahren zur Identifikation, Diagnostik und Therapie von SES zu erbringen, ist jedoch wegen der großen Variabilität der Sprachentwicklung und ihrer Störungsbilder schwieriger als für andere Krankheitsbilder, die beispielsweise durch labor- oder apparative Tests zu diagnostizieren und medikamentös zu behandeln sind. Dennoch ist anzustreben, streng algorithmisierte Verfahren mit nachgewiesenen psychometrischen Gütekriterien zu entwickeln und einzusetzen (Neumann et al., 2011).

Sprachscreening sollten also nicht lediglich der Identifikation von USES dienen, sondern zur Auffindung von Spracherwerbsdefiziten überhaupt. Daneben empfiehlt es sich, ein universelles Sprachscreening auch auszuweiten auf Redefluss-(Stottern, Poltern) und Stimmstörungen, die im Kindergartenalter Prävalenzen von 3% bis 5% haben und bei früher Therapie eine erheblich bessere Prognose aufweisen als bei späterer.

4. Ist ein universelles Screening-Verfahren gerechtfertigt?

Normalerweise werden Siebtests für das Vorliegen von Erkrankungen durchgeführt und führen zu dichotomisierten (Verdacht besteht – Verdacht besteht nicht) Antworten. Screenings sind nach WHO-Kriterien dann sinnvoll, wenn eine zu vermeidende Gesundheitsstörung angemessen häufig auftritt, eine zuverlässige Vorbeugung bzw. Behandlung der Krankheit möglich ist, der Siebtest kein unvertretbares Risiko beinhaltet, ein gutes Aufwand-zu-Nutzen-Verhältnis aufweist und schnell, sicher, effektiv, einfach, kostengünstig und mit geringem technischen und personellen Aufwand durchführbar ist.

Auch wenn es sich nicht um eine rein medizinische Fragestellung handelt, sind einige dieser Kriterien für ein Sprachstandsscreening erfüllt, wie eine substanzielle Prävalenzrate oder ungünstige Langzeitprognose bei Nichtbehandlung. Andere, z. B. eine Erfolg versprechende Sprachförderung oder -therapie, sind nicht für alle Arten kindlicher Sprachdefizite zweifelsfrei nachgewiesen (IQWiG, 2009; von Suchodoletz, 2009).

Mit der Prävalenz von 6–8% Sprachentwicklungsstörungen treten diese häufiger auf als die Summe aller anderen Erkrankungen des Kindesalters, für die bereits Screening-Programme etabliert sind. Die Prävalenz eines Sprachförderbedarfs ist dagegen schwer zu beziffern, wie oben erläutert. Für Mittelhessen wurde der Anteil umgebungsbedingter Sprachauffälligkeiten bei monolingual deutschsprachigen Kindergartenkindern mit ca. 18% beziffert und der Sprachförderbedarf bei Kindern mit Migrationshintergrund mit ca. 40%, so dass ein Sprachförderbedarf in dieser Region für insgesamt etwa 25% der Vier- bis Viereinhalbjährigen erkannt wurde (Neumann & Euler, 2010). Insgesamt kann aber davon ausgegangen werden, dass der hohe Proporz an Kindern mit Sprachauffälligkeiten ein Sprachscreening rechtfertigen würde.

Ist eine zuverlässige Präventions- bzw. Interventionsmöglichkeit (Förderung, Therapie) der zu identifizierenden Sprachentwicklungsdefizite gegeben?

Als wirksame Präventionsmaßnahme ist bei Later Talkers ein Training der Bezugspersonen zu sprachanregendem Verhalten gegenüber dem Kind bekannt, wie es beispielsweise im Heidelberger Elterntraining erübt wird (Buschmann et al., 2008). Auch ein Anhalten der Eltern zu einem literacy-orientierten Verhalten in der Familie

(Beschäftigung mit Schrift, Sprache, Buch, z. B narratives Vorlesen) ist effektiv. Die Evidenz für eine langfristige Wirkung von flächendeckenden Sprachförderprogrammen und für die Effektivität von Interventions- und Sprachförderungsmaßnahmen (Hofmann et al., 2008; Nelson et al., 2006) ist dagegen nicht überzeugend. Zwar können Interventionen für Kinder mit USES kurzfristige positive Effekte auf allen linguistischen Ebenen erzielen. Die Effektivität von Sprachtherapie an einem mittel- oder längerfristigen Parameter wurde aber in keiner Studie gemessen. Die Nachhaltigkeit der Vorteile der therapierten Kinder bleibt also unerforscht.

Law et al. (2003), die die Effektivität von Sprech- und Sprachtherapien bei Sprachentwicklungsverzögerung (SEV, gravierende Abweichungen vom zeitlichen Ablauf der Sprachentwicklung) oder SES untersuchten, konnten positive Therapieeffekte nur für Kinder mit expressiven phonologischen Störungen und mit mangelhaftem expressivem Wortschatz berichten, jedoch nicht für die Kinder mit Sprachverständnisschwierigkeiten. Therapien, die auf verbesserte Grammatikkompetenzen abzielten, ließen keine eindeutigen Bewertungen zu.

Die größten Studien mit der höchsten Ergebnissicherheit (Gillam et al., 2008; Glogowska et al., 2000) zeigten praktisch keine Effekte auf sprachbezogene Ziele der behandelten Kinder. Glogowska et al. (2008) verglichen britische sprachauffällige Vorschulkinder, die ein Jahr lang mit verschiedenen Methoden therapiert wurden, mit den sprachauffälligen Kindern, die keine Therapie bekamen. Gillam et al. (2008) überprüften ein computerbasiertes Therapieprogramm, das 5 Mal wöchentlich im Laufe von 6 Wochen zum Einsatz kam, und wiesen nach, dass die Programmanwendung einer Pseudo-Intervention nicht überlegen war.

Die Effektivität einiger deutscher Sprachförderprogramme wurde im Rahmen des Projekts „Evaluation von Sprachförderung bei Vorschulkindern (EVAS)" der Pädagogischen Hochschule Heidelberg an Kindern ohne Förderbedarf, förderbedürftigen Kindern, die an unspezifischen Sprachfördermaßnahmen partizipierten, und förderbedürftigen Kindern, die an spezifischen Sprachförderprogrammen teilnahmen, über einen Zeitraum vom Beginn des letzten Kindergartenjahres bis zum Ende der zweiten Klasse vergleichend untersucht (Hofmann et al., 2008). Dabei erzielte die Gruppe der Kinder, die nach spezifischen Programmen gefördert wurden, ähnliche Leistungen wie die Gruppe, die die unspezifische Förderung erhielt. Die Kluft zwischen Kindern mit und ohne Förderbedarf blieb unmittelbar nach der Förderung weiterhin bestehen.

Gibbard (1994) demonstrierte, dass Kinder mit SEV, deren Mütter 6 Monate lang spezielle Elternkurse besuchten, bessere Fortschritte in der Entwicklung der expressiven Sprache zeigten als Kinder aus der Kontrollgruppe, deren Mütter diese Kurse nicht besuchten. In einer zweiten Untersuchung wurden die Kinder in drei Gruppen eingeteilt: Die Eltern der Kinder aus der ersten Gruppe besuchten dieselben Kurse wie in der ersten Untersuchung, die Eltern der Kinder aus der zweiten Gruppe besuchten Elternkurse, die positive Auswirkungen auf die allgemeine (nicht sprachliche) Förderung der Kinder zum Ziel hatten, die dritte Gruppe der Kinder wurde ohne Einmischung der Eltern individuell sprachlich gefördert. Die Kinder aus der ersten und dritten Gruppe erreichten ungefähr dieselben Werte und zeigten bessere Fortschritte als die Kinder aus der zweiten Gruppe. Die Autoren resümierten, dass die gezielte Sprachförderung durch Fachkräfte genauso gut sei wie die Förderung durch die in Sprachförderungsmethoden geschulten Eltern, wobei die Sprachförderung positivere Auswirkungen hatte als allgemeine Förderung.

Insgesamt scheint die Effektivität von Sprachtherapien und -förderung, ob bei SES oder SEV, nur gelegentlich nachweisbar zu sein, was z. T. auch daran liegt, dass entsprechende langfristige Effekte selten untersucht wurden. Als effektivitätssteigernd gelten folgende Kriterien (Weikart & Schweinhart, 1997): umfassende und langdauernde Programme, emotional positive Beziehung Kind-Pädagoge, Förderung der aktiven Tätigkeit des Kindes, Einbeziehung der Eltern. Somit besteht noch ein deutlicher Forschungsbedarf bzgl. der Optimierung von Sprachtherapie und -förderung und deren Nachhaltigkeit.

Stehen ausreichend valide Sprachscreening-Instrumente zur Verfügung?

In einigen Bundesländern werden entweder flächendeckend oder zumindest in größeren Regionen die o. g. psychometrisch konstruierten Sprachscreenings mit nachgewiesenen Gütekriterien (*SSV*, *HASE*, *Delphin* 4) sowie das *Kindersprachscreening* (*KiSS*; Euler et al., 2010; Neumann, Zaretsky & Euler, 2011) in seiner 2009 überarbeiteten Version *KiSS.2* angewendet.

Es gibt allerdings Einwände gegen flächendeckende Sprachstandsscreenings. Zunächst erfassen einige nur einen bestimmten Ausschnitt des Sprachstandes, z. B. in Nachsprechaufgaben. Einer der wichtigsten Kritikpunkte aber ist eine oft unbefriedigende Sensitivität (Law et al., 2000): Kinder ohne Sprachdefizite sind leichter zu identifizieren als Kinder mit Defiziten. Weiterhin erschweren der Mangel an objektiven Messverfahren und die große Variabilität in der Lautsprachentwicklung die Feststellung von Sprachauffälligkeiten. Daher werden Sensitivitäten und Spezifitäten eines Screenings auf USES von je 80% als akzeptabel erachtet. Eine US-amerikanische Übersicht über Sprachscreenings für 3- bis 5-jährige Kinder schließt 12 Studien ein, davon sechs mit ausreichender und eine mit guter methodischer Qualität (U.S. Preventive Services Task Force, 2003). Bei diesen sieben als annehmbar erachteten Studien rangierten die Sensitivitäten zwischen 60% und 95% (Median 66%) und die Spezifitäten zwischen 48% und 100% (Median 90%). Auch wenn damit einige Sprachscreenings die Gütekriterien erfüllten, wurde dennoch die Evidenz für den Nutzen flächendeckender Screenings als nicht ausreichend erachtet. Divergierende Definitionen und Klassifikationskriterien sprachlicher Auffälligkeiten und daraus folgende variierende oder schwer bestimmbare Prävalenzangaben von niedrigen einstelligen bis weit in zweistellige Prozentangaben erschweren die Aufgabenstellung zusätzlich (Euler et al., 2010; IQWiG, 2009). Auch der fehlende Nachweis eines langfristigen Nutzens resultierender Interventionsmaßnahmen (Nelson et al., 2006) lässt die Sinnhaftigkeit flächendeckender Sprachscreenings in Zweifel.

Dennoch war es politischer Wille, Sprachstandserfassungen in Deutschland einzuführen, selbst wenn streng wissenschaftliche Kriterien dagegen sprechen sollten. Sie können u.a. eine erhöhte öffentliche Aufmerksamkeit für die Wichtigkeit sprachlicher Kompetenz erzeugen, so wie bereits für andere, etablierte Screenings, wie das Mammographiescreening oder das Neugeborenenhörscreening, die Öffentlichkeit für die ursächliche Problematik sensibilisiert wurde.

5. Das *Kindersprachscreening KiSS*

Auch die hessische Landesregierung hat im Jahr 2006 die Einführung eines Screenings zur Erfassung des Sprachstandes im Deutschen von 4- bis 4½-jährigen Kindern in Kindertagesstätten beschlossen. Dafür wurde unter Leitung der Autorin ein Instrument entwickelt, das *Kindersprachscreening (KiSS)*. Die mit seiner Erstellung verbundenen Auflagen beinhalteten u.a., dass es (a) in Kindertagesstätten durch Erzieherinnen durchgeführt werden sollte, die zuvor von Sprachexpertinnen (speziell für das *KiSS* qualifizierte Sprachtherapeutinnen) geschult und späterhin supervidiert werden sollten, (b) vom Aufbau und Schwierigkeitsgrad sowohl bei muttersprachlich deutschen als auch bei anderssprachigen Kindern mit Migrationshintergrund anwendbar sein und (c) auf der Grundlage des *Marburger Sprach-Screenings für 4- bis 6-jährige Kinder* entwickelt werden sollte. Vor allem aber sollte es (d) nicht nur sprachauffällige Kinder identifizieren, sondern auch unterscheiden, welche Kinder eine Sprachförderung im Rahmen der Kindertageseinrichtung benötigen („sprachpädagogisch auffällig") und welche Kinder einer weiteren klinischen Abklärung und ggf. Therapie bedürfen („klinisch auffällig"). Damit zielt dieses Screening einerseits auf die Identifikation umgebungsbedingter Sprachauffälligkeiten („sprachpädagogisch auffällig") ab, andererseits auf die von Sprachentwicklungs- („klinisch auffällig") und darüber hinaus auch erstmals Redefluss- und Stimmstörungen, um die betroffenen Kinder entweder einer Sprachförderung oder einer Diagnostik und ggf. Sprachtherapie oder beidem zuzuführen.

Das ursprüngliche *KiSS* beinhaltete folgende Konstituenten: (1) das eigentliche Screening anhand einer Bildvorlage, (2) einen Fragebogen für Eltern mit 25 Items und (3) einen Fragebogen für Erzieherinnen mit 26 Items. Der Screeningteil umfasst 11 Untertests: (1) Pragmatik (Spontanäußerung zum Bild); (2) Sprachverständnis; (3) Sprachproduktion; (4) Aussprache; (5) Wortschatz, sowie Wort- und Satzgrammatik anhand von (6) Pluralbildung, (7) Partizipbildung, (8) Subjekt-Verb-Kongruenz bei der 2. Person Singular, (9) Präpositionen im Akkusativkontext und (10) im Dativkontext, und (11) Nebensatzbildung (Euler et al., 2010). Eltern- und Erzieherinnenfragebögen dienen der Erhebung anamnestisch bedeutsamer Befunde wie Familiensprache, Komorbiditäten, familiäre Sprachstörungen, Kommunikationsverhalten, Hör-, auditive Verarbeitungs- und Wahrnehmungs-, Redefluss- und Stimmstörungen sowie bisherige oder laufende Therapien. Bei Diskrepanz zwischen Test- und Fragebogenbefund oder bei wichtigen Hinweisen aus den Fragebögen wurde eine Nachbeurteilung des Kindes durch eine Sprachexpertin entsprechend einem itemspezifischen Algorithmus veranlasst. Die Konstruktion des *KiSS* sowie seine Konstrukt- und psychometrische konkurrente Validität sind bei Euler et al. (2010) beschrieben. Es wurde an einer repräsentativen Stichprobe 257 muttersprachlich deutsch- und anderssprachiger Kinder anhand folgender Referenztests validiert: (1) rezeptiver Teil der *Reynell Development Language Scales III*, aktuelle dritte deutsche Version, für die Untersuchung des Sprachverständnisses, (2) *Psycholinguistische Analyse kindlicher Sprechstörungen* (PLAKSS) für die Bewertung der Aussprache, (3) Untertests zur Produktion von Satzstrukturen, Nominalphrasen, Dativ-, Akkusativ- und Pluralmarkierungen aus der *Patholinguistischen Diagnostik bei Sprachentwicklungsstörungen* zur Einschätzung der Grammatik-Leistungen und (4) *Aktiver Wortschatztest für 3- bis 5-jährige Kinder – Revision* (AWST-R) zur Bewertung der semantisch-lexikalischen Fähigkeiten. Als Referenzkriterium für die kategorialen Entscheidungen (auffällig/unauffällig) des *KiSS* diente dabei das Majoritäts- bzw. Konsensurteil dreier akademischer Sprachexpertinnen (Logopädin, Sprachheilpädagogin, Linguistin), denen die Ergebnisse der Sprachentwicklungstests vorlagen. Die Grund(Auffälligkeits-)raten waren dabei entweder selbstbestimmt oder prävalenzbasiert vorgegeben.

Der Gesamtkennwert des *KiSS* korrelierte in der Validierungsstudie hoch (r=.85) mit dem Gesamtkennwert aus den diagnostischen Tests und schnitt damit deutlich besser ab als zum Vergleich herangezogene andere Screening-Verfahren (Euler et. al., 2010). Als validitätsbelegend gilt weiterhin, dass Kinder mit Deutsch als Familiensprache höhere Testwerte hatten als Kinder mit einer anderen Familiensprache und dass 3 Monate ältere Kinder höhere Testwerte aufwiesen als entsprechend jüngere Kinder.

Sprachscreenings, die Kinder mit Sprachauffälligkeiten entweder einer Sprachförderung oder einer Sprachtherapie oder beidem zuführen, sollten eigentlich trichotom zwischen (a) normaler Sprachentwicklung, (b) Sprachauffälligkeiten, die einer Sprachförderung bedürfen, und (c) SES plus eventuell weiteren sprachassoziierten Störungen, die eine Therapie benötigen, differenzieren. Dies ist schon aus inhaltlichen Gründen nötig, denn eine Bedingung (SES) hat Krankheitswert, die andere (umgebungsbedingte Sprachauffälligkeiten) nicht. Auch die sozial- und gesundheitspolitischen sowie finanzökonomischen Konsequenzen unterscheiden sich entsprechend: Kinder mit SES benötigen eine medizinische Behandlung, finanziert von den Krankenkassen, Kinder mit umgebungsbedingten Auffälligkeiten eine Sprachförderung mit zumeist kommunal bzw. durch die Eltern selbst getragenen Kosten. Eine Trichotomisierung verstärkt aber die oben beschriebenen methodischen Schwierigkeiten weiter, angemessene Gütekriterien zu erzielen, denn üblicherweise trifft ein Screening dichotome Entscheidungen.

Und in der Tat identifizierte das *KiSS* zwar verlässlich Sprachauffälligkeiten, diskriminierte aber unzureichend zwischen den Gruppen (b) und (c) (Neumann et al., 2011): Sprachauffälligkeiten insgesamt (sprachpädagogisch oder klinisch, einschließlich Redefluss- und Stimmstörungen) wurden entsprechend dem Referenzkriterium eines testwertbasierten Experten-Konsens- oder Majoritätsurteils mit vorgegebenen Grundraten (maximale Auffälligkeitsrate entsprechend der angenommenen Prävalenz) mit einer hervorragenden Sensitivität von 88% und einer Spezifität von 78% identifiziert, Sprachauffälligkeiten insgesamt (ohne Redefluss- und Stimmstörungen) mit einer Sensitivität von 84% und einer Spezifität von 75%. Die Sensitivität reduzierte sich allerdings auf 46% bzw. 61% bei guter Spezifität von 93% für die alleinige Auffindung klinischer Auffälligkeiten (SES allein oder kombiniert mit Redefluss- und Stimmstörungen) und auf 50% bei einer Spezifität von 86% für sprachpädagogische Auffälligkeit. Für Letztere war das Problem zusätzlich dadurch erschwert, dass es keine Tests und keine wirklichen Referenzkriterien für umgebungsbedingte Sprachauffälligkeiten und daher keine Prävalenzdaten gibt, so dass den Sprachexperten keine Vorgaben zu den Grundraten gemacht werden konnten. Die unbefriedigenden Sensitivitäten sind auf die Tatsache zurückzuführen, dass die Unterscheidung zwischen sprachpädagogischer und klinischer Auffälligkeit erwartungsgemäß nicht ausreichend gut gelang.

Auffällig war insbesondere die mangelnde Übereinstimmung der drei Sprachexpertinnen in ihrem Urteil, obschon Letzterem die gemessenen Testwerte sowie Audioaufnahmen zugrunde lagen. So stuften sie je 25%, 22% und 28% der Kinder der unselektierten Validierungsstichprobe als SES-verdächtig ein. Angesichts der o.g. SES-Prävalenzen erscheinen diese Einschätzungen als deutlich zu hoch und zwischen den Expertinnen zu stark zu variieren, um unangefochten als externes Referenzkriterium dienen zu können. Die Korrelationen zwischen den Bewertungen der einzelnen Expertinnen und den Kennwerten der Referenztests deuteten auf die Benutzung subjektiver Auffälligkeitsalgorithmen hin.

Befriedigende Referenzkriterien stellen auch andernorts eine der Hauptschwierigkeiten bei der Bewertung eines Sprachscreenings dar. Bislang waren Ansätze fehlgeschlagen, aus den kontinuierlichen Verteilungen von Sprachtestdaten mit taxometrischen Analysen eine kategoriale Sprachentwicklungsstörung abzuleiten, also Kinder zu identifizieren, die sich nicht nur im Grad der Sprachkompetenz, sondern in der Art von anderen Kindern unterscheiden (Dollaghan, 2004). Deswegen gilt als diagnosesichernd für das Vorliegen einer USES meist das Unterschreiten der mit einem standardisierten und normierten Test erfassten Fähigkeiten der rezeptiven oder expressiven Sprache auf einer oder mehreren sprachlich-kommunikativen Ebenen von 1.5 bis 2 Standardabweichungen unter die Altersnorm des Kindes. Auch die durch strukturierte Verhaltensbeobachtung und linguistische Analysen erfassten Fähigkeiten der rezeptiven/expressiven Sprache müssen maßgeblich unterhalb der Fähigkeiten der Altersgruppe liegen, Benutzung und Verständnis nonverbaler Kommunikation allerdings innerhalb der Altersnorm. Zudem gilt die Normalitätsannahme, d.h. es sind keine neurologischen, sensorischen, emotionalen, sozialen oder körperlichen Störungen vorhanden, die die Sprachproblematik erklären könnten, und eine Intelligenzminderung (IQ <85), bestimmt durch einen nonverbalen Intelligenztest, ist nicht nachweisbar. Dieser Algorithmus könnte an der Grenze zwischen SES und umgebungsbedingten Sprachauffälligkeiten eigentlich gut unterscheiden, nicht aber letztere von einer noch normalen Sprachentwicklung.

Werden mehrere Sprachtests durchgeführt, erfolgt die Profilbewertung in der Praxis oft nach subjektiven Kriterien, mit erheblichen Beeinträchtigungen von Auswerter-Objektivität und Reliabilität (Neumann et al., 2011). Records und Tomblin (1994) ließen Sprachtherapeuten den Sprachstand von 92 Kindern anhand von vier Sprachtests und einem Intelligenztest auf das Vorliegen von SES beurteilen. Die Beurteiler-Übereinstimmung war völlig unzureichend (generalisiertes κ = .14), und selbst die Intrarater-Reliabilität für unerkannt unterschobene Doubletten war unbefriedigend (*phi* = .68). Kein Sprachtherapeut zog alle fünf Tests für sein Auffälligkeitsurteil heran; meist wurden nur zwei oder drei Tests verwendet. Die Beurteiler nutzten also subjektive, implizite Algorithmen.

Kompliziert wird das Problem der Referenzverfahren, wenn mehrere Tests verschiedener (neuro)linguistischer Kategorien Auffälligkeiten zeigen. Derzeit ist kein deutschsprachiges, zeitgemäßes, alle linguistischen Ebenen valide bewertendes Diagnostikverfahren für Sprachentwicklungsstörungen verfügbar. Auch die für Deutschland von niedrig einstelligen bis weit in zweistellige Prozentangaben variierende Prävalenzangaben für SES (IQWiG, 2009) verweisen auf die mangelnde Objektivität ihrer Diagnose, und die Objektivität eines Tests definiert die Obergrenze seiner erreichbaren Validität. Auch sind einige verfügbare Referenztests als Kriterium für eine kategoriale Einstufung nicht geeignet. So lieferten nur zwei der vier zur Validierung des *KiSS* herangezogene Referenztests (*Reynell, AWST-R*) Altersnormen, die eine nachvollziehbare algorithmische Klassifikation zuließen, wohingegen die Auffälligkeitskriterien für die beiden anderen Tests nicht durchgehend statistisch normenbasiert sind. Hätte man die für die Referenztests vorgegebenen Kriterien dennoch benutzt und ein Gesamtauffälligkeitskriterium aus der Addition der relationalen Operatoren gewonnen (d. h. auffällig, wenn mindestens einer der Referenztests auffällig ausfällt), dann hätte die Addition der Auffälligkeitshäufigkeiten dazu geführt, dass 66% der Kinder der Validierungsstichprobe SES-verdächtig gewesen wären. Ein solcher Klassifikationsalgorithmus disqualifiziert sich wegen Überdiagnose. Deswegen wurde ein Annäherungsverfahren an eine möglichst verlässliche Referenzdiagnose gewählt (Neumann et al., 2011).

Letztlich wurde ein gewichteter Gesamtkennwert aus den einzelnen Referenzverfahren ermittelt, und ein testwert- und audiodateibasiertes Majoritäts- bzw. Konsensurteil der Sprachexpertinnen (dem mindestens zwei der drei Expertinnen zustimmten) wurde aus der Vorgabe von prävalenzorientierten Grundraten gewonnen (d. h. es sollten nicht mehr als ca. 10% der Kinder als SES-verdächtig klassifiziert werden). Damit wurden deutlich verbesserte Kontingenzwerte unter den Beurteilerinnen gewonnen.

Ein Sprachscreening kann demzufolge nur bewertet werden, wenn ein ausreichend valides Referenzkriterium vorhanden ist, und zwar sowohl für die Ermittlung der psychometrischen konkurrenten Validität über die Berechnung der externen Trennschärfen (für *KiSS* s. Euler et al., 2010) als auch für die der klassifikatorischen (kategorialen) Validität (für *KiSS* s. Neumann et al., 2011). Damit sind der Testgüte eines Sprachscreenings wesentlich reduzierte Obergrenzen gesetzt, verglichen mit anderen Siebtests. Dennoch werden, unter Inkaufnahme ihrer Beschränkungen, weltweit Screenings und diagnostische Tests zur Bewertung des Sprachentwicklungsstandes von Kindern notwendigerweise eingesetzt. Eine Verbesserung ihrer Gütekriterien ist zu erwarten durch eine manualgetreue Auswertung von Sprachtests. Im deutschen Sprachraum sollte zudem ein umfassender Referenztest für SES mit evidenzbasierten algorithmischen Entscheidungsregeln entwickelt werden.

Weiter erschwert wird ein Sprachscreening durch die Notwendigkeit, die Sprachkompetenzen von Kindern mit Migrationshintergrund zu bewerten, ohne sie in ihrer Muttersprache testen zu können. Das ursprüngliche *KiSS* begegnete dieser Schwierigkeit vor allem dadurch, dass es für die Feststellung einer klinischen Auffälligkeit (SES-Verdacht) die Aussprache auf bestimmte, allerdings vereinfachend an deutschsprachigen Kriterien bemessenen Richtwerte hin beurteilte. Weiterhin sah der Algorithmus das sofortige Einsetzen einer Sprachförderung vor, wenn ein bestimmter Testwert im Untertest Grammatik unterschritten war, und eine Abklärungsdiagnostik, wenn bei einer Nachtestung 6 Monate später der Sprachfortschritt zu gering war. Ansonsten galt die Unterschreitung kritischer Testwerte des Gesamttests oder einzelner Untertests als auslösend für eine Sprachförderung.

Tabelle 1 (s. S. 311) zeigt die mit dieser *KiSS*-Version erhaltenen Auffälligkeitswerte, und zwar sowohl in der Validierungsstudie (Neumann et al., 2011) als auch Daten aus dem routinemäßigen Einsatz. Zur besseren Übersichtlichkeit werden hier keine Daten gezeigt, die auch Stimm- und Redeflussstörungen berücksichtigen. Klinische Auffälligkeit bedeutet hier also, dass das *KiSS* Kinder lediglich als SES-verdächtig identifizierte. Da zugrunde gelegt wurde, dass einige Kinder mit SES-Verdacht außer von einer notwendigen Therapie zusätzlich von einer Sprachförderung profitieren würden (andere hingegen nicht, z. B. bei reiner Auffälligkeit der Aussprache), gibt es neben den Kategorien der sprachpädagogischen, der klinischen und der Gesamtauffälligkeit auch die der sprachpädagogischen *und* der klinischen Auffälligkeit.

Tabelle 1: Auffälligkeitswerte im KiSS. Obere Zeilen: Daten aus KiSS-Studie 2007 (Neumann et al., 2011), untere Zeilen (kursiv) unselektierte Daten aus dem routinemäßigen KiSS-Einsatz in den Kindertagesstätten, Anfang 2009 (modif. nach Neumann & Euler, 2010)

Auffälligkeit im KiSS	Monoling. Deutsch		Migrantenkinder		Alle Kinder	
	N	% auffällig	N	% auffällig	N	% auffällig
Gesamtauffällig	169	20,1	74	45,9	243	28,0
	941	*22,3*	*487*	*36,8*	*1428*	*27,2*
Sprachpädagogisch auffällig	170	17,6	73	45,2	243	25,9
	944	*19,9*	*487*	*35,3*	*1428*	*25,1*
Klinisch auffällig (SES-Verdacht)	170	11,8	73	9,6	243	11,1
	944	*12,5*	*487*	*11,5*	*1431*	*12,2*
Klinisch + sprach-pädagogisch auffällig	169	9,5	73	9,6	242	9,5

Komplizierend für eine Bewertung kindlicher Sprachauffälligkeiten wirken sich weiterhin *auditive Verarbeitungs- und Wahrnehmungsstörungen (AVWS)* aus, die bei einem Teil der Kinder zu erwarten sind. Für den angloamerikanischen Sprachraum wurde die Prävalenz von AVWS bei Kindern im Schulalter mit 7% angegeben (Musiek et al., 1990). AVWS koinzidieren oft mit Sprachentwicklungsauffälligkeiten und späteren Problemen des Schriftspracherwerbs. Sie sind in ICD-10 unter den UESS mit aufgeführt, diese Zuordnung ist aber nicht sehr glücklich. Zwar wird eine relativ hohe Koinzidenz beider Störungsbilder angenommen, aber Sprach- und Hörsystem sind zwei zerebral unterschiedlich repräsentierte Verarbeitungssysteme. Während daher international einige Fachgesellschaften sprachliche Prozesse aus der AVWS-Diagnose ausdrücklich exkludieren, schließt die Deutsche Gesellschaft für Phoniatrie und Pädaudiologie (DGPP) sprachliche Prozesse ein, zumal die Symptomatik sich meist in Auffälligkeiten der Sprachverarbeitung äußert. Die DGPP versteht unter auditiver Verarbeitung die neuronale Weiterleitung, Vorverarbeitung und Filterung auditiver Stimuli auf verschiedenen Ebenen des Hörsystems, während die auditive Wahrnehmung die zu höheren Zentren hin zunehmend bewusste Analyse auditiver Informationen darstellt. Sie definiert AVWS als Störungen zentraler Prozesse des Hörens, die u.a. die vorbewusste und bewusste Analyse, Differenzierung und Identifikation von Zeit-, Frequenz- und Intensitätsveränderungen akustischer oder auditiv-sprachlicher Signale sowie Prozesse der binauralen Interaktion (z. B. zur Geräuschlokalisation, Lateralisation, Störgeräuschbefreiung und Summation) und der dichotischen Verarbeitung ermöglichen. Für das Vorliegen einer AVWS spräche, wenn sich durch normierte und standardisierte psychoakustische Tests Einschränkungen der auditiven Verarbeitung und Wahrnehmung nichtsprachgebundener Signale oder sprachlicher Signale (i. S. von akustischen Signalen mit linguistischem Load) nachweisen ließen (AWMF, 2010, S. 6–7).

Die Zusammenhänge zwischen Sprachentwicklungsauffälligkeiten, insbesondere SES, und AVWS werden kontrovers diskutiert. Eine Schnittstellenfunktion hat wahrscheinlich die phonologische Speicherkomponente des auditiven Arbeitsgedächtnisses, d. h. die zunächst hypothetisierte phonologische Schleife, bestehend aus dem phonetischen Speicher und dem inneren Wiederholen, die als maßgeblich für die Verarbeitung sprachlicher Information gilt. Dass der Zugang zu diesem Arbeitsspeicher ein auditiver ist, lässt allerdings nicht darauf schließen, dass AVWS regelhaft SES zugrunde liegen.

6. Das BMBF-Projekt „Ein Screening-Verfahren zur flächendeckenden Erfassung des Sprachstandes vier- bis viereinhalbjähriger Kinder. Optimierung, Validierung, Erweiterung, elektrophysiologische Fundierung"

Ziel des o. g. durch das Bundesministerium für Bildung und Forschung geförderten Projekts (Förderkennzeichen 01GJ0982) war die Überprüfung und Optimierung der pathophysiologisch basierten Differenzierungs-Kriterien des *KiSS* bei Kindern mit (a) normaler, (b) förderbedürftiger oder (c) gravierend gestörter Sprachentwicklung an monolingual deutschen Kindern sowie die Bestimmung des Anteils an Kindern mit AVWS innerhalb dieser drei Gruppen. Dafür war ein psychoakustischer Test zu entwickeln, der die auditive Verarbeitung und Wahrnehmung bei Kindern im Alter von 4 und 5 Jahren mit sprachfreien und sprachhaltigen Stimuli testet. Es war nicht klar, ob es bereits bei Vierjährigen gelingen würde, mit sprachfreien Stimuli zu testen, was kognitiv anspruchsvoller wäre als mit sprachhaltigen Stimuli und ein Novum im deutschen Sprachraum. Der Test sollte anschließend validiert und normiert werden, wobei das Konsens-Urteil eines Experten-Gremiums, basierend auf Werten der Referenztests, der klinischen Symptomatik und Audio-Sprachaufnahmen der Kinder, als Referenzkriterium dienen sollte. Anschließend sollten die elektrophysiologischen Korrelate der Verarbeitung derselben Stimuli durch die Messung ereigniskorrelierter Potentiale gewonnen werden, um physiologisch basierte Differenzierungskriterien zwischen den o.g. Gruppen zu eruieren und einen Zusammenhang mit den Ergebnissen der psychoakustischen Tests der auditiven Verarbeitung und Wahrnehmung zu prüfen. Schließlich sollten die Cutoff-Kriterien des *KiSS.2* (revidierte Form des *KiSS*,) überprüft werden, um seine Validität als Sprachscreening eine Trichotomisierung wie oben aufgeführt zu leisten, zu bestimmen.

Von 612 mit dem *KiSS.2* getesteten Kindern wurden 189 (112 männlich, 77 weiblich) für weiterführende Untersuchungen selektiert, die folgende Elemente beinhalteten:

- eine ärztliche phoniatrisch-pädaudiologische Untersuchung
- eine Batterie von Sprachtests mit folgenden Bestandteilen: *KiSS.2; AWST-R; PLAKSS; Sprachentwicklungstests für drei- bis fünfjährige Kinder* (SETK-3-5), Untertests Morphologische Regelbildung, Phonologisches Gedächtnis für Nichtwörter und Sprachverständnis
- verschiedene Hörprüfungen: Tonschwellenaudiometrie; Tympanometrie; Stapediusreflexschwellenmessung;
- mehrere Tests der auditiven Verarbeitung und Wahrnehmung: Sprachaudiometrie mit dem *Göttinger Kindersprachverständlichkeitstest* vergleichend in Ruhe und im Störgeräusch (auditive Selektion); *Dichotischer Test nach Uttenweiler* (auditive Separation); *Mottier-Test* der Phonemidentifikation und -differenzierung, auditiven Sequenzierung und des auditiven Kurzzeitgedächtnis; die neu entwickelte psychoakustische Testbatterie mit Tests der Differenzierungsfähigkeiten für Frequenz, Tondauer, Tonintensität, Artikulationsort und Stimmhaftigkeit/Stimmlosigkeit; Bewertung von je vier Fragen bezüglich der auditiven Verarbeitung und Wahrnehmung im Eltern- und im Erzieherinnen-Fragebogen des *KiSS.2*
- Untersuchung der sprachfreien kognitiven Fähigkeiten mit den *Coloured Progressive Matrices*

Aus dieser Stichprobe von 189 Kindern wurden drei Unterstichproben spezieller untersucht wie nachfolgend beschrieben:

- Das neue psychoakustische Verfahren zur Erfassung der auditiven Verarbeitungs- und Wahrnehmungs- und Sprachverarbeitungsleitungen wurde entwickelt, anhand der o. g. Referenzverfahren an 158 der 189 Kinder im Alter von 4;0-4;5 Jahren validiert und an einer zweiten, 293 Kinder umfassenden Stichprobe für vier Altersklassen im Bereich von 4;0-5;11 Jahren normiert (Neumann, 2013).
- Das *KiSS.2* wurde bezüglich seiner Cutoff-Kriterien zwischen (a) normaler Sprachentwicklung, (b) Sprachförderbedarf und (c) medizinischem Abklärungsbedarf bei SES-Verdacht an allen 189 Kindern der o. g. Stichprobe überprüft.

6.1   Einstufung der Kinder bezüglich ihres Sprachstatus

Die untersuchten 189 Kinder (59% Jungen, 41% Mädchen) wurden auf Grund eines auf den Referenztests und den Audioaufnahmen basierenden Konsens-Expertenurteils wie folgt klassifiziert: 63,5% Kinder (davon 53% Jungen, 46% Mädchen) galten als sprachlich unauffällig, 19,6% wiesen einen Sprachförderbedarf auf (davon 65% Jungen, 35% Mädchen) und 16,9% Kinder einen Sprachtherapiebedarf (davon 75% Jungen, 25% Mädchen) wegen einer SES. Ausdrücklich sei darauf hingewiesen, dass es sich hierbei um eine selektierte (und keine populationsbezogene) Stichprobe handelt, aus der nicht auf Prävalenzen geschlossen werden kann. Der Geschlechterproporz stellt sich erwartungsgemäß dar: je geringer die Sprachfähigkeit, desto mehr verschiebt er sich in Richtung Jungen.

6.2 Verteilung der Kinder mit AVWS auf die drei Klassifikationsgruppen bzgl. des Sprachstatus

Von den 188 Kindern, für die Daten für eine AVWS-Bestimmung vorlagen, hatten 13 Kinder (6.9%) einen Verdacht auf AVWS im testbasierten Expertenurteil, und zwar 1.7% der sprachlich unauffälligen, 10.8% der lediglich sprachförderbedürftigen und 22.6% der SES-Kinder. Die 146 auswertbaren Fragebögen für Eltern bzw. Erzieherinnen ergaben einen AVWS-Verdacht in 10.3% der Fälle, und zwar für 4.8% der sprachlich normal entwickelten, 14.8% der nur sprachförderbedürftigen und 30% der sprachentwicklungsgestörten Kinder. Auch wenn sich wegen der Selektion der Stichprobe mit einem erhöhten Anteil sprachauffälliger Kinder keine Prävalenz angeben lässt, liegt der Anteil der AVWS-Kinder in ihr in der Größenordnung wie von Musiek et al. (1990) für AVWS bei Schulkindern berichtet. Es fällt weiterhin der deutlich steigende Anteil von AVWS-Kindern mit abnehmender sprachlicher Kompetenz auf. Die Rangkorrelation zwischen dem testbasierten expertenbestimmten Sprachstand (0=unauffällig; 1=pädagogisch sprachförderbedürftig; 2=SES) und dem expertenbestimmten Verdacht auf AVWS war $\rho=.30$ ($N=188$; $p<.001$), die Korrelation zwischen Sprachstand und AVWS-Verdacht nach Eltern- und Kitabogen $\rho=.28$ ($N=130$, $p<.01$). Dieser augenfällige Zusammenhang belegt noch einmal die Beziehung zwischen AVWS und SES und steht damit im Einklang mit Publikationen, die diese beschreiben (AWMF, 2010). Eltern und Erzieherinnen sind im Übrigen häufiger geneigt, eine AVWS anzunehmen als sie in den Tests wirklich nachgewiesen werden kann. Die Korrelation zwischen beiden Beurteilungen (testbasiertes Expertenurteil und Eltern-/Erzieherinnenverdacht) ist mit *Kendall-Tau-b*=.16 gering und knapp nicht signifikant ($p=.07$). Diese niedrige Korrelation korrespondiert mit Befunden aus *KiSS.2*-Untersuchungen, bei denen lediglich bei 18 % aller Kinder, die laut Eltern- oder Erzieherinnenfragebogen einen Verdacht auf eine AVWS hatten, eine solche in Tests nachgewiesen werden konnte (Neumann et al., 2011). Das verdeutlicht einmal mehr die Unsicherheit in der Identifikation von AVWS bei insgesamt klinisch sehr „weichem" Symptomenbild.

6.3 Erstellung und Ergebnisse des psychoakustischen Tests

Die Erstellung des psychoakustischen Tests war zunächst von der Schwierigkeit begleitet, ein valides Verfahren für Kinder bereits ab einem Alter von 4 Jahren zu entwickeln, was schließlich mit einem adaptiven Drei-Alternativen-Zwangswahl-Paradigma gelang. Sein nichtsprachlicher Teil besteht aus drei Untertests und misst die Diskriminationsschwellen für (1) Tondauer, (2) Tonintensität und (3) Frequenz.

Sein sprachhaltiger Testteil umfasst zwei Untertests, die die phonologische Unterscheidung der Silben (4) ba/ga (Artikulationsort von Konsonanten) und (5) ga/ka (Stimmhaftigkeit/Stimmlosigkeit) untersuchen. Der Test wurde in Kooperation mit der Firma Path medical GmbH entwickelt und in das Gerät Sentiero© implementiert (Neumann, Oswald & Schirkonyer, 2013).

Um ihn kind- und altersgerecht zu gestalten, wurde er wie ein für diese Altersklasse anwendbares Memory-Spiel aufgebaut. Der Algorithmus der Schwellenbestimmung benutzt eine *adaptive staircase* Prozedur mit unterschiedlich großen Schritten. Nach 12 Durchgängen wird die Untersuchung beendet. So konfundiert eine kurze Aufmerksamkeitsspanne nicht wesentlich die Schwellenbestimmung. Hier muss auch der Arbeitsgruppe um David Moore widersprochen werden, die eine AVWS eher als Aufmerksamkeitsproblem betrachtet denn als echte sensorische AVWS, da in ihrem Testmaterial höhere Schwellen und eine höhere Antwort-Variabilität für die Frequenzdiskrimination nachlassender Aufmerksamkeit der Kinder zugeschrieben werden musste und die Antwortvariabilität und kognitiven Fähigkeiten der Kinder die besten Prädiktoren für schlechte Kommunikations- und Hörverarbeitung zu sein schienen (Moore et al., 2010). Die hier entwickelte Stimuluspräsentation kann in der Tat als altersgerecht betrachtet werden, da im Kleinkind- und Vorschulalter eine hohe Motivation für Memory-Spiele (Verschwindenund Erscheinenlassen von etwas; Finden von Gleichem) besteht.

Die Diskriminationsschwellen, die an 293 Kindern im Alter von 4;0-5;11 Jahren ermittelt wurden, können hier wegen einer anstehenden Fachpublikation noch nicht tabellarisch wiedergegeben werden. Die Mediane sind reliabel erscheinende Werte mit einem deutlichen altersabhängigen Entwicklungseffekt, sowohl für die akustischen als auch für die sprachlichen Stimuli. Lediglich für die Frequenzdifferenzierung fanden sich altersabhängig Dropouts (Diskriminationsschwellen über 500 Hz wurden trunkiert, also als geraten angenommen und verworfen, was mit zunehmendem Alter seltener wurde). Die Mediane fügen sich in die von Ludwig für ältere Kinder und Erwachsene (2008) berichteten Werte altersangemessen ein.

Bei dem Vergleich der einzelnen psychoakustischen Tests mit dem Verdacht auf eine AVWS korrelierten die Tondauerdiskriminationsschwelle mit dem Eltern- und/oder Erzieherinnen-Verdacht (r=.21, p=.03) und die Stimmlosigkeit-Stimmhaftigkeits-Unterscheidungsfähigkeit (r=.16, p=.07) tendenziell mit dem Expertenurteil.

Die Rangkorrelationen zwischen den einzelnen Diskriminationsleistungen im psychoakustischen Test und den testbasierten Expertenurteilen bezüglich des Sprachentwicklungsstandes (1=unauffällig, 2=förderbedürftig, 3=SES) waren signifikant für die Frequenz-Diskriminationsleistungen, trunkiert bei 500 Hz, (r=.24, p=.03) und die Diskriminationsleistungen für den Artikulationsort der perzeptierten Laute sowie für die Stimmhaftigkeit/Stimmlosigkeit der Laute (r jeweils =-.27, p jeweils =.001).

Differenziert der Test zwischen Kindern mit und ohne AVWS-Verdacht?

Im *t*-Test ergaben sich eine Differenzierungsfähigkeit des psychoakustischen Tests mit hoher Effektstärke für den Parameter Stimmhaftigkeit bezüglich des testbasierten Expertenurteils (zweiseitiges Signifikanzniveau *p*=.03, Cohens *d*=0.95) und mit mittlerer Effektstärke für den Parameter Tondauerunterscheidung bezogen auf einen Verdacht von Eltern und/oder Erzieherinnen (*p*=.03, *d*=0.73).

Differenziert der Test zwischen sprachunauffälligen und sprachauffälligen Kindern?

Der psychoakustische Test differenziert, nach *t*-Test, mit dem Untertest (trunkierte) Frequenzdiskrimination (*p*=.03, *d*=0.52) und seinen beiden sprachhaltigen Untertests Artikulationsort (*p*=.002, *d*=0.53) und Stimmhaftigkeit (*p*=.001, *d*=0.59) zwischen Kindern mit und ohne eine Sprachauffälligkeit.

Insgesamt wurde also ein Test entwickelt, der in vier von fünf Untertests signifikant mit auditiven Verarbeitungs- und Wahrnehmungsleistungen und Sprachfähigkeiten von Kindern ab 4 Jahre korreliert und der zwischen sprachauffälligen und sprachunauffälligen Kindern (Untertests trunkierte Frequenzdiskrimination, Artikulationsort und Stimmhaftigkeit) sowie zwischen Kindern mit normaler und gestörter auditiver Verarbeitung und Wahrnehmung (Untertests Tondauerunterscheidung und Stimmhaftigkeit) differenziert. Lediglich der Untertest Tonintensitätsdifferenzierung hat in dieser Untersuchung kein Symptomen-Korrelat.

6.4   *Verbesserung der Cutoff-Kriterien des* KiSS

Die Ergebnisse des Projekts sollten einer Verbesserung verhaltensbasierter Sprachscreeningverfahren, hier insbesondere des *KiSS*, dienen. Eine Schärfung der Cutoff-Kriterien des Kindersprachscreenings *KiSS* konnte zwar nicht auf Grund der elektrophysiologischen Untersuchungsergebnisse vorgenommen werden, da diese keine Gruppenunterschiede ergaben, weshalb dieser Projektteil hier auch nicht weiter ausgeführt ist; zwischenzeitlich wurde aber inhalts- und verteilungsbasiert eine optimierte Version des *KiSS*, das *KiSS.2*, erstellt. Neben der Reduktion und dem Austausch einiger Items und der Verbesserung der Fragebögen für Eltern und Erzieherinnen wurde das Screening um zwei neue Untertests erweitert (Nachsprechen von Pseudowörtern; Nachsprechen von Sätzen). Mit diesen soll das phonologische Kurzzeitgedächtnis überprüft werden, das als prädiktiv u. a. für den Schriftspracherwerb gilt (Hasselhorn & Grube, 2003). Da ein Test mit Nachsprechaufgaben von Pseudowörtern lediglich den phonologischen Speicher und die Lernfähigkeit für neue phonologische Strukturen, nicht aber semantische und morphologische Kenntnisse voraussetzt, ist er auch zur Anwendung bei Kindern mit anderssprachigem Migrationshintergrund geeignet. Weiterhin ist das Nachsprechen von Sätzen neben der Untersuchung semantisch-lexikalischer Strukturen sensitiv für die syntaktisch-morphologischen Fähigkeiten eines Kindes: Grammatik-Strukturen können nicht imitiert werden, wenn sie nicht erworben sind. Daher wurden im *KiSS.2* die Untertests zum phonologischen Arbeitsgedächtnis vor allem als zusätzliche Kriterien für die Entscheidung über einen bestehenden SES-Verdacht oder einen lediglich unzureichenden Deutschspracherwerb bei Migrantenkindern herangezogen (bei Letzterem können tendenziell Pseudowörter nachgesprochen werden, Sätze nicht; bei SES wird in beiden Untertests schlecht abgeschnitten; Schöler et al., 1997).

6.5   Validierung des KiSS.2 bezüglich seiner Cutoff-Kriterien

Die Bewertung der kategorialen konkurrenten Kriteriumsvalidität des *KiSS.2* bezüglich seiner Fähigkeit, sprachlich unauffällige von sprachlich auffälligen Kindern überhaupt zu unterscheiden, liefert hervorragende kategoriale Gütekriterien. Als deren wichtigste gelten Sensitivität, Spezifität und RATZ-Index. Der RATZ-Index, ein im deutschen Sprachraum häufig benutztes Gütemaß von Sprachstandsscreenings, gibt den **r**elativen **A**nstieg der **T**refferquote über die **Z**ufallstrefferquote an, unter Berücksichtigung der maximal möglichen Trefferquote, die nur bei gleicher Grund- (prozentualer Anteil der mit dem Referenzverfahren als auffällig bewerteten Fälle) und Selektionsrate (prozentualer Anteil der im Screening als auffällig bewerteten Fälle) 100 Prozent sein kann (Farrington & Loeber, 1989; Marx, 1992). RATZ-Indizes unter 34% werden als unzureichende prognostische Validität bewertet, Indizes über 33% als gut, wenn auch unspezifisch, und Indizes über 66% als sehr gut.

Für die o. g. Bewertung liegen die Sensitivität des *KiSS.2* bei 89.7%, die Spezifität bei 89.1% und der RATZ Index bei .83, womit es ausgezeichnet sprachunauffällige von sprachlich auffälligen Vier- bis Viereinhalbjährigen differenziert. Einschränkend sei angemerkt, dass dieser Nachweis im Rahmen des beschriebenen BMBF-Projekts lediglich für monolingual deutschsprachige Kinder geführt wurde. Für diese *und* für Kinder mit Migrationshintergrund wurde er aber bereits in einer Studie des Hessischen Sozialministeriums erbracht, deren Ergebnisse dem IQWiG und dem G-BA vorgelegt wurden (Neumann & Euler, 2010).

Die Fähigkeit des *KiSS.2*, eine SES zu identifizieren, weist mit einer Sensitivität von 100%, einer Spezifität von 81.4% und einem RATZ-Index von .85 ebenfalls sehr gute Validitätskriterien auf. An der hier kreuztabellierten Stichprobe von 172 Kindern bedeutet dies, dass keines der 32 in ihr enthaltenen Kinder mit einer SES durch das *KiSS.2* übersehen worden wäre.

Bei der Bewertung des reinen Sprachförderbedarfs durch das KiSS.2 fällt die schlechte Sensitivität von 24.3% bei sehr guter Spezifität von 96.1% auf (RATZ- Index .50). Das ist ein durch den Algorithmus des revidierten KiSS kalkulierter Effekt, der dafür sorgt, dass im Zweifelsfall sprachauffällige Kinder einer medizinischen professionellen Abklärung zugeführt werden, wo ein Therapiebedarf ausgeschlossen und ein Sprachförderbedarf erkannt werden kann. Bei einer Sensitivität von ca. 90 % für eine Sprachauffälligkeit überhaupt (s.o.) ist die Gefahr relativ gering, dass förderbedürftige Kinder als unauffällig durchgehen. Nicht zu vergessen ist hierbei, dass für einen Sprachförderbedarf keine scharfen Kriterien existieren. Daher orientierten sich die Autoren für die Festlegung der Trennstellen des *KiSS.2* zum Sprachförderbedarf in der Normierungspopulation an einer Standardabweichung unterhalb des Mittelwerts des *KiSS.2*-Gesamtscores.

Damit steht ein Instrument für eine Sprachstandserfassung für das Kindergartenalter zur Verfügung, das eine sofortige Zuweisung eines Kindes zu Sprachförderung oder medizinischer Abklärung zulässt. Andere deutsche Sprachscreenings hingegen warten i.d.R. zunächst einen Fördererfolg ab, ehe gegebenenfalls die Entscheidung zu einer medizinischen Abklärung getroffen wird. Damit könnte wertvolle Zeit für die ca. 6% bis 8% der Kinder vergehen, die einer Sprachtherapie bedürfen. Gegenüber der ersten Version des *KiSS* wurden im *KiSS.2* die Kinder mit einem Zweifel über reinen Förderbedarf oder SES-Verdacht in die Gruppe der medizinisch abklärungsbedürftigen verschoben, womit in der Studie keinem Kind, das eine Sprachtherapie benötigt hätte, eine solche vorenthalten wurde. Das bedeutet aber auch, dass eine Reihe Kinder mit einem alleinigen Sprachförderbedarf sicherheitshalber eine medizinische Abklärung erhalten, aus der sie dann mit professionellem Urteil einer Förderung zugeführt werden können. Auch wenn dies mit einer geringen Sensitivität bezüglich des rein pädagogischen Förderbedarfs einhergeht, ist dieser Effekt des *KiSS.2*-Algorithmus durchaus wünschenswert zugunsten der therapiebedürftigen Kinder.

Somit belegte die Studie an einer von der Erstellungs- und Validierungsstudie unabhängigen Stichprobe mit einem hohen Anteil an sprachförderbedürftigen und sprachentwicklungsgestörten Kindern, dass die Trennstellen des *KiSS.2* eine Trichotomisierung (unauffällig – sprachpädagogisch förderbedürftig – medizinisch abklärungsbedürftig) tatsächlich mit hoher Validität zulassen. Durch eine Schulung der testbewertenden Experten in Bezug auf die Bewertung der Referenztests konnte eine deutliche Verbesserung des Expertenübereinstimmung und damit des Referenzkriteriums erreicht werden (Neumann & Euler, 2010).

7. Zusammenfassung

Eine trichotome Unterscheidung in sprachlich unauffällige, lediglich sprachförderbedürftige und SES-verdächtige Kinder durch ein Sprachscreening ist möglich, sofern die daraus resultierenden Konsequenzen (medizinische Abklärung SES-verdächtiger Kinder und Zuführung zu einer Sprachförderung, falls sich der SES-Verdacht nicht bestätigt) weiterhin zur Validitätssteigerung beitragen. Durch eine Schulung von sprachtestbewertenden Experten in manualgetreuer Testbewertung und durch Erstellung deutschsprachiger, alle linguistischen Ebenen erfassender und wichtender Referenztests kann eine Verbesserung von Referenzkriterien erreicht werden.

Der Nachweis einer hochsignifikanten Korrelation des Vorliegens von AVWS mit dem Ausmaß von Sprachentwicklungsproblemen und die anteilige Zuordnung von AVWS zum jeweiligen Sprachstatus sind von erheblichem gesundheits- und bildungspolitischem Interesse. Dieser Tatsache muss künftig in angepassten Sprach-förderprogrammen oder speziellen Förderprogrammen der auditiven Verarbeitung und Wahrnehmung mehr Rechnung getragen werden, auch angesichts der Tatsache, dass eine hohe Koinzidenz von AVWS und Lese-Rechtschreib-Problemen besteht. Diese Ergebnisse stützen die Einbeziehung sprachlicher Prozesse in die Definition und Diagnostik von AVWS, wobei die nicht sprachgebundene Symptomatik wohl eher eine eigene AVWS-Subklasse darstellt.

Danksagung

Wir danken Yevgen Zaretsky, Franziska Süß, Benjamin Lange, Vera Moliadze, Anne Looschen, Lea Kunz, Alexander Indermark, Jochen Kaiser, Henning Reetz, Thomas Lücke, Christian Beste, Sebastian Ocklenburg, Hans Oswald und Volker Schirkony-er für ihre Mitarbeit und ihr Engagement in diesem Projekt.

8. Literatur

Aram, D. M., Ekelman, B. L. & Nation, J. E. (1984). Preschoolers with language disorders: 10 years later. *Journal of Speech and Language Research, 27*, 232–244

AWMF (2010). *Leitlinie Auditive Verarbeitungs- und Wahrnehmungsstörungen (AVWS) der Deutschen Gesellschaft für Phoniatrie und Pädaudiologie.* S1-Leitlinie. Registrier-nummer 049-012. http://www.awmf.org/leitlinien/detail/ll/049-012.html (zuletzt aufge-rufen am 09.09.2013)

AWMF (2011). *Diagnostik von Sprachentwicklungsstörungen (SES), unter Berücksichtigung umschriebener Sprachentwicklungsstörungen (USES).* Interdisziplinäre S2k-Leitlinie. Re-gistriernummer 049-006. http://www.awmf.org/leitlinien/detail/ll/049-006.html (zuletzt aufgerufen am 09.09.2013)

Brunner, M. & Schöler, H. (2002). *HASE – Heidelberger Auditives Screening in der Ein-schulungsuntersuchung.* Westra: Wertingen

Buschmann, A., Jooss, B., Rupp, A., Feldhusen, F., Pietz, J. & Philippi, H. (2009). Parent-based language intervention for two-year-old children with specific expressive language delay: A randomised controlled trial. *Archives of Disease in Childhood, 94*, 110–106

Chilla, S., Rothweiler, M. & Babur, E. (2010). *Kindliche Mehrsprachigkeit. Grundlagen – Störungen – Diagnostik.* München: Reinhardt

Conti-Ramsden, G., Durkin, K., Simkin, Z., & Knox, E. (2009). Specific language impairment and school outcomes. I: Identifying and explaining variability at the end of compulsory education. *International Journal of Language and Communication Disorders, 44*, 15–35

Dollaghan, C. A. (2004). Taxometric analyses of specific language impairment in 3- and 4-year-old children. *Journal of Speech, Language, and Hearing Research, 47*, 464–475

Euler, H. A., Holler-Zittlau, I., van Minnen, S., Sick, U., Dux, W., Zaretsky, Y., et al. (2010). Psychometrische Gütekriterien eines Kurztests zur Erfassung des Sprachstandes vierjähriger Kinder. *HNO, 58*, 1116–1123

Farrington, D. P., & Loeber, R. (1989). Relative improvement over chance (RIOC) and phi as measures of predictive efficiency and strength of association in 2 x 2 tables. *Journal of Quantitative Criminology, 5*, 201–213

Fried, L. (2004). *DELFIN 4*. Düsseldorf: Ministerium für Schule und Weiterbildung

Gibbard, D. (1994). Parental-based intervention with pre-school language-delayed children. *European Journal of Disorders of Communication, 29*, 131–150

Gillam, R. B., Loeb, D. F., Hoffman, L. M., Bohman, T., Champlin, C. A., Thibodeau, L. et al. (2008). The efficacy of Fast ForWord language intervention in school-age children with language impairment: A randomized controlled trial. *Journal of Speech, Language, and Hearing Research, 51*, 97–119

Glogowska, M., Roulstone, S., Enderby, P., & Peters, T. J. (2000). Randomised controlled trial of community based speech and language therapy in preschool children. *British Medical Journal, 321*, 923–926

Grimm, H. (2003). Störungen der Sprachentwicklung. Grundlagen – Ursachen – Diagnosen – Intervention – Prävention. Göttingen: Hogrefe

Grimm, H., Aktas, M., Jungmann, T., Peglow, S., Stahn, D. & Wolter, E. (2004). Sprachscreening im Vorschulalter: Wie viele Kinder brauchen tatsächlich eine Sprachförderung? *Frühförderung Interdisziplinär, 23*, 108–117

Hasselhorn, M. & Grube, D. (2003). Das Arbeitsgedähtnis. Funktionsweise, Entwicklung und Bedeutung für kognitive Leistungsstörungen. *Sprache·Stimme·Gehör, 27*, 31–37

Hofmann, N., Polotzek, S., Roos, J. & Schöler, H. (2008). Sprachförderung im Vorschulalter – Evaluation dreier Sprachförderkonzepte. *Diskurs Kindheits- und Jugendforschung, 3*, 291–300

(IQWiG) Institut für Qualität und Wirtschaftlichkeit im Gesundheitswesen (2009). Abschlussbericht S06-01: Früherkennungsuntersuchung auf umschriebene Entwicklungsstörungen des Sprechens und der Sprache. Version 1.0; 17.06.2009. http://www.iqwig.de/download/S06-01_Abschlussbericht_Frueherkennung_umschriebener_Stoerungen_des_Sprechens_und_der_Sprache.pdf (zuletzt aufgerufen am 09.09.2013)

Kany, W. & Schöler, H. (2007). *Fokus: Sprachdiagnostik. Leitfaden zur Sprachstandsbestimmung im Kindergarten*. Mannheim: Cornelsen Scriptor

Law, J., Boyle, J., Harris, F., Harkness, A. & Nye, C. (2000). The feasibility of universal screening for primary speech and language delay: findings from a systematic review of the literature. *Developmental Medicine & Child Neurology 42*, 190–200

Law, J., Garrett, Z. & Nye, C. (2003). Speech and language therapy interventions for children with primary speech and language delay or disorder. *Cochrane Database of Systematic Reviews* 2003, Issue 3. Art. No.: CD004110. DOI: 10.1002/14651858.CD004110

Ludwig, A. (2008). *Psychoakustische und elektrophysiologische Untersuchungen zu zentralauditiven Verarbeitungsstörungen während der Kindesentwicklung*. Dissertationsschrift. Leipzig: Universität Leipzig

Moore, D. R., Ferguson, M. A., Edmondson-Jones, A. M., Ratib, S., & Riley, A. (2010). Nature of auditory processing disorder in children. *Pediatrics, 126*, e382–390

Musiek, F. E., Gollegly, K. M., Lamb, L. E., & Lamb, P. (1990). Selected issues in screening for central auditory processing dysfunction. *Seminars in Hearing, 11*, 372–383

Nelson, H. D., Nygren, P., Walker, M. & Panoscha, R. (2006). Screening for speech and language delay in preschool children: Systematic evidence review for the US Preventive Services Task Force. *Pediatrics, 117*, e298–e319

Neumann, K. (2013). *Schlussbericht zum BMBF-Vorhaben „Ein Screening-Verfahren zur flächendeckenden Erfassung des Sprachstandes vier- bis viereinhalbjähriger Kinder. Optimierung, Validierung, Erweiterung, elektrophysiologische Fundierung", Förderkennzeichen: DLR 01GJ0982.* Bochum: Universitätsklinikum

Neumann, K. & Euler, H. A. (2010). *Bericht an den Gemeinsamen Bundesausschuss zur Studienlage zum Sprachstandserfassungsverfahren für vier- bis viereinhalbjährige Kinder Kindersprachscreening, Version 2 (KiSS.2).* Frankfurt a. M.: Universitätsklinikum

Neumann, K., Holler-Zittlau, I., van Minnen, S., Sick, U., Zaretsky, Y., & Euler, H. A. (2011). *Katzengoldstandards in der Sprachstandserfassung (2011). Sensitivität-Spezifität des Kindersprachscreenings (KiSS). HNO(eHNO), 59*, 97–109

Neumann, K., Keilmann, A., Rosenfeld, J., Schönweiler, R. & Kiese-Himmel, C. (2009). *Leitlinien der Deutschen Gesellschaft für Phoniatrie und Pädaudiologie* (gekürzte Fassung). *Kindheit und Entwicklung, 18*, 222–231

Neumann, K., Oswald, H. & Schirkonyer, V. (2013). *Der Bochumer Auditive und Sprachdiskriminationstest (BASD-Test).* Bochum: Universität Bochum

Neumann, K., Zaretsky, Y. & Euler, H. A. (2011). *Einführung einer flächendeckenden Sprachstandserfassung in Hessen. Forschungsbericht an das Hessische Sozialministerium für das Jahr 2010.* Frankfurt a. M.: Universitätsklinikum

Records, N. L., & Tomblin, J. B. (1994). Clinical decision making: Describing the decision rules of practicing speech-language pathologists. *Journal of Speech and Hearing Research, 37*, 144–156

Rosenfeld, J. & Horn, D. (2011). Genetische Faktoren bei Sprachentwicklungsstörung. *Sprache·Stimme·Gehör, 35*, 84–90

Rothweiler, M. & Kroffke, S. (2006). Bilingualer Spracherwerb: Simultane und sukzessive Mehrsprachigkeit. In J. Siegmüller & H. Bartels (Hrsg.), *Leitfaden Sprache-Sprechen-Schlucken-Stimme*. München: Elsevier, 44–49

Schnieders, G., & Komor. A. (2007). Eine Synopse aktueller Verfahren der Sprachstandsfeststellung. In K. Ehlich (Hrsg.), *Anforderungen an Verfahren der regelmäßigen Sprachstandsfeststellung als Grundlage für die frühe und individuelle Förderung von Kindern mit und ohne Migrationshintergrund*. Bonn/Berlin: Bundesministerium für Bildung und Forschung (BMBF), 261–342

Schöler, H., Fromm, W., Schakib-Ekbatan, K. & Spohn, B. (1997). *Nachsprechen. Sein Stellenwert bei der Diagnostik von Sprachentwicklungsstörungen*. Heidelberg: Pädagogische Hochschule Heidelberg, Erziehungs- und Sozialwissenschaftliche Fakultät

Tröster, H. & Reineke, D. (2007). Prävalenz von Verhaltens- und Entwicklungsauffälligkeiten im Kindergartenalter. *Kindheit und Entwicklung, 16*, 171–179

von Suchodoletz, W. (2009). Wie wirksam ist Sprachtherapie? *Kindheit und Entwicklung, 18*, 213–221

Weikart, D., & Schweinhart, L. (1997). High/Scope Perry Preschool Program. In G. Albee & T. Gullotta (eds.), *Primary Prevention Works*. London, UK: Sage, 146–166

Tanja Rinker, Marifet Kaya, Nora Budde

Türkische Kinder mit Deutsch als Zweitsprache im Übergang Kindergarten-Grundschule

Sprachliche Profile und soziodemografischer Hintergrund

1. Einleitung

1.1 Hintergrund von türkischen Kindern mit Deutsch als Zweitsprache

In Deutschland leben rund drei Millionen Menschen, die selbst in der Türkei geboren sind oder die Eltern bzw. Großeltern aus der Türkei haben[1] (Bundesamt für Migration und Flüchtlinge, 2013). Von einer Generation der Gastarbeiter der 1960er Jahre haben sich die Nachkommen und Einwanderer der letzten Jahrzehnte zur größten Bevölkerungsgruppe mit nicht-deutscher Herkunft in Deutschland entwickelt. Die Chancenunterschiede, die im deutschen Bildungssystem zwischen Kindern türkischer und deutscher Herkunft herrschen, sind allerdings noch erheblich. Nicht zuletzt seit PISA wissen wir, wie schwierig die Bildungssituation der Kinder mit Migrationshintergrund ist (Gogolin & Krüger-Potratz, 2010). Gerade türkischstämmige Kinder haben zwischen 16 und 29 Jahren eine geringere Bildungsbeteiligung als andere Bevölkerungsgruppen mit nicht-deutscher Herkunft. Schüler mit türkischem Hintergrund stellen unter den untersuchten Gruppen immer noch den höchsten Anteil an Kindern, die eine Hauptschule besuchen.[2] Außerdem sind mit 71 % der türkischstämmigen Kinder mehr als alle anderen von einer oder mehreren „Risikolagen" betroffen: Bildungsferne der Eltern, finanzielle oder soziale Risikolagen (Bildungsbericht, 2012).

Neben den sozialen Gegebenheiten spielen die sprachlichen Fähigkeiten der Kinder in Bezug auf geringere Bildungschancen eine große Rolle. Die Untersuchung des Spracherwerbs von türkischen[3] Kindern mit Deutsch als Zweitsprache

---

1 Diese Zahl umfasst alle ethnischen und religiösen Gruppen, die aus der Türkei nach Deutschland gekommen sind.
2 Vgl. Migrationshintergrund von SchülerInnen in Konstanz, Ergebnis der Befragungen 2006–2010. Stadt Konstanz.
3 „Türkisch" ist hier gleichbedeutend mit türkischsprachig, unabhängig von Staatsbürgerschaft, Geburtsland, etc.

(im Folgenden: DaZ) unter Berücksichtigung der soziokulturellen und soziodemografischen Bedingungen ist zunehmend in den Fokus diverser Untersuchungen gerückt (Keim, 2012; Şenyıldız, 2011).

Der folgende Beitrag behandelt ebenfalls eine Untersuchung des Spracherwerbs bei türkischen Kindern mit Deutsch als Zweitsprache, welche im Rahmen des Projekts „Sprachverarbeitung bei türkischen Kindern mit Deutsch als Zweitsprache: Neurophysiologische und sprachwissenschaftliche Untersuchungen" der BMBF-Forschungsinitiative „Sprachförderung und Sprachdiagnostik" (FiSS) durchgeführt wurde.[4] Im experimentellen Teil des Projekts wurde die Verarbeitung des deutschen Plurals bzw. die Verletzung korrekter Pluralformen bei einsprachig deutschen und mit Türkisch und Deutsch aufwachsenden Kindern zwischen fünf und acht Jahren untersucht. Elektrophysiologische Methoden anhand des Elektroenzephalogramms (EEG) erlauben einen Einblick in die neuronale Verarbeitung von sprachlichen Strukturen. Es kann beispielsweise untersucht werden, ob grammatische Verletzungen lexikalisch oder grammatisch verarbeitet werden. Da der deutsche Plural sich zwischen dem Deutschen und dem Türkischen in seiner Regelhaftigkeit und somit auch in seiner Erwerbsschwierigkeit unterscheidet, war die Ausgangshypothese, dass die türkisch-deutschen Kinder in Abhängigkeit ihres Alters von einer lexikalischen zu einer grammatikalischen Verarbeitungsstufe bei grammatischen Fehlern übergehen (weitere Details s. Rinker, Budde, Bamyaci & Winter, 2011).

In dem vorliegenden Artikel werden Ergebnisse der Studieneingangsuntersuchung präsentiert, in welcher die türkischen und deutschen Sprachkenntnisse sowie zahlreiche soziodemografische Variablen der Kinder und ihrer Familien erhoben wurden.

1.2   Türkisch als Erstsprache, Deutsch als Zweitsprache

In der Regel erwerben die türkischen Kinder zu Hause das Türkische als Erstsprache. Viele Mütter sind (aus unterschiedlichen Gründen) nicht berufstätig und ein Großteil der Kinder wird meist bis zum Kindergartenalter zu Hause betreut. In einer Studie in Baden-Württemberg wurden z. B. 92% von 52 türkischen Kindern im Alter von 15–33 Monaten zu Hause betreut. Das hat Auswirkungen auf den Spracherwerb im Türkischen und im Deutschen bzw. auf die Dominanz der Sprachen in diesem Alter. Mit rund zwei Jahren haben die Kinder einen überwiegend türkischen Wortschatz (durchschnittlich 62 Wörter), im Deutschen verfügen sie hingegen über deutlich weniger Wörter (durchschnittlich 15 Wörter[5]) (Rinker, Budde & Sachse, 2011; Budde, Sachse & Rinker, 2012).

---

4   Universität Konstanz, Förderkennzeichen 01GJ0978 (2009–2012).
5   Diese Daten wurden im Türkischen durch Nennungen von Wörtern in verschiedenen semantischen Kategorien erfasst und im Deutschen anhand des Elternfragebogens ELAN (Bockmann & Kiese-Himmel, 2006) erhoben. Der ELAN wurde aufgrund der Alters-

Im Bereich der Morphologie, die im Türkischen sehr regelmäßig ist, erwerben die Kinder in der Regel die wichtigen Elemente sehr früh (Aksu-Koç & Slobin, 1985). Auch bei türkisch-deutschen Vorschulkindern wird beobachtet, dass die grammatikalischen Grundelemente im Türkischen vorhanden sind (Uzuntaş, 2008).

Das Türkische bleibt häufig eine mündliche Sprache (Şenyıldız, 2011). Wenn die Kinder allerdings das Schreiben im Türkischen lernen, erreichen sie bis zum Ende der Grundschulzeit das Niveau muttersprachlicher Altersgenossen (Sırım, 2008).

Mit dem Eintritt in den Kindergarten mit rund drei Jahren kommen viele Kinder zunehmend mit dem Deutschen in Kontakt. Laut einer Reihe von Untersuchungen durchlaufen die Kinder in den nachfolgenden Jahren im Wesentlichen dieselben Meilensteine im Spracherwerb wie deutsche Kinder (siehe Chilla, Rothweiler & Babur, 2010; Tracy, 2007; Thoma & Tracy, 2006). Meist bleiben die Kinder bis zum Schuleintritt primär türkisch-dominant. Ein studienübergreifender Vergleich über Wortschatzleistungen bei türkisch-deutschen Kindern zwischen 1;5 und 5;10 Jahren zeigt, dass die Kinder sich mit zunehmendem Alter mehr zum Deutschen hinwenden. Dennoch liegen die aktiven deutschen Wortschatzleistungen bei fünfjährigen türkisch-deutschen Kindern noch deutlich unter den passiven türkischen Wortschatzleistungen[6] (Budde, Sachse & Rinker, 2012). Ebenso zeigen die Ergebnisse unserer Vorstudie, dass türkisch-deutsche Kinder mit fünf Jahren deutlich bessere türkische als deutsche passive Wortschatzkenntnisse haben (Rinker et al., 2011). In Bezug auf die interne Struktur des Wortschatzes berichtet Uzuntaş (2008) allerdings eine geringere Ausdifferenzierung des türkischen Wortschatzes bei türkisch-deutschen Vorschulkindern. Gemäß Sırım (2008) nimmt der Wortschatz im Türkischen und im Deutschen nach Schuleintritt weiter zu, allerdings differenziert sich der deutsche Wortschatz vermutlich unter dem Einfluss des deutschsprachigen Unterrichts und der Mitschüler stärker aus und wächst stärker an als der Wortschatz im Türkischen.

Türkisch-deutsche Studierende, die nach ihrem sprachlichen Hintergrund befragt wurden, gaben an, im Alter von 0–6 Jahren am häufigsten Türkisch zu Hause gesprochen zu haben. Im Laufe der Jahre wandten sich die Probanden dann mehr und mehr dem Deutschen zu, insbesondere in der Bildungseinrichtung. Nach Schuleintritt ab sechs Jahren berichteten sie einen deutlichen Anstieg auf einen fast ausschließlichen Gebrauch des Deutschen in der Bildungseinrichtung (Winter et al., 2012).

Gemeinsamer Nenner vieler Studien zum Deutscherwerb von türkischen Kindern ist dennoch, dass die Kinder auch nach einigen Jahren in Kindergärten[7] in

---

spanne der Normierung in dieser Stichprobe bei 25 Kindern im Alter von 18–26 Monaten ausgewertet.

6   Sicherlich wäre hier von Relevanz zu untersuchen, wie sich der passive und der aktive Wortschatz in beiden Sprachen zueinander verhält (siehe hierzu auch Landua et al., 2008).

7   Hier ist sehr unterschiedlich, welche sprachliche Situation, Umgebung und Förderung die Kinder jeweils in den Einrichtungen vorfinden.

unterschiedlichen Bereichen des Deutschen noch nicht ein für die Schule adäquates Sprachniveau erreicht haben. Eine Studie zum Spracherwerb bei türkisch-deutschen Vorschulkindern konnte unterdurchschnittliche Leistungen im Bereich der produktiven Grammatikleistungen zeigen, obwohl die Kinder im Schnitt bereits zweieinhalb Jahre im Kindergarten mit dem Deutschen in Kontakt waren (Rinker et al., 2010). Ebenso lagen nur vier von 18 fünfjährigen türkisch-deutschen Kindern in einem Test, der das Anwenden von Regeln zur Bildung des deutschen Plurals[8] erforderte, im Normbereich[9] (Rinker et al., 2011). Gerade der Erwerb des deutschen Plurals (welcher in der auf diesen Studienteil folgenden EEG-Studie Untersuchungsgegenstand war), kann türkischen Kindern mit DaZ Schwierigkeiten bereiten: einerseits aufgrund seiner Komplexität (Wegener, 2005), andererseits z.B., da der türkische Plural dagegen sehr regelmäßig gebildet wird.[10]

Auch bei einer Stichprobe von mehrsprachigen Kindern unterschiedlicher Herkunft[11] mit Deutsch als Zweitsprache konnte im Vorschulalter anhand von standardisierten Sprachtestverfahren Ähnliches beobachtet werden: Im Bereich des Sprachverständnisses, der Sprachproduktion und des aktiven Wortschatzes im Deutschen liegen diese Kinder deutlich unter den Normen für einsprachig deutsche Kinder. Lediglich in der Plural-Singular-Bildung lagen die Kinder in dieser Stichprobe knapp im Normbereich monolingual aufwachsender Kinder. Zum soziodemografischen Hintergrund wird berichtet, dass über 80% der Kinder in Deutschland geboren sind und überwiegend mit rund drei Jahren in den Kindergarten gekommen sind. Über 80% der Familien nutzen Deutsch und eine oder weitere Sprachen zu Hause. Zum Zeitpunkt der Messung hatten die Kinder im Schnitt 32 Monate Kontakt mit dem Deutschen (Sachse et al., 2010). Im Bereich der Erstsprache wurden Kinder mit türkischer und russischer Erstsprache aus dieser Studie mit dem Erstsprachinstrument SFD (Sprachstandsüberprüfung und Förderdiagnostik für Ausländer und Aussiedlerkinder) untersucht. Hier erreichten die türkisch- und russischsprachigen Kinder rund drei Viertel der maximalen Punktzahl. Hier zeigt sich daher wieder, dass die erstsprachliche Kompetenz vor Schuleintritt noch deutlich stärker ausgeprägt ist als die in der Zweitsprache Deutsch.

---

8   Eingesetzt wurde der Plural-Singular-Test aus dem SETK 3–5 (Grimm, Aktaş & Frevert, 2001).

9   Bereits an dieser Stelle sei die Fragwürdigkeit des Einsatzes von monolingualen Normen für zweisprachige Kinder erwähnt (siehe auch Rinker & Sachse, 2009). Jedoch ermöglicht der Einsatz von einsprachigen Testverfahren den Vergleich mit den einsprachigen Altersgenossen. Insofern erlauben einsprachige Normen einen zwar begrenzten, aber doch informativen Einblick in die Sprachleistungen; dies auch im Hinblick auf die Teilhabe am Bildungssystem, das nun einmal in Deutschland immer noch mit einer „monolingualen Brille" auf bilinguale Kinder blickt.

10   Der türkische Plural wird ganz regelmäßig nach der Vokalharmonie mit den Suffixen -ler und -lar gebildet.

11   Hier wurden insgesamt 125 Kinder mit einem Durchschnittsalter von 5;10 Jahren untersucht. Die Herkunftssprachen waren v.a. Türkisch, Russisch, Polnisch, Arabisch, Kurdisch, Hindi, sowie eine Reihe weiterer Sprachen.

Im Folgenden werden die sprachlichen Profile von zweisprachig türkisch-deutschen Kindern im Alter des Übergangs Kindergarten-Grundschule vor dem soziodemografischen und sprachlichen Hintergrund der Familien präsentiert und Zusammenhänge aufgezeigt. Untersucht wurden hauptsächlich rezeptive und produktive grammatische Leistungen in der Zweitsprache Deutsch sowie Wortschatzleistungen in der Erstsprache Türkisch. Im Rahmen der Studie wurde auch eine einsprachig deutsche Kontrollgruppe gleichen Alters untersucht, die zu Vergleichszwecken bei ausgewählten Ergebnissen angeführt wird.[12]

2. Methoden

2.1 Stichprobe

Die Stichprobe setzt sich aus Kindern zusammen, die zum Zeitpunkt der Untersuchung zwischen fünf und acht Jahre alt waren. Auf der Grundlage von Elternbriefen, die über Kindergärten, Schulen, Fachstellen für Integration und private Kontakte verteilt wurden, konnten insgesamt 116 türkisch-deutsche[13] sowie einsprachig deutsche Kinder in Baden-Württemberg für die Studie rekrutiert werden. Die Studie wurde von der Ethikkommission der Universität Konstanz befürwortet. Die Einschlusskriterien für die Teilnahme an der Studie waren: Einverständnis der Eltern zur Studienteilnahme, Rechtshändigkeit,[14] Normalhörigkeit, keine logopädischen Behandlungen, durchschnittliche nonverbale Intelligenz (IQ-Wert ≥ 85).

Aufgrund der strengen Einschluss- bzw. Ausschlusskriterien war die Ausfallquote sehr hoch, so dass von 116 rekrutierten Kindern lediglich 89 für die Sprachtestungen zur Verfügung standen. Ferner konnten nach der Auswertung der Sprachtests und Erfassung von Hintergrundvariablen lediglich 51 Kinder eingeschlossen werden. Ein Grund für die relativ hohe Ausfallquote war, dass viele türkisch-deutsche Kinder logopädische Behandlungen[15] im Vorschulalter hatten, zudem hatten viele deutsche und türkisch-deutsche Kinder Hörprobleme oder einen zu niedrigen IQ. Die zur Auswertung verwendete Stichprobe setzte sich folgendermaßen zusammen:

---

12 Der Einschluss der Kontrollgruppe war v. a. für die EEG-Untersuchung relevant, da das Ziel war, spezifische neuronale Faktoren der Zweisprachigkeit im Vergleich zur Einsprachigkeit zu untersuchen.

13 In die Untersuchung wurden nur türkisch-deutsche Kinder aufgenommen, die keine weiteren Sprachen (wie Kurdisch, Aramäisch etc.) zu Hause sprachen.

14 Für die EEG-Untersuchung war dieses Kriterium von Belang, da bei Linkshändigkeit eine andersartige Lokalisation des Sprachzentrums angenommen wird.

15 Sicherlich muss angenommen werden, dass hier Kinder ausgeschlossen wurden, die zwar logopädische Therapie erhalten hatten, die ärztliche Absicht bei der Verordnung jedoch eher eine intensive Deutschförderung war. Da wir dies im Einzelfall aber nicht differenzieren konnten, wurden sicherheitshalber alle Kinder mit logopädischer Behandlung ausgeschlossen.

19 türkisch-deutsche (12 weiblich; Durchschnittsalter in Monaten: 81,7) und 32 deutsche Probanden (17 weiblich; Durchschnittsalter in Monaten: 75,4) wurden in die Untersuchung eingeschlossen.

2.2 Messinstrumente

Sprachtests

Um den Sprachstand der Kinder zu erfassen, wurden normierte und standardisierte Sprachtests eingesetzt. Auch wenn der Einsatz von Sprachtests, die für einsprachig deutsche Kinder in Deutschland oder einsprachig türkische Kinder in der Türkei normiert wurden, sehr kritisch zu sehen ist, können doch Entwicklungen abgebildet, verglichen und verfolgt werden. Für die deutsche Sprachentwicklung wurden aus dem Heidelberger Sprachentwicklungstest (HSET; Grimm & Schöler, 1991) die Untertests *IS – Imitation grammatischer Strukturformen*[16] und *PS – Plural-Singular Bildung* ausgewählt, mit denen morphologische und syntaktische Fähigkeiten erfasst werden. Der *TROG-D* (Fox, 2006) wurde zur Erfassung des passiven Grammatikverständnisses der Kinder eingesetzt. Für die Beurteilung des sprachlichen bzw. phonologischen Gedächtnisses wurde der Untertest *Nachsprechen von Kunstwörtern NK* aus dem Heidelberger Auditiven Screening in der Einschulungsuntersuchung (HASE; Brunner & Schöler, 2007) verwendet. Da der HASE nur bis sechs Jahre normiert ist, wurde zusätzlich bei allen Kindern der *Mottier-Test* aus dem Züricher Lesetest (Lindner & Grissemann, 1996) durchgeführt. Die Messung der türkischen Sprachkenntnisse erfolgte mittels *TIFALDI* (*TIFALDI – Türkçe alıcı ve ifade edici dil testi*, Kazak-Berument & Güven, 2010) und *CITO* (Citogroep, NL). TIFALDI ist ein in der Türkei entwickeltes Wortschatzinstrument für einsprachig türkische Kinder zwischen zwei und zwölf Jahren und berücksichtigt wie die o. g. deutschsprachigen Verfahren die speziellen Bedingungen der Mehrsprachigkeit nicht. CITO ist ein computergestütztes Sprachtestverfahren für türkische Kinder mit Deutsch als Zweitsprache.[17] Ein nonverbaler *IQ-Test* (*Colored Progressive Matrices, CPM*, Bulheller & Häcker, 2002) wurde zusätzlich durchgeführt.

---

16 Der Untertest IS besteht aus dem Nachsprechen von Sätzen. Das Nachsprechen von Sätzen hat zwar in der Beurteilung von Kindern mit Sprachentwicklungsstörungen Tradition (s. Roos & Schöler, 2007); der Einsatz bei zweisprachigen Kindern zur Untersuchung der produktiven grammatischen Leistungen ist jedoch kritisch zu sehen. Gerade mangelnde Wortschatzkenntnisse können die Reproduktion der Sätze erschweren.

17 Das Verfahren CITO ist als problematisch zu betrachten, nicht nur, weil es am Computer durchgeführt wird und möglicherweise für Kinder dadurch eine Hürde darstellt, sondern auch weil z.B. der türkische und ein parallel existierender deutscher Teil exakt gleich sind. D.h. hier wurden keinesfalls sprachspezifische und kulturelle Unterschiede in der Entwicklung der Kinder in zwei Sprachen berücksichtigt. Außerdem werden beispielsweise

Elternfragebogen

Anamnestische Daten des Kindes sowie soziodemographische Daten bzw. Daten zum familiären Hintergrund wurden anhand eines Elternfragebogens erhoben. Der Elternfragebogen wurde in den Sprachen Deutsch oder Türkisch ausgegeben oder die Befragung wurde telefonisch in der jeweiligen Sprache durchgeführt. Fragen wurden zu den folgenden Bereichen gestellt: Allgemeine Angaben zum Kind, Geburtsland von Kind und Eltern, Ausbildung und Beruf der Eltern, allgemeine Entwicklung des Kindes, sprachliche Entwicklung des Kindes sowie dessen sprachliches Umfeld, Zweisprachigkeit des Kindes und der Eltern sowie deren Sprachkenntnisse, Kindergartenbesuch und Freizeitgestaltung des Kindes.

Die Testungen der Kinder erfolgten durch Mitarbeiter des Projekts sowie studentische Hilfskräfte,[18] die in einer intensiven Schulung auf den Einsatz der Verfahren vorbereitet wurden. Die Kinder wurden überwiegend in den Kindertagesstätten, in den Schulen und in den Familien aufgesucht. Alle Sprachdaten wurden digital aufgezeichnet. Die Auswertung der Sprachtests erfolgte zweifach durch zwei unterschiedliche Mitarbeiter der Studie. Bei Unstimmigkeiten wurde noch eine dritte Person in die Auswertung miteinbezogen.

3.   Ergebnisse

Im Folgenden beziehen wir uns primär auf die Daten der türkisch-deutschen Kinder. Die Vergleichsdaten der einsprachig deutschen Kinder werden nur herangezogen, wo es sinnvoll erscheint.

3.1   Soziodemografischer Hintergrund der Familien

Laut Elternfragebogen sind 100% der türkisch-deutschen Kinder in Deutschland geboren, jedoch lediglich 42,1% der Mütter und 36,8% der Väter. Die Anzahl der Kinder in den türkischstämmigen Familien beträgt durchschnittlich 2,3, bei deutschen Familien liegt der Anteil der Kinder etwas niedriger bei 1,8. Über 80% aller Kinder haben Geschwisterkinder, wovon über 40% älter als die untersuchten Kinder sind.

Der soziale Status der Eltern wurde über das Ausbildungsniveau und die berufliche Bildung sowie den Erwerbstätigkeitsstatus erfragt. Bezüglich ihrer Erwerbs-

---

im Untertest „Kognitive Begriffe" Fähigkeiten jenseits der sprachlichen abgeprüft. Trotz aller Schwächen wurde der Test in Ermangelung von Alternativen in diese Testbatterie aufgenommen. Allerdings wurde hier der Gebrauch auf den ersten Testteil „Passiver Wortschatz" beschränkt.

18 Für die Durchführung der Untersuchung bedanken wir uns bei Verena Winter, Elif Bamyacı, Nelly-Ann Odenbach, Sonia Wrede, Ebru Gürbüz, Pembe Güccük, Beyza Acar, Senia Mader und Ersin Abinik.

tätigkeit zeigen Väter beider Sprachgruppen eine relativ ähnliche Verteilung: über 90% der deutschen Väter und über 80% der türkischstämmigen Väter sind in Vollzeit beschäftigt. Bei den Müttern hingegen sind die Verhältnisse sehr unterschiedlich: Während rund 60% der deutschen Mütter einer Teilzeitbeschäftigung nachgehen, sind knapp 60% der türkischstämmigen Mütter nicht erwerbstätig.

Deutliche Unterschiede bestehen bei Vätern und Müttern im Hinblick auf die schulische Bildung: 75% der deutschen Väter und 31,6% der türkischstämmigen Väter haben Abitur. Während mit 71,9% der Anteil der deutschen Mütter mit Abitur hoch ist, haben lediglich 26,3% der türkischen Mütter Abitur. Über 40% der türkischen Mütter haben keine abgeschlossene Berufsausbildung (s. Abbildung 1 und 2).

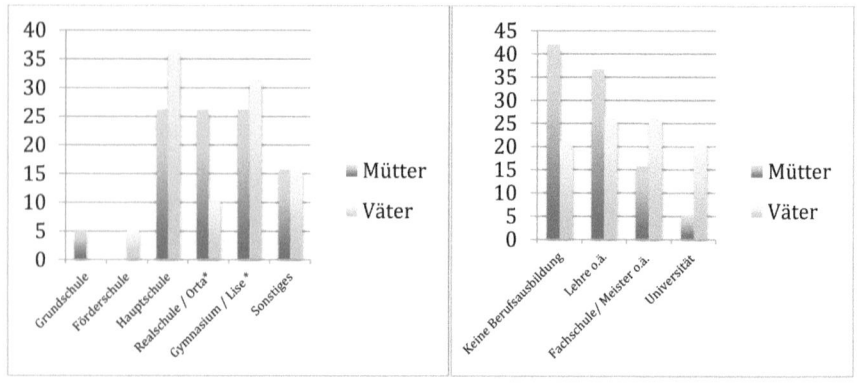

Anmerkung: *„Orta" und „Lise" stellen die Äquivalente zu Realschule und Gymnasium in der Türkei dar.

Abbildung 1: Mittels Elternfragebogen erhobene Schulabschlüsse und Berufsausbildungen der türkischstämmigen Mütter und Väter (*n*=19). Angaben in Prozent

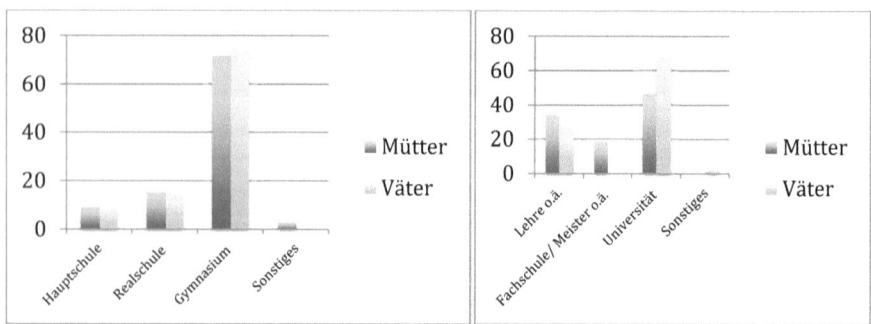

Abbildung 2: Mittels Elternfragebogen erhobene Schulabschlüsse und Berufsausbildungen der deutschen Mütter und Väter (*n*=32). Angaben in Prozent

3.2 Sprachlicher Hintergrund der Kinder und ihrer Familien

Gemäß den Angaben aus den Elternfragebögen sprechen die türkisch-deutschen Kinder die ersten Wörter in der Erstsprache Türkisch (M = 10,75 Monate; SD 5,6) mit knapp einem Jahr; die ersten kurzen Sätze einige Monate später (M = 16,46 Monate; SD 13,8). In der Zweitsprache Deutsch werden die ersten Wörter mit ca. zwei Jahren gesprochen (M = 23,5 Monate; SD 11;1); die ersten kürzeren Sätze in der deutschen Sprache werden von den türkisch-deutschen Kindern mit etwas unter drei Jahren verwendet (M = 32,8 Monate; SD 13;1). Alle Kinder haben einen Kindergarten besucht, 78,9% der Kinder mit ca. drei Jahren, 10,5% der Kinder mit ca. zwei Jahren. Das lässt vermuten, dass der Erwerb von komplexeren sprachlichen Strukturen im Deutschen mit dem Eintritt in den Kindergarten zusammenfällt. Das deckt sich mit den Angaben aus dem Elternfragebogen: Demnach hat bei rund zwei Dritteln der Kinder (63,2%) der Deutscherwerb im Kindergarten stattgefunden.

Betrachtet man den Sprachgebrauch der türkisch-deutschen Kinder, so wird in 26,3% der Fälle Deutsch innerhalb der Familie gesprochen, während außerhalb der Familie deutlich häufiger auf das Deutsche zurückgegriffen wird (52,6%). Innerhalb als auch außerhalb der Familie scheint der Gebrauch beider Sprachen nicht unüblich zu sein (Abbildung 3).

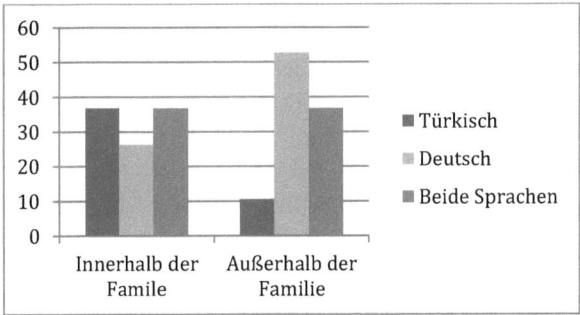

Abbildung 3: Sprachgebrauch des Kindes im Türkischen und im Deutschen innerhalb und außerhalb der Familie. Angaben in % (n=19)

Befragt man die Eltern nach der bevorzugten Sprache ihres Kindes, so geben sie an, dass die Kinder zur Hälfte (52,6%) Deutsch und lediglich in 10,5% der Fälle Türkisch bevorzugen. Über ein Drittel der Kinder mag beide Sprachen gleichermaßen.

Des Weiteren geht aus den Elternfragebögen hervor, dass 21,1% der Mütter Deutsch, 36,8% Türkisch sowie 36,8% Deutsch *und* Türkisch mit ihren Kindern sprechen.[19] Hingegen sprechen 42,1% der Väter mit ihren Kindern nur Türkisch, 31,6% Türkisch *und* Deutsch gemischt.[20] Das heißt, dass die Väter deutlich türkisch-

---

19 5,3% keine Angabe.
20 26,3% keine Angabe.

dominanter sind als die Mütter, die beide Sprachen separat oder gemischt in der Kommunikation mit den Kindern nutzen (s. Tabelle 1).

Tabelle 1: Deutschkenntnisse und Türkischkenntnisse der türkisch-deutschsprachigen Eltern, selbst eingeschätzt (*n*=19)

	Deutsch-kenntnisse Vater	Deutsch-kenntnisse Mutter	Türkisch-kenntnisse Vater	Türkisch-kenntnisse Mutter
sehr gut	-	29,4%	40,0%	35,3%
gut	33,3%	23,5%	46,7%	47,1%
mittel	33,3%	23,5%	13,3%	17,6%
schlecht	33,3%	17,6%	-	-
sehr schlecht	-	5,9%	-	-

Die selbst eingeschätzten Sprachkenntnisse der Eltern sind für das Deutsche und das Türkische überwiegend im mittleren/guten bis sehr guten Bereich. D. h. die Eltern schätzen beide Sprachen bei sich relativ hoch ein, mit einem Trend nach unten bei den Deutschkenntnissen der Väter.

Berechnungen zeigen (s. Tabelle 2), dass je besser die selbst eingeschätzten Sprachkenntnisse des Vaters im Deutschen sind, desto früher sprechen die Kinder erste kurze Sätze im Deutschen. D. h. trotz des geringeren Gebrauchs des Deutschen im Umgang mit den Kindern ist der Einfluss der Deutschkenntnisse des Vaters auf die Kinder besonders hoch. Je besser die Sprachkenntnisse der Mutter im Türkischen sind, desto früher ist der Sprachbeginn erster Sätze im Türkischen bei den Kindern. Aber es gilt auch sprachübergreifend: Je besser die Sprachkenntnisse der Mutter im Türkischen sind, desto früher sprechen die Kinder erste kurze Sätze auf Deutsch. Interessanterweise scheint sich dieser Zusammenhang eher auf die komplexeren Strukturen auszuwirken, weniger auf das Auftreten der ersten Wörter.

Tabelle 2: Zusammenhang zwischen den Sprachkenntnissen der Eltern und dem Sprechen erster Sätze

Spracherwerb des Kindes	Sprachkenntnisse des Vaters (Deutsch)	Sprachkenntnisse der Mutter (Türkisch)
Erste Sätze (Deutsch)	$r = -,566^{**}$ $(n = 17)$	$r = -,521^{**}$ $(n = 19)$
Erste Sätze (Türkisch)	$r = -,399$ $(n = 17)$	$r = -,530^{**}$ $(n = 19)$

Anmerkungen: Berechnungen nach Pearson's Produkt Moment-Korrelation; ** $p < ,05$.

Ferner wurden die Eltern nach bisherigen Sprachfördermaßnahmen befragt: laut Elternfragebogen waren 32% der türkisch-deutschen Kinder an Sprachfördermaßnahmen[21] beteiligt, welche ausschließlich in Kindertagesstätten stattgefunden haben. Kinder, die Sprachförderung in Form von logopädischer Behandlung in Anspruch genommen haben, sind nicht in die Auswertung eingegangen. Die überwiegende Mehrheit der Eltern (über 84% der türkischstämmigen Eltern und 96% der deutschen Eltern) macht sich keine Sorgen um die Sprachentwicklung ihres Kindes.

3.3 Literacy / Freizeitverhalten

Laut Angaben im Elternfragebogen besitzen türkisch-deutsche Kinder im Schnitt 17,6 Kinderbücher, im Vergleich dazu haben deutsche Kinder im Schnitt 69,2 Kinderbücher zur Verfügung (s. Tabelle 3). Ein ähnliches Bild zeigt sich bei türkisch-deutschsprachigen Eltern. Sie verfügen im Vergleich zu deutschsprachigen Eltern insgesamt über deutlich weniger Bücher. Dennoch berichten knapp 50% der türkisch-deutschsprachigen Eltern, dass ihr Kind sich täglich Bücher anschaut bzw. liest. Der Einfluss einer sprachlich anregenden Umgebung auf die Sprachentwicklung wird hier deutlich: Je mehr Kinderbücher die türkisch-deutschen Kinder besitzen, desto früher sprechen sie erste Wörter im Deutschen ($r(10) = -{,}596$; $p<{,}041$). Zum Fernsehverhalten geben türkisch-deutschsprachige Eltern an, dass knapp 80% der Kinder täglich und über 20% der Kinder mehrmals pro Woche fernsehen.

Tabelle 3: Anzahl der Bücher/Kinderbücher und Minuten Fernsehen/Tag

	Deutsche Kinder	Türkisch-deutsche Kinder
Anzahl der Bücher zu Hause	264,31 (SD 217,1)	56,71 (SD 56,2)
Anzahl der Kinderbücher zu Hause	69,22 (SD 46,1)	17,68 (SD 10,9)
Minuten Fernsehen pro Tag	23,17 (SD 20,4)	122,36 (SD 78,5)

Dementsprechend viel Zeit verbringen türkisch-deutsche Kinder (im Mittel 122,36 Minuten täglich) vor dem Fernseher, wobei in 73,7% der Fälle deutschsprachige Sender gewählt werden. Von den 19 Kindern schauen fünf Kinder eine Stunde und weniger fern, 14 Kinder, d. h. rund drei Viertel, hingegen zwischen über einer Stunde bis zu fünf Stunden. Im Vergleich dazu sehen deutsche Kinder deutlich weniger (23,2 Minuten pro Tag, s. Tabelle 3) und seltener fern (unter 30% sehen täglich fern) als die türkisch-deutschen Kinder (s. Abbildung 4 und 5 auf S. 210).

---

21 Diese Sprachfördermaßnahmen sind sehr unterschiedlich in ihrem Umfang und in der Art der Durchführung.

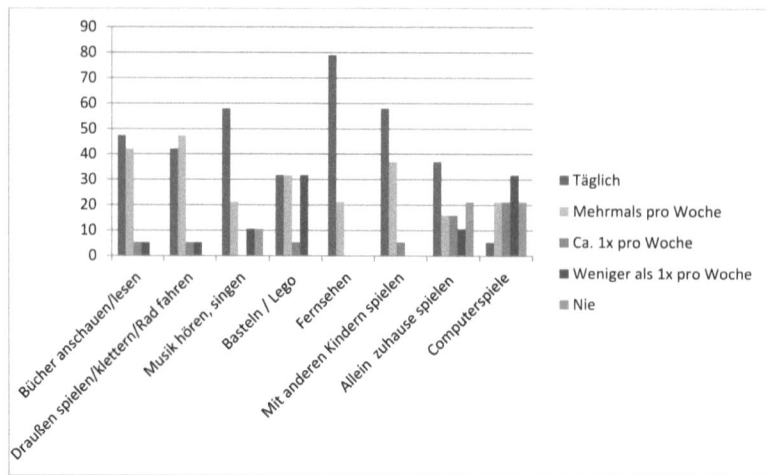

Abbildung 4: Mittels Elternfragebogen erhobenes Freizeitverhalten der türkisch-deutschen Kinder (*n*=19)

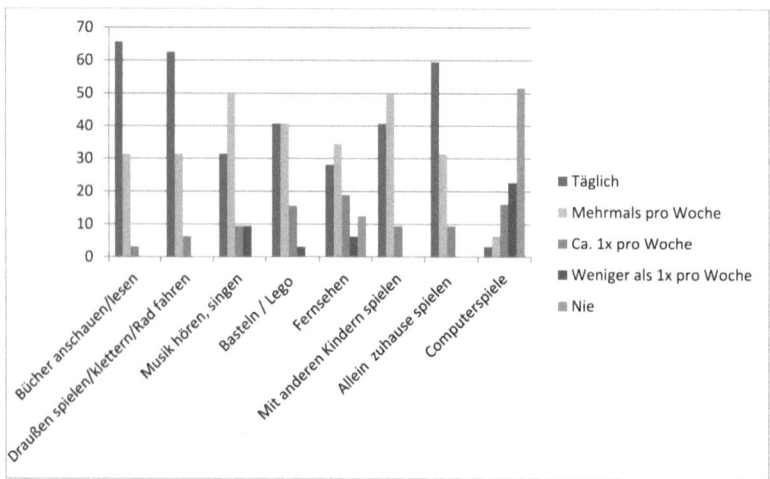

Abbildung 5: Mittels Elternfragebogen erhobenes Freizeitverhalten der deutschen Kinder (*n*=32)

Der Einfluss einer sprachlich anregenden Umgebung auf die Sprachentwicklung wird hier deutlich: Je mehr Kinderbücher die türkisch-deutschen Kinder besitzen, desto früher sprechen sie erste Wörter im Deutschen ($r(10)=-,596$; $p<,041$).

Während sich die beiden Kindergruppen in Bezug auf die Verfügbarkeit von Büchern und den Fernsehkonsum unterscheiden, bestehen viele Gemeinsamkeiten im Freizeitverhalten: Fast alle Kinder spielen täglich oder mehrmals pro Woche draußen, spielen mit anderen Kindern, schauen sich Bücher an oder lesen, hören

Musik oder singen. Deutsche Kinder spielen etwas mehr alleine zu Hause – was an der geringeren Geschwisterzahl liegen kann. Über 50% der deutschen Kinder haben noch nie Computerspiele gespielt, während es bei den türkisch-deutschen Kindern ca. 20% sind (s. o. Abbildung 4 und 5).

3.4   Sprachliche Daten der Kinder

Deutsche Sprachtests

Wie aus Tabelle 4 (s. S. 212) hervorgeht, schneiden türkisch-deutsche Kinder bei den deutschen Sprachtests insgesamt im Normbereich (T-Wert≥40) ab. Im Plural-Singular-Test, der das Bilden von Pluralformen und Singularformen bei bekannten Wörtern und Pseudowörtern erfordert, sowie im passiven Grammatikverständnis (TROG-D) liegen die bilingualen Kinder im Durchschnittsbereich. Das Nach-sprechen von Kunstwörtern bereitete ebenfalls keine Schwierigkeiten sowohl im HASE-NK als auch im Mottier-Test sind die Kinder mit ihren einsprachigen Al-tersgenossen vergleichbar. Hingegen zeigen die Kinder deutlich unterdurchschnitt-liche Werte im Bereich der produktiven grammatischen Leistungen (Reproduktion komplexer Sätze (IS)).

Türkische Sprachtests

Bei den türkischen Tests weisen die türkisch-deutschen Kinder insgesamt ebenfalls gute Leistungen auf. Im TIFALDI zeigen 82,3% der Kinder Werte im Normbereich. Auch im CITO schneiden 84% der Kinder gut ab. Beide türkischen Tests (jeweils Rohwerte) korrelieren signifikant miteinander ($r(15)=,760$; $p<,000$); d. h. je besser die Kinder in dem einen Test abschneiden, desto besser sind die Leistungen auch im anderen Test. Je früher erste Wörter im Türkischen erworben wurden, desto besser sind die türkisch-deutschen Kinder im CITO ($r(10)= -,585$; $p<,046$).

4.   Diskussion

In dem hier vorliegenden Studienteil der Studie „Sprachverarbeitung bei türkischen Kindern mit Deutsch als Zweitsprache" wurden insgesamt 19 türkisch-deutsche Kinder in Bezug auf ihre sprachlichen Leistungen im Türkischen und im Deutschen untersucht sowie 32 deutsche Kinder an ausgewählten Stellen als Vergleichsgruppe herangezogen. Des Weiteren wurden zahlreiche Hintergrundvariablen zur sprach-lichen und soziodemografischen Situation in den Familien erfasst.

Alle türkisch-deutschen Kinder sind in Deutschland geboren und besuchten einen Kindergarten. Fast alle türkischstämmigen Väter arbeiten in Vollzeit und ha-ben zu ähnlichen Anteilen Lehre, Fachschule, Universität oder auch keine weitere Berufsausbildung absolviert. Ein hoher Anteil der Mütter ist nicht berufstätig und hat

Tabelle 4: Testdaten der türkisch-deutschen und deutschen Kinder

	Deutsche Kinder (n = 32)				Türkisch-deutsche Kinder (n = 19)			
	n				n			
Geschlechterverteilung (m / w)	32	15 / 17			19	7 / 12		
Mittelwert / Standardabweichung		M	SD			M	SD	n
Alter	32	75,4	13,2			81,7	12,0	19
Nonverbale Intelligenz (CPM-IQ)	32	107,9	12,2			101,3	11,7	19
TROG-D (T-Wert)	32	60,1	8,4			44,0	9,9	19
HSET-IS (T-Wert)	32	50,9	8,3			35,4	9,0	19
HSET-PS (T-Wert)	32	59,6	6,9			53,4	10,7	19
HASE-NK (T-Wert)	23	47,4	8,9			48,2	7,2	13
MOTTIER (Rohwert)	32	20,0	4,6			18,6	3,9	19
TIFALDI – Türkisch (PR)						45,9	27,1	17
CITO –Türkisch (Rohwert)						44,6	7,4	19

Anmerkungen: n = Anzahl der Probanden, M = Mittelwert, SD = Standardabweichung, m = männlich, w = weiblich, p = T-Test-Signifikanzniveau bei unabhängigen Stichproben, CPM-IQ = Nonverbale Intelligenz – IQ-Wert im CPM *Coloured Progressive Matrices*, TROG-D = Test zur Überprüfung des Grammatikverständnisses, HSET IS = Imitation grammatischer Strukturformen, HSET PS = Plural-Singular Bildung, HASE-NK = Nachsprechen von Kunstwörtern, MOTTIER = Nachsprechen von Kunstwörtern, TIFALDI = rezeptiver Wortschatz im Türkischen, CITO = rezeptiver Wortschatz im Türkischen.

keine weitere Berufsausbildung absolviert, lediglich eine Mutter hat eine Universität besucht. Die sprachliche Situation in den Familien stellt sich folgendermaßen dar: Die Mütter sprechen mit den Kindern zu gleichen Anteilen Türkisch *und* Deutsch sowie Türkisch und etwas weniger Deutsch. Die Väter sprechen laut Elternfragebogen insgesamt mehr Türkisch mit den Kindern als die Mütter. Da der Großteil der Kinder aber bereits in der Schule ist, wächst der Anteil des Deutschen in ihrem Umfeld. Betrachtet man den Sprachgebrauch der Kinder außerhalb der Familie, ist dieser überwiegend Deutsch sowie zu einem Drittel Türkisch und Deutsch. Über die Hälfte der Kinder bevorzugt die deutsche Sprache. Das heißt, dass hier bei Kindern, die im Schnitt noch nicht ganz sieben Jahre alt sind, eine deutliche Hinwendung zum Deutschen vorhanden ist. Die Kinder besuchen eine deutsche Bildungseinrichtung in einem deutschsprachigen Umfeld. Innerhalb der Familie wird das Türkische noch häufig gebraucht, aber außerhalb ist der Gebrauch des Deutschen eindeutig dominant. Die Deutsch- und Türkischkenntnisse der Eltern stehen im Zusammenhang mit den Angaben, wann Kinder (rückblickend) erste kurze Sätze im Deutschen und Türkischen gesprochen haben. Insgesamt ist daher ein positiver Einfluss guter elterlicher Sprachkenntnisse – in beiden Sprachen – zu beobachten.

Betrachtet man hier noch einmal das Freizeitverhalten der türkisch-deutschen Kinder und der deutschen Kinder, ist dieses recht ähnlich: Die Kinder spielen täglich oder mehrmals pro Woche draußen, hören Musik oder singen und spielen mit anderen Kindern. Unterschiede bestehen hinsichtlich der Verfügbarkeit von Büchern – die Kinder selbst oder die Familien besitzen insgesamt deutlich weniger Bücher als die deutschen Kinder und Familien –, allerdings beschäftigen sich auch die türkisch-deutschen Kinder täglich oder mehrmals pro Woche mit Büchern. Es fällt die hohe Nutzung des Fernsehens bei den türkisch-deutschen Kindern ins Auge (im Schnitt zwei Stunden pro Tag). Die Gründe hierfür mögen vielfältig sein und können im Rahmen der vorliegenden Erhebung nicht geklärt werden.[22] Die Werte decken sich aber mit den Daten der gemischt mehrsprachigen Gruppe aus Sachse et al. (2010), die ebenfalls im Schnitt ca. zwei Stunden pro Tag vor dem Fernseher verbringen.

Die sprachlichen Daten der türkisch-deutschen Kinder zeigen, dass ihre sprachlichen Leistungen im Türkischen und im Deutschen überwiegend im Normbereich liegen. Bei dem Test, der die Anwendung von Regeln des Plurals erfordert, schneiden die türkisch-deutschen Kinder in diesem Studienteil im guten Normbereich ab, ebenso im Test des passiven Grammatikverständnisses (TROG-D). Im Test Nachsprechen von Kunstwörtern (HASE-NK und Mottier-Test) liegen die Kinder ebenfalls ganz im Normbereich. Diese Tests überprüfen phonologische Leistungen, die nur bedingt deutschspezifisch sind. Von Kindern mit Defiziten in der Sprachverarbeitung werden bei dieser Aufgabenstellung Werte unterhalb des Normbereichs berichtet (s. auch Fried, 2007). Das heißt, es wird hier deutlich, dass die Kinder kein

---

22 Im Elternfragebogen wurde z. B. nicht erfasst, ob die Kinder alleine oder in Gemeinschaft mit Freunden oder Familie fernsehen.

sprachliches Defizit an sich haben. Bei der komplexeren Grammatikproduktion (HSET IS) liegen 14 von 19 türkisch-deutschen Kindern nicht im Normbereich. Das bedeutet, dass insbesondere die produktiven Leistungen der meisten Kinder noch sehr schwach sind.

Eine Reihe von Studien haben die gleichen oder vergleichbare Sprachtests bei Kindern vor der Einschulung eingesetzt (Rinker et al., 2010, 2011, Sachse et al., 2010, 2012). Wenngleich hier aufgrund der unterschiedlichen Studiendesigns keine direkten Vergleiche angestellt werden können, lassen sich studienübergreifend einige Trends und Beobachtungen ableiten:

Bei fünfjährigen türkisch-deutschen Kindern liegen nur vier von 18 bei der Plural-Singular-Bildung im Normbereich (Rinker et al., 2011). Bei der im Rahmen der vorliegenden Studie getesteten Gruppe, die im Schnitt zwei Jahre älter ist, liegen hingegen zwei von 19 *nicht* im Normbereich. Die Gruppe der mehrsprachigen Kinder mit Deutsch als Zweitsprache aus der Stichprobe von Sachse et al. (2012) war im Schnitt zwei Monate jünger (6;7 Jahre) als die Kinder aus der vorliegenden Stichprobe und hatte eine neunmonatige Sprachförderung absolviert. Die Werte im Plural-Singular-Test liegen bei diesen Kindern knapp im Normbereich. Die hier untersuchten Kinder zeigen einen T-Wert von 53,4 und liegen damit ebenfalls im Normbereich. Allerdings sind die meisten türkisch-deutschen Kinder dieser Studie bereits in der Schule, während die Kinder der Stichprobe von Sachse et al. (2012) kurz vor dem Schuleintritt stehen und die Kinder aus Rinker et al. (2011) noch Vorschulkinder waren.

Auch in der Studie von Sachse et al. (2010; 2012) zeigen die Kinder mit DaZ im Nachsprechen von Kunstwörtern Werte im Normbereich. Hier zeigt sich also studienübergreifend stabil die Fähigkeit, unabhängig vom Erstsprachhintergrund einzelne Kunstwörter zu reproduzieren. Etwaige sprachliche Schwierigkeiten sind daher eher auf die deutsche Sprache beschränkt und beziehen sich nicht auf die Sprachlernfähigkeit an sich.

Im Bereich der Grammatikproduktion ähneln sich hingegen die Daten aus Sachse et al. (2012), Rinker et al. (2010) und die hier entstandenen Daten: Die Kinder schneiden in den jeweiligen Studien im Test der grammatischen Produktion unterdurchschnittlich ab. Die Reproduktion eines Satzes stellt komplexe Anforderungen an die Grammatikkenntnisse (im Bereich der Syntax und Morphologie) bzw. auch an den Wortschatz der Kinder. Es zeigt sich hier auch studienübergreifend, dass vor allem die produktiven Leistungen der Kinder noch nicht ausreichend für den Schuleintritt oder auch die ersten Schuljahre sind.

In der Erstsprache Türkisch hingegen haben die Kinder gute Leistungen. Das für monolinguale Kinder normierte Instrument zeigt mit dem Instrument, das für DaZ-Kinder konstruiert wurde, eine hohe Übereinstimmung. Das spricht tatsächlich dafür, dass der CITO, der ein häufig kritisiertes Verfahren ist, jedenfalls im Untertest „Passiver Wortschatz" mit einem in der Türkei normierten Testverfahren verglichen werden kann, und das, obwohl die Tests methodisch sehr unterschiedlich sind. Im

Vergleich zur Studie von Rinker et al. (2010) (CITO: M=38,9; hier: CITO: M=44,6, 60 Punkte maximal) schneiden die hier getesteten Kinder besser ab als die Gruppe, die rein aus Vorschulkindern bestand. Man könnte daher folgern, dass auch beim Übertritt in das deutschsprachige Umfeld der Schule der Wortschatzerwerb im Türkischen noch fortschreitet.

Der Bildungs- und soziale Status der türkisch-deutschen Familien ist deutlich geringer als der Status der deutschen Familien, was die Realität vieler Migranten in Deutschland reflektiert, allerdings die Vergleichbarkeit der deutschen und türkisch-deutschen Gruppe im Rahmen dieser Studie einschränkt. Nach unseren Daten kommen die Kinder in einem Umfeld innerhalb und außerhalb der Familien mit dem Deutschen in Kontakt und ein großer Anteil der Eltern nutzt das Deutsche nach eigenen Angaben auf einem guten bis mittleren Niveau. Das heißt, dass die Kinder dieser Stichprobe ein sprachlich eher gutes Umfeld vorfinden.[23] Mit dem Schuleintritt nimmt der Anteil des Deutschen im Sprachgebrauch noch einmal zu.

Als Fazit kann festgehalten werden, dass die hier untersuchten Kinder in ihrer Erst- und Zweitsprache überwiegend gut abschneiden. Das passive grammatische Regelwissen ist bei Schuleintritt durchaus vorhanden. Im Bereich der sprachproduktiven Leistungen sind die Kinder allerdings noch unterdurchschnittlich. An dieser Stelle sei aber auch auf die kleine und altersheterogene Stichprobe türkisch-deutscher Kinder verwiesen, welche den strengen Einschlusskriterien für die nachfolgende EEG-Studie geschuldet ist. Anhand größerer und repräsentativerer Stichproben müsste in Zukunft überprüft werden, in welchem Verhältnis z. B. Variablen des Elternhauses und sprachliche Fähigkeiten zueinander stehen. Sicherlich wäre es sinnvoll, diese Fähigkeiten im Längsschnitt zu verfolgen und hier spezifische Förderkonsequenzen abzuleiten.

Auch wenn die hier verwendeten Sprachtestverfahren prinzipiell für einsprachig deutsche Kinder normiert wurden, ist sicher, dass die türkischen Kinder mit DaZ weiterer Förderung bedürfen. Und zwar einer Förderung, die primär die Sprachpraxis in den Fokus nimmt. Gezielt sollten die Kinder in den Bildungseinrichtungen im Alltag Gelegenheit bekommen, z.B. die Verwendung komplexer grammatischer Strukturen zu üben, und in unterschiedlichen Kontexten zum Sprechen angeregt werden. Idealerweise sollte diese Art der alltagsintegrierten Förderung mit einem Fokus auf dem aktiven Sprachgebrauch bereits ab dem Kindergarteneintritt beginnen, so dass die Kinder eine positive Entwicklung in der Zweitsprache Deutsch durchlaufen können.

---

23 Möglicherweise handelt es sich um eine türkisch-deutsche Probandengruppe mit besonders günstigen Bedingungen des Spracherwerbs: Die Kinder wachsen in Baden-Württemberg auf (ein Bundesland mit prinzipiell guten Bildungsvoraussetzungen, s. auch Stanat et al., 2012), und die meisten Kinder wurden aus Kleinstädten (Konstanz, Ulm, etc.) und umliegenden Gegenden rekrutiert, die an sich weniger soziale Probleme aufweisen. Da auf diese Untersuchung eine EEG-Untersuchung folgte, waren die teilnehmenden Eltern vielleicht auch besonders motiviert und aufgeschlossen.

5. Literatur

Aksu-Koç, A. & Slobin, D. (1985). The acquisition of Turkish. In D. I. Slobin (Hrsg), *The crosslinguistic study of language acquisition*. Hillsdale, New Jersey: Erlbaum, 839–876

Bildungsbericht 2012. (2012). http://www.bildungsbericht.de/daten2012/bb_2012.pdf (zuletzt abgerufen am 08.10.2013)

Bockmann, A. & Kiese-Himmel, C. (2006). *ELAN – Eltern Antworten. Elternfragebogen zur Wortschatzentwicklung im frühen Kindesalter*. Göttingen: Beltz

Brunner, M. & Schöler, H. (2001/2002). *HASE – Heidelberger Auditives Screening in der Einschulungsuntersuchung*. Wertingen: Westra

Budde, N., Sachse, S. & Rinker, T. (März, 2012). *Cross sectional language data of a Turkish-German migrant population*. Poster presented at the ESRC Meeting: Bilingual and Multilingual Interaction, Bangor, UK

Bulheller, S. & Häcker H. O. (Hrsg.) (2002). *Coloured Progressive Matrices (CPM)*. Deutsche Bearbeitung und Normierung nach J. C. Raven. Frankfurt: Pearson Assessment

Bundesamt für Migration und Flüchtlinge (BAMF): *Migrationsbericht 2011*, erschienen am 30.01.2013. http://www.bamf.de/SharedDocs/Anlagen/DE/Publikationen/Migrationsberichte/migrationsbericht-2011.pdf (zuletzt abgerufen am 08.10.2013)

Chilla, S., Rothweiler, M. & Babur, E. (2010). *Kindliche Mehrsprachigkeit: Grundlagen – Störungen – Diagnostik*. München: Reinhardt

Ehlich, K., Bredel, U. & Reich, H. H. (Hrsg.) (2008). *Referenzrahmen zur altersspezifischen Sprachaneignung – Forschungsgrundlagen*. Bonn/Berlin: Bundesministerium für Bildung und Forschung (Bildungsforschung, 29/II)

Fox, A.V. (2006). *TROG-D. Test zur Überprüfung des Grammatikverständnisses*. Idstein: Schulz-Kirchner

Fried, L. (2007). Sprachstandserhebungsverfahren für Kindergartenkinder und Schulanfänger in Politik und Pädagogik. In H. Schöler & A. Welling (Hrsg), *Sonderpädagogik der Sprache*. Göttingen: Hogrefe, 665–683

Gogolin, I. & Krüger-Potratz, M. (2010). *Einführung in die Interkulturelle Pädagogik*. Opladen: Budrich

Grimm, H., Aktas, M. & Frevert, S. (2001). *Sprachentwicklungstest für drei- bis fünfjährige Kinder (SETK 3-5)*. Göttingen: Hogrefe

Grimm, H. & Schöler, H. (1991). *Der Heidelberger Sprachentwicklungstest H-S-E-T*. Göttingen: Hogrefe

Kazak-Berument, S. & Güven, A. (2010). *Türkçe alıcı ve ifade edici dil testi (TIFALDI)*. Istanbul: Türk Psikologlar Dernigi

Keim, I. (2012). *Mehrsprachige Lebenswelten. Sprechen und Schreiben der türkischstämmigen Kinder und Jugendlichen*. Tübingen: Narr

Landua, S., Maier-Lohmann, C. & Reich, H. H. (2008). Deutsch als Zweitsprache. In K. Ehlich, U. Bredel & H. H. Reich (Hrsg.), *Referenzrahmen zur altersspezifischen Sprachaneignung – Forschungsgrundlagen*. Bonn/Berlin: Bundesministerium für Bildung und Forschung, 171–201 (Bildungsforschung, 29/II)

Lindner, M. & Grissemann, H. (1996). *Züricher Lesetest*. Bern: Huber

Rinker, T., Alku, P., Brosch, S. & Kiefer, M. (2010). Discrimination of native and non-native vowel contrasts in bilingual Turkish–German and monolingual German children: Insight from the Mismatch Negativity ERP component. *Brain and Language*, *113*, 90–95

Rinker, T., Budde, N., Bamyaci, E. & Winter, V. (2011). Einblicke in die sprachlichen Leistungen türkischer Kinder mit Deutsch als Zweitsprache. *Diskurs Kindheits- und Jugendforschung, 6* (4), 471–478

Rinker, T., Budde, N. & Sachse, S. (November, 2011). *L1 and L2 lexical development in Turkish-German children.* Poster presented at the 5th COST-Meeting in St. Paul's Bay, Malta

Rinker, T. & Sachse, S. (2009). Multilingual Specific Language Impairment: Directions for Research. In M. Reed (Hrsg.), *Children and Language: Development, Impairment and Training.* New York: Nova Science Publishers, 279–284

Roos, J. & Schöler, H. (2007). Sprachentwicklungsdiagnostik mittels standardisierter Tests. In H. Schöler & A. Welling (Hrsg), *Sonderpädagogik der Sprache.* Göttingen: Hogrefe, 531–550

Sachse, S., Budde, N., Rinker, T. & Groth, K. (2010). Mehrsprachige Kinder in vorschulischen Sprachfördermaßnahmen: Soziodemographischer Hintergrund und Sprachleistungen. *L.O.G.O.S. INTERDISZIPLINÄR, 18* (5), 337–345

Sachse, S., Budde, N., Rinker, T. & Groth, K. (2012). Evaluation einer Sprachfördermaßnahme für Vorschulkinder. *Frühe Bildung, 1* (4), 1–8

Şenyıldız, A. (2011). *Zweitspracherwerb und sprachliche Förderung von russisch- und türkischsprachigen Kindern im Vergleich.* XI. Türkischer Internationaler Germanistik Kongress, Izmir, Mai 2009

Sırım, E. (2008). Türkisch. In K. Ehlich, U. Bredel & H. H. Reich (Hrsg.), *Referenzrahmen zur altersspezifischen Sprachaneignung – Forschungsgrundlagen.* Berlin: Bundesministerium für Bildung und Forschung, 227–253 (Bildungsforschung, 29/II)

Stadt Konstanz Hauptamt – Statistik und Steuerungsunterstützung (2011). *Migrationshintergrund von SchülerInnen in Konstanz*: Ergebnis der Befragungen 2006–2010

Stanat, P., Pant, H. A., Böhme, K. & Richter, D. (Hrsg.) (2012). *Kompetenzen von Schülerinnen und Schülern am Ende der vierten Jahrgangsstufe in den Fächern Deutsch und Mathematik. Ergebnisse des IQB-Ländervergleichs 2011.* Münster: Waxmann

Thoma, D. & Tracy, R. (2006). Deutsch als frühe Zweitsprache: zweite Erstsprache? In B. Ahrenholz (Hrsg.), *Kinder mit Migrationshintergrund: Spracherwerb und Fördermöglichkeiten.* Freiburg: Fillibach, 58–79

Tracy, R. (2007). *Wie Kinder Sprachen lernen: Und wie wir sie dabei unterstützen können.* Tübingen: Francke

Uzuntaş, A. (2008). Muttersprachlicher Sprachstand bei zweisprachigen türkischen Kindern im Kindergarten. In B. Ahrenholz (Hrsg.), *Zweitspracherwerb. Diagnosen, Verläufe, Voraussetzungen.* Freiburg: Fillibach, 65–91

Wegener, H. (2005). Komplexität oder Kontrastivität der L2 – worin liegt das Problem für DaZ/DaF? *ODV-Zeitschrift (Publikationen des Oraner Deutschlehrerverbandes), 12*, 91–114

Winter, V., Bamyaci, E., Eulitz, C. & Rinker, T. (März, 2012). *Behavioral and neurophysiological processing of German plural morphemes in Turkish-German bilinguals.* Talk held at the Bilingual and Multilingual Interaction Conference, Bangor, UK

Kristine Blatter, Verena Faust, Dana Jäger, Doreen Schöppe,
Cordula Artelt, Wolfgang Schneider, Petra Stanat

Vorschulische Förderung der phonologischen Bewusstheit und der Buchstaben-Laut-Zuordnung: Profitieren auch Kinder nichtdeutscher Herkunftssprache?

1. Forschungsstand zur vorschulischen Förderung der phonologischen Bewusstheit

Aus großen international angelegten Studien ist bekannt, dass in Deutschland lebende Kinder mit Migrationshintergrund in verschiedenen schulischen Fähigkeiten deutlich geringere Leistungen zeigen als Kinder ohne Migrationshintergrund. Der Lesekompetenz wird hierbei als Schlüsselkompetenz eine zentrale Rolle beim Wissenserwerb in allen Fachgebieten zugeschrieben. Laut Befunden der PISA-Studie bleiben Jugendliche aus Familien mit Migrationshintergrund deutlich hinter den Leistungen Gleichaltriger mit Deutsch als Muttersprache zurück (Artelt et al., 2001; Stanat, Rauch & Segeritz, 2010; Walter & Taskinen, 2007). Zudem verdeutlichen die Ergebnisse der Internationalen Grundschul-Lese-Untersuchung (IGLU), dass die Leistungsunterschiede zwischen Kindern mit und ohne Migrationshintergrund im Lesen bereits am Ende der Grundschulzeit erheblich sind (Schwippert, Bos & Lankes, 2003): Kinder mit zwei im Ausland geborenen Elternteilen schneiden über drei Viertel einer Standardabweichung schlechter ab als Kinder aus Familien ohne Migrationshintergrund. Insgesamt lässt sich aus diesen Studienergebnissen schließen, dass Kinder mit Migrationshintergrund, die oftmals mehrsprachig aufwachsen, häufig über unzureichende Deutschkenntnisse verfügen. Diese stellen ein Hindernis bei der Bildungsbeteiligung im deutschen Schulsystem dar und führen somit zu herkunftsbedingten Ungleichheiten in den Bildungschancen (vgl. Baumert & Schümer, 2001; Baumert, Stanat & Watermann, 2006; Gogolin & Krüger-Potratz, 2010; Limbird & Stanat, 2006; Schwippert et al., 2003; Stanat & Christensen, 2006). Um diesem negativen Trend vorzubeugen, müssen wirksame Sprachfördermaßnahmen entwickelt und erprobt werden. Dabei sind Fördermaßnahmen vor der Einschulung der Kinder insofern interessant, als hierdurch eine Erhöhung der Chancengleichheit bereits zu Beginn der Schullaufbahn möglich erscheint.

Im Bereich der vorschulischen Sprachförderung existieren sowohl international als auch im deutschsprachigen Raum Trainingsprogramme zur Förderung der phonologischen Bewusstheit als gut evaluierte Vorbeugungsmaßnahmen gegen die Entwicklung von Lese-Rechtschreibschwierigkeiten (vgl. die Überblicke bei Bus & van IJzendoorn, 1999; Ehri et al., 2001; Schneider & Stengard, 2000). Bei der phonologischen Bewusstheit handelt es sich erwiesenermaßen um eine besonders wichtige Vorläuferfertigkeit des Schriftspracherwerbs (Schneider & Näslund, 1993; Wagner et al., 1997). Man versteht hierunter die Fähigkeit, die Lautstruktur der gesprochenen Sprache wahrzunehmen und einzelne Sprachsegmente analysieren und synthetisieren zu können (Mannhaupt & Jansen, 1989). Dabei wird zwischen der phonologischen Bewusstheit *im weiteren* und *im engeren Sinne* unterschieden (Skowronek & Marx, 1989). Die phonologische Bewusstheit im weiteren Sinne bezeichnet die Fähigkeit, größere Einheiten wie Wörter und Silben zu differenzieren bzw. zu segmentieren oder Reime zu erkennen. Dahingegen meint die phonologische Bewusstheit im engeren Sinne die Fähigkeit, Laute in Wörtern zu erkennen und zu unterscheiden. Generell führen Trainingsprogramme zur phonologischen Bewusstheit sowohl kurzfristig als auch langfristig zu praktisch relevanten Verbesserungen: Kurzfristig wird im letzten Kindergartenjahr eine Verbesserung der phonologischen Bewusstheit an sich erzielt, während langfristig gesehen positive Effekte des Trainings auf den Schriftspracherwerb in der Grundschule festzustellen sind. Gerade auch sogenannte „Risikokinder" mit niedrigen Ausgangswerten in der phonologischen Bewusstheit profitieren von einer Förderung (vgl. Foorman, Francis, Fletcher, Schatschneider & Mehta, 1998; Jäger et al., 2012; Lundberg, Frost & Petersen, 1988; Schneider, Küspert, Roth, Visé & Marx, 1997; Schneider, Roth & Ennemoser, 2000).

Zentrale Studien zur Untersuchung der Wirksamkeit von Trainingsprogrammen zur phonologischen Bewusstheit im deutschsprachigen Raum sind die Evaluationsstudien zu den Würzburger Trainingsprogrammen „Hören, lauschen, lernen 1" (HLL 1; Küspert & Schneider, 2008) und „Hören, lauschen, lernen 2" (HLL 2; Plume & Schneider, 2004). Sowohl die Wirksamkeitsüberprüfungen durch die Programmautoren als auch durch externe Forschungsgruppen bescheinigen dem Trainingsprogramm fast durchgängig einen positiven Einfluss auf die Entwicklung der phonologischen Bewusstheit sowie der schriftsprachlichen Kompetenzen in den ersten Schuljahren (vgl. z.B. Schneider, 2008; Schneider & Marx, 2008; Souvignier, 2003). Allerdings gibt es auch Befunde, die hinsichtlich der langfristigen Effekte auf das Lesen und Rechtschreiben in der Grundschule nicht erwartungsgemäß ausfallen. So wurden in einer Studie von Rothe, Grünling, Ligges und Fackelmann (2004) zwar kurz- und langfristige Trainingseffekte auf die phonologische Bewusstheit nachgewiesen. Es zeigten sich am Ende des ersten Schuljahres jedoch keine signifikanten Effekte auf das Lesen und Schreiben (Rothe, 2007). Rothe (2007) begründet das Ausbleiben der längerfristigen Effekte damit, dass neben der phonologischen

Bewusstheit auch weitere Aspekte, wie die familiäre und schulische Lernumwelt, für einen erfolgreichen Schriftspracherwerb wichtig sind.

In einer ausführlichen Studie in Heidelberg von Roos, Schöler, Treutlein und Zöller (2007) wurden Kinder, die das Würzburger Trainingsprogramm (HLL 1 und 2) durchlaufen hatten, mit untrainierten Kindern in der Grundschule verglichen. Dabei wurden für alle untersuchten schriftsprachlichen Leistungen Trainingseffekte festgestellt. Allerdings waren die Effekte nur für Mädchen statistisch bedeutsam. Das Training hatte ab der ersten Klasse vor allem einen positiven Einfluss auf die Lesegeschwindigkeit, während sich bei der Rechtschreibleistung Effekte erst ab der zweiten Klasse zeigten. Ein möglicher Grund für diesen ungewöhnlichen Befund ist laut Roos et al. (2007) darin zu sehen, dass im Anfangsunterricht in Heidelberg kein Wert auf orthographisch korrektes Schreiben gelegt wird, sondern vielmehr der Spaß am Schreiben und das lautgetreue Schreiben im Vordergrund stehen. Ein praktisch bedeutsames Ergebnis der Studie sollte aber hervorgehoben werden: Der Anteil der Kinder mit unterdurchschnittlichen Schriftsprachleistungen am Ende der Grundschulzeit konnte durch das Training von 13,1% auf 6,6% reduziert werden.

Zusammengefasst lässt sich sagen, dass im deutschen Sprachraum die Wirksamkeit von Trainingsprogrammen zur phonologischen Bewusstheit für Kinder *ohne* Migrationshintergrund mehrfach nachgewiesen wurde. Studien, die die Wirksamkeit dieser Trainingsmaßnahmen zur phonologischen Bewusstheit bei Kindern *mit* Migrationshintergrund untersuchen, sind dagegen rar. Im deutschsprachigen Raum sind dazu lediglich die Studien von Gräsel, Gutenberg, Pietzsch und Schmidt (2003), Roos et al. (2007), Weber, Marx und Schneider (2007) sowie von Souvignier, Duzy, Glück, Pröscholdt und Schneider (2012) zu nennen. Obwohl in den Studien von Gräsel et al. (2003) und Weber et al. (2007) Kinder mit Deutsch als Zweitsprache Teil der Stichprobe waren, so waren sie mit einer Stichprobengröße von $N = 69$ (Weber et al., 2007) bzw. $N = 75$ (Gräsel et al., 2003) eher unterrepräsentiert. Beide Studien konnten kurzfristige Trainingseffekte des eingesetzten vorschulischen Förderprogramms auf die phonologische Bewusstheit auch für Kinder mit Deutsch als Zweitsprache nachweisen. Allerdings wurden keine eindeutigen Belege für längerfristige Effekte auf die Lese- und Rechtschreibleistung in der Grundschule gefunden.

In der Studie von Roos et al. (2007) erfolgte die Einteilung in Sprachgruppen nicht anhand des sprachlichen Hintergrundes der Kinder (Deutsch als Erstsprache vs. Deutsch als Zweitsprache), sondern anhand einer Einschätzung der Deutschkenntnisse durch die jeweiligen Lehrer. Wie bereits oben berichtet, konnten in dieser Studie Effekte auf die Schriftsprachleistungen in den ersten Schuljahren lediglich für Mädchen nachgewiesen werden. Die Deutschkenntnisse scheinen keinen Einfluss auf den Trainingseffekt gehabt zu haben, denn unabhängig von ihren Deutschkenntnissen erzielten trainierte und untrainierte Kinder vergleichbare Leistungen.

Souvignier et al. (2012) untersuchten in ihrer Studie die Wirkung zweier unterschiedlicher vorschulischer Förderprogramme der phonologischen Bewusstheit bei Kindern mit türkischem Sprachhintergrund. Eine Gruppe erhielt die Förderung in ihrer Muttersprache Türkisch, während eine zweite Gruppe in der Zweitsprache Deutsch gefördert wurde. Die Förderprogramme bewirkten ähnliche Verbesserungen in der phonologischen Bewusstheit in beiden Sprachen (Türkisch und Deutsch), unabhängig davon, welche Umgangssprache in den Familien der Kinder gesprochen wurde (nur Türkisch vs. Türkisch und Deutsch).

Weitere Aspekte, die bei der Wirksamkeitsüberprüfung von Trainingsprogrammen zur phonologischen Bewusstheit berücksichtigt werden sollten, sind zum einen die Modalitäten der Trainingsdurchführung (inkl. Zielgruppe, Gruppengröße, etc.) und zum anderen die Nachhaltigkeit der Effekte. Basierend auf den Befunden aus Meta-Analysen (Bus & van IJzendoorn, 1999; Ehri et al., 2001; Schneider & Stengard, 2000) kann davon ausgegangen werden, dass ein Training der phonologischen Bewusstheit bei Kindergarten- und Vorschulkindern größere Effekte erzielt als bei Schulkindern. Des Weiteren ist die Förderung effektiver, wenn sie durch wissenschaftliches Personal statt von den Erzieherinnen und zudem in Kleingruppen statt im Einzelsetting durchgeführt wird (Ehri et al., 2001). Darüber hinaus steigt die praktische Bedeutsamkeit der Effekte mit zunehmendem Grad an Kontrolle in der Studie (Troia, 1999). Größere Effekte werden außerdem gefunden, wenn die Förderung der phonologischen Bewusstheit mit der Einführung von ersten Buchstaben-Laut-Zuordnungen verknüpft wird (Ehri et al., 2001). Die Zugehörigkeit zu einer potenziellen „Risikogruppe" aufgrund geringer Kompetenzen im phonologischen und/oder sprachlichen Bereich hat kaum einen Einfluss auf die Trainingswirksamkeit: Die Stärke von Effekten in Gruppen mit oder ohne potenzielles Risiko für die Entwicklung von Leserechtschreibschwierigkeiten ist ungefähr gleich (Ehri et al., 2001). Dasselbe trifft auf den sozioökonomischen Hintergrund (SES) der Kinder zu. Kinder aller Schichten profitieren kurzfristig gesehen gleichermaßen von einem Training der phonologischen Bewusstheit. Allerdings weisen Kinder mit einem niedrigen SES bei den längerfristigen Effekten auf das Lesen und Schreiben in der Schule Nachteile gegenüber Kindern mit einem mittleren oder hohen SES auf (Ehri et al., 2001).

Bezüglich der Nachhaltigkeit der Trainingseffekte zeigt sich, dass im Großteil der Studien längerfristige Effekte auf die spätere Lese- und Rechtschreibkompetenz in der Grundschule nachgewiesen werden können. Jedoch fallen diese längerfristigen Effekte geringer aus als die Effekte auf die unmittelbar nach dem Training erfasste phonologische Bewusstheit: Der anfangs starke Effekt von etwa einer Standardabweichung ist bei der Überprüfung der längerfristigen Effekte in der Grundschule in etwa halbiert (vgl. Bus & van IJzendoorn, 1999; Ehri et al., 2001).

2. Ableitung der Fragestellungen aus dem Forschungsstand

Wie oben erläutert, gibt es bisher nur wenige Studien im deutschsprachigen Raum, die die Wirksamkeit einer vorschulischen Förderung der phonologischen Bewusstheit bei Kindern nichtdeutscher Herkunftssprache überprüfen. Die wenigen Studien, die es gibt, beschränken sich meist auf das Feststellen der kurzfristigen Effekte unmittelbar nach Abschluss des Trainings. Eine Studie, die bei Kindern nichtdeutscher Herkunftssprache sowohl die kurzfristigen Trainingseffekte als auch die längerfristigen Effekte auf die schriftsprachlichen Kompetenzen in der Grundschule systematisch anhand eines Kontrollgruppendesigns untersucht, ist uns nicht bekannt.

Die von uns als Verbundprojekt durchgeführte Studie mit dem Titel „Kurz- und langfristige Effekte eines Trainings zur phonologischen Bewusstheit bei Kindergartenkindern deutscher und nichtdeutscher Herkunftssprache", die vom Bundesministerium für Bildung und Forschung (BMBF) gefördert wurde (Förderkennzeichen 01GJ0972-74), soll diese Forschungslücke schließen. Auf Basis der im Anschluss detailliert beschriebenen experimentellen Studie konnten bereits in einer weiteren Auswertung (Schöppe et al., i. Dr.) sowohl für die phonologische Bewusstheit als auch für die Buchstabenkenntnisse kurzfristige Trainingseffekte unmittelbar nach dem Trainingszeitraum gezeigt werden. Diese bedeutsamen Leistungszuwächse der Trainingsgruppe im Vergleich zur Kontrollgruppe waren unabhängig vom Sprachhintergrund der Kinder feststellbar. Beim Sprachhintergrund der Kinder wurde zwischen Kindern mit keinem, Kindern mit einem und Kindern mit zwei deutschsprachigen Elternteilen unterschieden. Aus den Ergebnissen dieser Auswertungen kann also geschlussfolgert werden, dass das Training bei allen Kindern – unabhängig von ihrer Herkunftssprache – effektiv war.

Im vorliegenden Beitrag soll der Frage nachgegangen werden, inwiefern ein vorschulisches Programm zur Förderung der phonologischen Bewusstheit sowie der Buchstaben-Laut-Zuordnung (Hören, lauschen, lernen 1 = HLL 1; Küspert & Schneider, 2008; Buchstaben-Laut-Zuordnungstraining = HLL 2; Plume & Schneider, 2004) sowohl bei Kindern mit zwei deutschsprachigen Elternteilen (= Kinder deutscher Herkunftssprache) als auch bei Kindern mit keinem deutschsprachigen Elternteil (= Kinder nichtdeutscher Herkunftssprache) wirksam ist. Hierbei werden in einem ersten Schritt die kurzfristigen Trainingseffekte unmittelbar im Anschluss an den Trainingszeitraum für diese beiden Substichproben betrachtet. Anschließend wird ermittelt, ob längerfristige Effekte des eingesetzten Trainingsprogramms auf die schriftsprachlichen Kompetenzen am Ende des ersten Schuljahres bei Kindern deutscher und nichtdeutscher Herkunftssprache nachgewiesen werden können.

3. Beschreibung des methodischen Vorgehens

3.1 Beschreibung des Untersuchungsdesigns

Das Untersuchungsdesign des vorliegenden Beitrags ist ein längsschnittliches Prä-Post-Design mit zwei Folgeuntersuchungen. Hierbei wurden bei den teilnehmenden Kindern die Entwicklung der schriftsprachlichen Leistungen sowie deren Vorläuferfertigkeiten vom letzten Kindergartenjahr bis zum Ende des ersten Schuljahres erfasst. Über den gesamten Erhebungszeitraum hinweg wurden vier Erhebungen durchgeführt. In einem Prätest (t_1) im Herbst 2009 wurden die relevanten Vorläuferfertigkeiten der Lesekompetenz erhoben. Unmittelbar im Anschluss an diese erste Erhebung wurde in den Kindergärten der Trainingsgruppe ab Dezember 2009 bzw. Januar 2010 mit der Förderung mit einer kombinierten Version des Trainings zur phonologischen Bewusstheit „Hören, lauschen, lernen 1" (Küspert & Schneider, 2008) und des Buchstaben-Laut-Trainings „Hören, lauschen, lernen 2" (Plume & Schneider, 2004) durch die Erzieherinnen begonnen. 34 Erzieherinnen der Trainingsgruppe wurden zu Beginn und während der Trainingsdurchführung ausführlich geschult und systematisch begleitet. Insgesamt wurden sieben Supervisionssitzungen pro Kindergarten umgesetzt. Die restlichen 49 Erzieherinnen führten das Trainingsprogramm ohne systematische externe Anleitung nach den Vorgaben im Trainingsmanual durch. Während die Kinder der Trainingsgruppe das Trainingsprogramm in einem 20-wöchigen Zeitraum durchliefen, nahmen die Kinder der Kontrollgruppe am regulären Kindergartenprogramm teil. In der Kontrollgruppe erfolgte keine explizite Förderung der phonologischen Bewusstheit. Die für die Studie rekrutierten Kindergärten konnten sich selbst den Untersuchungsbedingungen (Trainings- vs. Kontrollgruppe) zuweisen, d. h. es erfolgte keine randomisierte Zuordnung der Kindergärten zu den Untersuchungsgruppen. In der Trainingsgruppe nahmen pro Kindergarten alle Kinder, für die Elterngenehmigungen vorlagen, an dem Training teil.

Direkt im Anschluss an die Förderung fand die zweite Erhebung (t_2) im Zeitraum von Mai bis Juli 2010 statt. In diesem Posttest wurden dieselben Kompetenzen wie im Prätest erfasst. In einer dritten Erhebung (t_3) wurde zu Beginn des ersten Schuljahres im Herbst 2010 die Lernausgangslage der Kinder ermittelt. Im Sommer 2011 fand schließlich die vierte und letzte Erhebung (t_4) statt. Zu t_4 wurden die Leistungen der teilnehmenden Kinder in den Bereichen Lesen und Rechtschreiben erfasst. Abbildung 1 gibt einen Überblick über den zeitlichen Ablauf der Studie.

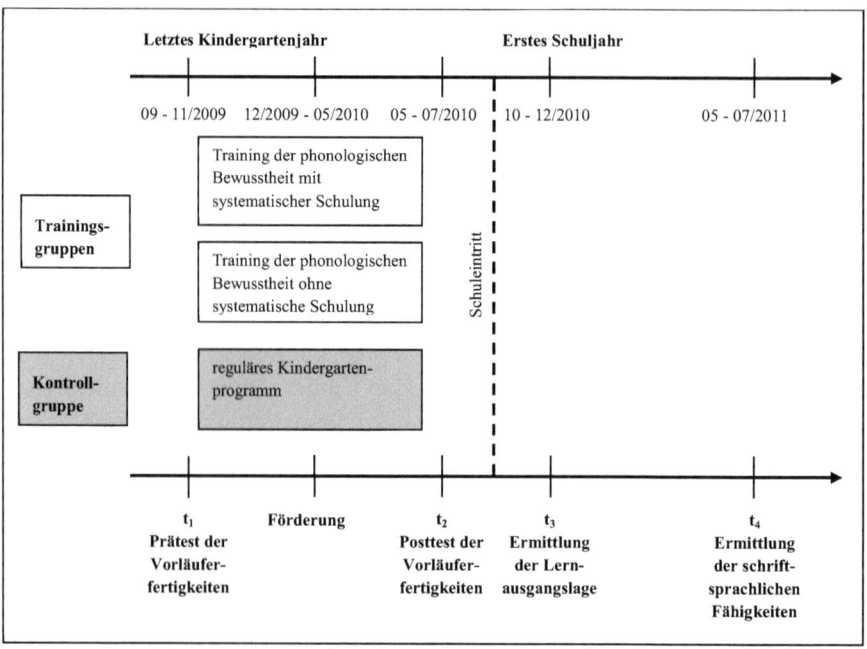

Abbildung 1: Zeitlicher Ablauf der Studie

3.2 Beschreibung der Stichprobe

Insgesamt wurden zu Beginn der Studie (t_1) 572 Kinder aus 45 Kindergärten in Bayern (33 Kindergärten), Baden-Württemberg (4 Kindergärten) und Berlin (8 Kindergärten) für die Studie rekrutiert. Die Anzahl der teilnehmenden Kinder pro Kindergarten variierte zwischen 3 und 52 und umfasste im Mittel 13 Kinder.

Die Gesamtstichprobe besteht aus 289 Jungen und 283 Mädchen. Zum Zeitpunkt des Prätests betrug das durchschnittliche Alter der Kinder 5;6 Jahre (SD = 4 Monate). Für 545 Kinder (95.28%) liegen Angaben zum Sprachhintergrund vor (klassifiziert nach der Erstsprache der Eltern). Diese Angaben wurden in einem Fragebogen von den Eltern erfragt. Bei fehlenden Angaben im Elternfragebogen wurden die Erzieherinnen zum Sprachhintergrund der Kinder befragt. Als Antwortkategorien waren die Sprachen Deutsch, Türkisch und Russisch sowie die Kategorie „andere" vorgegeben. Die Sprachen Türkisch und Russisch sollten – als meist vertretene Sprachen in Familien mit Migrationshintergrund in Deutschland – gesondert berücksichtigt werden und wurden daher jeweils als eigene Antwortkategorien aufgenommen. In der Gesamtstichprobe beträgt der Anteil der Kinder mit zwei deutschsprachigen Elternteilen 51.75%, der Anteil der Kinder mit einem deutschsprachigen Elternteil 11.01% und der Anteil der Kinder mit keinem deutschsprachigen Elternteil 32.52%.

Von den insgesamt 572 Kindern gehören 448 Kinder zur Trainingsgruppe, während die Kontrollgruppe 124 Kinder umfasst. Tabelle 1 gibt eine detaillierte Übersicht über die Zusammensetzung und Verteilung der Stichprobe über den zweijährigen Untersuchungszeitraum. Die in Tabelle 1 ablesbaren Unterschiede zwischen Trainings- und Kontrollgruppe in der Verteilung hinsichtlich des sprachlichen Hintergrundes der Eltern sind signifikant ($F(1, 543) = 14.20$, $p < .001$). Der Anteil an Kindern mit keinem deutschsprachigen Elternteil ist in der Kontrollgruppe höher als in der Trainingsgruppe.

Tabelle 1: Zusammensetzung und Verteilung der Stichprobe über den zweijährigen Untersuchungszeitraum

Erhebung	Kindergarten						1. Klasse	
	t_1			t_1	t_1	t_2	t_3	t_4
	Zwei Elternteile deutschsprachig (in %)	Ein Elternteil deutschsprachig (in %)	Kein Elternteil deutschsprachig (in %)	Jungen (in %)	N	N	N	N
Trainingsgruppe	55.58	10.49	29.02	50.89	448	438	371	363
Kontrollgruppe	37.90	12.90	45.16	49.19	124	122	100	93
Gesamt	51.75	11.01	32.52	50.52	572	560	471	456

Anmerkungen: t_1 = erste Erhebung; t_2 = zweite Erhebung; t_3 = dritte Erhebung; t_4 = vierte Erhebung; N = Anzahl der teilnehmenden Kinder an der jeweiligen Erhebung.

Der größte Stichprobenausfall wurde zum Zeitpunkt des Übertritts in die Grundschule (t_3) registriert. Hierbei waren die Zurückstellung von der Einschulung und die nicht erfolgte Einwilligung der Eltern zur weiteren Studienteilnahme beim Übertritt in die Schule die häufigsten Gründe für das Ende der Teilnahme an der Studie.

3.3 Beschreibung des Trainingsprogramms und der Trainingsdurchführung

In der vorliegenden Untersuchung wurden die Kinder in der Trainingsgruppe im letzten Kindergartenjahr über einen Zeitraum von 20 Wochen mit einem kombinierten Förderprogramm, bestehend aus dem Training zur phonologischen Bewusstheit HLL 1 (Küspert & Schneider, 2008) sowie dem Buchstaben-Laut-Training HLL 2 (Plume & Schneider, 2004), gefördert. Das Training wurde dabei von den Erzieherinnen in Kleingruppen mit bis zu zehn Kindern in täglichen Sitzungen von 10 bis 15 Minuten durchgeführt.

Das Trainingsprogramm HLL 1 (Küspert & Schneider, 2008) umfasst insgesamt sechs aufeinander aufbauende Übungsbereiche. In den ersten sechs Trainingswochen wird in den HLL-Übungen ausschließlich die phonologische Bewusstheit im weiteren Sinne trainiert. Begonnen wird in der ersten Woche mit den *Lauschspielen* und den Übungen zum Bereich *Reime*. Im daran anschließenden Übungsblock, der ab der dritten Woche des Trainings durchgeführt wird, geht es um *Sätze und Wörter*. Ab der fünften Trainingswoche beginnen die Übungen zum Bereich *Silben*. Im darauffolgenden Trainingsabschnitt *Anlaute* wird ab der siebten Trainingswoche zum ersten Mal die phonologische Bewusstheit im engeren Sinne angesprochen. Durch diese Übungen wird das Konzept einzelner Phoneme (Laute) als Spracheinheiten erstmalig aufgegriffen. Darauf aufbauend werden mit Beginn der zweiten Trainingshälfte (ab der elften Trainingswoche) im Übungsblock *Phone (Laute)* erste Übungen zu einzelnen Phonemen umgesetzt. Hierbei üben die Kinder sowohl die Phonemsynthese (das Zusammenziehen einzelner Laute zu einem Wort) als auch die Phonemanalyse (das Zerlegen eines Wortes in seine Einzellaute). Begleitend werden ab der elften Woche Spiele zur Buchstaben-Laut-Verknüpfung aus dem Trainingsprogramm HLL 2 (Plume & Schneider, 2004) durchgeführt. So lernen die Kinder in den verbleibenden zehn Trainingswochen auf spielerische Art und Weise die zu zwölf Lauten gehörenden Buchstaben.

3.4 Beschreibung der eingesetzten Instrumente

In beiden Erhebungen im letzten Kindergartenjahr (t_1 und t_2) wurden mit einer umfassenden Testbatterie schriftsprachliche Vorläufermerkmale und Gedächtnisfähigkeiten der Vorschulkinder erfasst. Am Ende des ersten Schuljahres (t_4) wurden die Kompetenzen im Lesen und Rechtschreiben erhoben. Die im vorliegenden Beitrag untersuchten abhängigen Variablen wurden mit den in Tabelle 2 aufgeführten Testverfahren untersucht (s. Tabelle 2 auf S. 227).

Zusätzlich zur Erfassung der Kompetenzen der beteiligten Kinder wurden im Frühjahr 2010 sowie im Frühjahr 2011 Angaben zur Familie durch einen selbst konstruierten Elternfragebogen erhoben. Der Fragebogen umfasste unter anderem Fragen zu soziodemografischen Hintergrundmerkmalen (z. B. Alter, Geschlecht, Dauer des Kindergartenbesuchs), zum sozioökonomischen Status der Eltern (z. B. höchster erworbener Schulabschluss, berufliche Tätigkeit), zum sprachlichen Hintergrund der Familie (z. B. Geburtsland der Eltern und des Kindes, Erstsprache der Eltern und des Kindes) und zu Aspekten der Lernumwelt in der Familie (z. B. Vorlesehäufigkeit). Für Eltern türkischer und russischer Herkunft wurde der Fragebogen jeweils ins Türkische bzw. Russische übersetzt.

3.5 Beschreibung des Analyseverfahrens

Die im Folgenden erläuterten Analysen wurden getrennt für die beiden ausgewählten Substichproben (1. Kinder deutscher Herkunftssprache; 2. Kinder nichtdeutscher Herkunftssprache) durchgeführt und werden daher auch getrennt

Tabelle 2: Im letzten Kindergartenjahr (t_1 und t_2) und am Ende des ersten Schuljahres (t_4) erfasste Bereiche und die dazu verwendeten Testverfahren

Erhebung	Erfasster Bereich	Verwendetes Testverfahren
t_1 und t_2	Phonologische Bewusstheit im weiteren Sinne (Umgang mit formaler Struktur der Sprache)	Untertests „Reimen", „Silben Segmentieren" und „Laut-Zu-Wort" aus dem Bielefelder Screening zur Früherkennung von Lese-Rechtschreibschwierigkeiten (BISC; Jansen, Mannhaupt, Marx & Skowronek, 2002)
t_1 und t_2	Phonologische Bewusstheit im engeren Sinne (produktive und rezeptive Fähigkeit zur Analyse und Synthese lautsprachlicher Einheiten)	Aufgaben zur Erhebung der Phonologischen Bewusstheit im engeren Sinne (Küspert, 1998; Roth, 1999; modifiziert nach Weber et al., 2007)
t_1 und t_2	Buchstabenkenntnisse	Untertest „Buchstaben benennen" aus wortgewandt & zahlenstark - Lern- und Entwicklungsstand bei 4- bis 6-Jährigen (Moser & Berweger, 2007)
t_4	Lesegeschwindigkeit	Würzburger Leise Leseprobe – Revision (WLLP-R; Schneider, Blanke, Faust & Küspert, 2011)
t_4	Leseverständnis auf Wort- und Satzebene	Untertests „Wortverständnistest" und „Satzverständnistest" aus Ein Leseverständnistest für Erst- bis Sechstklässler (ELFE 1-6; Lenhard & Schneider, 2006)
t_4	Rechtschreibung	Untertest „Fließtext" aus dem Deutschen Rechtschreibtest für das erste und zweite Schuljahr (DERET 1-2+; Stock & Schneider, 2008)

voneinander berichtet. Zur Überprüfung der kurzfristigen Trainingseffekte wurden für die zu t_1 und t_2 erhobene phonologische Bewusstheit (pB) im weiteren und im engeren Sinne sowie für die Buchstabenkenntnisse Varianzanalysen mit Messwiederholung berechnet. Diese drei Bereiche wurden gewählt, da sie die Trainingsinhalte direkt abbilden. Um die Trainingseffekte zu überprüfen, wurde die zweifach gestufte Versuchsbedingung (0 = Kontrollgruppe; 1 = Trainingsgruppe) als Zwischensubjektfaktor in die Berechnungen mit einbezogen.

Um die längerfristigen Effekte am Ende des ersten Schuljahres zu bestimmen, wurden einfaktorielle Varianzanalysen für die Leistungen im Rechtschreiben, in der Lesegeschwindigkeit sowie im Leseverständnis zu t_4 berechnet. Aufgrund der nicht identischen abhängigen Variablen bei der ersten und vierten Erhebung konnte keine Varianzanalyse mit Messwiederholung durchgeführt werden. In diesen Analysen wurde die zweifach gestufte Versuchsbedingung (0 = Kontrollgruppe; 1 = Trainingsgruppe) als fester Faktor in die Berechnungen mit einbezogen, um die Trainingseffekte zu überprüfen.

4.   Ergebnisse

Zur Beantwortung der Fragestellung werden zunächst die Analysen zu den kurzfristigen Trainingseffekten und anschließend die Analysen zu den längerfristigen Effekten gesondert für die Substichproben der Kinder deutscher Herkunftssprache (zwei deutschsprachige Elternteile) und der Kinder nichtdeutscher Herkunftssprache (kein deutschsprachiger Elternteil) dargestellt. Bei der Substichprobe der Kinder nichtdeutscher Herkunftssprache wurde die Gruppe der Kinder mit keinem deutschsprachigen Elternteil ausgewählt. Dies erfolgte aus den folgenden Gründen: erstens aufgrund der hohen Heterogenität der Gruppe der Kinder mit lediglich einem deutschsprachigen Elternteil und zweitens aufgrund des klareren Kontrasts der Gruppe der Kinder mit keinem deutschsprachigen Elternteil zu den Kindern mit zwei deutschsprachigen Elternteilen.

Es gilt zu berücksichtigen, dass sich die Fallzahl aufgrund einer unterschiedlichen Anzahl fehlender Werte von Berechnung zu Berechnung unterscheidet.

4.1   Prüfung von Vortestunterschieden

In einem ersten Schritt wurde sowohl für die Kinder deutscher Herkunftssprache ($N = 296$) als auch für die Kinder nichtdeutscher Herkunftssprache ($N = 186$) mittels einfaktorieller Varianzanalysen geprüft, ob sich die jeweiligen Untersuchungsgruppen hinsichtlich der Ausgangsleistungen zu t_1 sowie hinsichtlich der Hintergrundvariablen (Alter, Geschlecht, sozioökonomischer Status (HISEI = Highest International Socio-Economic Index of Occupational Status)) unterschieden. Erwartungsgemäß wurden zu t_1 für keine der beiden Substichproben signifikante

Unterschiede zwischen Trainings- und Kontrollgruppe gefunden, d. h. die Interventionsgruppen brachten in beiden Substichproben vergleichbare Ausgangsvoraussetzungen mit. Tabelle 3 gibt einen Überblick über die mittlere Ausprägung der Hintergrundvariablen (Alter, Geschlecht, HISEI) der einzelnen Gruppen.

Tabelle 3: Mittelwerte und Standardabweichungen (in Klammern) für die Hintergrundvariablen (Alter Geschlecht, HISEI)

	Beide Elternteile deutschsprachig		Kein Elternteil deutschsprachig	
	M (SD)		M (SD)	
	KG	TG	KG	TG
Geschlecht (0 = männlich; 1 = weiblich)	0.57 (0.50)	0.51 (0.50)	0.46 (0.50)	0.47 (0.50)
Alter	5;5 Jahre (4.51 Monate)	5;4 Jahre (4.19 Monate)	5;4 Jahre (3.94 Monate)	5;5 Jahre (3.99 Monate)
HISEI	53.23 (15.64)	57.19 (16.34)	38.25 (12.32)	38.43 (16.60)

Anmerkungen: M = Mittelwert; SD = Standardabweichung; TG = Trainingsgruppe; KG = Kontrollgruppe; HISEI = Highest International Socio-Economic Index of Occupational Status.

4.2 Kurzfristige Effekte bei Kindern deutscher Herkunftssprache

In Tabelle 4 (s. S. 230) sind die Leistungen der einzelnen Untersuchungsgruppen in der pB im engeren und im weiteren Sinne sowie in den Buchstabenkenntnissen zu t_1 und t_2 aufgeführt. Bei deskriptiver Betrachtung scheint es sowohl bei Kindern deutscher als auch bei Kindern nichtdeutscher Herkunftssprache in allen drei Bereichen einen kurzfristigen Trainingseffekt zu geben, der in weiteren Schritten inferenzstatistisch geprüft wurde. Es muss beachtet werden, dass bei Kindern deutscher Herkunftssprache im Bereich der pB im weiteren Sinne Deckeneffekte bei der zweiten Erhebung auftraten.

Die Berechnungen zu den kurzfristigen Trainingseffekten für Kinder deutscher Herkunftssprache ergaben bei der pB im weiteren Sinne einen signifikanten Haupteffekt für den Faktor Zeit ($F(1, 290) = 49.17$, $p < .001$, $\eta^2 = 0.15$), während der Haupteffekt für den Faktor Versuchsbedingung nicht signifikant war ($F(1, 290) < 1$, n.s.). Der Interaktionseffekt der Faktoren Zeit und Versuchsbedingung verfehlte nur knapp das Signifikanzniveau ($F(1, 290) = 3.56$, $p = .06$, $\eta^2 = .01$). Die Analyse der pB im engeren Sinne zeigte hingegen sowohl signifikante Haupteffekte für die Faktoren Zeit ($F(1, 287) = 136.75$, $p < .001$, $\eta^2 = 0.32$) und Versuchsbedingung

Tabelle 4: Mittelwerte und Standardabweichungen (in Klammern) für die Leistungen der einzelnen Untersuchungsgruppen in der phonologischen Bewusstheit im engeren und im weiteren Sinne sowie in den Buchstabenkenntnissen bei der ersten und zweiten Erhebung

	Zwei Elternteile deutschsprachig		Kein Elternteil deutschsprachig	
	M (SD)		M (SD)	
	KG	TG	KG	TG
pB im weiteren Sinne zu t_1	24.91 (4.56)	24.58 (4.74)	21.72 (4.65)	21.82 (4.99)
pB im weiteren Sinne zu t_2	26.55 (3.25)	27.42 (2.81)	23.32 (4.61)	25.89 (3.85)
pB im engeren Sinne zu t_1	12.22 (7.34)	12.92 (6.79)	9.64 (5.41)	10.60 (6.47)
pB im engeren Sinne zu t_2	14.76 (8.45)	21.50 (6.94)	10.42 (7.08)	17.90 (7.24)
Buchstabenkenntnisse zu t_1	9.81 (7.86)	9.41 (7.63)	7.67 (7.81)	8.58 (7.97)
Buchstabenkenntnisse zu t_2	13.45 (8.77)	16.46 (7.51)	9.70 (8.91)	15.34 (7.89)

Anmerkungen: M = Mittelwert; SD = Standardabweichung; TG = Trainingsgruppe; KG = Kontrollgruppe; pB = phonologische Bewusstheit; t_1 = erste Erhebung; t_2 = zweite Erhebung.

$(F(1, 287) = 13.14, p < .001, \eta^2 = .04)$ als auch einen signifikanten Interaktionseffekt der Faktoren Zeit und Versuchsbedingung $(F(1, 287) = 40.27, p < .001, \eta^2 = .12)$. Auch für die Buchstabenkenntnisse wurde ein signifikanter Haupteffekt für den Faktor Zeit $(F(1, 288) = 203.00, p < .001, \eta^2 = 0.41)$ sowie ein signifikanter Interaktionseffekt der Faktoren Zeit und Versuchsbedingung $(F(1, 288) = 20.64, p < .001, \eta^2 = .07)$ gefunden. Der Haupteffekt für den Faktor Versuchsbedingung hingegen war nicht signifikant $(F(1, 288) = 1.25, n.s.)$.

Insgesamt zeigt sich somit für Kinder deutscher Herkunftssprache ein signifikanter kurzfristiger Trainingseffekt zugunsten der trainierten Kinder für die pB im engeren Sinne und die Buchstabenkenntnisse. Bei der pB im weiteren Sinne wurde das Signifikanzniveau nur knapp verfehlt. Nach Cohen (1988) ist die Höhe des Trainingseffekts bei der pB im weiteren Sinne als schwach $(d = .29)$, bei den Buchstabenkenntnissen als schwach bis mittel $(d = .37)$ und bei der pB im engeren Sinne als stark $(d = .87)$ einzustufen. Der Trainingseffekt bei der pB im engeren Sinne war also am größten.

4.3 Kurzfristige Effekte bei Kindern nichtdeutscher Herkunftssprache

Bei der Überprüfung der kurzfristigen Trainingseffekte für Kinder nichtdeutscher Herkunftssprache wurden bei der pB im weiteren Sinne signifikante Haupteffekte für die Faktoren Zeit ($F(1, 174) = 69.60$, $p < .001$, $\eta^2 = 0.29$) und Versuchsbedingung ($F(1, 174) = 3.93$, $p = .05$, $\eta^2 = 0.02$) sowie ein signifikanter Interaktionseffekt der Faktoren Zeit und Versuchsbedingung ($F(1, 174) = 13.22$, $p < .001$, $\eta^2 = .07$) gefunden. Auch die Berechnungen für die pB im engeren Sinne zeigten ein ähnliches Bild: Sowohl die Haupteffekte für die Faktoren Zeit ($F(1, 170) = 54.99$, $p < .001$, $\eta^2 = 0.24$) und Versuchsbedingung ($F(1, 170) = 18.34$, $p < .001$, $\eta^2 = .10$) als auch der Interaktionseffekt der Faktoren Zeit und Versuchsbedingung ($F(1, 170) = 35.81$, $p < .001$, $\eta^2 = .17$) waren signifikant. Für die Buchstabenkenntnisse ergaben die Berechnungen signifikante Haupteffekte für die Faktoren Zeit ($F(1, 170) = 88.12$, $p < .001$, $\eta^2 = 0.34$) und Versuchsbedingung ($F(1, 170) = 6.30$, $p < .05$, $\eta^2 = .04$) sowie einen signifikanten Interaktionseffekt der Faktoren Zeit und Versuchsbedingung ($F(1, 170) = 25.66$, $p < .001$, $\eta^2 = .13$).

Für die Kinder nichtdeutscher Herkunftssprache konnte also für alle drei geprüften Bereiche ein signifikanter kurzfristiger Trainingseffekt nachgewiesen werden. Darüber hinaus konnten die geförderten Kinder nichtdeutscher Herkunftssprache zu t_2 in allen drei Bereichen an die Leistungen der nicht explizit geförderten Kinder deutscher Herkunftssprache anschließen oder diese sogar übertreffen (vgl. auch Tabelle 4). Die Höhe des Trainingseffekts ist nach Cohen (1988) bei der pB im weiteren Sinne ($d = .61$) sowie den Buchstabenkenntnissen ($d = .67$) als mittel bis stark und bei der pB im engeren Sinne ($d = 1.04$) als stark einzustufen. Insgesamt sind die kurzfristigen Trainingseffekte bei Kindern nichtdeutscher Herkunftssprache stärker ausgeprägt als bei Kindern deutscher Herkunftssprache.

4.4 Längerfristige Effekte bei Kindern deutscher Herkunftssprache

In Tabelle 5 (s. S. 232) sind die Leistungen der einzelnen Untersuchungsgruppen im Rechtschreiben, in der Lesegeschwindigkeit und im Leseverständnis zu t_4 aufgeführt. Weder für die Rechtschreibleistung ($F(1, 247) < 1$, n.s.) noch für die Lesegeschwindigkeit ($F(1, 249) < 1$, n.s.) oder das Leseverständnis ($F(1, 247) < 1$, n.s.) lassen sich zu t_4 signifikante Unterschiede zwischen Trainings- und Kontrollgruppe nachweisen. Die Effektstärke des Trainings wäre nach Cohen (1988) für alle Maße als klein einzustufen (Rechtschreibleistung: $d = .07$; Lesegeschwindigkeit: $d = .14$; Leseverständnis: $d = .10$).

4.5 Längerfristige Effekte bei Kindern nichtdeutscher Herkunftssprache

Für alle geprüften Bereiche lassen sich für die Kinder nichtdeutscher Herkunftssprache zu t_4 signifikante Unterschiede zwischen Trainings- und Kontrollgruppe

Tabelle 5: Mittelwerte und Standardabweichungen (in Klammern) für die Leistungen der einzelnen Untersuchungsgruppen in der Rechtschreibleistung, in der Lesegeschwindigkeit und im Leseverständnis bei der vierten Erhebung

	Zwei Elternteile deutschsprachig		Kein Elternteil deutschsprachig	
	M (SD)		M (SD)	
	KG	TG	KG	TG
Rechtschreibleistung (DERET 1-2+)	16.65 (6.99)	17.10 (6.70)	6.50 (7.55)	11.17 (8.26)
Lesegeschwindigkeit (WLLP-R)	42.05 (20.55)	44.72 (16.59)	20.39 (16.07)	30.88 (17.65)
Leseverständnis (ELFE 1-6)	23.79 (14.69)	25.12 (12.55)	11.63 (9.10)	16.63 (11.29)

Anmerkungen: M = Mittelwert; SD = Standardabweichung; TG = Trainingsgruppe; KG = Kontrollgruppe; DERET1-2+ = *Deutscher Rechtschreibtest für das erste und zweite Schuljahr*; WLLP-R = *Würzburger Leise Leseprobe – Revision*; ELFE 1-6 = *Ein Leseverständnistest für Erst- bis Sechstklässler*.

nachweisen. Hierbei zeigt sich bei der Rechtschreibleistung ($F(1, 136) = 9.21$, $p <$ .01, $\eta^2 = .06$) und bei der Lesegeschwindigkeit ($F(1, 136) = 10.19$, $p < .01$, $\eta^2 = .07$) ein deutlicherer Unterschied als beim Leseverständnis ($F(1, 136) = 5.96$, $p < .05$, $\eta^2 = 04$). Die Effektstärke des Trainings ist nach Cohen (1988) für das Leseverständnis als mittel ($d = .49$) und für die Rechtschreibleistung ($d = .59$) sowie die Lesegeschwindigkeit ($d = .62$) als mittel bis stark einzustufen.

Insgesamt betrachtet wurden für alle drei geprüften Bereiche signifikante längerfristige Effekte zugunsten der geförderten Kinder nichtdeutscher Herkunftssprache gefunden. Ähnlich wie bei den kurzfristigen Effekten ist die Höhe der Effekte bei dieser Substichprobe in allen drei Bereichen stärker ausgeprägt als bei den Kindern deutscher Herkunftssprache. Allerdings scheinen die geförderten Kinder nichtdeutscher Herkunftssprache in keinem der drei Bereiche an die Leistungen der nicht explizit geförderten Kinder deutscher Herkunftssprache aufschließen zu können.

5. Diskussion der Ergebnisse

Im vorliegenden Beitrag wurde anhand eines quasiexperimentellen Prä-Post-Designs mit zwei Folgeuntersuchungen überprüft, inwieweit Kinder deutscher und nichtdeutscher Herkunftssprache kurz- und langfristig von einer vorschulischen Förderung der phonologischen Bewusstheit sowie der Buchstaben-Laut-Zuordnung profitieren.

Die berichteten Befunde bestätigen die kurzfristige Wirksamkeit des eingesetzten Förderprogramms sowohl für Kinder deutscher als auch für Kinder nichtdeutscher Herkunftssprache. Hierbei wurden die Effekte auf die Vorläuferfertigkeiten phonologische Bewusstheit im weiteren und im engeren Sinne sowie die Buchstabenkenntnisse betrachtet, da dies die Bereiche sind, die von den Trainingsinhalten unmittelbar angesprochen werden.

Bei Kindern deutscher Herkunftssprache wurde ein kurzfristiger Trainingseffekt für die Bereiche phonologische Bewusstheit im engeren Sinne sowie Buchstabenkenntnisse nachgewiesen, während der Trainingseffekt für den Bereich phonologische Bewusstheit im weiteren Sinne lediglich tendenziell nachweisbar war. Ein Grund für das knappe Verfehlen des Signifikanzniveaus bei der phonologischen Bewusstheit im weiteren Sinne kann in den hohen Ausgangsleistungen der Kinder deutscher Herkunftssprache in diesem Bereich gesehen werden. Aufgrund von Deckeneffekten war es bei den Kindern dieser Subgruppe nicht möglich, mit den eingesetzten Testinstrumenten starke Verbesserungen zum Zeitpunkt der zweiten Erhebung festzustellen. Beim Einsatz anderer Testinstrumente zur Erfassung der phonologischen Bewusstheit im weiteren Sinne, die im oberen Leistungsbereich stärker differenzieren, hätte möglicherweise auch in diesem Bereich ein kurzfristiger Trainingseffekt inferenzstatistisch abgesichert werden können.

Der kurzfristige Trainingseffekt ist bei Kindern deutscher Herkunftssprache bei der phonologischen Bewusstheit im engeren Sinne am stärksten ausgeprägt. Dies ist aufgrund der Trainingsinhalte, die die phonologische Bewusstheit im engeren Sinne vermehrt ansprechen, ein erwartungskonformes Ergebnis.

Für die Kinder nichtdeutscher Herkunftssprache konnte für alle drei geprüften Bereiche (phonologische Bewusstheit im weiteren und im engeren Sinne sowie Buchstabenkenntnisse) ein signifikanter kurzfristiger Trainingseffekt nachgewiesen werden. Hierbei ist besonders hervorzuheben, dass die Kinder nichtdeutscher Herkunftssprache unmittelbar nach der Teilnahme am Trainingsprogramm an das Leistungsniveau der Kinder deutscher Herkunftssprache der nicht explizit geförderten Kontrollgruppe anschließen konnten oder dieses sogar übertrafen. Der Trainingseffekt war bei den Kindern nichtdeutscher Herkunftssprache bei der phonologischen Bewusstheit im engeren Sinne stärker ausgeprägt als bei den Buchstabenkenntnissen sowie bei der phonologischen Bewusstheit im weiteren Sinne. Es gilt zu beachten, dass der Trainingseffekt bei der phonologischen Bewusstheit im weiteren Sinne aufgrund der bereits diskutierten möglichen Deckeneffekte bei dieser Subgruppe vermutlich unterschätzt wurde.

Insgesamt betrachtet sind die kurzfristigen Trainingseffekte bei Kindern nichtdeutscher Herkunftssprache stärker ausgeprägt als bei Kindern deutscher Herkunftssprache. Ein möglicher Grund für die höheren Trainingseffekte in allen untersuchten Bereichen könnte in den geringeren Vortestleistungen der Kinder nichtdeutscher Herkunftssprache gesehen werden. Aufgrund ihrer niedrigeren

Ausgangsleistungen hatten sie mehr Potenzial, sich zu verbessern. Dies stimmt mit Befunden aus bisherigen Studien überein, die zeigen konnten, dass sogenannte „Risikokinder" mit niedrigen Ausgangsleistungen von einem Training der phonologischen Bewusstheit profitieren können (vgl. Foorman et al., 1998; Jäger et al., 2012; Lundberg et al., 1988; Schneider et al., 1997; Schneider et al., 2000). Ein weiterer Grund für die höheren Trainingseffekte bei Kindern nichtdeutscher Herkunftssprache im Bereich der pB im weiteren Sinne könnte sein, dass ihre Verbesserungen in diesem Bereich – im Gegensatz zu den Kindern deutscher Herkunftssprache – ohne Deckeneffekte gemessen werden konnten.

Die langfristige Wirkung des Förderprogramms am Ende des ersten Schuljahres konnte für Kinder nichtdeutscher Herkunftssprache für alle erfassten Bereiche der Schriftsprachkompetenz (Rechtschreiben, Lesegeschwindigkeit, Leseverständnis) nachgewiesen werden, während für Kinder deutscher Herkunftssprache keine längerfristigen Effekte gefunden wurden. Die erfreulichen Befunde hinsichtlich der mittleren bis starken längerfristigen Effekte bei Kindern nichtdeutscher Herkunftssprache sprechen dafür, dass diese Kinder von einem Training der phonologischen Bewusstheit langfristig profitieren können. Allerdings muss einschränkend festgestellt werden, dass geförderte Kinder nichtdeutscher Herkunftssprache trotz der nachgewiesenen Effekte auf die schriftsprachlichen Kompetenzen am Ende des ersten Schuljahres nicht an die Leistungen der deutschsprachigen Kinder der nicht explizit geförderten Kontrollgruppe aufschließen konnten. Hier lohnt sich eine differenziertere Betrachtung möglicher Einflussfaktoren auf Kindergarten- und Schulebene, um so das Verbesserungspotenzial der Kinder voll ausschöpfen zu können. So ist neben der Entwicklung der phonologischen Bewusstheit auch die Entwicklung weiterer sprachlicher Fertigkeiten, wie etwa des Wortschatzes oder der grammatikalischen Fähigkeiten, für den Schriftspracherwerb wichtig. Diese weiteren Fertigkeiten sollten im Rahmen der vorschulischen Sprachförderung zusätzlich berücksichtigt und trainiert werden. Jedoch ist der positive Beitrag der Förderung der phonologischen Bewusstheit zur Entwicklung schriftsprachlicher Kompetenzen besonders hervorzuheben.

Die Ergebnisse der Analyse der längerfristigen Effekte für die Kinder deutscher Herkunftssprache bestätigen die Befunde bisheriger Studien, in denen ebenfalls eine Reduzierung bzw. Nivellierung der Trainingseffekte im Laufe der Schulzeit festgestellt wurde (vgl. Bus & van IJzendoorn, 1999; Ehri et al., 2001; Schneider et al., 1997). Allerdings wurden in bisherigen Studien durchgehend zumindest geringe längerfristige Effekte für die Schriftsprachkompetenzen am Ende des ersten Schuljahres nachgewiesen. Dass in der vorliegenden Studie keine längerfristigen Effekte für Kinder deutscher Herkunftssprache nachgewiesen werden konnten, könnte mit weiteren Einflussfaktoren auf die Trainingswirksamkeit zusammenhängen. Eine denkbare Einflussgröße auf Kindergartenebene ist der Grad an Vorerfahrung der Erzieherinnen mit dem eingesetzten Trainingsprogramm. Diesbezüglich gab es innerhalb der Trainingsgruppe deutliche Unterschiede zwischen den einzelnen Kindergärten: In einigen Kindergärten hatten die Erzieherinnen das Trainingsprogramm bereits mehrfach umgesetzt, während in anderen Kindergärten das Trainingsprogramm zum ersten Mal durchgeführt wurde. Die Vorerfahrung der Erzieherinnen mit dem Trainingsprogramm sollte sich positiv auf die Trainingswirksamkeit auswirken, da die Erzieherinnen mit wachsender Erfahrung gezielter darauf achten können, welche Kinder aufgrund eines höheren Förderbedarfs in den Trainingssitzungen vermehrt angesprochen werden sollten. Diese Vermutung gilt es in zukünftigen Analysen genauer zu untersuchen.

Als weitere mögliche Einflussvariable auf die Trainingswirksamkeit ist die systematische Schulung der Erzieherinnen zu nennen. Aufgrund der Anlage unserer Studie gab es diesbezüglich ebenfalls Unterschiede zwischen den einzelnen Kindergärten innerhalb der Trainingsgruppe: Etwa die Hälfte der Kindergärten wurde während der Trainingsumsetzung systematisch von wissenschaftlichem Personal begleitet, die andere Hälfte hingegen erhielt keine systematische Schulung oder Begleitung. Welche Rolle die systematische Schulung der Erzieherinnen für die Trainingswirksamkeit spielt, soll ebenfalls in zukünftigen Analysen geklärt werden.

Auch Einflussfaktoren, die sich im Laufe der Schulzeit auf die Trainingseffekte auswirken können, sollen in zukünftigen Analysen differenziert betrachtet werden. Zu diesen zählen bspw. die leistungsmäßige Klassenkomposition oder die Materialien und Methoden des Erstleseunterrichts.

Insgesamt gesehen wurde im Rahmen der vorliegenden Längsschnittstudie nachgewiesen, dass das eingesetzte Trainingsprogramm auch bei Kindern nichtdeutscher Herkunftssprache kurz- und langfristig wirksam ist (vgl. hierzu auch Schöppe et al., in Druck). Durch das Einbeziehen einer Kontrollgruppe und die systematische Rekrutierung von Kindern nichtdeutscher Herkunftssprache leistet diese Studie einen wichtigen Beitrag dazu, die noch bestehende Forschungslücke im deutschsprachigen Raum hinsichtlich der Wirksamkeitsüberprüfung vorschulischer Förderprogramme der phonologischen Bewusstheit bei Kindern nichtdeutscher Herkunftssprache zu schließen.

6. Literatur

Artelt, C., Baumert, J., Klieme, E., Neubrand, M., Prenzel, M., Schiefele, U. et al. (Hrsg.) (2001). *PISA 2000. Zusammenfassung zentraler Befunde*. Berlin: Max-Planck-Institut für Bildungsforschung

Baumert, J. & Schümer, G. (2001). Familiäre Lebensverhältnisse, Bildungsbeteiligung und Kompetenzerwerb. In Deutsches PISA-Konsortium (Hrsg.), *PISA 2000 – Basiskompetenzen von Schülerinnen und Schülern im internationalen Vergleich*. Opladen: Leske + Budrich, 323–407

Baumert, J., Stanat, P. & Watermann, R. (2006). *Herkunftsbedingte Disparitäten im Bildungswesen: Vertiefende Analysen im Rahmen von PISA 2000.* Wiesbaden: VS Verlag für Sozialwissenschaften

Bus, A. G. & van IJzendoorn, M. H. (1999). Phonological awareness and early reading: A meta-analysis of experimental training studies. *Journal of Educational Psychology, 91* (3), 403–414

Cohen, J. (1988). The t test for means. In J. Cohen (Hrsg.), *Statistical power analysis for the behavioral sciences.* 2. Auflage. Hillsdale, New Jersey: Lawrence Erlbaum, 19–74

Ehri, L. C., Nunes, S. R., Willows, D. M., Schuster, B. V., Yaghoub-Zadeh, Z. & Shanahan, T. (2001). Phonemic awareness helps children to learn to read: Evidence from the National Reading Panel's Meta-Analysis. *Reading Research Quarterly, 36* (3), 250–287

Foorman, B. R., Francis, D. J., Fletcher, J. M., Schatschneider, C. & Mehta, P. (1998). The role of instruction in learning to read: Preventing reading failure in at-risk children. *Journal of Educational Psychology, 90* (1), 37–55

Gogolin, I. & Krüger-Potratz, M. (2010). Ausgewählte Forschungsfelder und Forschungsthemen. In I. Gogolin & M. Krüger-Potratz (Hrsg.), *Einführung in die interkulturelle Pädagogik.* 2. Auflage. Opladen & Farmington Hills, MI: Budrich, 135–193

Gräsel, C., Gutenberg, N., Pietzsch, T. & Schmidt, E. (2003). *Zwischenbericht zum Forschungsprojekt Hören – Lauschen – Lernen: Umsetzung und Evaluation des Würzburger Trainingsprogramms zur Vorbereitung auf den Erwerb der Schriftsprache.* Saarbrücken: Universität des Saarlandes

Jäger, D., Faust, V., Blatter, K., Schöppe, D., Artelt, C., Schneider, W. et al. (2012). Kompensatorische Förderung am Beispiel eines vorschulischen Trainings der phonologischen Bewusstheit. *Frühe Bildung, 1* (4), 202–209

Jansen, H., Mannhaupt, G., Marx, H. & Skowronek, H. (2002). *BISC: Bielefelder Screening zur Früherkennung von Lese-Rechtschreibschwierigkeiten.* Göttingen: Hogrefe

Küspert, P. (1998). *Phonologische Bewusstheit und Schriftspracherwerb: Zu den Effekten vorschulischer Förderung der phonologischen Bewusstheit auf den Erwerb des Lesens und Rechtschreibens.* Frankfurt a. M.: Lang

Küspert, P. & Schneider, W. (2008). *Hören, lauschen, lernen: Sprachspiele für Kinder im Vorschulalter: Würzburger Trainingsprogramm zur Vorbereitung auf den Erwerb der Schriftsprache.* Göttingen: Vandenhoeck & Ruprecht

Lenhard, W. & Schneider, W. (2006). *ELFE 1–6: Ein Leseverständnistest für Erst- bis Sechstklässler.* Göttingen: Hogrefe

Limbird, C. K. & Stanat, P. (2006). Prädiktoren von Leseverständnis bei Kindern deutscher und türkischer Herkunftssprache: Ergebnisse einer Längsschnittstudie. In A. Ittel & H. Merkens (Hrsg.), *Veränderungsmessung und Längsschnittstudien in der Erziehungswissenschaft.* Wiesbaden: VS Verlag für Sozialwissenschaften, 93–123

Lundberg, I., Frost, J. & Petersen, O.-P. (1988). Effects of an extensive program for stimulating phonological awareness in preschool children. *Reading Research Quarterly, 23* (3), 263–284

Mannhaupt, G. & Jansen, H. (1989). Phonologische Bewusstheit: Aufgabenentwicklung und Leistung im Vorschulalter. *Heilpädagogische Forschung, 15* (1), 50–56

Moser, U. & Berweger, S. (2007). *wortgewandt & zahlenstark: Lern- und Entwicklungsstand bei 4- bis 6-Jährigen.* St. Gallen, Zürich: Kantonaler Lehrmittelverlag St. Gallen, Lehrmittelverlag des Kantons Zürich

Plume, E. & Schneider, W. (2004). *Hören, lauschen, lernen 2: Spiele mit Buchstaben und Lauten für Kinder im Vorschulalter: Würzburger Buchstaben-Laut-Training.* Göttingen: Vandenhoeck & Ruprecht

Roos, J., Schöler, H., Treutlein, A. & Zöller, I. (2007). *Zur Wirkung des Trainings der phonologischen Bewusstheit im Vorschulalter auf den Schriftspracherwerb: Abschlussbericht des Projektes EVES.* Heidelberg: Pädagogische Hochschule Heidelberg

Roth, E. (1999). *Prävention von Lese- und Rechtschreibschwierigkeiten: Evaluation einer vorschulischen Förderung der phonologischen Bewusstheit und der Buchstabenkenntnis.* Frankfurt a. M.: Lang

Rothe, E. (2007). *Effekte eines vorschulischen und schulischen Trainings der phonologischen Bewusstheit auf den Schriftspracherwerb in der Schule: Vergleich der Trainingseffekte bei zwei verschiedenen Altersgruppen von Kindergartenkindern.* Friedrich-Schiller-Universität, Jena

Rothe, E., Grünling, C., Ligges, M. & Fackelmann, J. (2004). Erste Auswirkungen eines Trainings der phonologischen Bewusstheit bei zwei unterschiedlichen Altersgruppen im Kindergarten. *Zeitschrift für Kinder- und Jugendpsychiatrie und Psychotherapie, 32* (3), 167–176

Schneider, W. (2008). Prävention von Lese-Rechtschreibschwierigkeiten. In W. Schneider & M. Hasselhorn (Hrsg.), *Handbuch der Pädagogischen Psychologie.* Göttingen: Hogrefe, 348–359

Schneider, W., Blanke, I., Faust, V. & Küspert, P. (2011). *Würzburger Leise Leseprobe – Revision.* Göttingen: Hogrefe

Schneider, W., Küspert, P., Roth, E., Visé, M. & Marx, H. (1997). Short- and long-term effects of training phonological awareness in kindergarten: Evidence from two German studies. *Journal of Experimental Child Psychology, 66* (3), 311–340

Schneider, W. & Marx, P. (2008). Früherkennung und Prävention von Lese-Rechtschreibschwierigkeiten. In F. Petermann & W. Schneider (Hrsg.), *Enzyklopädie der Psychologie, Serie V (Entwicklungspsychologie), Band 7: Angewandte Entwicklungspsychologie.* Göttingen: Hogrefe, 237–273

Schneider, W. & Näslund, J. C. (1993). The impact of early metalinguistic competencies and memory capacity on reading and spelling in elementary school: Results of the Munich Longitudinal Study on the Genesis of Individual Competencies (LOGIC). *European Journal of Psychology of Education, 8* (3), 273–287

Schneider, W., Roth, E. & Ennemoser, M. (2000). Training phonological skills and letter knowledge in children at risk for dyslexia: A comparison of three kindergarten intervention programs. *Journal of Educational Psychology, 92* (2), 284–295

Schneider, W. & Stengard, C. (2000). *Inventory of European longitudinal studies of reading and spelling.* Luxembourg: Office for Official Publications of the European Communities

Schöppe, D., Blatter, K., Faust, V., Jäger, D., Stanat , P., Artelt, C. et al. (i. Dr.). Effekte eines Trainings der phonologischen Bewusstheit bei Vorschulkindern mit unterschiedlichem Sprachhintergrund. *Zeitschrift für Pädagogische Psychologie*

Schwippert, K., Bos, W. & Lankes, E.-M. (2003). Heterogenität und Chancengleichheit am Ende der vierten Jahrgangsstufe im internationalen Vergleich. In W. Bos, E.-M. Lankes, M. Prenzel, K. Schwippert, G. Walther & R. Valtin (Hrsg.), *Erste Ergebnisse aus IGLU: Schülerleistungen am Ende der vierten Jahrgangsstufe im internationalen Vergleich*. Münster: Waxmann, 265–302

Skowronek, H. & Marx, H. (1989). Die Bielefelder Längsschnittstudie zur Früherkennung von Risiken der Lese-Rechtschreibschwäche: Theoretischer Hintergrund und erste Befunde. *Heilpädagogische Forschung, 15* (1), 38–49

Souvignier, E. (2003). Hören, lauschen, lernen – Sprachspiele für Kinder im Vorschulalter. In H.-P. Langfeldt (Hrsg.), *Trainingsprogramme zur schulischen Förderung: Ein Kompendium für die Praxis*. Weinheim: Beltz, 85–105

Souvignier, E., Duzy, D., Glück, D., Pröscholdt, M. V. & Schneider, W. (2012). Vorschulische Förderung der phonologischen Bewusstheit bei Kindern mit Deutsch als Zweitsprache: Effekte einer muttersprachlichen und einer deutschsprachigen Förderung. *Zeitschrift für Entwicklungspsychologie und Pädagogische Psychologie, 44* (1), 40–51

Stanat, P. & Christensen, G. (2006). *Schulerfolg von Jugendlichen mit Migrationshintergrund im internationalen Vergleich: Eine Analyse von Voraussetzungen und Erträgen schulischen Lernens im Rahmen von PISA 2003*. Berlin: Bundesministerium für Bildung und Forschung (BMBF)

Stanat, P., Rauch, D. & Segeritz, M. (2010). Schülerinnen und Schüler mit Migrationshintergrund. In E. Klieme, C. Artelt, J. Hartig, N. Jude, O. Köller, M. Prenzel, W. Schneider & P. Stanat (Hrsg.), *PISA 2009: Bilanz nach einem Jahrzehnt*. Münster: Waxmann, 200–230

Stock, C. & Schneider, W. (2008). *DERET 1-2+: Deutscher Rechtschreibtest für das erste und zweite Schuljahr*. Göttingen: Hogrefe

Troia, G. A. (1999). Phonological awareness intervention research: A critical review of the experimental methodology. *Reading Research Quarterly, 34* (1), 28–52

Wagner, R. K., Torgesen, J. K., Rashotte, C. A., Hecht, S. A., Barker, T. A., Burgess, S. R. et al. (1997). Changing relations between phonological processing abilities and word-level reading as children develop from beginning to skilled readers: A 5-year longitudinal study. *Developmental Psychology, 33* (3), 468–479

Walter, O. & Taskinen, P. (2007). Kompetenzen und bildungsrelevante Einstellungen von Jugendlichen mit Migrationshintergrund in Deutschland: Ein Vergleich mit ausgewählten OECD-Staaten. In M. Prenzel, C. Artelt, J. Baumert, W. Blum, M. Hammann, E. Klieme & R. Pekrun (Hrsg.), *PISA 2006. Die Ergebnisse der dritten internationalen Vergleichsstudie*. Münster: Waxmann, 337–366

Weber, J., Marx, P. & Schneider, W. (2007). Die Prävention von Lese-Rechtschreibschwierigkeiten bei Kindern mit nichtdeutscher Herkunftssprache durch ein Training der phonologischen Bewusstheit. *Zeitschrift für Pädagogische Psychologie, 21* (1), 65–75

Knut Schwippert und Imke Habben,
in Zusammenarbeit mit Ingrid Gogolin und Ilka Lasslop

SPRABILON – Sprachentwicklung bilingualer Kinder in longitudinaler Perspektive

0. Einleitung

Die Untersuchung „Sprachentwicklung bilingualer Kinder in longitudinaler Perspektive" (SPRABILON) wurde an der Universität Hamburg durchgeführt. Sie war die erste deutsche Längsschnittuntersuchung zur Sprachentwicklung mehrsprachig aufwachsender Kinder in der Sekundarstufe I. Gefördert wurde das Projekt für eine Laufzeit von drei Jahren (2009 bis 2012) vom Bundesministerium für Bildung und Forschung (BMBF).[1] Es war eingebunden in die „Forschungsinitiative Sprachdiagnostik und Sprachförderung (FiSS)", die in das BMBF-Rahmenprogramm zur Empirischen Bildungsforschung eingebettet ist.

Der Fokus der SPRABILON-Untersuchung lag auf der Erfassung von rezeptiven und produktiven Sprachfähigkeiten im Deutschen; bei Schülerinnen und Schülern mit Migrationshintergrund und entsprechender sprachlicher Herkunft wurden darüber hinaus diese Fähigkeiten auch in den beiden in Deutschland besonders stark vertretenen Familiensprachen Türkisch und Russisch erhoben. Um relevante Einflussfaktoren für sprachliche Entwicklung zu identifizieren, sind zudem institutionelle und individuelle Rahmenbedingungen erfasst worden. Nachfolgend stellen wir Ziele des Projekts und ausgewählte Befunde dar.

1. Ziele des Projekts

SPRABILON schloss an Vorarbeiten an, die im Modellprogramm „Förderung von Kindern und Jugendlichen mit Migrationshintergrund FörMig" der Bund-Länder-Kommission für Bildungsplanung und Forschungsförderung (BLK) geleistet wurden. In diesem letzten Programm, das die BLK vor ihrer Schließung im Rahmen der Föderalismusreform ins Leben gerufen hatte, stand die durchgängige Förderung bildungssprachlicher Kompetenzen von Kindern mit Migrationshintergrund im Zentrum (Gogolin et al., 2011). Dabei erfolgte eine Konzentration auf

---

1   Förderkennzeichen 01GJ0903.

die Förderung an Übergängen im deutschen Bildungssystem: vom Elementarbereich in die Grundschule, von der Grundschule in die Sekundarstufe I und von der Sekundarstufe I in die berufs- oder allgemeinbildende Sekundarstufe II. Für alle drei Bildungsabschnitte wurden im Rahmen von FörMig sprachdiagnostische Instrumente entwickelt und wissenschaftlich geprüft, die sich auf Erkenntnisse über Sprachentwicklung unter Mehrsprachigkeitsbedingungen stützen. In ausgewählten Herkunftssprachen von Migranten wurden aus diesem Grund auch Parallelfassungen entwickelt. Darunter verstehen wir Testfassungen, in denen funktionale Äquivalente der sprachlichen Indikatoren überprüft werden, die in den deutschsprachigen Fassungen enthalten sind. Die Konstruktionsrationale ist den sprachdiagnostischen Instrumenten für die verschiedenen Altersgruppen gemeinsam. Sie beruht auf der Funktionalen Sprachbetrachtung sensu Halliday, die es insbesondere erlaubt, die Expansion bildungsrelevanten Sprachbesitzes zu beobachten (Halliday, 1994; Lengyel, Reich, Roth & Döll, 2009).

Das Projekt SPRABILON konnte also an den Vorarbeiten von FörMig anschließen, da die im BLK-Programm entwickelten Instrumente und bewährten Verfahren verwendet werden konnten. Neben den Instrumenten zur Sprachdiagnostik wurden Hintergrundfragebögen sowie Tests zur Erhebung personaler Merkmale (kognitive Dispositionen) eingesetzt. Ziel der Untersuchung war, Verläufe und Ergebnisse des Spracherwerbsprozesses von Schülerinnen und Schülern aus der FörMig-Stichprobe in der Sekundarstufe weiterhin zu beobachten.

Wie bereits in der FörMig-Evaluation, so wurden auch in SPRABILON verschiedene sprachliche Teilfähigkeiten (Leseverständnis, schriftliche Sprachproduktion und Wortschatztest) in die Beobachtung einbezogen. In weiten Bereichen der einschlägigen aktuellen Forschung wird die Messung der Lesefähigkeit mit „Sprachfähigkeit" gleichgesetzt; so etwa in den PIRLS- und PISA-Studien (vgl. Baumert et al., 2002; Deutsches PISA-Konsortium, 2003; Deutsches PISA-Konsortium, 2008). Faktisch aber ist das Verhältnis zwischen rezeptiven und produktiven sprachlichen Fähigkeiten wissenschaftlich keineswegs geklärt. Dies gilt insbesondere mit Blick auf die potentiellen Zusammenhänge zwischen sprachlichen Kompetenzen und der schulischen Leistungsfähigkeit. Geklärt ist, dass Lesekompetenz für die Erfassung schulischer Inhalte jedweder Art sehr bedeutend ist. Nicht geklärt ist, wie groß ihr Einfluss auf die produktiven sprachlichen Fähigkeiten ist, die ebenfalls für die Ko-Konstruktion von schulischem Wissen benötigt werden. In SPRABILON wurden aus diesem Grunde einerseits Messungen rezeptiver Fähigkeiten (in Anlehnung an Lesetests der IGLU- und PISA-Studien) durchgeführt. Andererseits wurden die erwähnten, in FörMig entwickelten Instrumente eingesetzt, mit denen produktive Fähigkeiten erfasst werden. Ein weiteres Ziel des SPRABILON-Projekts war es zu erkunden, ob und unter welchen Bedingungen die für den wissenschaftlichen Zweck entwickelten und dort bewährten sprachdiagnostischen Instrumente auch in der Schulpraxis erfolgreich eingesetzt werden können.

In den folgenden Kapiteln erfolgt zunächst eine Vorstellung der Stichprobe, der Instrumente und des Untersuchungsdesigns. Danach werden ausgewählte Ergebnisse, konzentriert auf die Befunde zur Entwicklung von Lesekompetenz und Wortschatz, vorgestellt.

2. Stichprobe

Im Rahmen der FörMig-Programmevaluation wurden ausschließlich die im Rahmen von FörMig geförderten Schülerinnen und Schüler in den Blick genommen. Die Einbeziehung einer Vergleichsstichprobe, zum Beispiel durch Gruppen gleicher Zusammensetzung ohne Förderung, war nicht möglich (u. a. aus forschungsethischen Gründen im Rahmen der Feldforschung, für die die FörMig-Evaluation ein Beispiel ist) und zudem seitens der Auftraggeber, also der BLK und der beteiligten Bundesländer, nicht erwünscht. Diesem Nachteil für die Verallgemeinerbarkeit der Ergebnisse konnte in SPRABILON in gewissem Umfang begegnet werden, da die in FörMig geförderten Schülerinnen und Schüler auf verschiedene Klassen verteilt waren. In der SPRABILON-Stichprobe wurden neben den FörMig-Probanden auch deren Klassenkameradinnen und -kameraden getestet und befragt. So sind Vergleiche der Sprachentwicklung von FörMig-geförderten zwei- oder mehrsprachig aufwachsenden Schülerinnen und Schülern mit solchen, die nicht im Modellprogramm gefördert wurden, und auch mit monolingual Deutsch aufwachsenden Schülerinnen und Schülern möglich.

Insgesamt nahmen Schülerinnen und Schüler aus neun Schulen in drei Bundesländern an SPRABILON teil, wobei sieben Schulen bereits in das FörMig-Förderprogramm involviert waren. Es handelt sich um Haupt-, Gesamt- und Realschulen. Damit wird in der Untersuchung, wie dies durch den Anschluss an das Modellprogramm zu erwarten war, eine systematisch verzerrte Stichprobe von minder bildungserfolgreichen Schülerinnen und Schülern betrachtet.

In die vorliegenden Analysen gingen Daten von insgesamt $N = 437$ Schülerinnen und Schülern aus 21 Klassen ein. Davon hatten 55 Schülerinnen und Schüler nach Selbstauskunft am Modellprogramm FörMig teilgenommen. Rund 53 % ($n = 230$) der Schülerinnen und Schüler gaben an, neben Deutsch noch eine andere Sprache in der Familie zu sprechen. Von den Befragten hatten 35 % ($n = 154$) Eltern, die beide in Deutschland geboren sind. Die Zahl derjenigen, die angaben, dass mindestens ein Elternteil im Ausland geboren ist, betrug 13 % ($n = 57$); 38 % ($n = 168$) gaben an, dass beide Elternteile im Ausland geboren sind. Vom ersten Messzeitpunkt liegen Daten von $n = 403$ Schülerinnen und Schülern vor, sie befanden sich am Anfang der 7. Klasse. Hier lag der Anteil der Mädchen bei 52 % ($n = 210$), der der Jungen bei 48 % ($n = 193$).

Zum zweiten Messzeitpunkt konnten Daten von 391 Schülerinnen und Schülern erhoben werden; hier war also nur ein sehr geringer Ausfall zur Eingangsstichprobe zu verzeichnen. Ein größerer Stichprobenverlust erfolgte zum dritten Messzeit-punkt. Zu diesem haben nur noch insgesamt 346 Schülerinnen und Schüler teilge-nommen. Zu den Gründen hierfür gehören nach Angaben der Lehrkräfte vor allem der Wechsel an andere Schulen oder die Nichtversetzung von Schülerinnen und Schülern in die nächste Klassenstufe.

Tabelle 1 stellt die Zusammensetzung der Stichproben der drei Erhebungswellen von SPRABILON dar. Zu erkennen ist, dass deutlich mehr Schülerinnen und Schü-ler mit Türkisch als Familiensprache als solche mit Russisch als Familiensprache vertreten sind.

Tabelle 1: Anzahl der Schülerinnen und Schüler nach sprachlichem Hintergrund zu drei Messzeitpunkten (Angaben aus Schülerfragebogen)

	1. Welle (n)	2. Welle (n)	3. Welle (n)	1.–3. Welle (n)*
Schüler(innen) zu den drei Messzeitpunkten, bei denen auch eine Sprachzuordnung möglich war	385	331	329	285
monolinguale Schülerinnen und Schüler	156	129	127	109
Schüler(innen) mit Türkisch als Familiensprache	106	96	95	79
Schüler(innen) mit Russisch als Familiensprache	11	7	11	8
Schüler(innen) mit anderen Familiensprachen	112	99	96	89

Anmerkung: * Insgesamt beteiligte Schülerinnen und Schüler ($n = 437$).

3.   Design

Die Studie wurde im Zeitraum von 2009 (Beginn der 7. Klassenstufe) bis 2011 (Ende der 8. Klassenstufe) durchgeführt. Realisiert wurden drei Messzeitpunkte (s. Abbildung 1 auf S. 245).

Die erste Erhebungswelle wurde von Oktober 2009 bis Januar 2010 durchge-führt, die zweite von Mai bis Juli 2010 und die dritte Erhebungswelle fand vor den Sommerferien 2011 statt. Für die Durchführung der Erhebungen an den Schulen zum ersten und dritten Messzeitpunkt waren insgesamt zwei Tage erforderlich. Die Erhebung am ersten Tag umfasste fünf Schulstunden und wurde mit allen Schülerinnen und Schülern in den Klassen (mit und ohne Migrationshintergrund) auf Deutsch durchgeführt.[2] Am zweiten Tag fand die Erhebung in den Herkunfts-sprachen Türkisch und Russisch statt. Hier wurden türkisch- und russischsprachige Testleiterinnen und Testleiter eingesetzt; insgesamt wurden drei Schulstunden benö-

---

2   Wie es den ethischen und datenschutzrechtlichen Konventionen gemäß ist, war die Teil-nahme an der Erhebung freiwillig. Für nicht teilnehmende Schülerinnen und Schüler wurde eine alternative Unterrichtsteilnahme ermöglicht. Den beteiligten Lehrkräften sei ausdrücklich für ihre große Flexibilität und Unterstützungsbereitschaft gedankt.

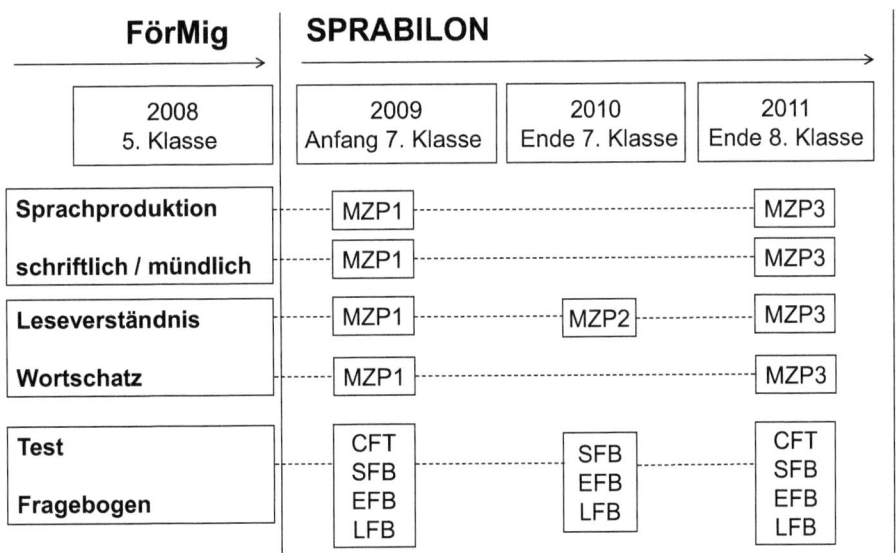

Anmerkungen: MZP = Messzeitpunkt; CFT = Kognitiver Fähigkeitstest; SFB = Schülerfragebogen; EFB = Elternfragebogen; LFB = Lehrerfragebogen.

Abbildung 1: Forschungsdesign von SPRABILON

tigt. Die Datenerhebung zum zweiten Messzeitpunkt fand an einem Tag innerhalb von drei Schulstunden mit allen teilnehmenden Schülerinnen und Schülern auf Deutsch statt. Im Anschluss waren für die herkunftssprachlichen Tests mit bilingual türkisch- und russischsprachigen Schülerinnen und Schülern zwei weitere Schulstunden vorgesehen.

Die Durchführung der Sprachstandserhebung zum ersten Messzeitpunkt mit Schülerinnen und Schülern mit russischem Migrationshintergrund zeigte, dass nur wenigen der Befragten die kyrillische Schrift vertraut war, in der die Instrumente dargeboten wurden. Damit liegen vom ersten Messzeitpunkt nur von wenigen Befragten Sprachdaten in der Herkunftssprache Russisch vor. Um potentielle Schriftvorstellungen der Schülerinnen und Schüler vom Russischen dennoch erfassen zu können, wurden der Leseverständnis- und Wortschatztest sowie die Schreibaufgabe „FörMig-Bumerang" noch während der ersten Erhebungswelle in Latiniza transliteriert; den Schülerinnen und Schülern wurden beide Versionen zur Wahl angeboten. Zum zweiten und dritten Messzeitpunkt haben mehr Schülerinnen und Schüler die russischsprachigen Aufgaben bearbeitet. Eine statistische Betrachtung der Sprachentwicklung im Längsschnitt ist aufgrund der Veränderung der Instrumente und des sehr geringen Stichprobenumfangs ($n = 11$) jedoch nicht möglich. Die Befunde zu diesen Schülerinnen und Schülern werden daher hier nicht weiter vorgestellt.

4. Erhebungsinstrumente und Datenaufbereitung

Für die Interpretation der Sprachdaten sind als weitere Merkmale die kognitiven Fähigkeiten der Schülerinnen und Schüler zum 1. und 3. Messzeitpunkt anhand eines nonverbalen Tests erhoben worden (Subtest des CFT-20R, Weiß, 2007). Auch wurden Kontextvariablen mit Hilfe von Eltern-, Schüler- und Lehrerfragebögen erhoben. Die verwendeten Fragebögen wurden auf der Grundlage der für das Programm För-Mig adaptierten IGLU- und PISA-Hintergrundfragebögen entwickelt und enthalten u. a. Informationen zur sozioökonomischen Lage der Familien, zum kulturellen Kapital sowie zur Migrations- und Sprachbiographie. Die rezeptiven sprachlichen Fähigkeiten sind mit einem Leseverständnistest und einem Wortschatztest (Subtest des CFT-20R, Weiß, 2006) gemessen worden. Für die Erfassung der Lesekompetenz wurde ein Lesetest konstruiert, der sich an den Konzeptionen der Studien IGLU (vgl. Voss et al., 2005) und PISA (vgl. Baumert et al., 2001) orientiert. Die Texte, die in SPRABILON verwendet wurden, stammen aus veröffentlichten PISA-Aufgaben. Da jedoch dort nur sehr wenige Items zur Schätzung der Personenfähigkeiten vorhanden sind, wurde die Anzahl der Items zu den jeweiligen Texten durch Eigenentwicklungen erhöht. Analog zur Skalierung in PISA wurde für SPRABILON eine Skala zur Lesekompetenz berechnet, die die Schülerleistungen über alle Aufgaben des Lesetests hinweg zusammenfasst (vgl. Artelt et al., 2001, S. 84). Diese bildet die Personenfähigkeit der Schülerinnen und Schüler ab und dient als Basis für die Berechnungen, die hier vorgestellt werden. Wie in PISA, wurde zur Auswertung des Lesetests das (OPL) Rasch-Modell verwendet (vgl. Rasch, 1980) und auf eine Verteilung über die drei Sprachvarianten Deutsch, Türkisch und Russisch hinweg auf einen gemeinsamen Mittelwert von 50, eine Standardabweichung von 15 normiert.

Um den Wortschatz in den Herkunftssprachen Türkisch und Russisch erfassen zu können, wurde im Rahmen des SPRABILON-Projekts der Wortschatztest des CFT-20R (Weiß, 2007) für Türkisch und Russisch adaptiert. Hierzu wurden die Items des Wortschatztests analog übersetzt, wobei sprachliche oder kulturelle Besonderheiten berücksichtigt wurden. Auf der Basis empirischer Strukturvergleiche konnte festgestellt werden, dass so verschiedene Sprachversionen des Wortschatztestes mit vergleichbaren psychometrischen Eigenschaften zur Verfügung stehen. Mit dem Instrument „FörMig-Bumerang" wurde die schriftliche Sprachproduktion in Deutsch, bei bilingualen Jugendlichen auch in Türkisch (und in wenigen Fällen in Russisch) erhoben.

5. Ergebnisse

Nachfolgend werden die Ergebnisse zum Leseverständnis- und Wortschatztest in den Sprachen Deutsch und Türkisch berichtet. Abbildung 2 zeigt die Ergebnisse der Gesamtstichprobe des deutschen Lesetests über die drei Erhebungswellen (s. Abbildung 2 auf S. 245).

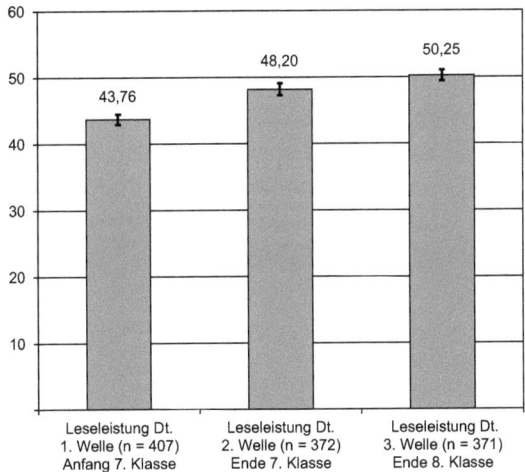

Abbildung 2: Mittleres Leseverständnis Deutsch 1., 2., 3. Welle (mit einem 95%igen Konfidenzintervall)

Die Schülerinnen und Schüler haben sich vom ersten zum zweiten Messzeitpunkt signifikant (um 4,47 Leistungspunkte) verbessert. Eine Differenz von 5 Leistungspunkten entspricht einer Effektstärke von rund $d = 0{,}3$ und kann als Differenz von rund einem Schuljahr interpretiert werden (vgl. Bos et al., 2003, S. 69); der Zuwachs ist somit über den hier betrachteten Untersuchungszeitraum erwartungstreu. Zwischen der zweiten und dritten Erhebungswelle besteht ebenfalls ein signifikanter Unterschied, auch wenn hier nur ein Zuwachs von 2,02 Punkten erreicht wurde.

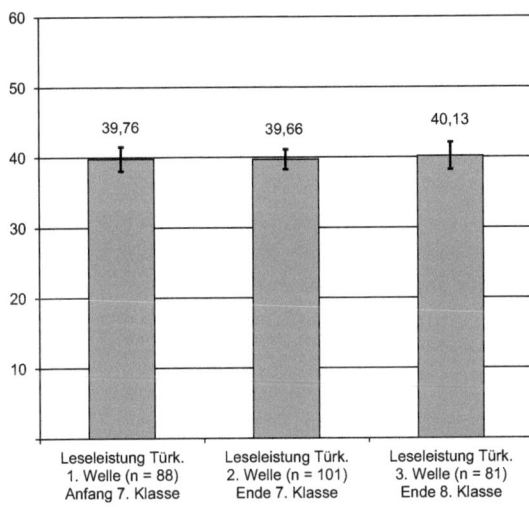

Abbildung 3: Mittleres Leseverständnis Türkisch 1., 2., 3. Welle (mit einem 95%igen Konfidenzintervall)

Abbildung 3 (s. o. S. 245) zeigt die entsprechenden Befunde zum türkischen Lese-test über die drei Erhebungswellen. Hier zeigen sich leichte nominale Unterschiede zwischen den Messzeitpunkten, die jedoch nicht signifikant ausfallen. Das bedeu-tet, dass die Leseleistung im Türkischen bei den Kindern mit Türkisch als Familien-sprache über die drei Erhebungswellen praktisch gleich bleibt.

Wie sich die Leseleistung von Schülerinnen und Schülern mit unterschied-lichem sprachlichem Hintergrund über die drei Erhebungswellen verändert, ist Abbildung 4 zu entnehmen. Gegenübergestellt sind monolingual Deutsch aufwachsende Schülerinnen und Schüler, solche, die bilingual Deutsch und Türkisch, und solche, die bilingual mit Deutsch und einer anderen Sprache als Türkisch aufgewachsen sind.

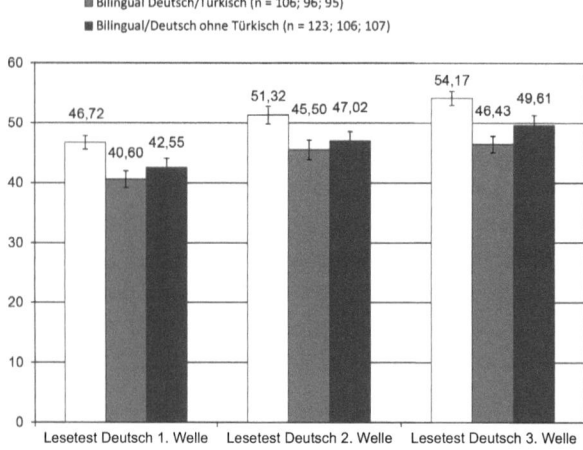

Abbildung 4: Vergleich des deutschen Leseverständnisses zwischen mono- und bilingual aufwachsenden Schülerinnen und Schülern über die drei Erhebungswellen (Mittelwerte mit einem 95%igen Konfidenzintervall)

Es zeigt sich, dass die Schülerinnen und Schüler, die deutsch-monolingual aufwach-sen, signifikant bessere Leistungen über die drei Erhebungswellen erzielen als die bilingual aufwachsenden in der Stichprobe. Ein Unterschied zwischen den bilingual mit Deutsch/Türkisch Aufwachsenden und den mit Deutsch und anderen Spra-chen Aufwachsenden kann zufallskritisch nicht abgesichert werden. Im Vergleich der drei Wellen zeigt sich für die monolingual aufwachsenden Schülerinnen und Schüler sowohl zwischen dem ersten und zweiten als auch zwischen dem zweiten und dritten Messzeitpunkt ein signifikanter Anstieg. Dies ist für die beiden bilingual aufwachsenden Gruppen nur zwischen dem ersten und zweiten Messzeitpunkt zu beobachten; die Veränderungen zwischen dem zweiten und dritten Messzeitpunkt fallen nicht signifikant aus.

5.1 Ergebnisse zum Wortschatztest

Die Ergebnisse zu den Wortschatztests in Deutsch und Türkisch, die nur zur ersten und dritten Welle erhoben wurde, sind in Abbildung 5 dargestellt. Die Ergebnisse des Wortschatztestes liegen zwischen 0 (kein Wort richtig) und 30 (alle Wörter richtig). Hierbei zeigt sich, dass sich in beiden Sprachen die Werte zwischen der ersten und dritten Welle signifikant erhöhen. Beim Wortschatztest Deutsch liegt die Differenz bei knapp unter und im Türkischen etwas über drei Punkten.

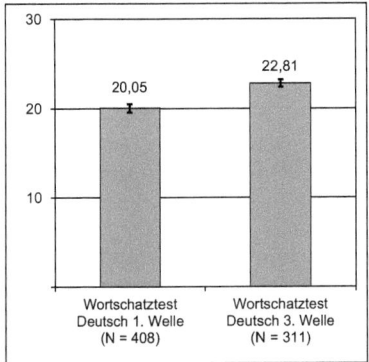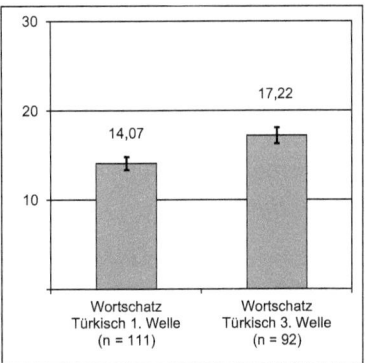

Abbildung 5: Ergebnisse der Wortschatztests Deutsch und Türkisch zur 1. und 3. Welle (Mittelwerte mit Standardfehlern und 95%igem Konfidenzintervall)

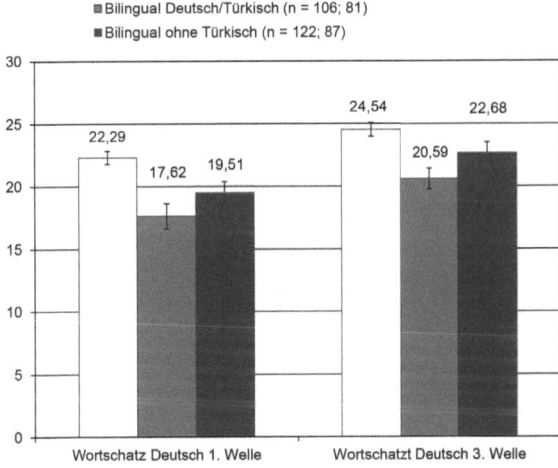

Abbildung 6: Ergebnisse des Wortschatztests im Deutschen zwischen den Gruppen: monolingual, bilingual mit Türkisch als Familiensprache und bilingual mit einer anderen Sprache außer Türkisch zu den drei Erhebungswellen (Mittelwerte mit einem 95%igen Konfidenzintervall)

In Abbildung 6 (s. o. S. 247) ist der Vergleich des durchschnittlichen deutschen Wortschatzes zur ersten und dritten Erhebungswelle zwischen den mono- und bilingual aufwachsenden Schülergruppen dargestellt. Es zeigt sich, dass alle Gruppen sich über die Zeit signifikant verbessert haben, wobei die bilingual aufwachsenden Schülerinnen und Schüler einen signifikant geringeren Wortschatz in Deutsch aufweisen als ihre monolingual-deutschsprachigen Mitschülerinnen und Mitschüler. Der in verschiedenen Untersuchungen aufgezeigte Wortschatznachteil, der bei mehrsprachig Aufwachsenden in den jeweiligen Einzelsprachen entsteht (vgl. Bialystok, 2009; McElvany, Becker & Lüdtke, 2009; Gogolin, Neumann & Roth, 2003; Goldammer, Mähler, Bockmann & Hasselhorn, 2010), zeigt sich also auch in der SPRABILON-Stichprobe.[3]

5.2 Zusammenhang zwischen Wortschatz im Deutschen und Lesekompetenz

Bei der Prüfung des Zusammenhangs zwischen dem Wortschatz und der Lesekompetenz wurde in SPRABILON danach gefragt, ob es einen Zusammenhang zwischen dem deutschen und dem türkischen Wortschatz gibt bzw. ob ein Zusammenhang zwischen dem Wortschatz und der Leseleistung der beiden Sprachen vorliegt.

Tabelle 2 sind innersprachlich ausgeprägte Stabilitäten zu entnehmen: mit $r = 0,62$ zwischen den Ergebnissen der ersten und dritten Welle im Deutschen sowie mit $r = 0,55$ zwischen den Ergebnissen der ersten und dritten Welle im Türkischen.

Tabelle 2: Korrelation zwischen dem Wortschatz im Deutschen und Türkischen der Erhebungswellen 1 und 3[a]

Wortschatz	Deutsch 1. Welle	Deutsch 3. Welle	Türkisch 1. Welle
Deutsch 1. Welle			
Deutsch 3. Welle	,624*** ($n = 292$)		
Türkisch 1. Welle	,205** ($n = 109$)	,213* ($n = 81$)	
Türkisch 3. Welle	,083 ($n = 87$)	,153 ($n = 73$)	,549*** ($n = 84$)

Anmerkungen: * $p < 0,1$, ** $p < 0,05$, *** $p < 0,01$. [a] Der Wortschatztest wurde in SPRABLILON nur zur ersten und dritten Welle erhoben, um dessen langfristige Stabilität zu prüfen.

---

3 Zu beachten ist hierbei allerdings, dass mehrsprachig Aufwachsende in ihrem gesamten verfügbaren Wortrepertoire – also bei gemeinsamer Betrachtung aller ihnen zur Verfügung stehenden Sprachen – einen Wortschatzvorteil besitzen (vgl. Pearson et al., 1993).

Zwischen den Sprachen hingegen gibt es nur schwache Zusammenhänge. Der deutsche Wortschatz korreliert in der ersten Welle mit dem türkischen Wortschatz mit $r = 0,21$ nur schwach. Die Ergebnisse in der dritten Welle zeigen hingegen keine Zusammenhänge zwischen dem Türkischen und dem Deutschen.

Tabelle 3 sind die Korrelationen zwischen dem deutschen Wortschatz- und deutschen Lesetest zu entnehmen. Mit Korrelationen von $r = 0,44$ bis $r = 0,54$ weisen diese mittlere Effektstärken des Zusammenhangs auf.

Tabelle 3: Korrelation zwischen dem Wortschatz und dem Lesetest im Deutschen

Wortschatz / Lesetest	WT Deutsch 1. Welle	WT Deutsch 3. Welle
Lesetest 1. Welle	,479*** ($n = 405$)	,473*** ($n = 290$)
Lesetest 2. Welle	,488*** ($n = 350$)	,524*** ($n = 269$)
Lesetest 3. Welle	,435*** ($n = 347$)	,543*** ($n = 307$)

Anmerkungen: *$p < 0,1$, ** $p < 0,05$, *** $p < 0,01$.

In Tabelle 4 sind die Korrelationen zwischen dem türkischen Wortschatz- und dem türkischen Leseverständnistest aufgeführt. In der ersten Welle korrelieren die türkischen Wortschatzkenntnisse mit der türkischen Leseleistung mit $r = 0,208$ nur schwach. Der Wortschatz hingegen, der in der dritten Welle gemessen wurde, korreliert mit der dritten Welle des Lesetests mit $r = 0,406$ deutlich höher. Dies legt die Interpretation nahe, dass ein guter Wortschatz im Türkischen in einem positiven Zusammenhang mit der Lesekompetenz im Türkischen steht.

Tabelle 4: Korrelation zwischen dem Wortschatz- und dem Lesetest im Türkischen

Türkisch	Wortschatz Türkisch 1. Welle	Wortschatz Türkisch 3. Welle
Lesetest Türkisch 1. Welle	,208** ($n = 87$)	,176 ($n = 64$)
Lesetest Türkisch 2. Welle	,169 ($n = 94$)	,249** ($n = 76$)
Lesetest Türkisch 3. Welle	,258** ($n = 74$)	,406*** ($n = 81$)

Anmerkungen: * $p < 0,1$, ** $p < 0,05$, *** $p < 0,01$.

5.3 Zusammenhang zwischen Wortschatz und Lesekompetenz unter Berücksichtigung von Kontextmerkmalen

Nachfolgend werden die Zusammenhänge von Wortschatz- und Lesekompetenz unter Berücksichtigung von verschiedenen Kontextmerkmalen multivariat analysiert. Hierbei werden zwei Phasen unterschieden: die Eingangsphase von SPRABILON mit dem zweiten Messzeitpunkt als abhängiger Variable und die Abschlussphase mit dem drittem Messzeitpunkt als abhängiger Variable, jeweils unter Kontrolle des Vorwissens und weiterer Hintergrundmerkmale.

Tabelle 5: Regressionsmodell SPRABILON Anfangs- und Endphase: Zusammenhang zwischen der Lesekompetenz unter Kontrolle der Eingangsleistung, von Kontextmerkmalen und dem Geburtsort der Eltern

	Lesekompetenz 2. Welle			Lesekompetenz 3. Welle	
	Modell I	Modell II		Modell I	Modell II
	$R^2 = 30,8\,\%$; $n = 269$	$R^2 = 37,2\,\%$; $n = 268$		$R^2 = 36,0\,\%$; $n = 237$	$R^2 = 43,7\,\%$; $n = 200$
(Konstante)	30,32 ***	22,66 ***	(Konstante)	33,56 ***	23,63 ***
Leseleistung Deutsch 1. Welle	0,43 ***	0,34 ***	Leseleistung Deutsch 2. Welle	0,38 ***	,251 ***
CFT Wert 1. Welle	1,12 **	0,18 n.s.	CFT Wert 3. Welle z-Standardisiert	1,61 ***	1,43 ***
Bücherbesitz Deutsch[1]	2,49 **	2,06 *	Bücherbesitz Deutsch[1]	1,82 ***	1,66 n.s.
an FörMig teilgenommen	1,04 n.s.	0,76 n.s.	an FörMig teilgenommen	2,41 *	2,33 *
ein Elternteil im Ausland geboren	-0,31 n.s.	0,64 n.s.	ein Elternteil im Ausland geboren	-2,05 n.s.	-0,46 n.s.
beide Elternteile im Ausland geboren	-2,04 *	-1,10 n.s.	beide Elternteile im Ausland geboren	-2,82 ***	-2,00 *
Wortschatztest Deutsch 1. Welle		0,56 ***	Wortschatztest Deutsch 3. Welle		0,67 ***

Anmerkungen: *$p < 0,1$ / **$p < 0,05$ / ***$p < 0,01$. [1] Der Bücherbesitz wurde als Variable dichotomisiert: 0 entspricht <= 100 Bücher, 1 entspricht > 100 Bücher.

Tabelle 5 zeigt auf der linken Seite den Zusammenhang zwischen individuellen Kontextmerkmalen und der Leseleistung Deutsch zur Welle 2, bei dem sich die Schülerinnen und Schüler ($n = 269$) am Ende der 7. Klasse befanden. Dieses Modell beschreibt also die Anfangsphase der SPRABILON-Untersuchung. In das Modell I gehen die Ausgangsleistung (Leseleistung 1. Welle), die kognitiven Fähigkeiten (Ergebnisse aus dem ersten Messzeitpunkt), der Bücherbesitz, der Migrationshintergrund sowie Teilnahme am FörMig-Modellprogramm ein. Im Modell II wurde zudem der Wortschatz (1. Welle) aufgenommen. Als signifikant erweisen sich das Vorwissen (Leseverständnis Welle 1), der häusliche Bücherbesitz und die kognitiven Fähigkeiten. Ein tendenziell negativer Effekt auf das Leseverständnis zeigt sich, wenn beide Eltern im Ausland geboren sind. Im Modell II ($n = 268$) zeigt sich unter Kontrolle des Wortschatzes der CFT als nicht mehr signifikant, und der Effekt des heimischen Buchbesitzes ist nur noch als Tendenz zu interpretieren. Der Effekt des Vorwissens bleibt jedoch hoch signifikant. Diese Befunde verweisen darauf, dass der Wortschatz sowohl mit dem CFT als auch mit dem heimischen Buchbesitz im Zusammenhang steht; aufgrund der deutlichen Abschwächung dieser sonst sehr erklärungskräftigen Variablen kommt diesem Ergebnis eine besondere Bedeutung bei der Betrachtung von Unterschieden im Leseverständnis zu.

Analog wurden die beiden vorgestellten Modelle auch für die dritte Welle in SPRABILON berechnet (rechte Seite der Tabelle 5). Die Schülerinnen und Schüler ($n = 237$) befanden sich zu diesem Zeitpunkt am Ende der 8. Klasse. Kognitive Fähigkeiten und Wortschatz wurden in der dritten Welle erneut erhoben, so dass auch die aktualisierten Ergebnisse dieser Tests in die Modelle aufgenommen werden konnten. Unter Kontrolle der aufgezeigten Variablen zeigen die kognitiven Fähigkeiten, das Vorwissen (Leseverständnis Welle 2) sowie der Migrationshintergrund bei Kindern, deren beide Eltern im Ausland geboren sind, einen signifikanten Einfluss auf die Lesekompetenz in der Welle 3. Hingegen fällt in der Welle 3 der Effekt des häuslichen Bücherbesitzes nicht signifikant aus. Probanden, die an FörMig teilgenommen haben, erreichen 2,4 mehr Punkte als die übrigen Schülerinnen und Schüler. Wird das Modell wiederum um den Wortschatztest erweitert (Modell II/$n = 200$), zeigen sich markante Veränderungen, wenn beide Eltern im Ausland geboren sind. Dieser Effekt schwächt sich nach der Kontrolle des Wortschatzes deutlich ab. Auch wenn dieser Unterschied durch den Stichprobenausfall von Modell I und II mit verursacht sein kann, so verweisen dennoch die strukturell ähnlichen Effekte in den Modellen zur Welle 2 und zur Welle 3 darauf, dass dieser sehr plausibel auch durch den deutschen Wortschatz miterklärt werden kann. Die kognitiven Fähigkeiten und das Vorwissen bleiben auch im Modell II signifikant. Der tendenziell positive Effekt der Teilhabe an FörMig bleibt ebenfalls erhalten.

Als Befund kann somit festgehalten werden, dass der Wortschatz in Deutsch einen bedeutenden Zusammenhang mit dem Leseverständnis von Schülerinnen und Schülern aufweist – unabhängig davon, ob in die SPRABILON-Eingangs- oder -Endphase geschaut wird. Dieses Ergebnis ist erwartungskonform, da auf die Bedeutsamkeit des Wortschatzes bei der Sprachentwicklung ein- und mehrsprachiger Menschen immer wieder hingewiesen wird (vgl. z. B. Bialystok, Luk & Kwan, 2005). Dieser Befund verweist damit auf die Notwendigkeit der aktiven Förderung des Wortschatzes in der Unterrichtssprache – insbesondere vor dem Hintergrund des hier untersuchten Ausschnitts schulischer Bildung – über die gesamte Sekundarschulzeit hinweg.

In der Diskussion um die Lage von Schülerinnen und Schülern aus Familien mit Migrationsgeschichte wird zunehmend statt des Geburtslandes der Eltern der heimische Sprachgebrauch in den Mittelpunkt gerückt. Um die Ergebnisse in

Zusammenhang mit dieser Debatte bringen zu können, ist in den hier vorgestellten Analysen alternativ zum Geburtsland der Eltern in den folgenden Analysen der heimische Sprachgebrauch als Indikator für den Migrationshintergrund in die Modelle aufgenommen. Erneut wurden zunächst die Effekte auf die Leseleistung von der ersten zur 2. Welle überprüft (Tabelle 6, linke Seite). Ohne Kontrolle des deutschen Wortschatzes in Welle 1 erweisen sich hier das Vorwissen (Leseverständnis Welle 1), die kognitiven Fähigkeiten, der Buchbesitz sowie der Gebrauch einer anderen Sprache als Deutsch mit beiden Elternteilen als signifikant. Unter Berücksichtigung des Wortschatzes (Modell II) verlieren alle erklärenden Variablen außer dem Vorwissen ihren Stellenwert.

Tabelle 6: Regressionsmodell SPRABILON Anfangs- und Endphase: Zusammenhang zwischen der Lesekompetenz unter Kontrolle der Eingangsleistung, von Kontextmerkmalen und dem heimischen Sprachgebrauch mit den Eltern

	Lesekompetenz 2. Welle			Lesekompetenz 3. Welle	
	Modell I	Modell II		Modell I	Modell II
	R^2 = 31,9 %; n = 263	R^2 = 37,1 %; n = 261		R^2 = 39,5 %; n = 231	R^2 = 44,1 %; n = 231
(Konstante)	31,50 ***	23,90 ***	(Konstante)	33,15 ***	24,74 ***
Leseleistung Deutsch 1. Welle	0,39 ***	0,32 ***	Leseleistung Deutsch 2. Welle	0,39 ***	0,24 ***
CFT Wert 1. Welle	1,39 ***	0,55 n.s.	CFT Wert 3. Welle	1,60 ***	1,36 **
Bücherbesitz Deutsch	3,34 ***	2,56 **	Bücherbesitz Deutsch	2,07 n.s.	2,40 *
an FörMig teilgenommen	0,49 n.s.	0,39 n.s.	an FörMig teilgenommen	2,36 *	2,20 n.s.
ein Elternteil nicht Deutsch gesprochen[1]	-1,05 n.s.	-0,27 n.s.	ein Elternteil nicht Deutsch gesprochen[1]	-2,85 ***	-1,86 *
beide Elternteile meistens andere Sprache[2]	-6,94 ***	-4,26 n.s.	beide Elternteile meistens andere Sprache[2]	-6,72 **	-4,55 n.s.
Wortschatztest Gesamtpunktzahl Deutsch 1. Welle		0,52 ***	Wortschatztest Gesamtpunktzahl Deutsch 3. Welle		0,65 ***

Anmerkungen: $p < 0,1$ / **$p < 0,05$ /**$p < 0,01$; [1] Mit einem Elternteil wird manchmal oder meistens in einer anderen Spache als Deutsch gesprochen. [2] Mit beiden Eltern wird meistens in einer anderen Spache gesprochen.

Die entsprechenden Modelle wurden auch in Abhängigkeit zur Lesekompetenz in der dritten Welle berechnet (rechte Seite der Tabelle 6). Auch die hier geprüften Modelle zeigen, dass sich in Welle 3 das Vorwissen (Leseverständnis Welle 2), die kognitiven Fähigkeiten und der Sprachgebrauch mit sowohl einem als auch beiden Elternteilen als signifikant erweisen, wenn der deutsche Wortschatz aus Welle 3 nicht kontrolliert wird. Unter Berücksichtigung des Wortschatzes aus Welle 3 (Modell II) behalten das Vorwissen und die kognitiven Fähigkeiten ihre Relevanz, nicht aber die anderen geprüften Variablen. Demnach zeigt sich der Wortschatz stabil als entscheidender Faktor im Einfluss auf die Entwicklung der Leseleistung.

Die in Tabelle 6 dargestellten Befunde unterstreichen nochmals die Bedeutung des deutschen Wortschatzes und deuten darauf hin, wie bedeutend dieser für die Entwicklung des Leseverständnisses ist.

6. Zusammenfassung und Interpretation

Bei der Lesekompetenz im Deutschen ist in SPRABILON ein signifikanter Zuwachs bei allen Schülerinnen und Schülern über die drei Erhebungswellen zu beobachten. Allerdings zeigen sich in allen Erhebungswellen signifikante Unterschiede zwischen mono- und bilingual aufwachsenden Schülerinnen und Schülern. In den weiteren Analysen erwies sich, dass bei Kontrolle der Eingangsleistung (Leseleistung in der 1. Welle bzw. 2. Welle), der kognitiven Fähigkeiten, des häuslichen Bücherbesitzes, der Teilnahme an FörMig und des Migrationshintergrunds signifikante Einflüsse auf die Leseleistung bestehen. In der 2. Welle erwiesen sich in SPRABILON die Vorkenntnisse als einflussreich, ebenso der Migrationshintergrund (beide Elternteile im Ausland geboren) und der Buchbesitz der Familie (letzterer signifikant). Bei Hinzunahme der Wortschatzleistungen hingegen zeigten sich die Effekte dieser Variablen als weniger ausgeprägt bzw. nicht mehr signifikant. In der 3. Welle sind die Vorkenntnisse ebenfalls noch von Bedeutung, ebenso wie der Migrationshintergrund (beide Elternteile im Ausland geboren), während hier der Buchbesitz der Familie keinen signifikanten Effekt aufweist. Die Einbeziehung der Variablen „zu Hause gesprochene Sprache" als alternativem Indikator für Migrationshintergrund ergab keinen zusätzlichen Erklärungswert. Bei Einbeziehung der Werte für Wortschatz verliert sich der Einfluss dieses Indikators.

Die Ergebnisse zur Entwicklung der produktiven schriftsprachlichen Fähigkeiten im Deutschen und Türkischen können wir an dieser Stelle aus Platzgründen nicht berichten. Angedeutet sei aber, dass sie die Auffassung stützen, dass die Entwicklung sprachlicher Fähigkeiten in der Altersgruppe von 11 bis 14 keineswegs abgeschlossen ist (siehe auch z. B. Ehlich et al., 2008). Zugleich verweisen die Befunde darauf, dass der weitere Erwerb und aktive Gebrauch spezifischer sprachlicher Mittel zur präzisen Darstellung von Sachverhalten weniger im Register der Alltagssprache stattfindet. Vielmehr zeigen sich Entwicklungen verstärkt in sprachlichen Bereichen, die vermutlich auf Unterrichtskommunikation zurückzuführen sind – also bei tendenziell bildungssprachlichen Redemitteln.

Unsere Befunde für das Deutsche weisen darauf, dass bilingual aufwachsende Schülerinnen und Schüler auch nach einem erheblichen Teil ihrer Bildungsbiographie in deutschen Schulen noch gegenüber ihren monolingualen Mitschülerinnen und Mitschülern im Nachteil sind. Die ersten Überprüfungen möglicher Einflussfaktoren, die dieses Ergebnis erklären könnten, ergaben kein eindeutiges Bild. Unter Kontrolle anderer Faktoren verringern sich – oder verschwinden gar – in unserer Stichprobe die ansonsten wiederkehrend berichteten wichtigsten Effekte, etwa der Effekt der in der Familie gesprochenen Sprache. Unsere Ergebnisse geben somit sowohl

Hinweise auf Forschungsdesiderate als auch auf bildungspolitische und bildungs-praktische Handlungsoptionen. In bildungspraktischer Hinsicht zeigt sich in unseren Daten, dass im Falle unserer Stichprobe über acht Schuljahre hinweg weniger als das Wünschenswerte erreicht wurde. Die Rückstände im Wortschatz im Deutschen blei-ben über die Erhebungswellen signifikant, und die Relevanz des Wortschatzes für die Lesefähigkeit bleibt über die Prüfung von Einflussfaktoren hinweg stabil.

7. Literatur

Artelt, C., Stanat, P., Schneider, W. & Schiefele, U. (2001). Lesekompetenz: Testkonzeption und Ergebnisse. In J. Baumert, E. Klieme, M. Neubrand, M. Prenzel, U. Schiefele, W. Schneider et al. (Hrsg.), *PISA 2000. Basiskompetenzen von Schülerinnen und Schülern im internationalen Vergleich*. Opladen: Leske + Budrich, 69–137

Baumert, J., Artelt, C., Klieme, E., Neubrand, M., Prenzel, M., Schiefele, U. et al. (Hrsg.) (2002). *PISA 2000 – die Länder der Bundesrepublik Deutschland im Vergleich*. Deutsches PISA-Konsortium. Opladen: Leske + Budrich

Baumert, J., Klieme, E., Neubrand, M., Prenzel, M., Schiefele, U., Schneider, W. et al. (Hrsg.) (2001). *PISA 2000. Basiskompetenzen von Schülerinnen und Schülern im internationalen Vergleich*. Opladen: Leske + Budrich

Bialystok, E. (2009). Effects of bilingualism on cognitive and linguistic performance. In I. Gogolin & U. Neumann (Hrsg.), *Streitfall Zweisprachigkeit – The Bilingualism Contro-versy*. Wiesbaden: VS Verlag für Sozialwissenschaften, 53–67

Bialystok, E., Luk, G. & Kwan, E. (2005). Bilingualism, biliteracy and learning to read. Inter-actions among languages and writing systems. *Scientific Studies of Reading, 9* (1), 43–61

Bos, W., Lankes, E.-M., Schwippert, K., Valtin, R., Voss, A., Badel, I. & Plaßmeier, N. (2003). Lesekompetenzen deutscher Grundschülerinnen und Grundschüler am Ende der vier-ten Jahrgangsstufe im internationalen Vergleich. In W. Bos, E.-M. Lankes, M. Prenzel, K. Schwippert, G. Walther & R. Valtin (Hrsg.), *Erste Ergebnisse aus IGLU. Schülerleistun-gen am Ende der vierten Jahrgangsstufe im internationalen Vergleich*. Münster: Waxmann, 69–142

Deutsches PISA-Konsortium (2003). *PISA 2000. Ein differenzierter Blick auf die Länder der Bundesrepublik Deutschland*. Opladen: Leske + Budrich

Deutsches PISA-Konsortium (2008). *PISA 2006 in Deutschland. Die Kompetenz der Jugend-lichen im dritten Ländervergleich*. Münster

Ehlich, K., Bredel, U. & Reich, H. H. (Hrsg.) (2008). *Referenzrahmen zur altersspezifischen Sprachaneignung*. Bonn/Berlin: Bundesministerium für Bildung und Forschung (Bil-dungsforschung, 29/I und II)

Gogolin, I., Dirim, I., Klinger, T., Lange, I., Lengyel, D., Michel, U. & Schwippert, K. (2011). *Förderung von Kindern und Jugendlichen mit Migrationshintergrund (FörMig). Bilanz und Perspektiven eines Modellprogramms*. Münster: Waxmann

Gogolin, I., Neumann, U. & Roth, H.-J. (2003). *Förderung von Kindern und Jugendlichen mit Migrationshintergrund*. Bonn: Bund-Länder-Kommission für Bildungsplanung und For-schungsförderung (BLK) (Materialien zur Bildungsplanung und Forschungsförderung, 107)

Goldammer, A. von, Mähler, C., Bockmann, A. & Hasselhorn, M. (2010). Vorhersage früher Schriftsprachleistungen aus vorschulischen Kompetenzen der Sprache und der phonologischen Informationsverarbeitung. *Zeitschrift für Entwicklungspsychologie und Pädagogische Psychologie, 41* (1), 48–56

Halliday, M. A. K. (1994). *An introduction to functional grammar.* 2. Auflage. London: Edward Arnold

Lengyel, D., Reich, H. H., Roth, H.-J. & Döll, M. (Hrsg.) (2009). *Von der Sprachdiagnose zur Sprachförderung.* Münster: Waxmann

McElvany, N., Becker, M. & Lüdke, O. (2009). Die Bedeutung familiärer Merkmale für Lesekompetenz, Wortschatz, Lesemotivation und Leseverhalten. *Zeitschrift für Entwicklungspsychologie und Pädagogische Psychologie, 41* (3), 121–131

Pearson, B. Z., Fernandez, S. C., Kimbrough Oller, D. (1993). Lexical development in bilingual infants and toddlers: Comparison to monolingual norms. *Language Learning, 43,* 93–120

Rasch, G. (1980). *Probabilistic models for some intelligence and attainment tests.* Expanded ed. Chicago: University of Chicago Press

Voss, A., Carstensen, C. H. & Bos, W. (2005).Textgattungen und Verstehensaspekte: Analyse von Leseverständnis aus den Daten der IGLU Studie. In W. Bos, E.-M. Lankes, M. Prenzel, K. Schwippert, R. Valtin & G. Walther (Hrsg.), *IGLU. Vertiefende Analysen zu Leseverständnis, Rahmenbedingungen und Zusatzstudien.* Münster: Waxmann, 1–36

Weiß, R. H. (2006). *Grundintelligenztest Skala 2 – Revision. CFT 20-R.* Göttingen: Hogrefe

Weiß, R. H. (2007). *Wortschatztest und Zahlenfolgentest – Revision (WT/ZF-R).* Göttingen: Hogrefe

Julia Knoepke, Tobias Richter, Maj-Britt Isberner,
Yvonne Neeb, Johannes Naumann

Leseverstehen = Hörverstehen X Dekodieren?

Ein stringenter Test der Simple View of Reading bei
deutschsprachigen Grundschulkindern

Für das theoretische Verständnis von Leseschwierigkeiten in der Grundschule und
eine entsprechende zielgerichtete Diagnostik, Prävention und Förderung ist die
Frage zentral, auf welchen kognitiven Teilfähigkeiten das Leseverstehen beruht.
Eine Theorie, die auf diese Frage eine frappierend einfache Antwort gibt, ist die
sogenannte *einfache Sicht auf das Lesen* (*Simple View of Reading*, Gough & Tunmer,
1986; Hoover & Gough, 1990). Nach der Simple View of Reading lassen sich individuelle Unterschiede im Leseverstehen als das Produkt von zwei Teilfähigkeiten
beschreiben, nämlich der Fähigkeit der Dekodierung geschriebener Wörter und
einer allgemeinen Fähigkeit des Sprachverstehens, die auch dem Hörverstehen zu
Grunde liegt. Leseschwierigkeiten entstehen demnach aus Schwierigkeiten bei der
visuellen Worterkennung (Dyslexie), aus Schwierigkeiten im allgemeinen Sprachverstehen (Hyperlexie) oder aus Schwierigkeiten in beiden Bereichen.

Die Theorie hat zahlreiche Untersuchungen stimuliert, in denen die Beziehungen von Leseverstehen zu Dekodier- und Hörverstehensleistungen analysiert
wurden (z. B. Johnston & Kirby, 2006; Joshi & Aaron, 2000; Kendou, Savage & van
den Broek, 2009). Allerdings leidet die Aussagekraft vieler dieser Untersuchungen
darunter, dass die zentralen theoretischen Konstrukte in suboptimaler Weise operationalisiert sind. Bislang ist es zudem eine noch weitgehend ungeklärte Frage, ob
und inwieweit sich die Ergebnisse aus den bisherigen Untersuchungen, die überwiegend mit englischsprachigen Materialien und Probandenstichproben gearbeitet
haben, auf das Lesenlernen im Deutschen mit seiner transparenten Orthographie
übertragen lassen. An dieser Stelle setzt die hier vorgestellte Untersuchung an. Ziel
der Untersuchung war, die Simple View of Reading bei deutschsprachigen Grundschulkindern der dritten und vierten Klassen in methodisch stringenter Weise zu
überprüfen.[1]

---

1   Die Daten wurden im Rahmen des Verbundprojektes „Prozessbezogene Diagnostik des
    Lese- und Hörverstehens im Grundschulalter" erhoben, das als Teil der „Förderinitiative
    Sprachdiagnostik und Sprachförderung (FiSS)" vom Bundesministerium für Bildung und
    Forschung (Förderkennzeichen 01GJ0985) gefördert wurde.

1. Die Simple View of Reading

Der Ausgangspunkt der Simple View of Reading (Gough & Tunmer, 1986; Hoover & Gough, 1990) ist, dass die Fähigkeit des Leseverstehens (abgekürzt mit *R* wie *reading*) auf zwei grundlegenderen Fähigkeiten beruht: zum einen auf der Fähigkeit des Dekodierens, d.h. der visuellen Worterkennung (abgekürzt mit *D* wie *decoding*), und zum anderen auf der komplexen Fähigkeit, Sprache zu verstehen (abgekürzt mit *C* wie *comprehension*). Beide Fähigkeiten gelten für sich genommen als notwendige, jedoch nicht hinreichende Bedingungen für das Verstehen geschriebener Texte. Die Fähigkeit des Dekodierens, also der Zuordnung von Einträgen im mentalen Lexikon zu geschriebenen Buchstabenketten, allein garantiert noch nicht, dass ein geschriebener Text verstanden werden kann. Vielmehr müssen die einzelnen Wörter anhand von semantischen Integrationsprozessen zu einem kohärenten Satzsinn integriert werden, wobei die Analyse der syntaktischen Struktur eines Satzes eine wichtige Rolle spielt. Schließlich müssen die einzelnen Sätze in einem geschriebenen Text zu einer kohärenten mentalen Repräsentation verknüpft werden (lokale und globale Kohärenzbildung, vgl. z. B. Richter & Christmann, 2009). Die zentrale Annahme der Simple View of Reading besteht nun darin, dass all die kognitiven Teilprozesse, die über die visuelle Worterkennung hinausgehen, beim Verstehen gesprochener und geschriebener Sprache identisch sind. Gough und Tunmer (1986) sprechen hier von allgemeinem *Sprachverstehen* (*linguistic comprehension*). Das allgemeine Sprachverstehen stellt ein hypothetisches Konstrukt dar, das die Gemeinsamkeiten des Lese- und Hörverstehens widerspiegeln soll. In Untersuchungen zur Simple View of Reading wird das allgemeine Sprachverstehen allerdings immer über Fähigkeiten des Hörverstehens operationalisiert, so dass im Folgenden die Begriffe (allgemeines) Sprachverstehen und Hörverstehen in der Regel synonym gebraucht werden.

Die in der Simple View of Reading enthaltene Annahme, dass sowohl die Fähigkeit der visuellen Worterkennung als auch allgemeine Fähigkeiten des Sprachverstehens notwendige Bedingungen für das Leseverstehen darstellen, impliziert, dass sich das Leseverstehen als Funktion einer multiplikativen Verknüpfung (d.h. als Produkt) der beiden Variablen darstellen lässt (vgl. Gough & Tunmer, 1986): $R = D \times C$. Die Implikationen einer multiplikativen Verknüpfung lassen sich besonders gut veranschaulichen, wenn man hypothetisch davon ausgeht, dass die Fähigkeiten der visuellen Worterkennung und des allgemeinen Sprachverstehens von 0 (= Fähigkeit nicht vorhanden) bis 1 (= Fähigkeit perfekt ausgeprägt) skaliert sind (Hoover & Gough, 1990). Unter dieser Voraussetzung lässt sich aus der multiplikativen Verknüpfung einerseits ableiten, dass bei perfekter Ausprägung einer der beiden Fähigkeiten die verbleibende Varianz im Leseverstehen vollständig von der anderen Fähigkeit determiniert wird (z. B. $R = 1 \times C = C$). Andererseits ist bei einer multiplikativen Verknüpfung das Verstehen von Schriftsprache nicht möglich, wenn eine der beiden Fähigkeiten überhaupt nicht beherrscht wird

(z. B. $R = 0$ x $C = 0$). Um Leseverstehen überhaupt zu ermöglichen, müssen beide Fähigkeiten zumindest in minimalem Maße vorhanden sein; sie können, anders als bei einer additiven Beziehung, das vollständige Fehlen der jeweils anderen Fähigkeit nicht kompensieren.

Die Annahme, dass das Leseverstehen auf dem Produkt der Fähigkeiten des Dekodierens und Hörverstehens aufbaut, hat eine Reihe von Untersuchungen zu der Frage angestoßen, in welcher Form D und C als Prädiktoren von R zusammenwirken. In einer Längsschnittuntersuchung mit bilingualen (englisch-spanischsprachigen) Kindern vom Kindergartenalter bis zur vierten Klasse zeigten Hoover und Gough (1990), dass das Einbeziehen des Produkts aus D und C ein Inkrement gegenüber der linearen Kombination liefert (bis zu 7% mehr Varianzaufklärung in der dritten Klasse). Zudem konnten die Autoren ihre aus der Annahme einer multiplikativen Beziehung abgeleitete Vorhersage stützen, dass bei schlechten Lesern, die entweder gut dekodieren oder gut verstehen können, die jeweils andere Fähigkeit defizitär ist.

Eine weitere Vorhersage, die sich aus der Simple View of Reading ergibt, besteht darin, dass ein gutes Niveau im Leseverstehen garantiert ist, wenn im individuellen Fall gute Dekodier- und Hörverstehensfähigkeiten vorliegen. Fälle, in denen die visuelle Worterkennung und das Hörverstehen effizient funktionieren, aber trotzdem kein adäquates Leseverständnis erreicht werden kann, widersprechen der Simple View of Reading (Gough & Tunmer, 1986). Eine solche Probandengruppe jedoch fanden Georgiou, Das und Hayward (2009) mit 50 kanadischen indigenen Kindern der dritten und vierten Klasse, die sich trotz altersgerechter Fähigkeiten im Dekodieren und Hörverstehen durch schlechte Lesefähigkeiten auszeichneten. Georgiou et al. vermuteten daher, dass das Leseverstehen in dieser Gruppe nicht als das Produkt aus Dekodier- und Hörverstehensfähigkeit modelliert werden kann. Im Sinne dieser Annahme zeigte in ihrer Untersuchung das Produkt von Dekodier- und Hörverstehensfähigkeit kein Inkrement gegenüber der linearen Kombination der beiden Prädiktoren. Zu einem ähnlichen Ergebnis kamen auch Joshi und Aaron (2000, Studie 1) in einer Untersuchung mit 40 Drittklässlern. In dieser Untersuchung waren die Korrelationen einer additiven und einer multiplikativen Verknüpfung von Dekodier- und Hörverstehensfähigkeit mit dem Leseverstehen ähnlich hoch. Dennoch stimmen die Autoren der Simple View of Reading insoweit zu, dass das multiplikative Modell theoretisch besser geeignet sein könnte, um Phänomene wie Dyslexie (schlechtes Leseverstehen bei gutem Hörverstehen und schlechten Dekodierfähigkeiten) und Hyperlexie (schlechtes Lese- und Hörverstehen bei guten Dekodierfähigkeiten) zu erklären. Im Vergleich zur Untersuchung von Hoover und Gough (1990), die mit ihrem Modell bis zu 90% der Gesamtvarianz aufklärten, blieb in den Studien von Georgiou et al. und Joshi und Aaron allerdings trotz eines verhältnismäßig großen Anteils aufgeklärter Varianz ein ebenso großer Anteil (bis zu 55%) ungeklärt.

Aus diesem letzten Befund ergibt sich die Frage, ob die visuelle Worterkennung und das Hörverstehen (unabhängig davon, ob sie additiv und/oder multiplikativ zusammenwirken) alleine ausreichend sind, um die komplexe Fähigkeit des Leseverstehens und die zahlreichen daran beteiligten Prozesse umfassend zu beschreiben, oder ob weitere Fähigkeiten herangezogen werden müssen (wie z. B. die Benennungsgeschwindigkeit, Joshi & Aaron, 2000, Studie 2; Johnston & Kirby, 2006). Wie im folgenden Abschnitt gezeigt wird, spielt dabei die Operationalisierung der theoretischen Konstrukte der Simple View of Reading eine entscheidende Rolle.

2. Die Operationalisierung von Fähigkeiten der visuellen Worterkennung und des Hör- und Leseverstehens

Angesichts der vielfältigen kognitiven Teilprozesse, die den Fähigkeiten der visuellen Worterkennung (D), dem Hör- (C) und dem Leseverstehen (R) zu Grunde liegen (Bredel & Reich, 2008; Müller & Richter, 2013/i. Dr.; Richter & Christmann, 2009), kommt der Frage, wie diese gemessen werden sollen, eine besondere Bedeutung zu (vgl. Kendou et al., 2009; Vellutino, Tunmer, Jaccard & Chen, 2007). Nur dann, wenn die drei theoretischen Konstrukte tatsächlich in einer kognitionspsychologisch fundierten und konsistenten Weise operationalisiert werden, ist ein sinnvoller Test der Simple View of Reading möglich.

2.1 Operationalisierung der visuellen Worterkennung

Hoover und Gough (1990) definieren die Fähigkeit des Dekodierens (D) als „simply efficient word recognition: the ability to rapidly derive a representation from printed input that allows access to the appropriate entry in the mental lexicon" (S. 130). Unter Verweis auf die Wichtigkeit phonologischer Rekodierungsprozesse im Anfangsstadium des Lesenlernens setzen sie in der Folge jedoch die visuelle Worterkennung weitgehend mit phonologischer Rekodierung gleich und schlagen vor, zumindest bei Untersuchungen mit Leseanfängern/-innen das laute Lesen von Pseudowörtern als Messmethode zu verwenden (s. auch Gough & Tunmer, 1986). Mit dieser Methode wird jedoch nur die Effizienz einer von zwei möglichen Leserouten erfasst: die indirekte Worterkennung, bei der Buchstabe für Buchstabe unter Anwendung von Graphem-Phonem-Korrespondenzregeln in einen lautlichen Code übersetzt wird. Mit zunehmender Leseerfahrung und Automatisierung der Worterkennung verwenden Leser/-innen jedoch zunehmend eine direktere Route, vermittels derer zumindest häufigere Wörter über den Vergleich mit einer im mentalen Lexikon gespeicherten Wortform erfasst werden, ohne sie vorher segmentweise in lautliche Repräsentationen zu übersetzen (vgl. das Zwei-Wege-Modell der Worterkennung, Coltheart, Rastle, Perry, Langdon & Ziegler, 2001). Die Effizienz dieser direkten Form des orthographischen Dekodierens lässt sich beispielsweise über lexikalische

Entscheidungsaufgaben messbar machen, bei denen tatsächliche Wörter von (phonologisch plausiblen) Pseudowörtern unterschieden werden müssen.

Die Wahl der Aufgabe, mit der die Fähigkeit der visuellen Worterkennung gemessen wird, hat direkte Konsequenzen für die Interpretation von Untersuchungsergebnissen. Eine Untersuchung von Braze, Tabor, Shankweiler und Mencl (2007) konnte z. B. zeigen, dass die Größe des mündlich erworbenen Wortschatzes zusätzlich zu D und C ein Inkrement zur Varianzaufklärung im Leseverstehen leistet. Tunmer und Chapman (2012) bezweifeln allerdings, dass sich ein eigenständiger Beitrag für die Größe des Wortschatzes zur Varianz im Leseverstehen gezeigt hätte, wenn Braze et al. D über einen Worterkennungstest anstelle des Lesens von Pseudowörtern gemessen hätten. Sie argumentieren, dass die Wahl der Messmethode zum Erfassen von D vom Alter der Probanden abhängig gemacht werden sollte: Bei Kindern, die noch am Beginn des Leselernprozesses stehen und ausschließlich die phonologische Rekodierung zur Worterkennung nutzen, sollte nach Tunmer und Chapman das laute Lesen von Pseudowörtern zur Erfassung von D eingesetzt werden, während bei älteren Kindern, die vermehrt die direkte orthographische Route nutzen, ein Worterkennungstest verwendet werden sollte. Diese Argumentation wird jedoch dem Problem nicht gerecht, dass der Übergang von der Nutzung der phonologischen Rekodierung zur vermehrten Nutzung orthographischer Vergleichsprozesse bei der Leseentwicklung allmählich und nicht bei allen Kindern zur selben Zeit erfolgt (Frith, 1986). Außerdem benutzen auch geübte Leser/-innen beide Routen, wobei die direkte orthographische eher bei bekannten und häufigen Wörtern, die indirekte eher bei unbekannten und seltenen Wörtern relevant ist.

Vor diesem Hintergrund sollte D aus unserer Sicht durch allgemeiner angelegte Worterkennungstests wie z. B. lexikalische Entscheidungsaufgaben erfasst werden, die prinzipiell sowohl phonologische Rekodierung als auch orthographische Vergleichsprozesse beanspruchen. In der theoretischen Definition der Fähigkeit des Dekodierens im Rahmen der Simple View of Reading kommt zudem zum Ausdruck, dass es bei der visuellen Worterkennung beim Lesen nicht nur auf Zuverlässigkeit, sondern ebenso auf eine schnelle und ressourcenschonende Bewältigung der zu Grunde liegenden Prozesse ankommt (vgl. auch die Theorie der verbalen Effizienz, Perfetti, 1985). Diese Definition legt nahe, Aufgaben einzusetzen, die beide Aspekte der Effizienz von Prozessen der visuellen Worterkennung erfassen.

2.2   Operationalisierung des Lese- und Hörverstehens

Im Vergleich zur visuellen Worterkennung stellt das Verstehen gesprochener und geschriebener Sprache auf der Diskurs- bzw. Textebene eine noch deutlich komplexere kognitive Leistung dar, die auf einer Vielzahl kognitiver Teilprozesse auf Wort-, Satz- und Textebene beruht (Richter & Christmann, 2009). Daraus ergeben sich zwei Anforderungen an die Operationalisierungen des Hörverstehens (C) und des Leseverstehens (R) im Rahmen von Tests zur Überprüfung der Simple View of Reading. Erstens sollten die eingesetzten Messmethoden so gestaltet sein, dass sie die relevanten Teilprozesse auf der Wort-, Satz- und Textebene auch tatsächlich abbilden. Damit sind z.B. Methoden, die etwa nur mit einzelnen Sätzen als Testmaterial arbeiten (z.B. Braze et al., 2007), nicht geeignet, weil satzübergreifende Prozesse der Kohärenzbildung nicht abgedeckt werden. Zweitens besteht eine noch wichtigere Anforderung darin, dass Hör- und Leseverstehen über strikt parallele Testverfahren erhoben werden (vgl. z.B. Hoover & Gough, 1990, S. 131). Sowohl C als auch R liegt laut der Simple View of Reading die gleiche allgemeine Fähigkeit des Sprachverstehens zugrunde. Der einzige Unterschied ist das Medium, welches das linguistische Material transportiert, was der Theorie zufolge unterschiedliche Teilprozesse bei der Worterkennung, aber nicht auf darüber hinausgehenden Prozessebenen bedingt. Mögliche modalitätsspezifische Verarbeitungsprozesse auf höheren Prozessebenen, die beispielsweise durch Textsortenwissen oder Interpunktion angeregt werden und das Textverstehen zusätzlich beeinflussen könnten, werden in der Simple View of Reading nicht berücksichtigt.

Werden zur Erfassung von C und R Messmethoden verwendet, die sich noch in weiteren Hinsichten als dem Medium unterscheiden, besteht daher Unklarheit darüber, ob ein mit der Simple View of Reading inkonsistentes Ergebnis tatsächlich die theoretischen Annahmen in Zweifel zieht oder ob das Ergebnis lediglich auf die unterschiedliche Messung der beiden Variablen zurückzuführen ist. In der bereits angesprochenen Untersuchung von Joshi und Aaron (2000) wurde das Hörverstehen der teilnehmenden Drittklässler durch vorgelesene Lückensätze operationalisiert, in denen die Kinder das fehlende Wort sinngemäß ergänzen sollten. Zur Erfassung des Leseverstehens lasen die Kinder hingegen Abschnitte aus Prosatexten, zu denen sie 45 Multiple-choice-Fragen beantworteten. In ähnlicher Weise erfassten Kendeou et al. (2009, Studie 2) C und R. Hier hörten die Kinder im Hörverstehenstest Sätze, zu denen sie jeweils ein passendes Bild auswählen mussten, und lasen im Leseverstehenstest Textabschnitte, deren Inhalt sie jeweils anschließend innerhalb einer Minute wiedergeben sollten. Die Probleme dieses Vorgehens liegen auf der Hand: So besteht zwischen den verwendeten Lese- und Hörverstehenstests ein enormer Komplexitätsunterschied (Satzverstehen im Vergleich zu Textverstehen), sowohl in der Länge als auch im zu verstehenden Inhalt, wodurch es schwierig ist, die erbrachten kognitiven Leistungen des Lese- und Hörverstehens zu vergleichen. Zudem erfordern die Aufgaben neben dem Verstehen des sprachlichen Materials zusätzliche kognitive Leistungen wie das Verarbeiten und Auswählen mehrerer Antwortalternativen, das Behalten der im Text enthaltenen Informationen und teilweise auch nicht-sprachliche kognitive Leistungen wie das Erkennen und Auswählen eines passenden Bildes oder das räumliche Vorstellungsvermögen, die die Zusammenhänge zwischen D, C und R verzerren können.

3. Ist die Simple View of Reading sprachspezifisch?

Ein letzter, aber gleichwohl für die Reichweite der Simple View of Reading wichtiger Punkt betrifft die Sprachspezifität des Modells. Sämtliche der uns bekannten Untersuchungen zur Überprüfung der Simple View of Reading wurden in alphabetischen Schriftsystemen durchgeführt (für Überlegungen zur Geltung der Theorie in nicht-alphabetischen Schriftsystemen s. Gough, 1996). Die überwiegende Mehrzahl der bislang durchgeführten Untersuchungen wurde mit englischsprachigen Probanden/-innen und Materialien durchgeführt (z. B. Braze et al., 2007; Georgiou et al., 2009; Hoover & Gough, 1990; Johnston & Kirby, 2006; Joshi & Aaron, 2000; Kendeou et al., 2009; Tunmer & Chapman, 2012; Vellutino et al., 2007). Georgiou et al. (2009) weisen in der Diskussion ihrer Ergebnisse auf mögliche sprachspezifische Unterschiede hin, die sich aus der Formel $R = D \times C$ ableiten lassen. So liegt die Annahme nahe, dass Kinder aus Sprachgemeinschaften mit einem transparenten Graphem-Phonem-Regelsystem (zu denen z. B. das Deutsche gehört) gegenüber Kindern aus Sprachgemeinschaften mit weniger transparenten Graphem-Phonem-Regeln (zu denen z. B. das Englische gehört) einen Vorteil haben, da Kindern der ersteren Gruppe die phonologische Rekodierung und damit der Erwerb von Dekodierfähigkeiten leichter fallen dürfte. Georgiou et al. mutmaßen, dass in Sprachgemeinschaften mit transparenteren Graphem-Phonem-Korrespondenzregeln die visuelle Worterkennung bereits früh ein relativ hohes Niveau erreicht.

Daraus resultiert entsprechend bei Gültigkeit der Simple View of Reading ein stärkerer Zusammenhang zwischen Hör- und Leseverstehen bei einem gleichzeitig geringeren Zusammenhang von Dekodierfähigkeit und Leserverstehen als in Sprachgemeinschaften mit weniger transparenten Graphem-Phonem-Zuordnungen. In einer Untersuchung zum Einfluss der orthografischen Konsistenz auf die Entwicklung des Leseerwerbs mit 72 englischsprachigen und 81 österreichischen (deutschsprachig Lesen lernenden) Kindern im Alter von sieben bis neun Jahren zeigten Wimmer und Goswami (1994), dass die österreichischen Kinder den englischen Kindern gegenüber deutlich weniger Fehler beim Vorlesen von Pseudowörtern machten, während dies für das Vorlesen von Zahlen und Zahlwörtern nicht galt. Dabei schnitten selbst die jüngsten österreichischen Kinder im Pseudowortlesen durchschnittlich besser ab als die ältesten englischen Kinder. Die Autoren vermuten, dass der Vorteil auf der transparenteren deutschen Orthographie beruht (für eine Replikation im Deutschen, Holländischen, Schwedischen, Französischen, Spanischen und Finnischen vgl. Aro & Wimmer, 2003). Diese Ergebnisse unterstützen indirekt die Argumentation von Georgiou et al. und stellen eine uneingeschränkte Übertragbarkeit der Ergebnisse aus englischsprachigen Untersuchungen zur Simple View of Reading auf deutsche Schüler/-innen in Frage.

4. Ziele der aktuellen Untersuchung

Die vorliegende Untersuchung verfolgte das generelle Ziel einer Überprüfung der Vorhersagen der Simple View of Reading für eine Stichprobe deutschsprachiger Grundschulkinder. In der einzigen uns bekannten Studie zur Simple View of Reading im deutschsprachigen Raum (Marx & Jungmann, 2000) wurde die Annahme einer multiplikativen Verknüpfung von visueller Worterkennung und Hörverstehen keiner Prüfung unterzogen. Sofern die Simple View of Reading uneingeschränkt sprachübergreifend verallgemeinerbar ist, sollten wir zeigen können, dass ein beträchtlicher Teil der Varianz individueller Unterschiede im Leseverstehen anhand der Fähigkeiten der Kinder in der visuellen Worterkennung und im Hörverstehen aufgeklärt werden kann. Darüber hinaus sollten die Beiträge der visuellen Worterkennung und des Hörverstehens zum Leseverstehen nicht strikt additiv sein. Vielmehr impliziert die Annahme der Simple View of Reading, dass sich Leseverstehen als das Produkt der beiden Variablen darstellen lässt, eine Interaktion von visueller Worterkennung und Hörverstehen, die über die Haupteffekte der beiden Variablen hinaus einen Beitrag zur Varianzaufklärung im Leseverstehen leisten sollte.

Bei der Durchführung der Untersuchung wurde ein besonderes Augenmerk auf die Einhaltung messmethodischer Standards gelegt, die aus unserer Sicht für eine stringente Überprüfung der Simple View of Reading unerlässlich sind. So wurden zur Erfassung von Fähigkeiten des visuellen Worterkennens (D) psychometrisch gut erprobte lexikalische Entscheidungsaufgaben eingesetzt, die sowohl die direkte als auch die indirekte Route der visuellen Worterkennung abdecken (vgl. Richter, Isberner, Naumann & Kutzner, 2012). Als Lese- und Hörverstehenstests wurden Textverifikationsaufgaben verwendet, die im Hinblick auf die Aufgabenstellung und die psycholinguistisch relevanten sprachlichen Merkmale der Testitems strikt parallelisiert waren.

Die Aufgaben und Testitems waren so gestaltet, dass zu ihrer Beantwortung die wichtigsten Typen verstehensrelevanter kognitiver Prozesse gefordert waren (von Worterkennung über semantische und syntaktische Integration bis hin zur Herstellung satzübergreifender Sinnzusammenhänge), aber keine verstehensfremden kognitiven Leistungen in Anspruch genommen wurden. Bei allen Testitems wurden sprachliche Merkmale variiert, die aus kognitionspsychologischer Sicht die angezielten kognitiven Prozesse erleichtern oder erschweren sollten. Schließlich wurden im Rahmen einer computergestützten Vorgabe für jede der drei Aufgaben sowohl Reaktionszeiten als auch die Antwortrichtigkeit (Akkuratheit) gemessen, um mit dem Routinisierungsgrad und der Zuverlässigkeit beide Aspekte der Effizienz kognitiver Teilprozesse des Leseverstehens erfassen zu können.

5. Methode

5.1 Design und Stichprobe

Es handelte sich bei der Untersuchung um eine querschnittliche korrelative Untersuchung, an der insgesamt 124 Grundschüler/-innen der dritten und vierten Klassenstufe aus Köln und Frankfurt am Main teilnahmen. Davon besuchten 50 Kinder die dritte Klasse (18 Mädchen und 31 Jungen aus sechs Klassen) und 74 Kinder die vierte Klasse (40 Mädchen und 34 Jungen aus fünf Klassen). Die Kinder der dritten Klassen waren im Durchschnitt 9.42 Jahre ($SD = 0.45$) und die Kinder der vierten Klasse 10.41 Jahre ($SD = 0.37$) alt. Insgesamt 92 Kinder waren deutsche Muttersprachler/-innen (34 Kinder der dritten und 58 Kinder der vierten Klasse). 15 Kinder wuchsen mit einer anderen Muttersprache oder bilingual mit Deutsch als einer der beiden Muttersprachen auf (7 Kinder der dritten Klasse und 8 Kinder der vierten). Von 17 Kindern fehlte diese Information. Alle Kinder nahmen freiwillig an der Untersuchung teil. Vor der Teilnahme wurde die schriftliche Erlaubnis der Eltern eingeholt.

5.2 Ablauf

Die Untersuchung fand im Klassenverband in einem Klassenzimmer der jeweiligen Grundschule statt, wobei jedes Kind die Aufgaben selbstständig an einem Laptop bearbeitete. Die einzelnen Tests waren in eine Geschichte über einen Außerirdischen namens Reli eingebettet, der auf die Erde gereist ist, um die Sprache der Erdlinge zu lernen. Die Aufgabe der Kinder bestand darin, Reli zu helfen, indem sie die auditiv und visuell dargebotenen Stimuli als richtig oder falsch bewerten sollten. Hierzu sollten sie entweder eine grün markierte Taste (für „richtig") oder eine rot markierte Taste (für „falsch") auf der Laptop-Tastatur drücken. Über Kopfhörer hörten die Kinder die Instruktion, die auditiv dargebotenen Stimuli und bekamen während der Übungsaufgaben eine Rückmeldung von Reli, ob ihre Antwort richtig oder falsch war. Wurde einer der zwei Übungsdurchläufe falsch beantwortet, startete die Übungsaufgabe noch einmal neu und wurde so oft wiederholt, bis beide Aufgaben korrekt beantwortet wurden.

Die Daten wurden im Rahmen einer größeren Querschnittsuntersuchung mit weiteren Maßen des Lese- und Hörverstehens erhoben (Richter et al., 2011; Richter et al., 2012). Die Testungen wurden an zwei unterschiedlichen Schultagen durchgeführt und beanspruchten an jedem Untersuchungstag maximal eine Unterrichtsstunde (45 Minuten).

5.3 Erhobene Variablen

Visuelle Worterkennung (Dekodieren)

Um die Dekodierfähigkeit der Kinder zu erfassen, verwendeten wir eine lexikalische Entscheidungsaufgabe mit 94 Testitems (46 Wörter, 46 Pseudowörter sowie zwei Übungsitems). Für jedes Testitem musste das Kind entscheiden, ob es sich um ein ihm bekanntes Wort handelte oder nicht. Dabei wurden als Indikatoren der Effizienz von Worterkennungsprozessen sowohl die Reaktionszeit in logarithmierter Form (Routinisierungsgrad) als auch die Akkuratheit (Zuverlässigkeit) erfasst und per Mittelwertsbildung über alle Items zu Testwerten zusammengefasst. Die durchschnittliche Länge der Wörter betrug 5.68 Zeichen ($SD = 1.08$; $Min = 3$; $Max = 10$), die der Pseudowörter 6.09 Zeichen ($SD = 2.02$; $Min = 3$; $Max = 12$). Die logarithmierte Frequenz der Wörter variierte von 0.00 bis 3.77 mit einer mittleren Frequenz von 1.81 ($SD = 1.03$; Mannheim-Korpus der CELEX-Datenbank für geschriebene Sprache; Baayen, Piepenbrock & Gulikers, 1995). Die Ausgangswörter, auf deren Grundlage die Pseudowörter konstruiert wurden, waren im Hinblick auf die logarithmierte Wortfrequenz mit den Wortstimuli parallelisiert ($M = 1.66$, $SD = 0.97$). Die Pseudowörter entsprachen den deutschen phonologischen Regeln, unterschieden sich jedoch hinsichtlich ihrer Nähe zu tatsächlichen Wörtern des Deutschen. Die Pseudowörter mit einer hohen Wortähnlichkeit wurden auf der Grundlage eines regulär gebildeten deutschen Wortes gebildet, dessen Wortonset geändert wurde. Die wortunähnlichen Pseudowörter entstanden durch das Vertauschen mindestens einer Silbe eines deutschen aber unregelmäßig gebildeten Wortes. Eine dritte Gruppe von Pseudowörtern waren Pseudohomophone, die lautlich mit tatsächlichen deutschen Wörtern übereinstimmten, sich jedoch orthographisch von ihnen unterschieden. Die Stimuli wurden einzeln und nacheinander in randomisierter Reihenfolge dargeboten.

Hörverstehen

Für die Erfassung der Fähigkeiten des Hörverstehens verwendeten wir eine Textverifikationsaufgabe, bei der die Kinder zwei aufeinander folgende Sätze hörten. Ihre Aufgabe war es, zu beurteilen, ob die präsentierten Sätze eines Paares zusammenpassten oder nicht. Damit zielt der Test auf die Erfassung der Effizienz von Kohärenzbildungsprozessen und Prozessen der syntaktischen und semantischen Integration ab, die für das Hörverstehen wesentlich sind. Auch bei diesem Test wurden zwei effizienzbezogene Testwerte ermittelt, die mittlere Reaktionszeit und die mittlere Antwortrichtigkeit. Insgesamt hörten die Kinder 72 Satzpaare (35 kohärente und 35 nicht kohärente Satzfolgen sowie 2 Übungspaare). Die Satzpaare hatten eine durchschnittliche Länge von 58.44 Zeichen ($SD = 10.59$; $Min = 31$; $Max = 99$) bei einer mittleren Wortzahl von 9.61 Wörtern (SD = 1.81; Min = 5; Max = 15) und eine durchschnittliche logarithmierte Frequenz der Inhaltsworte von 2.07 (SD = 0.43; Min = 0.65; Max = 2.78; Mannheim-Korpus der CELEX-Datenbank für geschriebene Sprache). Bei der Konstruktion der Testitems wurde die zwischen den beiden Sätzen bestehende Kohärenzbeziehung systematisch variiert (Sanders, Spooren & Noordman, 1992). 24 Satzpaare drückten einen additiven (z. B. zeitlichen) Zusammenhang zwischen den Sätzen aus (z. B. *Der Ritter steigt auf sein Pferd. Dann reitet er los.*), die übrigen 48 einen kausalen Ursache-Wirkungs-Zusammenhang. Jeweils die Hälfte der kausalen Stimuli drückte eine positive kausale Beziehung aus (z. B. *Oma ist zu Besuch. Darum geht die Familie in den Park.*) und die andere Hälfte eine negative (z. B. *Miriam mag keine Süßigkeiten. Trotzdem isst Miriam Schokolade.*). Bei den inkohärenten Satzpaaren konnte für die Hälfte der Sätze eine semantische Beziehung zwischen den Sätzen eines Paares hergestellt werden (z. B. *Der Sommer kommt. Darum wird es kälter.*), für die andere Hälfte dagegen überhaupt kein Zusammenhang (z. B. *Lotte geht einkaufen. Trotzdem kommt der Zug pünktlich.*). Zusätzlich unterschieden sich die Satzpaare darin, ob die referenziellen Bezüge zwischen den Sätzen explizit durch erneute Nennung des Nomens, implizit durch einen Pronominalausdruck oder gar nicht hergestellt wurden. Die Satzpaare wurden zuvor von einem geschulten Sprecher und einer geschulten Sprecherin eingesprochen und während der Testung im Wechsel männlich-weiblich und in pseudorandomisierter Reihenfolge dargeboten.

Leseverstehen

Für die Erfassung der Fähigkeiten des Leseverstehens verwendeten wir eine Textverifikationsaufgabe, deren Struktur und Testitems (35 kohärente und 35 nicht kohärente Satzfolgen sowie 2 Übungspaare) strikt parallel zur Hörverstehensaufgabe gehalten waren. Wiederum mussten die Kinder nach jedem Satzpaar entscheiden, ob die beiden Sätze zusammenpassten oder nicht, und die mittlere logarithmierte Reaktionszeit und die mittlere Antwortrichtigkeit wurden erfasst. Der einzige Unterschied bestand darin, dass die Satzpaare visuell dargeboten wurden. Zunächst wurde der erste Satz eines Satzpaares in der Bildschirmmitte präsentiert. Nachdem die Kinder den ersten Satz gelesen hatten, drückten sie eine blau markierte Taste auf der Laptop-Tastatur, woraufhin der zweite Satz des Satzpaares direkt unter dem ersten Satz erschien. Die Satzpaare hatten eine durchschnittliche Länge von 58.58 Zeichen (SD = 10.68; Min = 35; Max = 96) mit einer durchschnittlichen Wortzahl von 9.54 Wörtern (SD = 2.03; Min = 6; Max = 17) und einer durchschnittlichen logarithmierten Frequenz der Inhaltsworte von 2.01 (SD = 0.42; Min = 0.56; Max = 2.90; Mannheim-Korpus der CELEX Datenbank für geschriebene Sprache). Die Gestaltung der Testitems erfolgte nach den gleichen Kriterien wie die Gestaltung der Testitems im Hörverstehenstest.

6. Ergebnisse

Um die Annahmen der Simple View of Reading und die Art des Zusammenspiels von Fähigkeiten der visuellen Worterkennung und des Hörverstehens bei der Prädiktion des Leseverstehens zu prüfen, wurden Regressionsmodelle mit drei verschiedenen Kriteriumsvariablen und entsprechend gebildeten Prädiktoren geschätzt: (1) mit den logarithmierten Reaktionszeiten des Leseverstehenstests als Maß des individuellen Routinisierungsgrads der beteiligten kognitiven Teilprozesse, (2) mit dem mittleren Akkuratheitswert als Maß für die individuelle Zuverlässigkeit dieser Prozesse und (3) mit einem integrierten Testwert, der als Quotient aus Akkuratheit und logarithmierter Reaktionszeit gebildet wurde (mittlere Akkuratheit geteilt durch mittlere logarithmierte Reaktionszeit). Dieser integrierte Testwert lässt sich als zusammenfassender Indikator der Effizienz der kognitiven Prozesse auffassen, die an der jeweiligen Aufgabe beteiligt sind (vgl. Hale, Henning, Hawkins, Sheeley, Shoemaker, Reynolds & Moch, 2011; Richter & van Holt, 2005). Deskriptiv-statistische Kennwerte und Interkorrelationen aller Variablen sind in Tabelle 1 (s. S. 268) aufgeführt.

Für jede der abhängigen Variablen wurden drei geschachtelte Modelle geschätzt. Im ersten Schritt wurde das Leseverstehen durch eine additive Kombination der Prädiktoren Klassenstufe (als Kontrollvariable) sowie der beiden theoretisch relevanten Prädiktoren Worterkennung und Hörverstehen vorhergesagt (Modell 1). Um zu prüfen, ob das Produkt aus Worterkennung und Hörverstehen entsprechend den Annahmen der Simple View of Reading einen zusätzlichen und über den additiven Effekt der Prädiktoren hinausgehenden Beitrag zur Varianzaufklärung im Leseverstehen leistet, wurde in einem zweiten Schritt ein Interaktionsterm aus Worterkennung und Hörverstehen als weiterer Prädiktor mit einbezogen (Modell 2). Im dritten Schritt wurden die Interaktionen von Worterkennung und Hörverstehen mit der Klassenstufe sowie die Dreifachinteraktion von Klassenstufe, Worterkennung und Hörverstehen in das Modell integriert, um eventuelle Unterschiede in den Beiträgen der Dekodier- und Hörverstehensfähigkeiten zwischen Kindern der dritten und vierten Klassenstufe aufzuzeigen (Modell 3). Die Parameterschätzungen sind in Tabelle 2 (s. S. 269) wiedergegeben.

Reaktionszeiten

Die Ergebnisse für die logarithmierten Reaktionszeiten zeigten in allen drei Schritten der Regressionsanalyse signifikante Haupteffekte für die Prädiktoren Worterkennung und Hörverstehen. Die additive Kombination der Prädiktoren in Modell 1 erklärte dabei 28% der Varianz in den Reaktionszeiten der Schüler/-innen. Die in den Modellen 2 und 3 einbezogenen Interaktionsterme, einschließlich des Produkts von Worterkennung und Hörverstehen, erreichten kein signifikantes Niveau und trugen nicht signifikant zur Verbesserung der Varianzaufklärung bei.

Tabelle 1: Deskriptive Statistiken und Interkorrelationen aller Variablen

	M	SD	Korrelationen									
			1	2	3	4	5	6	7	8	9	10
1 Klassenstufe	0.19	0.99	1									
2 Worterkennung Reaktionszeit[a]	0.00	1.00	-0.35**	1								
3 Worterkennung Akkuratheit[a]	0.00	1.00	0.32**	0.71	1							
4 Worterkennung integriert[a]	0.00	1.00	0.45**	-0.31**	0.93**	1						
5 Hörverstehen Reaktionszeit[a]	0.00	1.00	0.06	0.22*	0.24**	0.14	1					
6 Hörverstehen Akkuratheit[a]	0.00	1.00	0.26**	0.02	0.51**	0.47**	0.32**	1				
7 Hörverstehen integriert[a]	0.00	1.00	0.26**	-0.02	0.49**	0.47**	0.15	0.99**	1			
8 Leseverstehen Reaktionszeit	7.76	0.54	-0.01	0.43**	0.44**	0.25**	0.37**	0.31**	0.25**	1		
9 Leseverstehen Akkuratheit	0.74	0.18	0.22*	-0.01	0.49**	0.47**	0.12	0.57**	0.58**	0.41**	1	
10 Leseverstehen integriert	0.10	0.02	0.25**	-0.14	0.41**	0.44**	0.03	0.53**	0.55**	0.17	0.97**	1

Anmerkungen: N = 124. Klassenstufe: Klassenstufe kontrastkodiert (Klasse 3 = -1, Klasse 4 = 1). Worterkennung Reaktionszeit: mittlere logarithmierte Reaktionszeit in der lexikalischen Entscheidungsaufgabe. Worterkennung Akkuratheit: Anteil richtiger Antworten in der lexikalischen Entscheidungsaufgabe. Worterkennung integriert: Quotient aus Anteil richtiger Antworten und logarithmierter Reaktionszeit. Hörverstehen Reaktionszeit: mittlere logarithmierte Reaktionszeit in der akustisch dargebotenen Textverifikationsaufgabe. Hörverstehen Akkuratheit: Anteil richtiger Antworten in der akustisch dargebotenen Textverifikationsaufgabe. Hörverstehen integriert: Quotient aus Anteil richtiger Antworten und logarithmierter Reaktionszeit. Leseverstehen Reaktionszeit: mittlere logarithmierte Reaktionszeit in der visuell dargebotenen Textverifikationsaufgabe. Leseverstehen Akkuratheit: Anteil richtiger Antworten in der visuell dargebotenen Textverifikationsaufgabe. Leseverstehen integriert: Quotient aus Anteil richtiger Antworten und logarithmierter Reaktionszeit.
[a] z-standardisiert.
$* p < .05, ** p < .01, *** p < .001$ (zweiseitig)..

Tabelle 2: Parameterschätzungen der geschachtelten Regressionsmodelle für mittlere logarithmierte Reaktionszeiten, Akkuratheitswerte und integrierte Testwerte im Leseverstehen als Kriteriumsvariablen

	Reaktionszeit			Akkuratheit			Integrierte Testwerte		
	Modell 1 B (SE)	Modell 2 B (SE)	Modell 3 B (SE)	Modell 1 B (SE)	Modell 2 B (SE)	Modell 3 B (SE)	Modell 1 B (SE)	Modell 2 B (SE)	Modell 3 B (SE)
Konstante	7.752*** (0.042)	7.755*** (0.044)	7.768*** (0.048)	0.739*** (0.013)	0.741*** (0.015)	0.737*** (0.015)	0.095*** (0.002)	0.095*** (0.002)	0.094*** (0.002)
Klassenstufe	0.068 (0.046)	0.069 (0.046)	0.066 (0.048)	0.004 (0.014)	0.005 (0.014)	-0.003 (0.015)	0.001 (0.002)	0.001 (0.002)	0.000 (0.002)
Worterkennung[a]	0.224*** (0.046)	0.225*** (0.046)	0.212*** (0.048)	0.046** (0.015)	0.045** (0.017)	0.039* (0.018)	0.004* (0.002)	0.004* (0.002)	0.003 (0.002)
Hörverstehen[a]	0.146*** (0.043)	0.139** (0.050)	0.144** (0.054)	0.077*** (0.015)	0.077*** (0.015)	0.073*** (0.016)	0.009*** (0.002)	0.009*** (0.002)	0.008*** (0.002)
Worterkennung X Hörverstehen		-0.015 (0.053)	0.000 (0.056)		-0.002 (0.014)	0.004 (0.016)		-0.001 (0.001)	-0.001 (0.001)
Klassenstufe X Worterkennung			0.046 (0.048)			0.003 (0.018)			0.001 (0.002)
Klassenstufe X Hörverstehen			0.012 (0.054)			0.003 (0.016)			0.002 (0.002)
Klassenstufe X Worterkennung X Hörverstehen			-0.027 (0.056)			0.023 (0.016)			0.004* (0.002)
R^2	0.28	0.28	0.29	0.38	0.38	0.39	0.35	0.35	0.37
$F(df_h, df_e)$	15.53*** (3, 120)	11.58*** (4, 119)	6.78*** (7, 116)	24.63*** (3, 120)	18.33*** (4, 119)	10.69*** (7, 116)	21.21*** (3, 120)	15.83*** (4, 119)	9.90*** (7, 116)
ΔR^2	0.00	0.00	0.01	0.00	0.00	0.01	0.00	0.00	0.03

Anmerkungen: Klassenstufe: Klassenstufe kontrastkodiert (Klasse 3 = -1, Klasse 4 = 1). Worterkennung Reaktionszeit: mittlere logarithmierte Reaktionszeit in der lexikalischen Entscheidungsaufgabe. Worterkennung Akkuratheit: Anteil richtiger Antworten in der lexikalischen Entscheidungsaufgabe. Worterkennung integriert: Quotient aus Anteil richtiger Antworten und logarithmierter Reaktionszeit. Hörverstehen Reaktionszeit: mittlere logarithmierte Reaktionszeit in der akustisch dargebotenen Textverifikationsaufgabe. Hörverstehen Akkuratheit: Anteil richtiger Antworten in der akustisch dargebotenen Textverifikationsaufgabe. Hörverstehen integriert: Quotient aus Anteil richtiger Antworten und logarithmierter Reaktionszeit. Leseverstehen Reaktionszeit: mittlere logarithmierte Reaktionszeit in der visuell dargebotenen Textverifikationsaufgabe. Leseverstehen Akkuratheit: Anteil richtiger Antworten in der visuell dargebotenen Textverifikationsaufgabe. Leseverstehen integrierter Testwert: Quotient aus Anteil richtiger Antworten und logarithmierter Reaktionszeit.
[a] z-standardisiert; * $p < .05$, ** $p < .01$, *** $p < .001$ (einseitig).

Akkuratheit

Für die Akkuratheit fanden sich vergleichbare Ergebnisse. Die Prädiktoren Worterkennung und Hörverstehen erklärten in Modell 1 etwa 38 % der Varianz in der Akkuratheit im Leseverstehenstest. Das Produkt aus Worterkennung und Hörverstehen war nicht signifikant und trug nicht zur Verbesserung der Varianzaufklärung bei. Dasselbe gilt für die übrigen Interaktionsterme im Modell.

Integrierte Testwerte

Für die integrierten Testwerte als Kriteriumsvariable fanden sich in den Modellen 1 und 2 ebenfalls signifikante Haupteffekte für Worterkennung und Hörverstehen mit einer Varianzaufklärung von 35%. Auch hier konnte das Produkt aus beiden Fähigkeiten in Modell 2 keinen signifikanten Beitrag zur Varianzaufklärung leisten. Im Gegensatz zu den Reaktionszeit- und Akkuratheitsmodellen zeigte sich jedoch in Modell 3 ein signifikanter Effekt der Dreifachinteraktion von Worterkennung, Hörverstehen und Klassenstufe, während der Prädiktor Worterkennung allein nicht mehr signifikant wurde. Durch die zusätzlichen Prädiktoren verbesserte sich die Varianzaufklärung um 2.7% (s. Tabelle 2 auf S. 269).

Zur Interpretation der Dreifach-Interaktion wurde die Zweifach-Interaktion von Worterkennung und Hörverstehen auf Klassenstufe 3 und Klassenstufe 4 geschätzt sowie auf beiden Klassenstufen getrennt die Steigungen der Regressionsgeraden für das Hörverstehen auf drei verschiedenen Niveaus der visuellen Worterkennung (*simple slopes*, vgl. Aiken & West, 1991): auf einem unterdurchschnittlichen Niveau (eine Standardabweichung unter dem Stichprobenmittelwert), auf einem durchschnittlichen Niveau (Stichprobenmittelwert) und auf einem überdurchschnittlichen Niveau (eine Standardabweichung über dem Stichprobenmittelwert). Die Ergebnisse sind in Abbildung 1 wiedergegeben. Die Zweifach-Interaktion von Worterkennung und Hörverstehen war weder auf Klassenstufe 3 ($B = -0.002$, $SE = 0.002$, $p = .15$) noch auf Klassenstufe 4 ($B = 0.004$, $SE = 0.003$, $p = .13$) signifikant. Allerdings kehrte sich das Vorzeichen der Interaktion von Klassenstufe 3 zu Klassenstufe 4 um: Bei den Schülern/-innen in Klasse 3 wurde der positive Zusammenhang zwischen der Effizienz des Hör- und der Effizienz des Leseverstehens erwartungswidrig schwächer, je effizienter die visuelle Worterkennung ausgeprägt war. Nur bei gering ausgeprägtem Hörverstehen zeigte sich ein Effekt der visuellen Worterkennung (s. Abbildung 1a) auf S. 271). Bei den Schülern/-innen in Klasse 4 kehrte sich dieses Verhältnis dagegen um: Hier wurde der positive Zusammenhang zwischen der Effizienz des Hör- und der Effizienz des Leseverstehens mit wachsender Effizienz der visuellen Worterkennung stärker, wie es von der Simple View of Reading vorhergesagt wird. Umgekehrt war der Effekt der visuellen Worterkennung stärker, je effizienter das Hörverstehen ausgeprägt war (s. Abbildung 1b) auf S. 271).

Damit stützen die Ergebnisse insgesamt die aus der Simple View of Reading ableitbare Annahme, dass sowohl effiziente, d. h. gut routinisierte und zuverlässige, visuelle Worterkennungsprozesse als auch effiziente Prozesse des allgemeinen Sprachverständnisses für ein gutes Leseverständnis wichtig sind. Für die spezifische Annahme, dass die Effizienz der visuellen Worterkennung und des allgemeinen Sprachverständnisses multiplikativ miteinander verknüpft sind, was ihre Beziehung zum Leseverstehen angeht, haben sich dagegen kaum Belege ergeben. Lediglich für den zusammenfassenden Effizienzindikator, der aus Akkuratheit und Reaktionszeit zusammengesetzt war, ergab sich ein schwacher Hinweis darauf, dass in der vierten (nicht aber der dritten) Klasse eine multiplikative Beziehung vorliegen könnte, die den Vorhersagen der Simple View of Reading entspricht.

a)

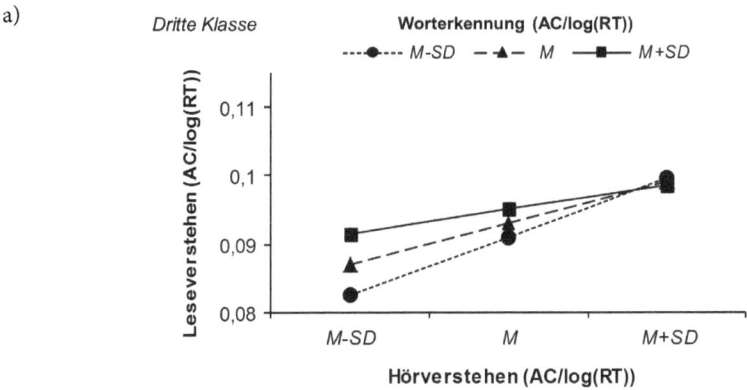

b)

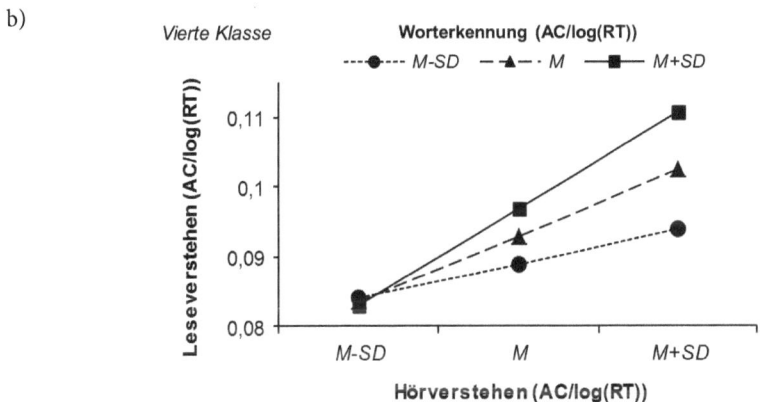

Abbildung 1: Zweifach-Interaktion der Effizienz visueller Worterkennung und der Effizienz des Hörverstehens auf den Klassenstufen 3 (a) und 4 (b) mit der Effizienz des Leseverstehens als Kriterium (integrierte Testwerte: Akkuratheit/log. Reaktionszeit). Dargestellt sind einfache Regressionsgeraden des Hörverstehens bei drei verschiedenen Niveaus der visuellen Worterkennung.

7. Diskussion

Das Ziel der vorliegenden Untersuchung war die Überprüfung der Simple View of Reading für deutschsprachige Grundschulkinder der 3. und 4. Klasse mit Hilfe von konstruktvaliden Messmethoden, die bei der Erfassung der Dekodierfähigkeit D sowohl direkte als auch indirekte Prozesse der visuellen Worterkennung berücksichtigen und das Lese- und Hörverstehen (R und C) in strikt parallelisierter Form und unter Ausschluss verstehensfremder kognitiver Prozesse messen. Dabei sollte im Sinne eines effizienzbezogenen Messkonzepts zusätzlich zur Akkuratheit auch die zur Beantwortung der Aufgaben benötigte Reaktionszeit als Maß der Routinisierung der untersuchten kognitiven Fähigkeiten erfasst werden.

Die Ergebnisse der Regressionsanalysen zeigten, dass sowohl die Fähigkeit zur visuellen Worterkennung als auch das Hörverstehen deutschsprachiger Grundschulkinder bei gleichzeitiger Kontrolle der Klassenstufe einen jeweils signifikanten Beitrag zur Aufklärung der Varianz im Leseverstehen leisten. Entgegen der Annahme von Gough und Tunmer (1986), dass das Leseverstehen auf einer multiplikativen Kombination aus visueller Worterkennung und Hörverstehen beruht, fanden sich jedoch keine deutlichen Belege für einen zusätzlichen Beitrag zur Varianzaufklärung im Leseverstehen durch das Produkt aus visueller Worterkennung und Hörverstehen, der über den Beitrag ihrer linearen Kombination hinausgeht. Auch die signifikante Dreifachinteraktion von Klassenstufe, Worterkennung und Hörverstehen in Modell 3 für die integrierten Testwerte als Kriteriumsvariable lässt sich nicht als Beleg für eine multiplikative Verknüpfung interpretieren: Nur auf Klassenstufe 4 deutet sich für die Zweifachinteraktion von Worterkennung und Hörverstehen ein Muster an, das den Vorhersagen der Simple View of Reading entspricht, während auf Klassenstufe 3 das Gegenteil der Fall ist. Auf keiner der beiden Klassenstufen erreicht die Zweifach-Interaktion der beiden Variablen aber Signifikanz, so dass die Daten insgesamt recht klar für eine rein additive Verknüpfung von Worterkennung und Hörverstehen sprechen. Diese Schlussfolgerung spricht nicht gegen die unbestreitbar hohe Relevanz effizienter Worterkennungsprozesse, wie sie z.B. von der Theorie der verbalen Effizienz (Perfetti, 1985) angenommen wird. Sie zeigt aber, dass zumindest in dem untersuchten Fähigkeitsbereich negative Auswirkungen ineffizienter Prozesse der visuellen Worterkennung auf das Leseverstehen zumindest teilweise durch ein effizientes allgemeines Sprachverständnis kompensiert werden können (z. B. durch eine verstärkte Nutzung des Satzkontexts, vgl. das interaktiv-kompensatorische Modell, Stanovich, 1980).

Eine zweite bemerkenswerte Abweichung gegenüber den meisten der bislang durchgeführten Untersuchungen zur Simple View of Reading besteht darin, dass in der vorliegenden Untersuchung durch individuelle Unterschiede in Worterkennung und Hörverstehen zwar rund ein Drittel der Varianz im Leseverstehen aufgeklärt werden kann, dieser Anteil erklärter Varianz aber wesentlich geringer ist als in vielen der bisherigen Untersuchungen zur Simple View of Reading, in welchen zum Teil 75% Varianzaufklärung und mehr erreicht werden (z. B. Braze et al., 2007; Hoover & Gough, 1990; Johnston & Kirby, 2006; Tunmer & Chapman, 2012).

Dieser Befund stellt für sich genommen die Grundannahme der Simple View of Reading in Frage, dass abgesehen von der Dekodierung alle weiteren Prozesse beim Lese- und Hörverstehen identisch sind und auf einer allgemeinen Sprachfähigkeit beruhen. Vielmehr lassen die vorliegenden Ergebnisse die Möglichkeit zu, dass es weitergehende Unterschiede zwischen dem Lese- und Hörverstehen (z. B. in Prozessen auf der Satzebene) und entsprechende auf die Darbietungsmodalität von Sprache spezialisierte Fähigkeiten gibt.

Wie lassen sich die Abweichungen der vorliegenden Daten von den weitgehend theoriekonformen Ergebnissen bisheriger Untersuchungen erklären? Eine Erklärungsmöglichkeit besteht darin, dass in anderen Studien Tests zur Erfassung des Lese- und Hörverstehens eingesetzt wurden, die auch verstehensfremde kognitive Fähigkeiten mit einschließen. Ein (unbekannter) Teil der gemeinsamen Varianz des Lese- und Hörverstehens könnte somit auf kognitive Fähigkeiten zurückzuführen sein, die mit dem eigentlich zu erfassenden Lese- und Hörverständnis wenig zu tun haben. Die von uns verwendete auditive und visuelle Textverifikationsaufgabe hingegen minimiert den Einfluss verstehensirrelevanter Fähigkeiten, wodurch ein strengerer Test der Simple View of Reading ermöglicht wird. Eine zweite Erklärungsmöglichkeit ist die Sprache der untersuchten Grundschulkinder. Da die Annahmen der Simple View of Reading größtenteils an englischsprachigen Stichproben überprüft wurden, ist noch unklar, inwieweit das Modell der Simple View of Reading auf andere Sprachen übertragbar ist. Folgt man der Argumentation von Georgiou et al. (2009), könnte die orthographische Transparenz der deutschen Schriftsprache zu einer geringeren Varianz in der Dekodierfähigkeit deutschsprachiger im Vergleich zu englischsprachigen Kindern führen. Eine Konsequenz der eingeschränkten Varianz wäre, dass D, aber auch das Produkt D x C nur ein schwächerer Prädiktor von R sein kann als in englischsprachigen Stichproben (s. aber auch Marx & Jungmann, 2000). Eine dritte Erklärungsmöglichkeit bezieht sich auf die Selektivität der Stichproben in den meisten der bisher durchgeführten Untersuchungen. Die Grundschulkinder der vorliegenden Untersuchung wurden nicht auf der Grundlage begrenzter Fähigkeiten ausgewählt (wie z. B. bei Braze et al., 2007; Georgiou et al., 2009) oder im Rahmen der Analyse in Gruppen von guten und schlechten Lesern unterteilt (wie z. B. bei Hoover & Gough, 1990). So zeigten beispielsweise Johnston und Kirby (2006), dass die Produktterme aus D und C in der Gruppe schlechter Leser einen größeren Anteil der Varianz in R aufklärten als bei guten Lesern. Dies ist aus Perspektive der Simple View of Reading insofern einleuchtend, als im unteren

Fähigkeitsbereich (z. B. bei Dyslektikern) mit einer größeren Wahrscheinlichkeit so schlechte Dekodierfähigkeiten zu erwarten sind, dass diese nicht mehr durch bessere Hörverstehensleistungen kompensiert werden können. Da Gough und Tunmer (1986) die Simple View of Reading jedoch als ein allgemeingültiges Modell individueller Unterschiede im Leseverstehen konzipiert haben, sollten sich im Prinzip auch für Leser/-innen mit moderaten bis guten Dekodier-, Hör- und Leseverstehensfähigkeiten die Vorhersagen der Simple View of Reading stützen lassen.

Auch die Aussagekraft der vorliegenden Untersuchung unterliegt natürlich bestimmten Einschränkungen. So ist es z. B. denkbar, dass die Länge der Stimuli der Textverifikationsaufgaben, die zur Erfassung des Lese- und des Hörverstehens eingesetzt wurden, mit nur zwei aufeinanderfolgenden Sätzen möglicherweise zu kurz war, um die Fähigkeiten des Hör- und Leseverstehens in ihrer vollen Komplexität zu erfassen. Bestimmte verstehensrelevante Prozesse wie z. B. globale Kohärenzen oder strukturierende Lesestrategien kamen bei diesem Material nicht zum Tragen. Da jedoch auch in anderen Untersuchungen mit vergleichsweise kurzen Testtexten (z. B. Braze et al., 2007; Marx & Jungmann, 2000) Ergebnisse erzielt wurden, die mit der Simple View of Reading kompatibel sind, können wir annehmen, dass die Kürze der verwendeten Stimuli nicht die alleinige Ursache für die Unterschiede zu den vorgenannten Studien darstellt. Zuletzt muss darauf hingewiesen werden, dass an der vorliegenden Untersuchung nur Schüler/-innen der dritten und vierten Klassenstufe teilnahmen. Da sowohl Vellutino et al. (2007) als auch Marx und Jungmann (2000) Entwicklungsunterschiede in den Beiträgen der Dekodier- und Hörverstehensfähigkeit zum Leseverstehen feststellten, muss in Erwägung gezogen werden, dass der Beitrag des Produktes aus visueller Worterkennung und Hörverstehen zum Leseverstehen bzw. die Höhe der durch D und C aufgeklärten Varianz in Abhängigkeit vom Alter variiert. In diesem Fall müsste die Simple View of Reading um eine entsprechende Entwicklungskomponente erweitert werden.

Zusammenfassend kann festgehalten werden, dass in der vorliegenden Untersuchung ein signifikanter Anteil der Varianz im Leseverstehen deutscher Grundschulkinder auf Varianz im visuellen Worterkennen einerseits und im Hörverstehen andererseits zurückgeführt werden kann. Dieser Beitrag ist jedoch vergleichsweise gering und kann auch durch die multiplikative Kombination von D und C nicht vergrößert werden. Ob eine Untersuchung mit einer umfangreicheren Stichprobe oder mit Kindern aus anderen als den hier untersuchten Klassenstufen Ergebnisse im Sinne der Simple View of Reading hervorbringen würde, bleibt zu klären. Dessen ungeachtet weisen die Ergebnisse der vorliegenden Untersuchung deutlich darauf hin, dass das Leseverstehen bei Grundschulkindern sowohl von der Förderung der Fähigkeiten visueller Worterkennung als auch von Fähigkeiten des Hörverstehens profitieren dürfte.

8. Literatur

Aaro, M. & Wimmer, H. (2003). Learning to read: English in comparison to six more regular orthographies. *Applied Psycholinguistics, 24,* 621–635. doi: 10.1017/S014271640 3000316

Aiken, L. S. & West, S. G. (1991). *Multiple regression: Testing and interpreting interactions.* Newbury Park, CA: Sage

Baayen, R. H., Piepenbrock, R., & Gulikers, L. (1995). *The CELEX lexical database* [CD-ROM]. Philadelphia, PA: Linguistic Data Consortium

Braze, D., Tabor, W., Shankweiler, D. P. & Mencl, W.E. (2007). Speaking up for vocabulary: Reading skill differences in young adults. *Journal of Learning Disabilities, 40,* 226–243. doi: 10.1177/00222194070400030401

Bredel, U. & Reich, H. H. (2008). Literale Basisqualifikationen I und II. In K. Ehlich, U. Bredel & H. H. Reich (Hrsg.), *Referenzrahmen zur altersspezifischen Sprachaneignung.* Bonn/Berlin: Bundesministerium für Bildung und Forschung, 135–162 (Bildungsforschung, 29/I)

Coltheart, M., Rastle, K., Perry, C., Langdon, R. & Ziegler, J. (2001). DRC: A dual route cascaded model of visual word recognition and reading aloud. *Psychological Review, 108,* 204–256. doi: 10.1037/0033-295X.108.1.204

Frith, U. (1986). A developmental framework for developmental dyslexia. *Annals of Dyslexia, 36,* 69–81. doi: 10.1007/BF02648022

Georgiou, G. K., Das, J. P. & Hayward, D. (2009). Revisiting the "simple view of reading" in a group of children with poor reading comprehension. *Journal of Learning Disabilities, 42,* 76–84. doi: 10.1177/0022219408326210

Gough, P. B. (1996). How children learn to read and why they fail. *Annals of Dyslexia, 46,* 3–20

Gough, P. B. & Tunmer, W. E. (1986). Decoding, reading, and reading disability. *Remedial and Special Education, 7,* 6–10. doi: 10.1177/074193258600700104

Hale, A. D., Henning, J. B., Hawkins, R. O., Sheeley, W., Shoemaker, L., Reynolds, J. R. & Moch, C. (2011). Reading assessment methods for middle-school students: An investigation of reading comprehension rate and Maze accurate response rate. *Psychology in the Schools, 48,* 28–26

Hoover, W. A. & Gough, P. B. (1990). The simple view of reading. *Reading and Writing: An Interdisciplinary Journal, 2,* 127–160

Johnston, T. C. & Kirby, J. R. (2006). The contribution of naming speed to the simple view of reading. *Reading and Writing, 19,* 339–361. doi: 10.1007/s11145-005-4644-2

Joshi, R. M. & Aaron, P. G. (2000). The component model of reading: Simple view of reading made a little more complex. *Reading Psychology, 21,* 85–97. doi: 10.1080/0270271 0050084428

Kendeou, P., Savage, R. & van den Broek, P. (2009). Revisiting the simple view of reading. *British Journal of Educational Psychology, 79,* 353–370. doi: 10.1348/978185408X369020

Marx, H. & Jungmann, T. (2000). Abhängigkeit der Entwicklung des Leseverstehens von Hörverstehen und grundlegenden Lesefertigkeiten im Grundschulalter: Eine Prüfung des Simple View of Reading-Ansatzes. *Zeitschrift für Entwicklungspsychologie und Pädagogische Psychologie, 32,* 81–93. doi: 10.1026/0049-8637.32.2.81

Müller, B. & Richter, T. (2013/i. Dr.). Lesekompetenz. In J. Grabowski (Hrsg.), *Sinn und Unsinn von Kompetenzen: Fähigkeitskonzepte im Bereich von Sprache, Medien und Kultur*. Opladen: Budrich, 29–49

Perfetti, C.A. (1985). *Reading ability*. New York: Academic Press

Richter, T. & Christmann, U. (2009). Lesekompetenz: Prozessebenen und interindividuelle Unterschiede. In N. Groeben & B. Hurrelmann (Hrsg.), *Lesekompetenz: Bedingungen, Dimensionen, Funktionen*. 3. Auflage. Weinheim: Juventa, 25–58

Richter, T. & van Holt, N. (2005). ELVES: Ein computergestütztes Diagnostikum zur Erfassung der Effizienz von Teilprozessen des Leseverstehens. *Diagnostica, 51*, 169–182. doi:10.1026/0012-1924.51.4.169

Richter, T., Isberner, M.-B., Naumann, J. & Kutzner, Y. (2012). Prozessbezogene Diagnostik von Lesefähigkeiten bei Grundschulkindern. *Zeitschrift für Pädagogische Psychologie, 26,* 313–331

Richter, T., Naumann, J., Isberner, M.-B. & Kutzner, Y. (2011). Diagnostik von Lesefähigkeiten bei Grundschulkindern: Eine prozessorientierte Alternative zu produktorientierten Tests. *Diskurs Kindheits- und Jugendforschung, 6,* 479–486

Sanders, T. J. M., Spooren, W. P. M. & Noordman, L. G. M. (1992). Towards a taxonomy of coherence relations. *Discourse Processes, 15*, 1–35. doi: 10.1080/01638539209544800

Stanovich, K. E. (1980). Toward an interactive-compensatory model of individual differences in the development of reading fluency. *Reading Research Quarterly, 16*, 32–71

Tunmer, W. E. & Chapman, J. W. (2012). The simple view of reading redux: Vocabulary knowledge and the independent components hypothesis. *Journal of Learning Disabilities, 45*, 453–466. doi: 10.1177/0022219411432685

Vellutino, F. R., Tunmer, W. E., Jaccard, J. J. & Chen, R. (2007). Components of reading ability: Multivariate evidence for a convergent skill model of reading development. *Scientific Studies of Reading, 11*, 3–32. doi: 10.1207/s1532799xssr1101_2

Wimmer, H. & Goswami, U. (1994). The influence of orthographic consistency on reading development: Word recognition in English and German children. *Cognition, 51*, 91–103. doi: 10.1016/0010-0277(94)90010-8

Albert Bremerich-Vos und Miriam Possmayer

Zur Überprüfung eines textsortenübergreifenden Modells der Entwicklung von Schreibkompetenz in der Grundschule

0. Vorbemerkung

Das Projekt, auf das wir uns im Folgenden beziehen, wurde in den Jahren 2009 bis 2011 durchgeführt.[1] Informationen zu zentralen Aspekten des Vorhabens finden sich in Bremerich-Vos & Possmayer (2011). Einige dieser Informationen werden in den nächsten Abschnitten rekapituliert, darüber hinaus berichten wir weitere Details, insbesondere Befunde, die zum Zeitpunkt der Veröffentlichung dieses Beitrags noch nicht vorlagen.

1. Kontext und Fragestellung

Die Qualität von Schülertexten zu bestimmen ist ein schwieriges Unternehmen. Viele Lehrpersonen konstruieren für ihre unterrichtliche Praxis in eigener Regie Kriterienraster. Für Abschlussarbeiten kursieren Bewertungsbögen. Hier werden in der Regel eine inhaltliche Leistung und eine Darstellungsleistung unterschieden und z.B. im Verhältnis von 70 zu 30 gewichtet. Für die einzelnen Variablen in den beiden Dimensionen – es können durchaus ca. 20 sein – sind maximal erreichbare Punkte vorgegeben. Damit haben die Lehrpersonen für die Bewertung jeweils kleine Spielräume. Dass im Feld der schulpraktischen Arbeit kein großer Wert auf die Beantwortung der Frage gelegt wird, inwiefern verschiedene Beurteiler eines Textes zu ähnlichen Ergebnissen kommen, mag verständlich sein. Weniger verständlich ist aber, dass auch im Rahmen der deutschdidaktischen Forschung über lange Zeit die Reliabilität von Urteilen über Schülertexte nicht oder nur am Rande thematisch wurde. Frühe Studien wie die von Grzesik & Fischer (1984), Lehmann (1988), Lehmann (1990) fanden in der Deutschdidaktik kaum Resonanz. Erst im Gefolge der KMK-Beschlüsse zu den Bildungsstandards und zu den Vergleichsarbeiten kam es

---

1 Es wurde vom Bundesministerium für Bildung und Forschung unter dem Förderkennzeichen 01GJ0902 unterstützt. Für zahlreiche Hinweise und vor allem für intensive Nachhilfe in Sachen Psychometrie danken wir Sebastian Weirich.

vermehrt zu einschlägigen Studien (z. B. Blatt, Ramm & Voss, 2009), nachhaltig wirkte insbesondere auch das große DESI-Projekt (Neumann, 2007; Neumann & Lehmann, 2008). Die genannten Publikationen beziehen sich auf die Sekundarstufe I und II. Erst vor kurzem, nach Abschluss unserer Arbeit, wurde ein Text veröffentlicht, in dem es – so der Untertitel – um die „Entwicklung eines Bewertungsinstruments in der Grundschule" geht (Kruse et al., 2012).

Auch in dem 2007 von Augst et al. vorgelegten Buch „Text-Sorten-Kompetenz – Eine echte Longitudinalstudie zur Entwicklung der Textkompetenz im Grundschulalter" wurde der Aspekt der Reliabilität von Urteilen über Schülertexte nur beiläufig bedacht. Die Texte entstanden in drei Schuljahren ab 2001/2002 in einer zweizügigen Grundschule, die Teil einer ländlichen Mittelpunktschule in Hessen ist. 39 Kinder, 21 Mädchen und 18 Jungen, für die ausnahmslos Deutsch Muttersprache war, schrieben unter Bedingungen, die nicht im Einzelnen dargelegt sind, jeweils 15 Texte. In jedem der drei Schuljahre verfassten sie eine Erzählung, einen Bericht, eine Instruktion, eine Beschreibung und eine Argumentation, wobei die Aufgabenstellungen konstant gehalten wurden. Das resultierende Korpus umfasst demnach 585 Texte.[2]

Augst et al. weisen darauf hin, dass in der Grundschule nach wie vor das schriftliche Erzählen dominiert. Im vierten Schuljahr hatten die Kinder in den beiden Klassen nach Auskunft einer Lehrerin darüber hinaus mit schriftlichen Berichten, Anleitungen und Beschreibungen zu tun (ebd., S. 39f); Argumentationen waren aber nicht verlangt. Das entspricht curricularen und unterrichtlichen Traditionen, die mit empirischen Befunden zur Schreibentwicklung nicht zu vereinbaren sind. Zieht man etwa Bereiters und Scardamalias viel zitiertes Modell des „knowledge telling" heran, wonach wenig erfahrene Schreiber Inhalte anhand von Hinweisen in der Aufgabenstellung, ihrer Kenntnis von „Diskursschemata" bzw. Textsorten und des bereits Geschriebenen generieren, dann sind – wenn auch vielleicht nur rudimentäre – argumentative Leistungen ohne Weiteres erwartbar: „Some immature writers may have an opinion-essay schema that contains only two elements – *statement of belief* and *reason* […]." (Bereiter & Scardamalia, 1987, S. 8f) Insofern ist es plausibel, wie Augst et al. schriftliches Argumentieren zu berücksichtigen, auch wenn es nicht explizit gelehrt wurde.

Sie kommen zu dem Ergebnis, dass sich für die fünf Textsorten vier strukturell analoge „Entwicklungsniveaus" unterscheiden lassen, die sie als „selektierte Assoziationen" (Niveau 1), „sequenzierte Selektionen" (Niveau 2), „perspektivierte Sequenzen" (Niveau 3) und „synthetisierte Perspektiven" (Niveau 4) bezeichnen (ebd., S. 351). Die Interpretation dieses Befundes ist voraussetzungsreich. Augst et al. sind nämlich der Meinung, „dass sich die nächst höheren Stufen entwicklungslogisch aus den vorhergehenden ergeben und dass keine der Zwischenstufen übersprungen werden kann" (ebd.).

---

2   Es ist unter www.text-sorten-kompetenz.de einsehbar.

Im Folgenden wird nicht erörtert, ob diese „starke" Version einer Stufentheorie der Entwicklung triftig ist.[3] Vielmehr geht es zunächst nur um die Zuverlässigkeit der Zuordnung von Schülertexten und Kompetenzniveaus. Dazu schreiben sie:

> „Wir sind bei der Einstufung so verfahren, dass zwei Projektmitglieder je eine Textsorte pro Jahrgang unabhängig voneinander eingestuft und dann ihre Einstufung verglichen haben; im Falle des Dissenses haben wir die Einstufung nach längeren Diskussionen gemeinsam in der Projektgruppe vorgenommen. Dabei kamen auch die Einstufungskriterien selbst häufiger auf den Prüfstand, so dass schließlich auch die vorgängigen Stufenmodelle […] mehr oder weniger modifiziert wurden, vor allem auch unter dem Aspekt der wechselseitigen Vergleichbarkeit der fünf Textsorten." (Ebd., S. 40f)

Was bei Augst et al. nur beiläufig bedacht wird, ist für uns Anlass für die erste von zwei zentralen Fragen:

- Lässt sich das Modell, gegebenenfalls leicht modifiziert, als hinreichend reliabel ansehen, gibt es also, wenn unabhängig voneinander operierende Beurteiler die Schülertexte den Kompetenzstufen zuordnen, eine gute Übereinstimmung?

Die zweite Frage:

- Erweisen sich die – gegebenenfalls zu modifizierenden – Modelle speziell zum Erzählen und Argumentieren[4] als hinreichend reliabel, wenn sie auf ein großes Korpus von Texten angewandt werden, das in einem anderen Kontext, nämlich im Rahmen der Arbeiten des Instituts zur Qualitätsentwicklung im Bildungswesen (IQB), entstanden ist? Dieses große Korpus enthält ebenfalls Texte von Grundschülerinnen und Grundschülern, u.a. zum Erzählen und Argumentieren.

---

3 Zweifel sind u. E. aber angebracht. So werden soziale Faktoren, insbesondere der Lehr-Lern-Kontext, nicht weiter bedacht. Darüber hinaus wäre zu fragen, inwiefern die Stufen tatsächlich als textsortenübergreifend angesehen werden können. Gegen Piagets Modell der kognitiven Entwicklung, das Paradigma einer „starken" Stufentheorie, wurde geltend gemacht, dass Aufgaben zu einem Zeitpunkt gelöst werden, zu dem andere, mutmaßlich strukturgleiche, noch nicht zu lösen sind (Montada, 2002, S. 441). Auch Augst et al. finden solche Asynchronien über die Textsortengrenzen hinweg. Damit dürfte die Annahme stufentypischer Gesamtstrukturen aber ins Wanken geraten.

4 Aus unterschiedlichen Gründen erwiesen sich die Aufgaben zum Berichten, Beschreiben und Instruieren als für die Testung der Schreibkompetenz nicht hinreichend geeignet. So lautete die Aufgabe zur Textsorte „Instruktion": „Im Unterricht, z. B. im Sportunterricht, spielt ihr ganz unterschiedliche Spiele. Schreibe doch mal eine Spielanleitung zu deinem Lieblingsspiel auf, sodass Kinder, die neu nach Deutschland kommen und das Spiel nicht kennen, gleich mitspielen können." (Augst et al., 2007, S. 123) Wer hier z. B. das Fußballspielen im großen Format (11 gegen 11) wählt, hat eine schwierigere Aufgabe zu bewältigen als jemand, der sich für das Torwandschießen, wie es vom Fernsehen her bekannt ist, entschieden hat. Die Testung ist insofern nicht fair.

2. Erste Befunde zur Reliabilität von zwei leicht modifizierten Kompetenzstufenmodellen für Erzählen und Argumentieren

2.1 Holistisches Kodieren und Maße der Beurteilerübereinstimmung

12 studentische Kodiererinnen und Kodierer machten sich mit dem Modell vertraut und sie beurteilten zunächst Texte, die von Augst et al. selbst den einzelnen Stufen zugeordnet worden waren; sie fungierten als Benchmark-Texte. Diskrepanzen wurden ausgiebig besprochen und in der Folge wurden nicht mehr nur „klare", paradigmatische Fälle, sondern zufällig ausgewählte Texte beurteilt (zum Prozedere vgl. Weigle, 2002 und zu Details Bremerich-Vos & Possmayer, 2011, S. 42ff). Die Texte wurden holistisch kodiert, die Rater vergaben also für jeden Text eine der Zahlen 1 bis 4. Es hätte auch eine Spielart analytischen Kodierens in Frage kommen können, bei der die Dimensionen Inhalt, Struktur, Stil und sprachliche Richtigkeit, womöglich jeweils weiter subklassifiziert, berücksichtigt werden.

Warum diese Option verworfen wurde, soll an einem Beispiel verdeutlicht werden. Den Kindern lag die argumentative Aufgabe in folgender Form vor (s. Abbildung 1; der freie Raum zum Schreiben war größer als hier abgebildet).

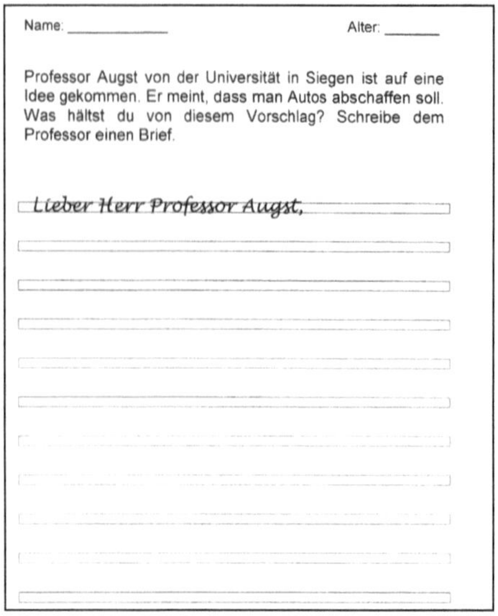
Name: ______ Alter: ______

Professor Augst von der Universität in Siegen ist auf eine Idee gekommen. Er meint, dass man Autos abschaffen soll. Was hältst du von diesem Vorschlag? Schreibe dem Professor einen Brief.

Lieber Herr Professor Augst,

Abbildung 1: Impuls zum argumentierenden Schreiben (Augst et al.)

Die Bestimmung der untersten Stufe lautet:

> „Auf Stufe 1 befinden sich Texte, die […] vom Schreiber subjektiv als relevant empfundene Aspekte assoziativ aneinander reihen. Diese Aspekte sind nicht Teile eines Argumentationsvorgangs, sondern vielmehr Ausdruck einer mehr oder weniger emotional geprägten Stellungnahme zum Thema ‚Auto'. Dementsprechend kann man einen Text auf dieser Stufe als Kundgabe auffassen, innerhalb derer der Schreiber recht unreflektiert assoziiert und auf seinem Ich-Erleben basiert seine Meinung äußert […]. Als Vorläufer von typischen Elementen eines argumentativen Textes kann man die schwach ausgeprägten Begründungen von aufgestellten Behauptungen auffassen. […] Typische Elemente sind die Konjunktionen ‚und', ‚weil' und ‚aber', wobei letztere nicht unbedingt die Nennung einer Einschränkung oder eines Gegensatzes einleitet. Sehr häufig trifft man auf einen Einleitungssatz wie ‚Ich finde, dass …'." (Augst et al., 2007, S. 200 und S. 201f)

Ein Benchmark-Text:

> „Lieber Herr Professor Augst, Ich finde/dass Autos nicht abgeschafft werden/sollen weil ich selber Autos mag/aber wenn sie auf Parkverboten/stehen dann schon. Autos sind/wertvoll. Besonders die schnellen." (Simon, 2. Kl.) (Ebd., S. 202)[5]

Viele Texte im Korpus sind so kurz wie dieser; sie analytisch kodieren zu wollen, mutet an wie das Unternehmen, mit Kanonen auf Spatzen zu schießen. Augst et al. bedenken bei allen Textsorten zwar die Gliederung bzw. die Rahmung (Gibt es eine Einleitung, einen Schluss und, wenn ja, wie sind sie mit dem Hauptteil vermittelt?), die Frage, ob in der Ich-, Er-, Man- oder Wir-Form geschrieben wird, das Vorkommen von Konnektoren und emotionaler Markierungen. Sie berücksichtigen aber weder die Rechtschreibung noch zentrale Aspekte der Grammatik wie z.B. den Kasusgebrauch. Auch Merkmale wie Umfang und Angemessenheit des Wortschatzes bleiben außer Betracht. Diese Entscheidungen sind u. E. plausibel; eine analytische Kodierung herkömmlicher Art begünstigen sie aber nicht.[6]

Für die Zuverlässigkeit von Ratings gibt es eine Reihe von Maßen (vgl. Wirtz & Caspar, 2002). Am einfachsten zu berechnen ist die prozentuale Übereinstimmung; damit kann aber nicht erfasst werden, inwiefern die gemessene Übereinstimmung größer ist als bei rein zufälligem Beurteilungsverhalten. Als zufallskorrigiertes Übereinstimmungsmaß wird häufig Cohens Kappa verwendet. Es ist bestimmt als Quotient. Den Zähler bildet die Differenz der beobachteten und der per Zufall erwarteten Übereinstimmungen, den Nenner die Differenz aus 1 (d.h. maximaler Übereinstimmung) und der bei Zufall erwarteten Übereinstimmung.[7] Vergeben die Rater Kategorien unterschiedlich häufig, differieren deren Grundwahrscheinlichkeiten also deutlich, fällt der Kappa-Wert niedriger aus. So mag es sein, dass einer der Rater

---

5   Mit „/" ist ein Zeilensprung markiert.
6   Zum Vergleich: In den USA werden bereits seit den 1990er Jahren auf nationaler Ebene Niveaus für narrative, informative und persuasive Texte von Viertklässlern definiert. Im Rahmen einer sechsstufigen elaborierten Version sind die Levels so definiert, dass sich die genannten Subdimensionen klar unterscheiden lassen:
     „Unsatisfactory Response (may be characterized by one or more of the following)
     – Takes a position, but provides no support OR attempts to take a position (is on topic), but position is very unclear; may only paraphrase the task.
     – Exhibits no control over organization.
     – Exhibits no control over sentence formation; word choice is inaccurate across the response.
     – Characterized by misspellings, missing words, incorrect word order; errors in grammar, spelling, and mechanics severely impede understanding across response." (National Center for Education Statistics, 2003, S. 88)
7   Die Zufallsübereinstimmung ergibt sich, wenn man bei einem Raterpaar die Produkte der jeweiligen Randsummen, also der Anzahl der für die Schülertexte vergebenen Stufenzuordnungen 1 bis 4 (Anzahl der Einsen von Rater A multipliziert mit Anzahl der Einsen von Rater B usw.), addiert und diese Summe durch das Quadrat der Anzahl der Texte dividiert.

systematisch milder oder strenger urteilt als der andere. Es ist aber auch möglich, dass die Randverteilungen nicht markant unterschiedlich sind und der Kappa-Wert dennoch niedrig ausfällt. Dies ist ein Indiz dafür, dass die Rater nicht konsistent urteilen.

Ein Beispiel: Zwei Rater mögen unabhängig voneinander 100 Texte auf vier Levels einstufen. Hier die fiktiven, d. h. nicht auf das Korpus von Augst et al. bezogenen Ergebnisse:

Tabelle 1: Übereinstimmungsmatrix für 2 Rater und 100 Objekte

		Rater 1				
		1	2	3	4	Summe
	1	6	3	0	0	9
Rater 2	2	13	44	7	2	66
	3	4	3	9	2	18
	4	1	0	3	3	7
	Summe	24	50	19	7	100

Die Ergebnisse des Kodierers 2 sind zeilen-, die des Kodierers 1 spaltenweise eingetragen. Die Zahl der identischen Urteile ist aus der Diagonalen ersichtlich. Es wurden 62 (6 + 44 + 9 + 3) von 100 Texten identisch beurteilt, d. h. 62 Prozent. Die bei bloßem Raten zu erwartende Übereinstimmung wird wie folgt bestimmt: Man addiert die Produkte der jeweiligen Randsummen, also der spalten- und zeilenweisen Summen jeweils für die Kategorien 1, 2, 3 und 4, und dividiert diese Summe durch das Quadrat der Anzahl der Objekte. Dann erhält man im Zähler 24 x 9 + 50 x 66 + 19 x 18 + 7 x 7 (= 3907) und im Nenner 100 x 100 (= 10000). Als bei Zufall erwartete prozentuale Übereinstimmung resultiert demnach 0,39. Setzt man die Werte in die Formel ein, ergibt sich als Cohens Kappa: (0,62 – 0,39) : (1 – 0,39) = 0,38. Cohens Kappa fällt also deutlich niedriger aus als die prozentuale Übereinstimmung.

Bei Cohens Kappa als Übereinstimmungsmaß kommt es auf die Identität der Urteile an. Ob die Rater bei einem Text einmal mehr und einmal weniger stark voneinander abweichen, bleibt unberücksichtigt. Im hier interessierenden Kontext wird nun nicht nur behauptet, dass Texte auf Stufe N plus 1 „anders" sind als Texte auf Stufe N, sondern auch „besser". Die Daten können also als zumindest ordinal angesehen werden. Insofern ist es plausibel anzunehmen, „dass verschiedene Nichtübereinstimmungen unterschiedlich schwerwiegend sind […]" (Wirtz & Caspar, 2002, S. 78), dass z. B. eine Differenz von einer Stufe weniger gravierend ist als eine von drei Stufen. Dem kann man mit einer Version eines gewichteten Kappas Rechnung tragen (vgl. ebd., S. 79ff). Abweichungen vom am häufigsten gewählten Wert, dem Modalwert, schlagen hier umso stärker zu Buche, je größer sie sind, und zwar mit den Faktoren 0,25 (bei einer Differenz von einer Stufe), 0,5 (bei einem Unterschied von zwei Stufen) und 1 (bei maximaler Differenz um drei Stufen).

Das gewichtete Kappa wiederum ist mit der Intraklassenkorrelation vergleichbar, dem Maß für die Reliabilität intervallskalierter Ratings. Um eine Intraklassenkorrelation handelt es sich, weil für ein und dasselbe Objekt bzw. einen Text mehrere Messwerte, d.h. Urteile verschiedener Rater, vorliegen. Sie ist mit der Produkt-Moment-Korrelation vergleichbar, die sich auf den linearen Zusammenhang zweier intervallskalierter Merkmale bezieht. Ob Ratingskalen prinzipiell als nur ordinal- oder auch als intervallskaliert betrachtet werden dürfen, ob also Gleichabständigkeit der Skalenpunkte angenommen werden kann, ist seit langem Gegenstand von Kontroversen (vgl. Bortz & Döring, 1995, S. 168). Bestehen Zweifel, wird empfohlen, Maße für beide Skalenniveaus anzugeben. „Indizieren sowohl die Maße für intervall- als auch für ordinalskalierte Daten, dass die Reliabilität zufriedenstellend ist, so ist die Frage des Skalenniveaus nicht kritisch für die Annahme der Reliabilität der Daten" (Wirtz & Caspar, 2002, S. 154).

Wirtz & Caspar (2002, S. 59) gehen davon aus, dass man bei einem ungewichteten Kappa von 0.6 bis 0.75 (bei 1.0 als perfekter Übereinstimmung bis -1.0 bei völlig unterschiedlicher Einschätzung), bei gewichtetem Kappa bzw. der Intraklassenkorrelation bei mindestens 0.7 (ebd., S. 160) von einem guten Agreement sprechen kann. Sie betonen aber, dass diese Zielgrößen nicht als starr angenommen werden sollten. Es kommt u. a. auf Spezifika der untersuchten Objekte an und darauf, welche Grade an Übereinstimmung in der jeweiligen Domäne bislang erzielt werden konnten.

2.2　Modifizierte Stufenmodelle für Erzählen und Argumentieren

Bei ersten Kodierdurchgängen wurden diese Zielgrößen deutlich verfehlt. Inkongruenzen zwischen den Urteilen der Rater konnten vielfach bedingt sein. Sie konnten damit zu tun haben, dass die Stufen nicht hinreichend eindeutig bestimmt waren, oder damit, dass die Raterschulung defizitär war, auch damit, dass Rater absprachewidrig Teilaspekte unterschiedlich gewichteten, zu Strenge oder Milde tendierten oder auch inkonsistent urteilten, womöglich nur rieten. Auch die Aufgabenstimuli kamen als Varianzquellen in Frage. Das lässt sich am Beispiel des Stimulus zum Erzählen verdeutlichen (s. Abbildung 2 auf S. 284).

Die Beurteiler waren sich hier allerdings nicht einig, ob bereits das Betreten der Höhle (bzw. des Kellergewölbes oder Tunnels) als „Planbruch", d. h. als außergewöhnliches Ereignis, einzustufen sei oder nicht.

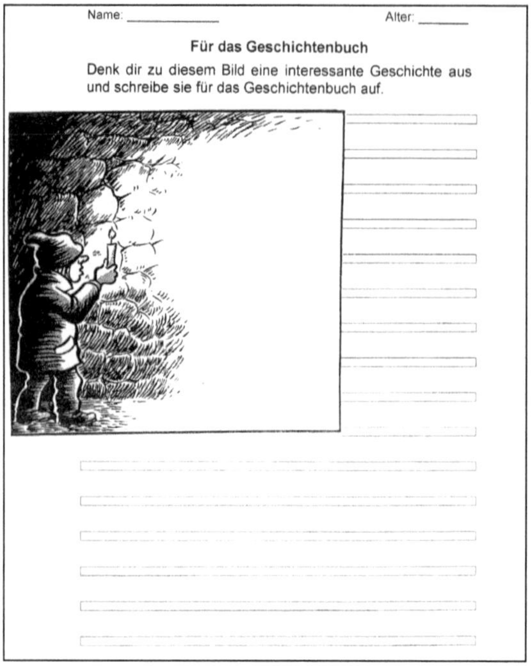
Name: ________ Alter: ______

Für das Geschichtenbuch

Denk dir zu diesem Bild eine interessante Geschichte aus und schreibe sie für das Geschichtenbuch auf.

Abbildung 2: Impuls zum erzählenden Schreiben (Augst et al.)

Augsts et al. Beschreibungen der Kompetenzstufen wurden u. a. deshalb leicht modifiziert. Es resultierten die folgenden Versionen:

Erzählung

Stufe I

Das Geschriebene ist nicht kohärent, sondern eher assoziativ. Es gibt vor allem „Und-Verknüpfungen". Die Tempora sind in der Regel gemischt; es gibt neben dem Präteritum vor allem Perfektformen. Es gibt keinen sprachlich markierten Planbruch, womöglich aber einen inhaltlichen, der von wertenden und Emotionen ausdrückenden Wörtern bzw. Wortgruppen begleitet werden kann (z. B. „eklige Tiere"). Es kann formelhafte Rede geben; direkte Rede gibt es kaum. Als Erzählinstanz dominiert „ich" (bzw. „wir"); es handelt sich eher um Erlebniserzählungen. Geschichtenübliches Repertoire (Drachen, Zwerge etc.) kann vorkommen, ist aber allein kein Indiz für einen inhaltlichen Planbruch.

Stufe II

Es gibt eine textsortenspezifische, versachlichende, chronologische Reihung. Der Text ist inhaltlich kohärent, Relevantes kann aber ausgelassen sein. Alle Propositionen (auf jeweils ein Verb bezogene Einheiten) haben dieselbe Gewichtung und sind häufig mit „und dann" verknüpft, so dass es zwar häufig einen inhaltlichen

Planbruch gibt, dieser aber sprachlich nicht markiert ist. Allerdings finden sich vermehrt wertende und Emotionen ausdrückende Wörter bzw. Wortgruppen. Gelegentlich finden sich unvollendete Erzählungen, eine inhaltlich und sprachlich realisierte Auflösung des inhaltlichen Planbruchs fehlt jedoch immer, auch wenn nach dem inhaltlichen Planbruch noch Text formuliert sein kann. Die Tempora können noch gemischt auftreten. Es kann formelhafte Rede geben; direkte Rede gibt es kaum. Neben Erlebniserzählungen gibt es „Er-Erzählungen" mit fiktionalisierender Tendenz.

Stufe III
Der Text ist inhaltlich kohärent. Es gibt einen inhaltlich und sprachlich („plötzlich", „auf einmal" usw.) klar herausgearbeiteten Planbruch und damit sind mindestens zwei Textteile (Exposition und Planbruch) erkennbar. Es gibt weder eine inhaltliche noch eine sprachliche Auflösung, in der die Verhältnisse vor dem Planbruch wiederhergestellt werden oder sonst irgendeine Lösung des Planbruchs zu finden ist. Es kann jedoch ein schwacher Abschluss des Handlungsgeschehens vorkommen, ohne dass der Text damit geschlossen wirkt. Es kann eine Coda vorkommen („Und sie lebten glücklich …"). Über „und dann"-Verbindungen hinaus gibt es häufig temporale Adverbien und temporale Konjunktionen. In der Regel handelt es sich um Er-Erzählungen mit Präteritum (bzw. Plusquamperfekt) als Erzähltempus. Es treten vermehrt expressive Verben und Adjektive als erzählspezifische Stilelemente auf, die jedoch nicht den Eindruck eines durchgängigen Erzähltons etablieren können. Es kann formelhafte Rede geben; direkte Rede kommt häufig vor.

Stufe IV
Es gibt einen inhaltlich und sprachlich klar herausgearbeiteten Planbruch und eine Auflösung, in der die Verhältnisse vor dem Planbruch wiederhergestellt werden oder sonst irgendeine Lösung zu finden ist. Zusätzlich kann es eine Coda geben. Der Text wirkt „von hinten her" geplant. Das Tempus ist fast durchgängig Präteritum (bzw. Plusquamperfekt). Es handelt sich fast durchgängig um Er-Erzählungen. Direkte Rede (auch Wechselrede) ist sehr häufig. Andere Mittel, den Leser in die Geschichte „hineinzuziehen" bzw. die Emotionen der Akteure und/oder des Erzählers darzustellen, tragen zum Eindruck eines durchgängigen „Erzähltons" bei.

Ins Gewicht fällt insbesondere eine Revision der Definition von Stufe IV. Für Augst et al. ist, anders als etwa für Boueke et al. (1995), ein Planbruch nur „eine notwendige, aber keine hinreichende Bedingung der Erzählwürdigkeit. Erzählwürdig wird eine Geschichte durch eine Pointe, auf sie hin ist die ganze Geschichte angelegt. […] Dies ist der meist witzige, aber auf jeden Fall für den Leser unerwartete, daher überraschende Einfall, der sich gegen das bisher abgelaufene Geschehen plötzlich auftut." (Augst et al., 2007, S. 50f) Augst hält dafür, dass das Geschehen erst nach der Pointe wieder „normal" wird. Das erzählerische Gelingen der Pointe ist dem Modell zufolge zentrales Merkmal von Stufe 4. Die Kodierer stimmten öfter gerade im Hinblick auf die Pointe nicht überein. Das verwundert nicht, geht es hier doch nicht um ein dichotomes, sondern um ein graduierbares Merkmal. Was für die einen unerwartet bzw. überraschend *genug* war, war für die anderen *zu wenig* unerwartet oder überraschend. U.E. ist dieses Kriterium, zumal im Grundschulkontext, unangemessen streng. Deshalb ist in der modifizierten Version nur von „Auflösung" die Rede.

Argumentation

Stufe I

Zentral ist der Bezug auf ein Ich-Erleben, Emotionen, eigene Bedürfnisse und Interessen. Ausgeprägt subjektiv motivierte Beweggründe stehen im Mittelpunkt („Ich finde, dass Autos nicht abgeschafft werden sollten, weil ich selber Autos mag."). Argumentativ irrelevante erzählerische Aspekte können in den Vordergrund treten. Eine Position kann angegeben sein; zuweilen muss sie erschlossen werden. Argumente sind assoziativ gereiht; zuweilen stützen sie die Position nicht bzw. erscheinen in sachlicher Hinsicht als irrelevant. Eine „dialogische" Qualität bzw. eine Orientierung an einem Leser, einer Leserin ist noch nicht erkennbar. Die assoziativ gestaltete „Kundgabe" steht im Zentrum.

Stufe II

Eine Position ist in der Regel angegeben. Anders als auf Level 1 sind die Argumente nicht mehr Kundgaben subjektiver Bedürfnisse und Interessen, sondern es kommen mindestens zwei sachliche Argumente vor („Ich bin dafür, dass Autos abgeschafft werden, weil Autoabgase die Luft kaputt machen.") Zentral für diese Stufe ist: Es dominieren „lineare" Argumentationen, d.h. eine Position (entweder pro oder contra) wird durchgängig gestützt, obwohl manchmal auch Gegenargumente genannt werden können, die die Stützung der Position jedoch nicht beeinflussen. Es findet keine Abwägung statt.

Stufe III

Eine Position ist in der Regel angegeben. Anders als auf Stufe II werden explizit Argumente für und gegen eine Abschaffung von Autos bzw. für eine vermittelnde Position unterschieden. Das muss nicht immer geordnet geschehen. Die argumentationstypischen Tätigkeiten des Abwägens und Einschränkens sind erkennbar. Ein klares Fazit des Abwägens – im Sinne eines inhaltlich stringenten Bezugs auf das bis dahin Geschriebene – fehlt aber („Also Autos/können wichtig sein können/aber auch nicht wichtig sein."). Insofern wirkt der Text inhaltlich nicht geschlossen.

Stufe IV

Es können Argumente für und gegen eine Abschaffung von Autos bzw. für eine vermittelnde Position unterschieden werden. Das muss nicht immer geordnet geschehen. Die argumentationstypischen Tätigkeiten des Abwägens und Einschränkens sind entweder klar erkennbar oder es wird stringent nur für eine Seite argumentiert. Es gibt ein klares Fazit, eine Festlegung auf ein Pro oder Contra oder eine vermittelnde Position. Dieses Fazit ist inhaltlich stringent auf das Folgende bzw. auf das bis dahin Geschriebene bezogen. Insofern wirkt der Text geschlossen bzw. vom Ende her geplant.

Im Vergleich mit dem Ursprungsmodell ist dieses Modell im Hinblick auf die Position der Konklusion liberaler. Sie sollte, so das Postulat von Augst et al., auf Stufe IV am Ende des Textes platziert sein. Das ist u. E. textstrukturell nicht zu rechtfertigen. Auch der Möglichkeit einer linearen Argumentation, die der Stimulus ja durchaus hergibt, wird durch die Modifikation Rechnung getragen.

Sieben Studierende der Germanistik, die auch an der ersten Raterschulung teilgenommen hatten, schätzten anhand der modifizierten Modelle für Erzählen und Argumentieren alle von den Kindern geschriebenen narrativen und argumentativen Texte ein, d.h. pro Kind drei Texte pro Textsorte, in der Summe 234 Texte. Für die 21 paarweisen Vergleiche resultierten im Mittel – bezogen auf das gewichtete Kappa – bei den Erzählungen Übereinstimmungen von 0.59 (Standardabweichung .05) und bei den Argumentationen von 0.64 (Standardabweichung .03).

Damit ergibt sich als Antwort auf die erste Forschungsfrage: Folgt man Wirtz & Caspar (2002) und legt als Maßstab für gutes Agreement einen Wert von 0.7 zugrunde, dann kann dieses Resultat allenfalls als befriedigend angesehen werden. Dabei ist allerdings zu bedenken, dass dieser Maßstab „nur eine sehr vage Richtlinie" ist (ebd., S. 160).

3. Zur Überprüfung der revidierten Modelle anhand weiterer narrativer und argumentativer Texte von Grundschülerinnen und Grundschülern

3.1 Kodierverfahren und Aufgabenbeispiele

Das von Augst et al. generierte und untersuchte Textkorpus ist recht klein. Pickt man nur die narrativen und argumentativen Texte heraus, handelt es sich in der Summe um weniger als 250 Texte. Die modifizierten Modelle für Erzählen und Argumentieren sollten deshalb auf ein deutlich größeres Korpus bezogen werden, das im Rahmen der Arbeiten des Instituts zur Qualitätsentwicklung im Bildungswesen (IQB) an der Humboldt-Universität in Berlin entstanden ist. Dieses Institut hat vornehmlich die Aufgabe, die von der Kultusministerkonferenz beschlossenen Bildungsstandards zu operationalisieren, zu normieren und Vorschläge zu ihrer Weiterentwicklung zu unterbreiten. Im Lauf der letzten Jahre sind hier zu den meisten Bereichen des Fachs Deutsch Kompetenzstufenmodelle entwickelt worden. Für das Schreiben in der Grundschule liegt ein solches Modell bislang noch nicht vor. Allerdings ist ein großes Korpus narrativer, informativer und argumentativer Texte entstanden. Aus diesem Korpus haben wir nach dem Zufallsprinzip 750 narrative und 750 argumentative Texte ausgewählt, je 250 zu drei Aufgaben zum Erzählen und je 250 zu drei Aufgaben zum Argumentieren. Diese Texte wurden 2006 erhoben und stammen von Dritt- und Viertklässlern.

Anfang 2011 wurden zehn neue Kodiererinnen und Kodierer geschult. Die Stufenmodelle wurden erläutert, Benchmarktexte intensiv besprochen, Probekodierungen durchgeführt, Resultate verglichen und es wurde über Gründe für Divergenzen diskutiert. In der Folge hatte jeder Rater pro Schreibaufgabe 50 Texte zu kodieren, d. h. 150 narrative und 150 argumentative Texte. Jeder Text sollte doppelt kodiert werden und jedes der 45 Raterpaare sollte minimal 10 und maximal 20 Texte gemeinsam kodieren.[8]

Die narrativen Texte der Schülerinnen und Schüler entstanden im Kontext der folgenden Aufgabe: „Die Bilder erzählen eine Geschichte. Schreibe diese Geschichte für andere Kinder auf! Bedenke, dass die Kinder die Bilder beim Lesen nicht sehen können!"[9]

Anders als bei dem von Augst et al. gewählten Exempel sind hier sowohl die Figuren als auch die Komplikation und die Auflösung bereits vorgegeben.

Abbildung 3: Impuls zum erzählenden Schreiben (IQB)

8　Die Berechnung der Übereinstimmungsgüte kann daher recht ungenau sein. Deshalb ist später das Vertrauensintervall auf einem 95 %-Niveau angegeben.

9　Zu Details und zu Aspekten analytischer Kodierung von Schülertexten zu dieser Aufgabe vgl. Böhme, Bremerich-Vos & Robitzsch (2009). Ob Abfolgen von Bildern bzw. Bildergeschichten als Schreibstimuli geeignet sind, ist strittig. Es gibt viele bedenkenswerte Einwände. So mag es sein, dass die Kinder dazu verlockt werden, keine narrativen Texte, sondern Folgen von mehr oder weniger rudimentären Bildbeschreibungen zu produzieren. Darüber hinaus mögen sie voraussetzen, dass der Leser die Bilder bereits kennt, und sich deshalb nicht, wie für kommunikatives Schreiben eigentlich intendiert, um eine elaborative Darstellung für einen unkundigen Leser bemühen. Zumindest dem zweiten Einwand soll mit dem Hinweis im letzten Satz der Aufgabe Rechnung getragen werden.

Eine weitere Erzählaufgabe:

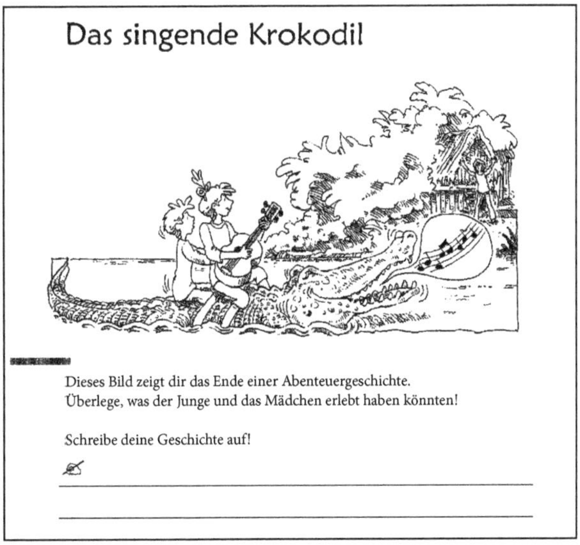

Das singende Krokodil

Dieses Bild zeigt dir das Ende einer Abenteuergeschichte.
Überlege, was der Junge und das Mädchen erlebt haben könnten!

Schreibe deine Geschichte auf!

Abbildung 4: Impuls zum erzählenden Schreiben (IQB)

Hier ist anders als bei Augst et al. die Auflösung bzw. Pointe vorgegeben; vor allem die Komplikation ist zu gestalten. Es muss aber z. B. auch auf ein Detail wie die Gitarre geachtet werden. Ein Beispieltext, von fast allen Beurteilern der Stufe I zugeordnet:[10]

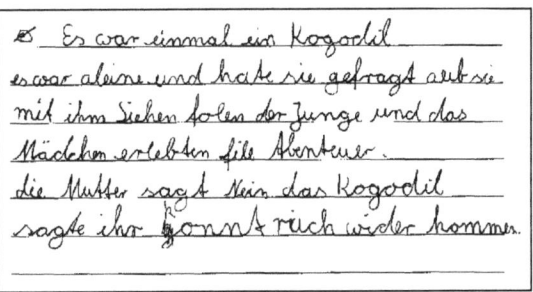

Abbildung 5: Beispieltext zum Erzählen

---

10 Die Texte des „Augst-Korpus" liegen in transkribierter Form vor, die des IQB-Korpus als Scans. Es wurde überprüft, ob mit der Handschrift ein Halo-Effekt verbunden war, ob die wahrgenommene Qualität der Handschrift also auf die Beurteilung anderer Textmerkmale „ausstrahlte". Einige Rater erhielten nach geraumer Zeit bereits von ihnen beurteilte Texte mit anderer Identifikationsnummer und nicht mehr in handschriftlicher, sondern in transkribierter Version. Die Urteilsdifferenzen waren nicht gravierend.

Auch bei der dritten Erzählaufgabe ist eine Vorgeschichte zu konstruieren:

Abbildung 6: Impuls zum erzählenden Schreiben (IQB)

Bei den drei argumentativen Aufgaben geht es durchgängig um die begründete Wahl einer von zwei vorgegebenen Handlungsoptionen, sei es um eines von zwei Zielen einer mehrtägigen Klassenfahrt bzw. eines Klassenausflugs oder um eine von zwei Varianten von Taschengeld. Die Aufgabe zum Klassenausflug z. B. lautet wie folgt:

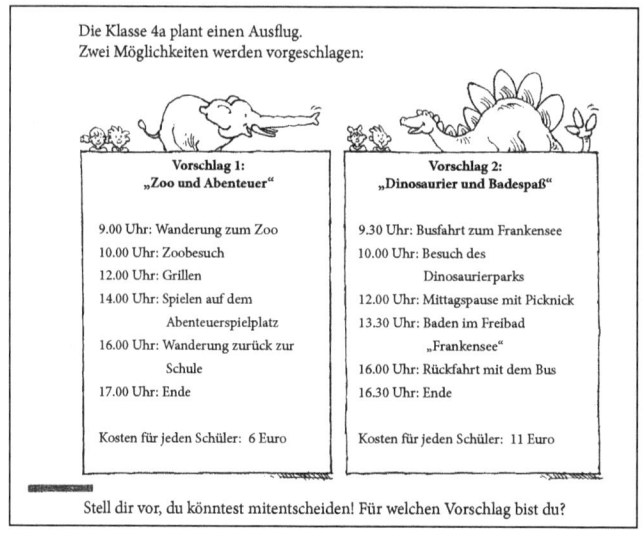

Abbildung 7: Impuls zum argumentierenden Schreiben (IQB)

Auch hierzu das Beispiel eines Schülertexts, der von den Ratern mehrheitlich der Stufe IV zugewiesen wurde:

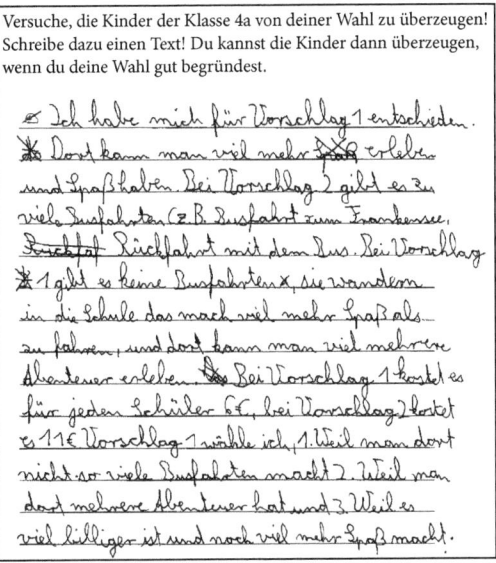

Abbildung 8: Beispieltext zum Argumentieren

Anders als bei Augst et al. sind hier also Argumente vorgegeben, die Aufgaben dürften demnach tendenziell leichter sein.

3.2 Maße der Übereinstimmung und Ergebnisse

Der Empfehlung von Wirtz & Caspar folgend, wurden Maße sowohl für das ordinale wie für das Intervall-Niveau berechnet, und zwar Kendalls Tau und die Intraklassenkorrelation. Erwartet wurde, dass die Messergebnisse nur geringfügig divergieren. Kendalls Tau als Maß für die Korrelation ordinalskalierter Urteile ist besonders dann geeignet, wenn Rangbindungen vorliegen. Das ist hier der Fall, insofern viele Texte ein und demselben Niveau zugeordnet sind (zu Details der Bestimmung von Kendalls Tau vgl. Wirtz & Caspar, 2002, S. 139ff).

Bezieht man sich auf die klassische Testtheorie, dann zielt man darauf ab, dass die (als unbekannt angesehenen) wahren Unterschiede zwischen den Texten groß und die Unterschiede zwischen den Ratern derselben Texte möglichst klein sein sollten. Es dürfen zwar Unstimmigkeiten zwischen den Urteilen der Rater in Bezug auf die einzelnen Texte bestehen. Die Unterschiede bezogen auf ein und denselben Text sollten aber im Vergleich mit den Unterschieden zwischen den Texten gering sein. Arbeitet man mit der Intraklassenkorrelation (ICC) als Reliabilitätsmaß, dann sind mehrere Versionen zu unterscheiden. Bei der ICC 1 ist ein Wert von 1, d. h.

vollständige Übereinstimmung, nur erreichbar, wenn Varianzen und Mittelwerte der Rater gleich sind. Dies ist die unjustierte, für Strenge bzw. Milde sensitive Version. Die ICC 1 kann maximal so groß sein wie die ICC 2. Bei der ICC 2 ist der Wert 1 auch erreichbar, wenn zwar Varianzen, aber nicht Mittelwerte übereinstimmen. Bei dieser justierten Version geht es also nur darum, ob die von den Ratern produzierten Rangreihen der Texte identisch sind. Bei der ICC 2 werden die Rater als „zufällig" behandelt. Man könnte ja Rater in der Stichprobe haben, die schlecht (oder gut) übereinstimmen, obwohl das Agreement der (gedachten) Gesamtheit aller Rater eigentlich gut (oder schlecht) ist. Es wird also eine Verteilung der Übereinstimmungsmaße in der Raterpopulation geschätzt und der Erwartungswert dieses Maßes bestimmt. Bei der ICC 3 schließlich werden die Beurteiler als „fixiert" angesehen. Man nimmt an, dass es nur die Rater in der Stichprobe gibt. Der gemessene Übereinstimmungswert wird als der wahre Wert betrachtet.

Kendalls Tau stimmt am ehesten mit der ICC 2 überein. Auch bei diesem Maß für ordinale Skalen geht es nicht um Unterschiede im Hinblick auf Strenge oder Milde, sondern nur darum, ob die Rangreihe der Texte, die man aufgrund der Raterurteile bilden könnte, für beide (bzw. alle) Beurteiler identisch ist.

Die Ergebnisse im Einzelnen:

Tabelle 2: Mittlere Übereinstimmungen zu den narrativen Texten (IQB)

	ICC 2	Kendalls Tau
Erzähltext „Esel"	0,34	0,35
Erzähltext „Krokodil"	0,56	0,51
Erzähltext „Hund"	0,37	0,34

Die Tabelle gibt die mittlere Übereinstimmung aller zehn Kodiererinnen und Kodierer wieder. Geht man davon aus, dass für die hier interessierende Version der ICC und für Kendalls Tau Werte größer als 0,6 zwar nicht als gut, aber doch als befriedigend, und unter 0,5 als problematisch anzusehen sind, dann ist das Resultat uneinheitlich. Bei den narrativen Texten resultierten bei „Krokodil" noch akzeptable Werte (0,56 für die ICC bzw. 0,51 für Kendalls Tau). Das mag darauf zurückzuführen sein, dass der Stimulus in Form eines einzigen Bildes am ehesten mit dem von Augst et al. gewählten vergleichbar ist. Die Reliabilität der Einstufungen der Texte zu den anderen beiden Aufgaben ist dagegen nicht überzeugend (ICCs von 0,34 und 0,37 bzw. Kendalls Tau von 0,35 und 0,34).

Betrachtet man am Beispiel von „Krokodil" die Resultate für die einzelnen Rater, dann ergibt sich das in Tabelle 3 dargestellte Bild: Jeder der zehn Rater ist hier mit einem Pseudorater verglichen; dieser Rater setzt sich sozusagen aus allen übrigen Kodierern zusammen. Die Unterschiede der Mittelwerte wurden auf ihre Signifikanz hin untersucht. Ist der p-Wert kleiner als 0,1, dann urteilt der betreffende Rater

Tabelle 3: Raterspezifische Vergleiche

Beurteiler	ICC 2	Kendalls Tau	Mittelwert	Mittelwert Pseudorater	p-Wert
1	0,45	0,46	1,6	2,1	0,00
2	0,51	0,54	2,1	2,1	0,94
3	0,54	0,49	2,4	2,1	0,01
4	0,70	0,68	2,1	2,0	0,56
5	0,64	0,60	1,9	2,1	0,34
6	0,44	0,50	2,4	2,0	0,01
7	0,62	0,57	2,2	2,1	0,39
8	0,65	0,53	1,9	2,1	0,17
9	0,55	0,50	2,2	2,1	0,31
10	0,56	0,57	2,4	2,0	0,01

im Mittel strenger oder milder als die übrigen Rater. Bei „Krokodil" trifft das auf vier Rater zu, nämlich auf die Rater 1, 3, 6 und 10. Rater 6 beurteilte auch die anderen narrativen Texte signifikant milder als die anderen Studierenden. Würde er ausgeschlossen, wären die Übereinstimmungswerte geringfügig höher.

Bei den argumentativen Aufgaben wurde die Grenze von 0.6 in zwei von drei Fällen erreicht bzw. nur knapp verfehlt. Bei den Texten zur dritten argumentativen Schreibaufgabe wurden die Zielgrößen allerdings markant unterboten, obwohl sie strukturell mit den beiden anderen vergleichbar ist.

Tabelle 4: Mittlere Übereinstimmungen zu den argumentativen Texten (IQB)

	ICC 2	Kendalls Tau
Argumentation „Klassenfahrt"	0,64	0,60
Argumentation „Schulausflug"	0,57	0,55
Argumentation „Taschengeld"	0,42	0,39

Bei differenzierter Betrachtung der einzelnen Rater zeigte sich, dass fünf Rater strenger oder milder als der Pseudo-Beurteiler urteilten. Ein Rater war auch bei den Texten zu den beiden anderen Aufgaben zum Argumentieren deutlich strenger als seine Kolleginnen und Kollegen. Wieder gilt, dass die Korrelationen bzw. die Werte für die ICC 2 und Kendalls Kappa höher ausfallen würden, wenn man diesen Rater nicht weiter berücksichtigte.

Gleichwohl ist als Antwort auf die zweite zentrale Frage festzuhalten, dass die modifizierten Kompetenzstufenmodelle, angewandt auf die Texte des IQB-Korpus, summarisch betrachtet als nicht hinreichend reliabel anzusehen sind.

4. Zur Interpretation der Befunde und zur weiteren Arbeit

Zwar sind Angaben dazu, wann Beurteilerübereinstimmungen sehr gut, gut, befriedigend oder unzureichend sind, nicht frei von Willkür. Auch wenn man das in Rechnung stellt, kommt man u. E. nicht umhin, die Ergebnisse als nicht zufriedenstellend anzusehen. Die Antworten auf die beiden eingangs gestellten zentralen Fragen fallen, summarisch gesagt, negativ aus. Trotz intensiven Trainings nach allen „Regeln der Kunst" ergaben sich keine guten oder gar sehr guten Übereinstimmungen, und zwar weder bei den von Augst et al. selbst vorgestellten noch bei den im Rahmen der IQB-Arbeit entstandenen Texten. Bei den argumentativen Texten kam es überdies zu einem Bodeneffekt. Die oberste Kategorie wurde nur in wenigen Fällen vergeben, die Kodierer griffen hier also nicht auf vier, sondern nur auf drei Kategorien zurück. Abgesehen davon, dass Beurteiler ab und an systematisch streng oder milde und auch inkonsistent votierten, gibt es keine Anhaltspunkte dafür, dass sie ihrer Aufgabe nicht gewachsen waren.

Für die Zukunft bietet es sich an, holistische und analytische Urteile zu kombinieren. Bei einem holistischen Urteil müssen die Rater ihre Anmutungen zur Qualität und Quantität verschiedener Textmerkmale in ein Gesamturteil münden lassen. Bei einer analytischen Kodierung werden viele dieser Merkmale jeweils separat erfasst. Kodiert man dann auch noch dichotom, sind also nur jeweils zwei Kodes zu vergeben, steigt die Übereinstimmungsrate. Texte von Grundschulkindern sind oft kurz. Insofern bietet es sich an, sich auf wenige Kriterien zu stützen und holistische und auf diese Kriterien bezogene analytische Beurteilungen zu kombinieren.

Darüber hinaus dürfte ein Vorgehen sinnvoll sein, das man als „Backen kleinerer Brötchen" bezeichnen kann. Es sollten zunächst verschiedene Subklassen von Aufgaben zum argumentativen, narrativen usw. Schreiben identifiziert werden. Bei den Aufgaben zum Argumentieren könnte z.B. danach differenziert werden, ob Argumente vorgegeben sind oder nicht, ob pro und contra oder nur linear zu argumentieren ist, inwiefern die Thematik lebensweltlich relevant ist. Kompetenzstufenmodelle würden sich dann nicht auf die schulischen Textsorten in toto beziehen, sondern nur auf möglichst homogene Teilklassen. Um im Bild zu bleiben: Die Brötchen wären dann zwar kleiner, aber auch nicht ganz klein. Denn die resultierenden Skalen wären nicht auf einzelne Aufgaben zugeschnitten (vgl. Porsch & Köller, 2010, S. 92), sondern auf Aufgabengruppen. Es ist zu hoffen, dass man in einem solchen Kontext Kompetenzstufenmodelle konstruieren kann, deren Reliabilität als „sehr gut" oder zumindest als „gut" einzustufen ist.

5. Literatur

Augst, G., Disselhoff, K., Henrich, A., Pohl, T. & Völzing, P. L. (2007). *Text-Sorten-Kompetenz. Eine echte Longitudinalstudie zur Entwicklung der Textkompetenz im Grundschulalter*. Frankfurt a. M.: Lang

Bereiter, C. & Scardamalia, M. (1987). *The Psychology of Written Compositon*. London: Lawrence Erlbaum

Blatt, I., Ramm, G. & Voss, A. (2009). Modellierung und Messung der Textkompetenz im Rahmen einer Lernstandserhebung in Klasse 6 (2008). *Didaktik Deutsch, 26,* 54–81

Böhme, K., Bremerich-Vos, A. & Robitzsch, A. (2009). Aspekte der Kodierung von Schreibaufgaben. In D. Granzer, O. Köller, A. Bremerich-Vos, M. van den Heuvel-Panhuizen, K. Reiss & G. Walther (Hrsg.), *Bildungsstandards Deutsch und Mathematik – Leistungsmessung in der Grundschule*. Weinheim: Beltz, 290–329

Bortz, J. & Döring, N. (1995). *Forschungsmethoden und Evaluation für Sozialwissenschaftler*. Berlin: Springer

Boueke, D., Schülein, F., Büscher, H., Terhorst, E. & Wolf, D. (1995). *Wie Kinder erzählen. Untersuchungen zur Erzähltheorie und zur Entwicklung narrativer Fähigkeiten*. München: Fink

Bremerich-Vos, A. & Possmayer, M. (2011). Zur Reliabilität eines Modells der Entwicklung von Textkompetenz im Grundschulalter. *Didaktik Deutsch, 31,* 30–49

Grzesik, J. & Fischer, M. (1984). *Was leisten Kriterien für die Aufsatzbeurteilung?* Opladen: Westdeutscher Verlag

Kruse, N., Reichardt, A., Herrmann, M., Heinzel, F. & Lipowski, F. (2012). Zur Qualität von Kindertexten. Entwicklung eines Bewertungsinstruments in der Grundschule. *Didaktik Deutsch, 32,* 87–110

Lehmann, R. H. (1988). Reliabilität und Generalisierbarkeit der Aufsatzbeurteilung im Rahmen des Hamburger Beitrags zur internationalen Aufsatzstudie der IEA. *Empirische Pädagogik, Zeitschrift zu Theorie und Praxis erziehungswissenschaftlicher Forschung, 2* (4), 349–365

Lehmann, R. H. (1990). Aufsatzbeurteilung – Forschungsstand und empirische Daten. In K. Ingenkamp & R. S. Jäger (Hrsg.), *Tests und Trends, Jahrbuch der Pädagogischen Diagnostik, 8,* 64–94

Montada, L. (2002). Die geistige Entwicklung aus der Sicht Jean Piagets. In R. Oerter & L. Montada (Hrsg.), *Entwicklungspsychologie*. Weinheim: Beltz, 418–442

National Center for Education Statistics (2003). *The Nation's Report Card: Writing 2002* (NCES 2003-529), by H. R. Persky, M. C. Daane & Y. Jin. Washington, DC: Institute of Education Sciences, U.S. Department of Education

Neumann, A. (2007). *Briefe schreiben in Klasse 9 und 11. Beurteilungskriterien, Messungen, Textstrukturen und Schülerleistungen*. Münster: Waxmann

Neumann, A. & Lehmann, R. H. (2008). Schreiben Deutsch. In DESI- Konsortium (Hrsg.), *Unterricht und Kompetenzerwerb in Deutsch und Englisch. Ergebnisse der DESI-Studie*, Bd. 2. Weinheim: Beltz, 89–103

Porsch, R. & Köller, O. (2010). Standardbasiertes Testen von Schreibkompetenzen im Fach Englisch. In W. Bos, E. Klieme & O. Köller (Hrsg.), *Schulische Lerngelegenheiten und Kompetenzentwicklung. Festschrift für Jürgen Baumert*. Münster: Waxmann, 85–103

Weigle, S. C. (2002). *Assessing Writing*. Cambride, UK: Cambridge University Press

Wirtz, M. & Caspar, F. (2002). *Beurteilerübereinstimmung und Beurteilerreliabilität*. Göttingen: Hogrefe

Matthias Knopp, Michael Becker-Mrotzek,
Joachim Grabowski

Diagnose und Förderung von Teilkomponenten der Schreibkompetenz

1. Prozesse der schriftlichen Sprachproduktion

Schreibkompetenz ist eine komplexe Fähigkeit, die der Herstellung funktional angemessener Texte dient und an der sehr unterschiedliche sprachliche, kognitive, motivationale und affektive Komponenten beteiligt sind. Schreiben wird in der empirischen Schreibprozessforschung als Problemlöseprozess beschrieben, nachdem vor allem die bahnbrechenden Analysen von John Hayes und Linda Flower (1980) beim Schreiben kognitive, zum Teil auch vorsprachliche Prozesse anhand von Protokollen des Lauten Denkens identifiziert haben, die für das menschliche Lösen von Problemen typisch sind. Entwicklung und Erwerb von Schreibkompetenz wurden bislang weitgehend textsortenspezifisch untersucht, d. h. vor allem in Bezug auf die schultypischen Textformen, zu denen etwa das Erzählen, Beschreiben, Berichten oder Argumentieren zählen. Zugleich sind jedoch an der Produktion aller Textsorten bestimmte, unverzichtbare Teilkomponenten beteiligt, etwa die Fähigkeit zur Perspektivenübernahme, um einen Text adressatenorientiert zu schreiben, oder auch die Fähigkeit zur Kohärenzherstellung, um Texte global zu strukturieren. Diese Fähigkeiten sind nicht an einzelne Textsorten gebunden, insofern sie zu den grundlegenden Anforderungen des zielführenden schriftsprachlichen Handelns zählen.

Die traditionelle, an Textsorten orientierte Schreibdidaktik hat wenig Erkenntnisse über die beteiligten Teilkomponenten erbracht, weil sie überwiegend das Verfassen ganzer Texte in den Blick nahm – und zwar sowohl in der Unterrichtspraxis als auch in der Theorie. Teilkomponenten sind erst durch die empirische Schreibforschung in den Fokus geraten, insbesondere durch das einflussreiche Schreibprozessmodell von Hayes & Flower (1980), hier allerdings auch primär als Teile eines ganzheitlichen Schreibprozesses und nicht als eigenständige Teilfähigkeiten. Ungeklärt ist nach wie vor, ob es solche textsortenübergreifenden Teilfähigkeiten bzw. Komponenten gibt, die als relevante Prädiktoren für die Schreibfähigkeit dienen können. Im Zentrum des berichteten Forschungsvorhabens steht daher neben der Beschreibung und Diagnose relevanter Teilkomponenten und ihrer Zusammenhänge mit der allgemeinen Schreibkompetenz die Frage, ob sich diese auch isoliert vermitteln lassen und in welchem Umfang Transferleistungen erwartbar sind. Konkret geht es darum, solche textsortenübergreifende Teilkomponenten zu identifizieren, die (a) linguistisch begründbar sind, (b) mit der Qualität von Textprodukten korrelieren und (c) eine gezielte schreibdidaktische Förderung erlauben. Damit geht auch eine theoretische Bestimmung von Schreibkompetenz einher.

Die Schreibkompetenz stellt eine zentrale schulische Anforderung in allen Schultypen und auf allen Klassenstufen dar. Konkret besteht sie in der Fähigkeit zur Rezeption, Analyse und Produktion typischer schulischer Textformen, z. B. narrativer oder argumentativer Texte. Verankert sind diese Anforderungen u. a. in den nationalen Bildungsstandards (vgl. Becker-Mrotzek & Schindler, 2008, S. 95f), die „erwartete Lernergebnisse [beschreiben]. Ihre Anwendung bietet Hinweise für notwendige Förderungs- und Unterstützungsmaßnahmen" (KMK, 2004, S. 3). So auch im „Kompetenzbereich Schreiben": „Die Schülerinnen und Schüler kennen die vielfältigen Möglichkeiten des Schreibens als Mittel der Kommunikation, der Darstellung und der Reflexion und verfassen selbst adressatengerecht Texte" (ebd., S. 8). Hier wird deutlich, dass beim Schreiben der Einsatz höchst unterschiedlicher Teilfähigkeiten gefordert ist, um z. B. Texte adressatenorientiert zu gestalten oder um Schreiben im Sinne eines epistemischen, d. h. Sinn generierenden Schreibens zu nutzen.

Neben der Einführung von Bildungsstandards richten auch nationale und internationale Schulleistungsstudien den Blick auf die Schreibkompetenz; aktuell steht die Beurteilung der Textqualität von Lernertexten im Vordergrund (vgl. Kruse et al., 2012). Textqualität stellt im vorliegenden Kontext gewissermaßen den Konnex zwischen Schreiben – verstanden als komplexe Handlung sowie die daraus entstehenden Texte – und entsprechenden Kompetenzausprägungen dar: Wir betrachten im Folgenden die Textqualität als Indikator für die Fähigkeit, Texte zu produzieren, d. h. als Indikator für eine mehr oder minder entwickelte Schreibkompetenz. Problematisch ist dies in zweifacher Hinsicht: Einerseits stellt Schreibkompetenz lediglich ein (latentes) Potenzial dar, welches allenfalls indirekt erschlossen werden kann (vgl. Steinhoff, 2010, S. 268f); andererseits ist die Textqualität keine Größe, die sich leicht mit hinreichender Messgüte ermitteln lässt (vgl. Bremerich-Vos & Possmayer, 2011).

Weiterhin sind an Schreibkompetenz zahlreiche außer- oder vorsprachliche Komponenten beteiligt, etwa kognitive, motivationale oder affektive Voraussetzungen (vgl. Grabowski, 1996). Das ergibt sich u. a. aus der Perspektive, das Schreiben in einem allgemeineren Zusammenhang mit Prozessen der (auch mündlichen) Sprachproduktion und den Bestimmungsstücken der bewährten allgemeinen Sprachproduktionsmodelle zu betrachten (vgl. Rickheit & Strohner, 2003). Beurteilungen von Schreibkompetenz erfolgen aber bislang vornehmlich anhand vorgefundener Textprodukte, ohne die Berücksichtigung solcher Voraussetzungen.

Und schließlich liegt für den Bereich des Schreibens, anders als beim Lesen, noch kein empirisch gesichertes Kompetenzmodell ausreichender Detailschärfe vor (vgl. Becker-Mrotzek, 2013/i. Dr.). Solche Modelle sind aber mit Blick auf Standards notwendig, schließlich bilden „theoretisch fundierte und empirisch gesicherte Kompetenzmodelle […] die Grundlage für die Festlegung von Standards und die daraus abgeleitete Messung bzw. Überprüfung dieser Standards" (Becker-Mrotzek & Schindler, 2007, S. 19).

Unter Berücksichtigung der genannten Desiderate und Problemfelder sind für das hier vorgestellte Forschungsprojekt die folgenden Fragestellungen leitend:

- An welchen sprachlich manifesten Textqualitäten zeigt sich Schreibkompetenz in ihren Teilaspekten besonders deutlich?
- Welche sprachlichen und allgemein kognitiven Teilkomponenten der Schreibkompetenz sind unabhängig von bestimmten Textsorten erwerbbar und prinzipiell transferierbar?
- Können diese Teilkomponenten mit spezifischen Verfahren erhoben werden?
- Inwiefern erlauben bestimmte Ausprägungen der Teilfähigkeiten Vorhersagen auf die Qualität von Lernertexten?
- Welche linguistisch beschreibbaren Phänomene in den Textentwürfen lassen Schlussfolgerungen auf Schreibkompetenz als Ganze zu?
- Sind die Teilfähigkeiten so vermittelbar, dass sie über Textformen hinweg beherrscht werden?

An die erste Projektphase von 2009 bis 2012, über die hier summarisch berichtet wird, wird sich ein zweiter Forschungsabschnitt anschließen, in dem die unterrichtliche Förderung von Teilkomponenten der Schreibkompetenz erprobt wird (s. u. Abschnitt 5.).

2.   Textsorten versus Teilkomponenten

Schreiben als komplexe sprachliche Tätigkeit wird auch als Problemlösetätigkeit beschrieben, die vor allem durch ihren jeweiligen, in der Regel kommunikativen Zweck geprägt ist, so dass Jechle (1992) zu Recht vom „Kommunikativen Schreiben" spricht. Jeder Schreiber befindet sich „in einer kommunikativen Situation, in der er handeln muss und die durch verschiedene Faktoren bestimmt ist: Er verfolgt ein bestimmtes Ziel, wie zum Beispiel jemanden mit einer Geschichte erheitern, jemanden von seiner Ansicht überzeugen oder jemandem etwas erklären; um es zu verwirklichen, muss er sich im Klaren sein, für wen er schreibt, was er schreiben kann, welche allgemeinen Konventionen er berücksichtigen muss" (Schneuwly, 1996, S. 29).

Diese (kognitive) Sichtweise auf das Schreiben wurde insbesondere durch die angloamerikanisch geprägte kognitive Schreibforschung geprägt (vgl. Grabowski, 2003); die Empirisierung, Prozess- und Entwicklungsorientierung der letzten 30

Jahre führte zu einer veränderten Sichtweise auf das Schreiben gegenüber der traditionell eher philologisch ausgerichteten Aufsatzdidaktik: Statt des vermeintlich fertigen (Schul-)Aufsatzes mit seinen sprachlich-literarischen Eigenschaften gerieten nun der Schreibprozess und auch die Schreibentwicklung in den Blick. Die damit verbundene empirische Neuausrichtung lieferte im Gefolge wichtige Einsichten in den Schreibprozess und die Schreibentwicklung; darunter insbesondere die verschiedenen Modelle der Schreibentwicklung, die Stufen bzw. Niveaus und Dimensionen der Schreibkompetenz im Allgemeinen sowie im Hinblick auf einzelne Textsorten beschreiben (z. B. Bereiter, 1980, Augst & Faigel, 1986, Bereiter & Scardamalia, 1987, Jechle, 1992, Feilke, 1996, Becker-Mrotzek, 2004, Fix, 2000, Hug, 2001, Bachmann, 2002, Feilke, 2003, Feilke & Schmidlin, 2005); darüber hinaus wurden verschiedene Studien zum Schreibprozess vorgelegt (vgl. Sieber, 2003).

Den Status eines Referenzmodells hat insbesondere das Entwicklungsmodell von Bereiter (1980) erlangt. Experten integrieren demnach im Rahmen entwickelten Schreibens sechs Teilfähigkeiten: Flüssigkeit der Produktion geschriebener Sprache, Flüssigkeit im Bereitstellen von Wissen, Beherrschung von Schreibkonventionen, Übernahme der Perspektive von anderen (vor allem zukünftigen Lesern), Bewertung von Texten und metakognitives Denken. Trotz der geäußerten Kritik am Modell, etwa hinsichtlich der mangelnden Differenzierung innerhalb der Stufen bzw. Niveaus (vgl. Feilke, 2003, S. 181), kann im Rahmen des Modells verständlich werden, „wie durch Automatisierung und Routinisierung von Tätigkeiten auf unteren Ebenen komplexere Fähigkeiten […] ins Spiel kommen können und so die jeweils begrenzte Verarbeitungskapazität ausgelastet, aber nicht überlastet wird" (Eigler et al., 1990, S. 18f).

Weitgehend einig ist man sich in der Beschreibung von Beginn und Ziel der Schreibentwicklung: Bei Schreibnovizen herrscht ein assoziatives, wenig geplantes und kaum adressatenorientiertes Schreiben vor, was Bereiter und Scardamalia (1987) als Resultat einer Strategie des „knowledge telling" beschreiben. Demgegenüber zeichnen sich Schreibexperten dadurch aus, dass sie in der Lage sind, die teilweise widerstreitenden Anforderungen an einen Text auszubalancieren, indem sie ihr Wissen über Inhalte, Adressaten, Textmuster nach Maßgabe der eigenen Schreibziele umstrukturieren und auf diese Weise das Schreiben in epistemischer Funktion nutzen (Strategie des „knowledge transforming"). Von besonderem Interesse ist, dass sich die Entwicklung vom Novizen zum Experten in den verschiedenen Modellen in Abhängigkeit von der untersuchten Schreibaufgabe bzw. Textform unterschiedlich darstellt. So zeigt sich beispielsweise die Fähigkeit zum adressatenorientierten Schreiben bei Berichten deutlich früher als bei Argumentationen (vgl. Jechle, 1992). Andererseits finden sich auch textformen-übergreifende Entwicklungen: So wächst z.B. die (relative) Zahl der Konnektoren bis etwa zur Mitte der Sekundarstufe I deutlich an, bevor sie gegen Ende der Sekundarstufe I wieder massiv zurückgeht (vgl. Bachmann, 2002).

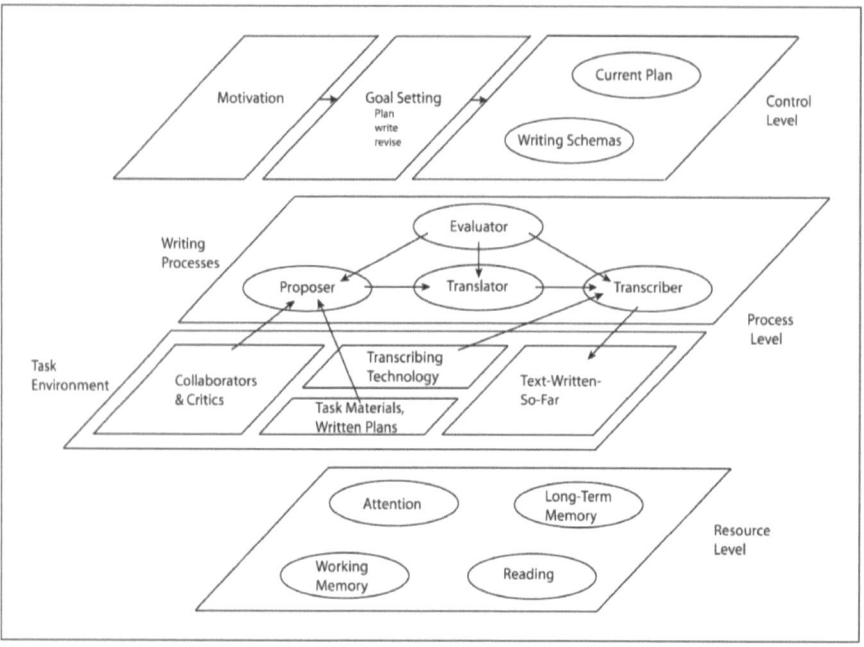

Abbildung 1: Aktuelles Schreibprozessmodell nach Hayes (2012, S. 371)

Neben Arbeiten, die eine Entwicklungsperspektive einnehmen, treten Arbeiten der Schreibprozessforschung. Diese hat verschiedene Modelle zur Textgenese entwickelt, Referenzmodell ist hier das Modell von Hayes & Flower (1980), dessen Binnengliederung des Schreibprozesses in Planen, Formulieren und Überarbeiten nachhaltige Forschungsimpulse setzte (z. B. Kellogg, 1996). Fortschreibungen und Erweiterungen erfuhr dieses Modell um Komponenten des Arbeitsgedächtnisses und der motivationalen Rahmenbedingungen (Hayes, 1996) sowie kürzlich in Form einer veränderten, an Ressourcen und Steuerungsprozessen orientierten Modellarchitektur (Hayes, 2012; s. Abbildung 1). Zentral ist bei solchen Modellierungen die Vorstellung, dass Schreiben kein einfaches Nach-außen-Setzen fertiger Ideen ist, sondern in der Regel als komplexer Problemlösungsprozess zu fassen ist, bei dem relevante Teilprozesse iterativ-rekursiv durchlaufen werden. Diese Erkenntnis wurde auch curricular – in Form eines prozessorientierten Schreibunterrichts – umgesetzt und kommt auch im Rahmen der Bildungsstandards (Texte planen und entwerfen, Texte schreiben, Texte überarbeiten; vgl. KMK, 2004, S. 12f) zum Tragen.

In der Didaktik werden nach wie vor textsortenspezifische Kompetenzmodelle modelliert; „die Schreibentwicklungsforschung ist an einem Punkt angelangt, an dem entwicklungsbedingte Interdependenzen zwischen einzelnen Textdomänen zu erforschen sind und dies in Sonderheit zu Beginn des produktiven Literalisierungsprozesses, an dem erste Entwicklungsbewegungen zur Ausdifferenzierung verschiedener Textsortenkonzepte zu erwarten sind" (Augst et al., 2007, S. 29). Bei einer Differenzierung in vorrangig narrative, informative und argumentative Texte kann man hinsichtlich der Curricula eine prägnante Aufeinanderfolge konstatieren: In der Grundschule existiert ein klares Übergewicht zugunsten der Textsorte Erzählung (Narration; vgl. ebd., S. 28), in der Sekundarstufe I werden überwiegend deskriptiv-instruktive Texte geschrieben, und gegen Ende der Sekundarstufe I und vor allem in der Sekundarstufe II überwiegt das Schreiben argumentativer Texte. Dieses Curriculum verdankt sich im Wesentlichen einem didaktischen Brauchtum, das sich seit dem Beginn des 20. Jahrhunderts entwickelt hat und dessen Rationalität in einer angenommenen bzw. unterstellten Steigerung der Schwierigkeit und Komplexität der unterschiedlichen Textformen besteht. Dem Erzählen, Beschreiben, Berichten und Instruieren liegen mit den Ereignissen, Gegenständen und Handlungen, auf die es sich bezieht, wahrnehmbare Sachverhalte in der Wirklichkeit zugrunde, an denen sich die Schreiber orientieren können; zugleich müssen diese Sachverhalte abhängig vom jeweiligen kommunikativen Zweck textuell unterschiedlich dargestellt werden. Beim Argumentieren entsteht der kommunizierte Sachverhalt erst im Text, was diese Textform in besonderer Weise anspruchsvoll macht. Allerdings wird diese didaktische Gepflogenheit kaum durch empirische Forschung untermauert: „Es gibt eine überschaubare Zahl textsortendifferenzierender Untersuchungen [...]. Untersuchungen zur Interdependenz von Textsorten in der Entwicklung gibt es bis heute nicht" (Feilke, 2003, S. 183). Die Arbeiten von Augst et al. (2007) beispielsweise deuten demgegenüber jedoch darauf hin, dass alle genannten Textformen bereits in der Grundschule grundsätzlich bewältigt werden können.

3. Prädiktoren der Textqualität: das empirische Forschungsprogramm

Aus den bisherigen Darlegungen ergeben sich Eingrenzungen des Gegenstandsbereiches, die unmittelbar in forschungspraktische Entscheidungen zur Bearbeitung der genannten Fragestellungen einfließen: Angesichts der spärlichen empirischen Befundlage und der Tatsache, dass die stärkste Ausdifferenzierung der Schreibkompetenz in die Phase der Sekundarstufe I fällt, werden vorrangig die Kompetenzen von Schülerinnen und Schülern der frühen und späten Jahrgangsstufe in der Sekundarstufe I, d. h. Stufe 5 und 9 der traditionellen Schultypen (Haupt-, Realschule, Gymnasium), berücksichtigt. In der Primarstufe ist der Erwerb grundlegender Fähigkeiten der Textproduktion (motorische und orthografische Schriftproduktion, Ideengenerierung, elementare Korrekturprozesse) noch nicht abgeschlossen (vgl. Grabowski, Weinzierl & Schmitt, 2010), was den Blick auf die interessierenden spezifischen Teilfähigkeiten eher verstellt denn ermöglicht. Jenseits der Sekundarstufe I wiederum kann die Entwicklung der allgemeinen, nicht domänenspezifischen Schreibkompetenz als stark verlangsamt gelten (vgl. Augst & Faigel, 1986; Becker-Mrotzek, 2004).

Sollen sich Transfereffekte beobachten lassen, so müssen zur Untersuchung Texte evoziert werden, die sich eindeutig verschiedenen Textsorten zuordnen lassen. Wir nutzen hier die Orientierung an der Unterscheidung zwischen primär instruktiv-informativen und primär argumentativen Texten, die auf die Sekundarstufe I abgestimmt ist: Die Produktion berichtender Texte ist den Schülern und Schülerinnen bereits aus der Primarstufe bekannt, instruktive Texte stellen in der aktuellen Schreibdidaktik eine typische Aufgabe für die Sekundarstufe I dar, und argumentative Texte bilden gewissermaßen die nächsthöhere Komplexionsstufe der Textproduktion. Das gilt für typische Schreibaufgaben, auch wenn im Einzelfall eine Instruktion komplexer sein kann als eine Argumentation.

Neuartig an unserem Ansatz ist die Suche nach Kompetenzaspekten, die nicht überwiegend textsortenspezifisch, sondern textsortenübergreifend relevant und linguistisch plausibel beschreibbar sind und die resultierende Textqualität individuell vorhersagen können. Schreibkompetenz wird also gerade nicht – wie z.B. in der traditionellen Aufsatz- und Schreibdidaktik oder auch in vorliegenden psychometrischen Ansätzen üblich (z.B. in DESI; vgl. Beck & Klieme, 2007) – anhand einer Progression durch Textsorten steigender Komplexität und auch nicht von Textprodukten ausgehend erfasst. Die Fähigkeit zur Produktion von Texten bestimmter Sorten, wie sie bei Schülerinnen und Schülern in der Schreibdidaktik typischerweise erhoben wird, erscheint aus dieser Perspektive sozusagen als emergentes Phänomen auf der Grundlage von Kompetenzaspekten: Die hier zugrunde gelegte Annahme besteht in der Erwartung, dass einzelne Kompetenzaspekte, i. e. Teilkomponenten, die Gesamtkompetenz bestimmen. Das bedeutet, dass die Ausprägung der Teilkomponenten zu einem bestimmten Teil die Gesamtfähigkeit vorhersagt; je günstiger die Teilkomponenten ausgeprägt sind, desto höher fällt die Gesamtfähigkeit aus. Auf diese Weise würde sich beispielsweise auch erst erkennen lassen, dass einzelne Teilkomponenten in der Entwicklung und Schullaufbahn früher vorhanden sein können – und damit auch früher didaktisch gefördert und entwickelt werden können – als die Fähigkeit zur Produktion jeweils vollständiger Texte hinreichender Qualität.

Damit erfolgt eine Fokusverschiebung weg von holistisch aufgefassten Textprodukten – als Indikatoren für Schreibkompetenz – hin zu kleineren Einheiten der Textproduktion, die dennoch für den Text als Ganzes relevant sind. Schreibkompetenz wäre dann weniger das Produkt der sukzessiven Aneignung von Textsorten steigender Schwierigkeitsstufen, sondern vielmehr das (oben als „emergent" bezeichnete) Ergebnis der Integration von Teilfähigkeiten, die in unterschiedlichen Ausprägungsgraden für alle Schreibaufgaben benötigt werden. – Aus einem solchen Ansatz folgt auch unmittelbar die Notwendigkeit und Fruchtbarkeit interdisziplinärer Zusammenarbeit, insofern einerseits (schrift-)sprachrelevante Phänomene identifiziert und in Aufgaben geeignet adressiert werden müssen, andererseits aber auch sprachfernere oder vorsprachliche, allgemein kognitive Fähigkeitsaspekte auf ihre Beiträge zur resultierenden Textqualität hin untersucht werden.

Als geeignete Kandidaten für Teilfähigkeiten der Schreibkompetenz erscheinen uns somit solche, die (psycho-)linguistisch gut begründbar sind, in nachweisbarem Zusammenhang mit der Qualität von Textprodukten stehen und eine gezielte schreibdidaktische Förderung erlauben. Wir gehen davon aus, dass insbesondere die folgenden Teilkomponenten (ohne Anspruch auf Vollständigkeit und völlige wechselseitige Unabhängigkeit) bei den meisten Schreibprozessen zentral wirksam sind:

- *Adressatenorientierung und Perspektivenübernahme*: Gute Texte sind adressatenorientiert; ihre Produktion verlangt und setzt voraus, die Perspektive der Leser einnehmen oder abschätzen zu können.
- *Wortschatz*: Gute Texte verfügen über eine angemessen differenzierte Lexik, was einen entsprechenden Wortschatz voraussetzt.
- *Kohärenz*: Gute Texte verfügen über einen Kohärenz stiftenden Pfad; dies setzt sowohl die Erzeugung und Beachtung einer strukturierten konzeptionellen Ordnung als auch das Verfügen über geeignete sprachliche Mittel (z. B. Konnektoren) voraus, mit denen diese Ordnung erkennbar wird.

Darüber hinaus müssen grundlegende Fähigkeitsaspekte berücksichtigt werden, welche als (Ko-)Determinanten von Lernprozessen und Bildungserfolgen bereits bekannt sind, darunter allgemeine zielsprachliche Kompetenzen sowie intellektuelle Leistungsvoraussetzungen in den Bereichen von Verarbeitungskapazität und -geschwindigkeit.

Insgesamt resultieren aus diesen Überlegungen drei Ebenen der empirisch zu berücksichtigenden Fähigkeitsbereiche, die sich nach ihrer sprachbezogenen Nähe bzw. Ferne der zugehörigen Aufgaben zum Zielkriterium des Gesamttextes unterscheiden. Zwischen allgemeine kognitive und sprachliche Leistungsvoraussetzungen (Ebene 1) und die üblicherweise durch komplexe Schreibaufgaben erhobenen Volltexte (Ebene 3) treten als Spezifikum unseres Forschungsansatzes Fähigkeitsbereiche, welche die oben genannten und in ihrer Auswahl begründeten speziellen Teilkomponenten der Schreibkompetenz betreffen (Ebene 2). Die einzelnen Aufgaben wurden andernorts bereits ausführlich erläutert (Knopp, Jost, Nachtwei, Becker-Mrotzek & Grabowski, 2012). Wir gruppieren die verwendeten Aufgaben im Folgenden anhand der verwendeten Aufgabenformate, deren breite Variation die vorliegende Untersuchung besonders kennzeichnet.

- *Tests*: Für theoretisch gut eingeführte, konstruktartige Personeneigenschaften konnten bereits vorliegende, hinsichtlich ihrer Messeigenschaften kontrollierte Verfahren herangezogen werden. Solche Messinstrumente sind in der Regel für eher allgemeine Fähigkeitsbereiche entwickelt worden, die sich in verschiedenen Leistungsfeldern auswirken sollten. Im vorliegenden Zusammenhang wurden als potentielle Prädiktoren für die resultierende Textproduktionsfähigkeit berücksichtigt: der *d2 Aufmerksamkeits- und Konzentrationstest* als Indikator für die Fähigkeit, die Aufmerksamkeit über längere Zeit zu fokussieren; das *Salzburger Lesescreening 5–8* als Maß für die Leseflüssigkeit; die *Wortschatz-Skala WS* aus dem CFT 20-R Intelligenztest; der Untertest *Zahlen nachsprechen* aus dem HAWIK als Indikator für die phonologische Gedächtnisspanne. Tests sind häufig so konzipiert, dass sie im Gruppenverband durchgeführt werden können.

- *Standardisierte Leistungsmaße*: Für viele Leistungsindikatoren existieren standardisierte, häufig labor-artifizielle Aufgabenformate, die sich in der Forschungstradition hinsichtlich ihrer prädiktiven Relevanz bewährt haben und eine gewisse Vergleichbarkeit über empirische Untersuchungen hinweg ermöglichen. Im vorliegenden Zusammenhang fanden solche Standardaufgaben für die Messung der Arbeitsgedächtniskapazität (Zentrale Exekutive: *listening span* nach Daneman & Carpenter, 1980; Räumlich-visueller Notizblock: *Corsi block-tapping task* nach Corsi, 1972) sowie zur Bestimmung der motorischen Schreibflüssigkeit (*alphabet task* nach Berninger, Mizokawa & Bragg, 1991) Verwendung.

- *Reaktionszeiten*: Vor allem bei Aufgaben oder Aufgabensequenzen, die ihrer geringen Schwierigkeit wegen praktisch von allen Probanden erfolgreich gelöst werden können (allenfalls abgesehen von Flüchtigkeitsfehlern), kann die Geschwindigkeit, mit der die Lösungsreaktion erfolgt, einen im interindividuellen Vergleich nützlichen Leistungsindikator bilden. So hat Schmitt (2011) für die Messung von Fähigkeitsfacetten der Perspektivenübernahme Verfahren entwickelt, deren relevante Information in der Reaktionsgeschwindigkeit auf einfache Auswahlaufgaben mit diskreten Lösungsalternativen besteht. Diese Aufgaben wurden mit den drei Aspekten der konzeptuellen (Was weiß mein Partner?), räumlich-visuellen (Was sieht mein Partner?) und affektiven (Was fühlt mein Partner?) Perspektivenübernahme als Computeranwendung eingesetzt; dadurch sind präzise individuelle Reaktionsmessungen möglich. Weiterhin wurde eine Reaktions-Baseline erhoben, um eine aufgabenunabhängige Grund-Reaktionsgeschwindigkeit zu bestimmen. Die individuelle Geschwindigkeit kognitiver Prozesse kann im Verbund mit Maßen der Arbeitsgedächtniskapazität auch eine gute Abschätzung der interindividuellen Unterschiede bei der Grundintelligenz ermöglichen. Und schließlich wurden insgesamt 17 Bildergeschichten aus drei bis sechs Bildern in originaler oder vertauschter Reihenfolge vorgegeben; sie sollten möglichst schnell danach beurteilt werden, ob sich die Bilder in der richtigen Reihenfolge befinden oder nicht (Ja / Nein-Urteile).

- *Auswahlaufgaben*: Enger umschriebene Fähigkeitsfacetten lassen sich auf ökonomische und auswertungsobjektive Weise durch geschlossene Formate in Form von Auswahlaufgaben (single choice) indizieren. Entsprechende Skalen wurden konstruiert für das Verstehen von Konjunktionen (zu kurzen Sätzen oder Texten muss ein Satz ausgewählt werden, der das richtige Verständnis einer Konjunktion voraussetzt; insgesamt 8 Items), für das Verstehen von referentiellen Ausdrücken (nach einem kurzen Textstamm muss aus vier Alternativen der richtige Referent ausgewählt werden; insgesamt 6 Items), für das Verstehen einer Bildergeschichte (zu der einer von vier Sätzen ausgewählt werden sollte, der auf das Geschehen zupasst; insgesamt 4 Items).

- *Andere geschlossene Formate*: Während Auswahlaufgaben allenfalls sprachliches Verstehen und Wissen voraussetzen, kann mit Einsetzaufgaben (z. B. Lückentexten) auch die Fähigkeit zum aktiven Einsatz sprachlicher Mittel verlangt werden; das geschlossene Aufgabenformat erlaubt dabei jedoch, anders als bei der Textproduktion, die Konzentration auf bestimmte sprachliche Phänomenbereiche und die zugehörigen Fähigkeitsaspekte. So wurde ein kurzer Lückentext konstruiert, in dem an 10 Stellen aus einer vorgegebenen Menge von Wörtern geeignete kohärenzbildende Ausdrücke (z. B. Pronomina, Temporaladverbien) eingesetzt werden sollten. In einer Aufgabe zum Erkennen von Koreferenzen sollten in einem kurzen Text alle (maximal 11) Ausdrücke markiert werden, die auf einen eingeführten Referenten verweisen.

- *Offene Aufgaben*: Ergänzend zu den geschlossenen Aufgabenformaten wurden an einzelnen Stellen offene Zusatzfragen gestellt, auf die sich qualitative Vertiefungsauswertungen beziehen können. So sollte beispielsweise bei der letzten Aufgabe zum Konjunktionenverständnis (s. o.) die getroffene Satzauswahl in eigenen Worten schriftlich begründet werden. Weiterhin sollten für drei vorgegebene Schreibanlässe passende Anredeformen der Adressaten (E-Mail/SMS an mehrere Freunde; privater Brief an einen einzelnen Empfänger; geschäftlicher Brief) formuliert werden.

- *Schreibaufgaben*: Die Anforderungen zur Produktion längerer Texte, deren Qualität das Kriterium darstellt, das aus den vorgenannten Teilfähigkeiten vorhergesagt werden soll, orientierten sich an den Maßgaben für situativ gut gerahmte, sinnvolle Schreibanlässe, wie sie beispielsweise von Bachmann und Becker-Mrotzek (2010) diskutiert werden. Eine vergleichbare Wissensgrundlage der Schülerinnen und Schüler wurde jeweils mit Bildstimuli aufgebaut (vgl. Abbildung 2 auf S. 306); es wurden ein instruktionaler Text (eine Anleitung zum Nudeln-Kochen für ein Klassenkochbuch mit einfachen Rezepten anhand einer Bildvorlage), ein berichtender Text (ein Bericht über einen Unfall, dessen Beobachtung durch eine Bildskizze induziert wird, auf der ein Auto einem Fahrrad ausweichen muss und dabei mit einem anderen Fahrzeug kollidiert) und ein argumentativer Text (eine Stellungnahme zur Schuldfrage anhand der Unfallsituation aus der Bericht-Aufgabe) erhoben. Während diese drei Texte handschriftlich produziert wurden, wurde eine mehrfachadressierte Verabredung per E-Mail tastaturschriftlich evoziert.

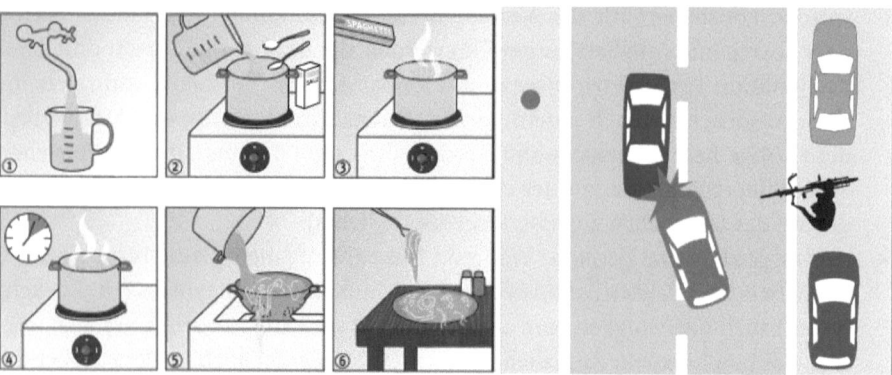

Abbildung 2: Bildstimuli zur Wissensinduktion bei den Schreibaufgaben (links: Instruktion; rechts: Bericht und Argumentation); im Original farbig [Illustration: kikkerbillen.de]

Die Verwendung unterschiedlicher, zum Teil auch neu konzipierter Aufgabentypen hat im vorliegenden Untersuchungszusammenhang mehrere Vorteile. Zum einen unterstützt die dadurch erzeugte Abwechslung die Motivation und Bereitschaft der Schülerinnen und Schüler, die insgesamt immerhin vier, zum Teil fünf Schulstunden lang (davon zwei im Einzelsetting) an der Untersuchung teilnahmen. Zweitens erlaubt die Verwendung bildhafter Aufgabeninstruktionen auch den sprachlich Schwächeren ein zumindest nicht von Vorneherein erschwertes Aufgabenverständnis, so wie die Verwendung anderer als sprachproduktiver Reaktionsklassen (z. B. Auswahlen; Reaktionsgeschwindigkeit) den Einsatz vorhandener Teilfähigkeiten auch dann sichtbar macht, wenn die zielsprachliche Kompetenz schwach ausgeprägt ist. Und drittens bieten die auf die Indikation von Teilfähigkeiten hin konzipierten Aufgaben gleichzeitig auch Anhaltspunkte für die Vorbereitung geeigneter Lern- und Übungsaufgaben, wie sie im weiteren Verlauf der Projektforschung bei der unterrichtlichen Förderung relevanter Teilkomponenten der Schreibkompetenz zum Einsatz kommen sollen (s. u. Abschnitt 5.).

4. Ausgewählte Ergebnisse

4.1 Beschreibung der Stichprobe

Die oben beschriebene Untersuchung wurde im Rahmen zweier Erhebungswellen im Frühsommer und Herbst 2010 an Schulen in den Stadtgebieten von Hannover und Köln durchgeführt. Dabei entstand eine Auswertungsstichprobe von 277 vollständigen Datensätzen. Datenausfälle gegenüber der Ursprungsstichprobe von 336 Schülerinnen und Schülern ergaben sich daraus, dass ein vollständiger Datensatz die Teilnahme an vier, zum Teil fünf Untersuchungsschulstunden voraussetzt und die schülerseitige Präsenzfluktuation an Schulen erheblich ist. 82,4% vollständige

Datensätze können angesichts dieser Erhebungskomplexität als sehr zufriedenstellend gelten. Mit der erzielten Auswertungsstichprobe kann die Datengrundlage sowohl hinsichtlich des Umfangs der gewonnenen Information (s. o. Abschnitt 3.: Forschungsprogramm) als auch hinsichtlich des Kontrolliertheitsgrades der Daten (als Voraussetzung interner Validität) zumindest im Kontext sprachdidaktischer Forschung als überdurchschnittlich gelten. Die Zusammensetzung der Auswertungsstichprobe nach Geschlecht, Klassenstufe und Schulart zeigt Tabelle 1. Dabei bestehen in beiden Klassenstufen signifikante Altersunterschiede zwischen den Schularten dergestalt, dass die Schüler und Schülerinnen der Hauptschulen (HS) durchschnittlich älter, die des Gymnasiums (GYM) durchschnittlich jünger sind als die Realschülerinnen und -schüler (RS).

Tabelle 1: Zusammensetzung der Auswertungsstichprobe (nach Schulart, Klassenstufe und Geschlecht)

Vollständige Datensätze	Hauptschule	Realschule	Gymnasium	Gesamt
5. Klasse	43 (32m / 11w)	49 (27m / 22w)	54 (23m / 31w)	146 (82m / 64w)
9. Klasse	39 (21m / 18w)	40 (26m / 14w)	52 (25m / 27w)	131 (72m / 59w)
Gesamt	82 (53m / 29w)	89 (53m / 36w)	106 (48m / 58w)	277 (154m / 123w)

Was den Anteil an Schülerinnen und Schülern mit Migrationshintergrund betrifft, ergibt sich ein für (west-)deutsche Großstädte typisches Bild: 68,8% der untersuchten Jugendlichen geben Deutsch als ihre Muttersprache an; dabei ist der Anteil deutscher Muttersprachler bei Gymnasiasten signifikant höher (79,2%) als bei Schülern der beiden anderen Schularten (HS: 63,9%; RS: 58,7%). Bei knapp der Hälfte der Stichprobe wird zuhause noch (mindestens) eine andere Sprache als Deutsch gesprochen; insgesamt finden sich hier über 30 verschiedene Sprachen. Im vorliegenden Zusammenhang der Schreibkompetenz sehen wir als geeignetsten Indikator für mögliche Einflüsse durch (sprachliche) Migration die dichotom klassifizierte Variable „Wird zuhause noch eine andere Sprache als Deutsch gesprochen – ja/nein" an. Schüler und Schülerinnen mit derart bestimmtem sprachlichem Migrationshintergrund haben signifikant schlechtere (durch Selbstauskunft erhobene) letzte Deutschnoten als Kinder aus nur deutschsprachigen Elternhäusern; dieser Unterschied vergrößert sich tendenziell noch von der 5. zur 9. Klasse. Interessanterweise erhalten Fünftklässler in allen untersuchten Schularten bessere Deutschnoten als Neuntklässler; eher erwartbar ist demgegenüber der Befund, dass in beiden Klassenstufen im Gymnasium bessere Deutschnoten erteilt werden als in der Hauptschule; die Realschule liegt dazwischen. (Diese Unterschiede erweisen sich in statistischen Post-hoc-Vergleichen als bedeutsam.)

4.2 Beurteilung der Textqualität

Die reliable und valide Beurteilung von Textqualität kann in der schreibdidaktischen Forschung durchaus als problematisch gelten. Anders als in vielen anderen Arbeiten wurden hier mehrere empirische Zugänge genutzt und zum Teil neu entwickelt, durch deren Zusammenwirken eine höhere Robustheit der Qualitätsbeurteilung im Sinne einer konvergenten Validität angestrebt wird:

- die *Textlänge*, die sich zumindest noch im Altersbereich der Sekundarstufe I als Korrelat der Textqualität erweist;
- das aus der amerikanischen Kompetenzmessung übernommene *NAEP-Rating* (mit Rater-Schulung). Die Skalen zur Beurteilung von Textqualität aus dem *National Assessment of Educational Progress* liegen auch in deutscher Version vor. Es handelt sich um globale Kompetenzstufen von 0 bis 5, die anhand typischer Textmerkmale der jeweiligen Stufe beschrieben werden. Instruktion und Bericht wurden anhand der Skala für informierende Texte eingeschätzt; für argumentative Texte existiert eine eigene Beschreibungsskala;
- sogenannte *naive Ratings*; dabei handelt es sich um ein einfaches Maß zur dichotomen Beurteilung von sechs zentralen Texteigenschaften (Textqualität hoch vs. niedrig; Text erfüllt seine Funktion vollständig vs. eher nicht; der Text ist aus sich selbst heraus verständlich vs. braucht inferierte Ergänzungen; der Zusammenhang des Textes ist klar vs. schwach; der Wortschatz ist angemessen vs. nicht angemessen; der Text ist adressatenorientiert vs. nicht adressatenorientiert geschrieben) durch nicht vorgeschulte Rater mit anschließender Aggregatbildung;
- sehr differenzierte, textsortenspezifische Analysekategorien in Umsetzung der Vorschläge des *Züricher Textanalyserasters*. Dabei wurden sowohl geschlossene als auch offene Items verwendet, so dass Urteile zum Teil sehr konkret auf Vorkommnisse im Text bezogen werden können. Für alle Textsorten wurden Urteile zu Aspekten der Vollständigkeit und der sprachlichen Realisierung erhoben; hinzu kommen textsortenspezifisch Aspekte des Zusammenhangs, der Texteröffnung und -beendigung, der Beschreibung oder Lokalisierung, welche von speziell geschulten Beurteilern bearbeitet werden. Neben qualitativen, textkorpusgestützten Analyseaspekten lassen sich große Teile der so erhaltenen Einschätzungen anschließend quantifizieren und zu Aggregaturteilen zusammenführen.

Abgesehen von der sprachstatistisch objektiv bestimmbaren Textlänge wurden für jeden Text unter jedem Beurteilungsaspekt i. d. R. zwei unabhängige Ratings eingeholt. Bei keinem der drei Beurteilungszugänge ergaben sich Inter-Rater-Übereinstimmungen in einer zufriedenstellenden Höhe. Dies erstaunt insbesondere hinsichtlich der NAEP-Skalen, welche häufig als einziges Beurteilungsverfahren mit mutmaßlich erwiesener Messgüte zum Einsatz kommen. Dennoch zeigen sich zwischen den pro Rater-Paar gemittelten Urteilen über die verschiedenen Beurteilungsansätze hinweg hohe Interkorrelationen; mit Hilfe von pro Textsorte berechneten Aggregatwerten (unter Einsatz des statistischen Verfahrens der Faktorenanalyse) konnten damit zwar von den einzelnen Rater-Urteilen abstrahierte, im Sinne einer konvergenten Validität aber sehr robuste Kennwerte der Textqualität gewonnen werden. – Es wurde ein datenbankgestütztes Verfahren entwickelt und programmiert, welches für die gleichwohl aufwendigen Textbeurteilungen unter allen genannten Ansätzen eine ökonomische und integrative Eingabe und Verwaltung der Raterurteile ermöglicht, welche dann einheitlich zur weiteren statistischen Datenauswertung exportiert werden können.

4.3   Varianzanalytische Ergebnisse

Für die weit überwiegende Anzahl der direkt erhobenen oder gebildeten Aufgabenkennwerte – sowohl im Prädiktorbereich der allgemeinen kognitiven und sprachlichen Leistungsvoraussetzungen, des Wortschatzes, der Teilfähigkeiten zur Perspektivenübernahme und Kohärenzherstellung wie auch im Kriterienbereich der Textqualität – ergeben sich hinsichtlich der im Untersuchungsdesign berücksichtigten Variablen zwei, in der Regel unabhängige, Haupteffekte: (a) Neuntklässler erbringen durchgehend bessere oder höhere Leistungen als Fünftklässler; (b) Gymnasium, Realschule und Hauptschule zeigen eine auch in Paarvergleichen signifikante Abstufung der schülerseitigen Fähigkeiten. (Dabei liegt allenfalls die Realschule mal näher an der Hauptschule und mal näher am Gymnasium.) Man kann diese sehr konsistente Befundlage auf zwei mögliche Quellen (oder ihr Zusammenwirken) zurückführen: Entweder sind die Mechanismen der Schulartzuweisung so erfolgreich, dass sie das vorhandene Leistungsspektrum auf drei gut diskriminierbare Gruppen verteilen, oder die Schulformen wirken als differenzielle Entwicklungsmilieus, welche zu den resultierenden Fähigkeitsniveaus selbst beitragen. In jedem Fall kann man aber das Leistungsspektrum innerhalb der beiden Klassenstufen als jeweils eine Gesamtverteilung interpretieren. Die anstehenden bildungspolitischen Entwicklungen (Integration der Hauptschule in eine Oberschule) werden zu heterogeneren Lernergruppen führen; mit Blick auf das Ziel, eine möglichst generell wirksame unterrichtliche Förderung vorzubereiten (s. u. Abschnitt 5.), betrachten wir die Schülerinnen und Schüler der drei Schularten (je Klassenstufe) als Repräsentanten *einer* hinsichtlich ihrer Fähigkeiten breit streuenden Lernerpopulation.

Wechselwirkungen zwischen den Effekten der Klassenstufe und der Schulart treten nur bei sehr wenigen Einzelvariablen auf; dann immer in der Art, dass sich die Leistungsunterschiede zwischen der 5. und 9. Klasse im Gymnasium gegenüber der Hauptschule aufspreizen. Überwiegend bleiben die relativen Leistungsunterschiede zwischen den Schularten über die Eckpunkte der Sekundarstufe I hinweg jedoch konstant. Insgesamt lässt sich sagen, dass die gemessenen Fähigkeitsbereiche, auch was die neu entwickelten Aufgaben betrifft, für die Leistungsvariation im untersuchten Alters- und Leistungsspektrum durchgehend sensibel sind.

4.4 Vorhersageergebnisse

Obwohl die angenommenen Voraussetzungen und Mediatoren der Textproduktions-
kompetenz (allgemeine kognitive und sprachliche Voraussetzungen, Fähigkeitsmaße
der Perspektivenübernahme und der Kohärenzherstellung) sehr unterschiedlich erfasst wurden (durch Tests, Reaktionszeiten, Auswahl- oder Beurteilungsaufgaben)
und ganz verschiedene, nicht nur sprachnahe Aspekte mentaler Fähigkeiten betreffen, erwiesen sich alle als signifikant prädiktiv für Maße der Textqualität; die Gesamt-
Varianzaufklärungen in regressionsanalytischen Vorhersagemodellen reichen bis zu
57%. Dabei sind die erhobenen Fähigkeitsbereiche zwar untereinander korreliert,
aber auch hinreichend partiell voneinander unabhängig, um jeweils originäre Beiträge zur Vorhersage der Zielkriterien zu leisten.

Die berücksichtigten Prädiktoren liefern in der 9. Klassenstufe höhere Beiträge zur
Textqualität als in der 5. Klassenstufe (über die drei Textsorten hinweg durchschnittlich 52,3% gegenüber 34,1%). Es fällt auf, dass sich nur die Qualität der argumentativen Texte in der 5. Klasse vergleichsweise schlechter (22,0%) vorhersagen lässt; dies
scheint die curriculare Situation zu reflektieren, dass diese Textart in der 5. Klasse
noch nicht behandelt wurde. Davon abgesehen sind die berücksichtigten Prädiktoren aber für alle drei untersuchten Textarten relevant. Was es didaktisch bedeutet,
dass die Textqualitätsunterschiede in der 9. Klasse stärker mit Unterschieden anderer
Fähigkeitsvoraussetzungen einhergehen als in der 5. Klasse, bedarf jedoch noch der
Interpretation: Eine erfolgreiche Didaktik könnte ja auch gerade dazu führen wollen,
dass die erzielten Leistungen zunehmend weniger von individuellen – und zum Teil
schwer veränderbaren – Fähigkeitsvoraussetzungen abhängen. Umgekehrt könnte
sich aber didaktischer Erfolg gerade darin widerspiegeln, dass es den Schülern stra-
tegisch besser gelingt, ihre (unterschiedlichen) Fähigkeitsvoraussetzungen bei der
Bearbeitung komplexer Schreibaufgaben einzusetzen. Begründete Erkenntnisse über
die transferierende Wirkung von Fähigkeiten auf die Textproduktion werden sich erst
durch eine anschließende Interventionsstudie ergeben (s.u. Abschnitt 5.).

Eine detailliertere Ergebnisdarstellung muss fachlich-technischen Einzelpubli-
kationen vorbehalten bleiben. Über die genannten Ergebnisaspekte hinaus lässt
sich jedoch zusammenfassen:

- Alle verwendeten Tests und Aufgaben und die daraus berechneten Kennwerte
  haben sich insofern bewährt, als sie im Schulkontext (in einzelnen Fällen zumindest in laborartigen Einzelsettings vor Ort) einsetzbar sind und eine hohe
  Datenqualität erlauben.
- Geschlechtsunterschiede scheinen insgesamt keine systematische Rolle zu spielen, die eine besondere Berücksichtigung nahelegen würde.
- Schüler und Schülerinnen mit sprachlichem Migrationshintergrund schneiden
  erwartungsgemäß bei den im engeren Sinn sprachbezogenen Voraussetzungen
  (Wortschatz, Listening Span, Leseflüssigkeit) und auch bei Aspekten der Text-

qualität schlechter ab als Jugendliche, in deren Familie nur Deutsch gesprochen wird. Bei den Aufgaben zur Perspektivenübernahme und vor allem zur Kohärenzherstellung treten jedoch über die beschriebenen Zusammenhänge mit Schulart und Klassenstufe hinaus keine signifikanten Effekte des sprachlichen Migrationshintergrunds auf. Die direkte Förderung dieser Voraussetzungsfähigkeiten dürfte demnach durch eventuell bestehende Defizite im (Schrift-) Deutschen nicht beeinträchtigt sein. Wenn man davon ausgeht, dass die Förderung im Bereich sprachbezogener Fähigkeitsdefizite in der Regel längerfristige und in ihrer Wirkung langsamere Maßnahmen erfordert als die „normale" Progression unterrichtlich vermittelter Fähigkeiten, eröffnet eine Intervention in sprachfernere Fähigkeitsbereiche (Perspektivenübernahme sowie Herstellung und Beurteilung von Kohärenz; s. u. Abschnitt 5.) auch für Schülerinnen und Schüler mit sprachlichem Migrationshintergrund besondere Chancen für eine uneingeschränkt erfolgreiche und kontinuierliche Unterrichtsteilhabe.

- Die Variablengruppen der Perspektivenübernahme und der Kohärenzherstellung sind miteinander mittelhoch korreliert; die Aggregate korrelieren zu .30 (5. Klasse) und .33 (9. Klasse). Wenn man diesen Zusammenhang jedoch um die gemeinsamen Einflüsse der allgemeinen kognitiven und sprachlichen Voraussetzungen bereinigt, resultieren für beide Klassenstufen Nullkorrelationen. Es handelt sich also um zwei partiell voneinander unabhängige Fähigkeitsbereiche, deren didaktische Fokussierung zwei parallele (und potentiell wechselseitig ergänzende) Wege zur Erhöhung der Schreibkompetenz verspricht.

- Insgesamt ist festzustellen, dass in der Gesamtanlage der Untersuchung die relevanten Voraussetzungen der Schreibkompetenz (soweit sie sich aus korrelativen Zusammenhängen ablesen lassen) offenbar erfasst worden sind. Inwieweit diese Zusammenhänge auch kausal wirksam sind und inwieweit sich die erwartbaren Transferwirkungen der Prädiktoren über die Textsorten hinweg nachweisen lassen, kann allerdings erst durch eine Interventionsstudie empirisch geprüft werden.

5.   Ausblick

An die Ergebnisse des hier berichteten Projektabschnitts schließt sich unmittelbar eine empirische Weiterführung an, in der die ermittelten Zusammenhangsmuster von Teilkomponenten der Schreibkompetenz – insbesondere Perspektivenübernahme und Kohärenzherstellung – in konkrete schreibdidaktische Maßnahmen überführt und deren Wirkung und Wirksamkeit in einer Interventionsstudie überprüft werden. Konkret wird die schreibdidaktisch zentrale Fragestellung bearbeitet werden, wie sich die als bedeutsam erwiesenen Teilkomponenten Perspektivenübernahme und Kohärenzherstellung wirkungsvoll und nachhaltig im Unterricht vermitteln und festigen lassen. Bislang dominieren im Schreibunterricht der Sekundarstufe, wie erwähnt, eher ganzheitliche, auf den gesamten Text sowie einzelne Textsorten bezogene Unterrichtskonzepte. Daraus leiten sich bestimmte Typen von Schreibaufgaben ab, die im Kern immer schon den ganzen Text in den Fokus nehmen, indem die Schülerinnen und Schüler aufgefordert sind, in mehr oder weniger sinnvollen oder explizierten Kontexten vollständige Texte zu verfassen, also etwa eine Erzählung, einen Bericht oder eine Argumentation zu schreiben. Die Bearbeitung einer solchen Aufgabe verlangt dabei immer schon die Nutzung aller erforderlichen Teilkomponenten der Schreibkompetenz. Diese Art der didaktischen Intervention ist grundsätzlich aus verschiedenen Gründen durchaus sinnvoll; beispielsweise können die Schülerinnen und Schüler erkennen, auf welches Ziel sich die Aufgaben richten, was sowohl der Motivation als auch der Transparenz – dem Erkennen der Sinnhaftigkeit – dienen kann. Ein solches Vorgehen setzt mit seinen Aufgaben also an den größtmöglichen schriftsprachlichen Handlungsformen sowie der umfassenden Kompetenz an. Auf diese Weise bleiben die beteiligten Fähigkeitskomponenten im Einzelnen jedoch für die Vermittlung ungenutzt. Aus der oben berichteten Untersuchung wissen wir, dass die Fähigkeiten zur Perspektivenübernahme und zur Kohärenzherstellung wesentlich zur resultierenden Textqualität beitragen (soweit man dies aus regressionsanalytischen Befunden ableiten kann). Hierbei handelt es sich um zwei Teilkomponenten, die u.a. für die Generierung der Textinhalte (Propositionen), der Textabsichten (Illokutionen) sowie der Textstruktur (Textaufbau) von zentraler Bedeutung sind, weil der Text an bestimmte Leser zu adressieren ist. Von daher ist es naheliegend, genau solche textsorten-übergreifende Teilkomponenten gezielt zu vermitteln, also auch in isolierten Aufgaben. Diese sollen die komplexen Schreibaufgaben nicht ersetzen, sondern gezielt und punktuell ergänzen. Da es sich hierbei um grundlegende Fähigkeitsfacetten handelt, sind zudem Transfereffekte zu erwarten.

In der für die Jahre 2013–2015 geplanten Interventionsstudie soll nun also überprüft werden, welche Wirkungen die gezielte Schulung der Teilfähigkeit zur Perspektivenübernahme und zur Kohärenzherstellung auf die Schreibkompetenz in Bezug auf unterschiedliche Textsorten und unterschiedliche Schülergruppen hat.

Zu diesem Zweck werden aus den berichteten Ergebnissen (schreib-)didaktische Maßnahmen abgeleitet, die insbesondere Schreib- und andere Aufgaben auf einem mittleren Komplexitätsniveau generieren, an denen es bislang in der Schreibdidaktik mangelt. Hierbei handelt es sich um Aufgaben kleineren Umfangs, die gezielt – auch in sprachfernen Formaten – die Perspektivenübernahme (z. B. durch die Beurteilung von Raumrelationen aus einer Partnerperspektive) und das Herstellen von Kohärenz (z.B. durch das Ordnen bildhaften Materials anhand von Kriterien wie Kausalität oder Temporalität) schulen. Wir nehmen an, dass diese Aufgaben eine positive, über einzelne Textsorten hinausreichende Wirkung auf die Schreibkompetenz haben. Des Weiteren nehmen wir an, dass diese Aufgaben mittlerer Komplexität vor allem auch für schwächere Schreiber und Schreiberinnen, wie etwa solche mit einer anderen Erstsprache, geeignet sind, weil sie gezielt einzelne Teilfähigkeiten (und nicht nur das zielsprachlich Ganze) ansteuern, ohne dabei die Zielkompetenz immer schon vorauszusetzen.

Die erwarteten Ergebnisse sind unmittelbar praxisrelevant, weil sich aus ihnen empirisch gesicherte Empfehlungen für den Schreibunterricht herleiten lassen. Das Schreiben stellt neben dem Lesen die zentrale Kompetenz jeglichen schulischen Lernens innerhalb und außerhalb des Deutschunterrichts dar, so dass die erwarteten Ergebnisse einen Beitrag zur Bearbeitung eines zentralen Desiderats schulischer Kompetenzvermittlung leisten.

6. Literatur

Augst, G., Disselhoff, K., Henrich, A. et al. (2007). *Text-Sorten-Kompetenz: eine echte Longitudinalstudie zur Entwicklung der Textkompetenz im Grundschulalter.* Frankfurt a. M.: Lang (Theorie und Vermittlung der Sprache, 48)

Augst, G. & Faigel, P. (1986). *Von der Reihung zur Gestaltung: Untersuchungen zur Ontogenese der schriftsprachlichen Fähigkeiten von 13–23 Jahren.* Frankfurt a. M.: Lang

Bachmann, T. (2002). *Kohäsion und Kohärenz: Indikatoren für Schreibentwicklung. Zum Aufbau kohärenzstiftender Strukturen in instruktiven Texten von Kindern und Jugendlichen.* Innsbruck: StudienVerlag

Bachmann, T. & Becker-Mrotzek, M. (2010). *Schreibaufgaben situieren und profilieren.* In T. Pohl & T. Steinbeck (Hrsg.), Textformen als Lernformen. Duisburg: Gilles & Francke, 191–210 (KöBeS–Kölner Beiträge zur Schreibforschung, 07/2010)

Beck, B. & Klieme, E. (Hrsg.) (2007). *Sprachliche Kompetenzen. Konzepte und Messung.* Weinheim: Beltz

Becker-Mrotzek, M. (2004). *Schreibentwicklung und Textproduktion. Der Erwerb der Schreibfertigkeit am Beispiel der Bedienungsanleitung.* Radolfzell: Verlag für Gesprächsforschung (unveränderter Nachdruck von 1997)

Becker-Mrotzek, M. (2013/i. Dr.). Schreibkompetenz. In J. Grabowski (Hrsg.), *Sinn und Unsinn von Kompetenzen: Fähigkeitskonzepte im Bereich von Sprache, Medien und Kultur.* Opladen: Budrich, 51–71

Becker-Mrotzek, M. & Schindler, K. (2007). Schreibkompetenz modellieren. *KöBeS – Kölner Beiträge zur Schreibdidaktik, (5),* 7–26

Becker-Mrotzek, M. & Schindler, K. (2008). Schreibkompetenz modellieren, entwickeln und testen. In M. Böhnisch (Hrsg.), *Sonderheft zum 16. Symposion Deutschdidaktik Kompetenzen im Deutschunterricht. 2.* Baltmannsweiler: Schneider Hohengehren, 94–106

Bereiter, C. (1980). Development in writing. In L. W. Gregg & E. R. Steinberg (Hrsg.), *Cognitive processes in writing.* Hillsdale, NJ: Erlbaum, 73–93

Bereiter, C. & Scardamalia, M. (1987). *The psychology of written composition.* Hillsdale, NJ: Erlbaum

Berninger, V. W., Mizokawa, D. T. & Bragg, R. (1991). Theory-based diagnosis and remediation of writing disabilities. *Journal of Educational Psychology, 29,* 57–59

Bremerich-Vos, A. & Possmayer, M. (2011). Zur Reliabilität eines Modells der Entwicklung von Textkompetenz im Grundschulalter. *Didaktik Deutsch, (31)*, 30–49

Corsi, Ph. (1972). *Human memory and the medial temporal region of the brain.* Ph. D. thesis, Montreal: McGill University

Daneman, M. & Carpenter, P. (1980). Individual differences in working memory and reading. *Journal of Verbal Learning and Verbal Behavior, 19,* 450–466

Eigler, G., Jechle, Th., Merziger, G. et al. (1990). *Wissen und Textproduzieren.* Tübingen: Narr

Feilke, H. (1996). Die Entwicklung der Schreibfähigkeiten. In H. Günther & O. Ludwig (Hrsg.), *Schrift und Schriftlichkeit. Writing and its use.* Ein interdisziplinäres Handbuch internationaler Forschung (2. Halbband). Berlin: de Gruyter, 1178–1191 (Handbücher zur Sprach- und Kommunikationswissenschaft, HSK, 10.2)

Feilke, H. (2003). Entwicklung schriftlich-konzeptualer Fähigkeiten. In U. Bredel, H. Günther, P. Klotz et al. (Hrsg.), *Didaktik der deutschen Sprache* (1. Halbband). Paderborn: Schöningh, 178–192

Feilke, H. & Schmidlin, R. (Hrsg.) (2005). *Literale Textentwicklung. Untersuchungen zum Erwerb von Textkompetenz.* Frankfurt a. M.: Lang

Fix, M. (2000). *Textrevisionen in der Schule. Prozessorientierte Schreibdidaktik zwischen Instruktion und Selbststeuerung – empirische Untersuchungen in achten Klassen.* Baltmannsweiler: Schneider Hohengehren

Grabowski, J. (1996). Writing and speaking: Common grounds and differences. Towards a regulation theory of written language production. In C. M. Levy & S. Ransdell (Hrsg.), *The science of writing.* Hillsdale, NJ: Erlbaum, 73–91

Grabowski, J. (2003). Bedingungen und Prozesse der schriftlichen Sprachproduktion. In G. Rickheit, W. Deutsch & Th. Herrmann (Hrsg.), *Psycholinguistik.* Berlin: de Gruyter, 355–368 (Handbücher zur Sprach- und Kommunikationswissenschaft, HSK, 24)

Grabowski, J., M. Schmitt & Ch. Weinzierl (2010). Second and fourth graders' copying ability: From graphical to linguistic processing. *Journal of Research in Reading, 33,* 39–53

Hayes, J. R. (1996). A new framework for understanding cognition and affect in writing. In C. M. Levy & S. Ransdell (Hrsg.), *The science of writing.* Hillsdale, NJ: Erlbaum, 1–27

Hayes, J. R. (2012). Modeling and Remodeling Writing. *Written Communication, 3* (Special Issue on Writing and Cognition: In Honor of John R. Hayes), (29), 369–388

Hayes, J. R. & Flower, L. S. (1980). Identifying the organization of writing processes. In L. W. Gregg & E. D. Steinberg (Hrsg.), *Cognitive processes in writing.* Hillsdale: Erlbaum, 3–30

Hug, M. (2001). *Aspekte zeitsprachlicher Entwicklung in Schülertexten. Eine Untersuchung im 3., 5. und 7. Schuljahr.* Frankfurt a. M.: Lang

Jechle, Th. (1992). *Kommunikatives Schreiben: Prozeß und Entwicklung aus der Sicht kognitiver Schreibforschung.* Tübingen: Narr

Kellogg, R. T. (1996). A model of working memory in writing. In C. M. Levy & S. Ransdell (Hrsg.), *The science of writing: Theories, methods, individual differences, and applications.* Mahwah, NJ: Erlbaum, 57–71

KMK – Sekretariat der Ständigen Konferenz der Kultusminister der Länder in der Bundesrepublik (KMK) (Hrsg.) (2004). *Bildungsstandards im Fach Deutsch für den Mittleren Schulabschluss* (Jahrgangsstufe 10; Beschluss vom 4.12.2003). München: Luchterhand

Knopp, M., Jost, J., Nachtwei, N., Becker-Mrotzek, M. & Grabowski, J. (2012). Teilkomponenten von Schreibkompetenz untersuchen: Bericht aus einem interdisziplinären empirischen Projekt. In H. Bayrhuber, U. Harms et al. (Hrsg.), *Formate Fachdidaktischer Forschung: Empirische Projekte – historische Analysen – theoretische Grundlegungen.* Münster: Waxmann, 47–65 (Fachdidaktische Forschungen, 2)

Kruse, N., Reichardt, A., Herrmann, M. et al. (2012). Zur Qualität von Kindertexten. Entwicklung eines Bewertungsinstruments in der Grundschule. *Didaktik Deutsch, (32),* 87–110

Rickheit, G. & Strohner, H. (2003). Modelle der Sprachproduktion. In Th. Herrmann & J. Grabowski (Hrsg.), *Sprachproduktion.* Göttingen: Hogrefe, 267–286 (Enzyklopädie der Psychologie, C III 1)

Schmitt, M. (2011). *Perspektivisches Denken als Voraussetzung für adressatenorientiertes Schreiben.* Dissertation, Pädagogische Hochschule Heidelberg. URL: http://opus.bsz-bw.de/phhd/volltexte/2011/7526/ (zuletzt abgerufen am 07.10.2013)

Schneuwly, B. (1996). Der Nutzen psychologischer Schreibforschung für die Didaktik des Schreibens. In H. Feilke & P. R. Portmann (Hrsg.), *Schreiben im Umbruch: Schreibforschung und schulisches Schreiben.* Stuttgart: Klett, 29–39

Sieber, P. (2003). Modelle des Schreibprozesses. In U. Bredel, H. Günther, P. Klotz et al. (Hrsg.), *Didaktik der deutschen Sprache* (1. Halbband). Paderborn: Schöningh, 208–223

Steinhoff, T. (2010). Differenzierte Schülertextbeurteilung. Entwicklungs-, Prozess- und Situierungsdimension. *KöBeS – Kölner Beiträge zur Sprachdidaktik, (7),* 257–280

Autorinnen und Autoren

Prof. Dr. Cordula Artelt
Empirische Bildungsforschung, Universität Bamberg; Verbundvorhaben: „Kurz- und langfristige Effekte eines Trainings zur phonologischen Bewusstheit bei Kindergartenkindern deutscher und nichtdeutscher Herkunftssprache", Leitung des Teilprojekts Empirische Bildungsforschung/Pädagogik.
E-Mail: cordula.artelt@uni-bamberg.de

Prof. Dr. Michael Becker-Mrotzek
Deutsche Sprache und ihre Didaktik, Universität zu Köln; Verbundvorhaben: „Diagnose und Förderung von Teilkomponenten der Schreibkompetenz", Leitung des Teilprojekts Linguistik.
E-Mail: becker-mrotzek@uni-koeln.de

Dr. Karin Berendes
Wissenschaftliche Mitarbeiterin am Projekt „BiSpra I", Teilprojekt Psychologie/psychologisch-pädagogische Diagnostik, Universität Bamberg (2010–2012).
E-Mail: karin.berendes@uni-tuebingen.de

Kristine Blatter, Dipl.-Psych.
Wissenschaftliche Mitarbeiterin am Projekt „Kurz- und langfristige Effekte eines Trainings zur phonologischen Bewusstheit bei Kindergartenkindern deutscher und nichtdeutscher Herkunftssprache", Teilprojekt Empirische Bildungsforschung/Pädagogik, Universität Bamberg.
E-Mail: kristine.blatter@uni-bamberg.de

Prof. Dr. Albert Bremerich-Vos
Linguistik/Sprachdidaktik, Universität Duisburg-Essen; Leitung des Projekts: „Überprüfung eines textsortenübergreifenden Modells der Entwicklung von Schreibkompetenz im dritten und vierten Grundschuljahr".
E-Mail: albert.bremerich-vos@uni-due.de

Nora Budde, Dipl.-Patholing.
Wissenschaftliche Mitarbeiterin am Projekt „Sprachverarbeitung bei türkischen Kindern mit Deutsch als Zweitsprache: Neurophysiologische und sprachwissenschaftliche Untersuchungen", Universität Konstanz (2009–2011).
E-Mail: nora.budde-spengler@uni-ulm.de

Nina Dragon, Dipl.-Psych.
Wissenschaftliche Mitarbeiterin am Projekt „BiSpra I", Teilprojekt Psychologie/psychologisch-pädagogische Diagnostik, Universität Bamberg (2010–2012).
E-Mail: nina.dragon@uni-bamberg.de

Prof. i. R. Harald A. Euler, PhD
Psychologe; Gastwissenschaftler, Phoniatrie und Pädaudiologie, Universität Bochum.
E-Mail: euler@uni-kassel.de

Verena Faust, Dipl.-Psych.
Wissenschaftliche Mitarbeiterin am Projekt „Kurz- und langfristige Effekte eines Trainings zur phonologischen Bewusstheit bei Kindergartenkindern deutscher und nichtdeutscher Herkunftssprache", Teilprojekt Psychologie, Universität Würzburg (2009–2012).
E-Mail: verena.faust@psychologie.uni-wuerzburg.de

Prof. Dr. Dr. h.c. Ingrid Gogolin
Interkulturell und International Vergleichende Erziehungswissenschaft, Universität Hamburg; Projektleitung (zusammen mit Knut Schwippert): „SPRABILON – Sprachliche Entwicklung bilingualer Kinder/Jugendlicher in longitudinaler Perspektive".
E-Mail: ingrid.gogolin@uni-hamburg.de

Prof. Dr. Joachim Grabowski
Pädagogische Psychologie, Universität Hannover; Leitung des Verbundvorhabens: „Diagnose und Förderung von Teilkomponenten der Schreibkompetenz", Leitung des Teilprojekts Psychologie.
E-Mail: grabowski@psychologie.uni-hannover.de

Dr. Susanne Guckelsberger
Wissenschaftliche Mitarbeiterin am Projekt „MüWi", Universität Hamburg (2009–2012).
E-Mail: susanne.guckelsberger@gmail.com

Dr. des. Imke Habben
Wissenschaftliche Mitarbeiterin am Projekt „SPRABILON", Universität Hamburg (2009–2012).
E-Mail: imke.habben@uni-hamburg.de

Dr. Vivien Heller
Wissenschaftliche Mitarbeiterin am Projekt „FunDuS", Universität Bielefeld (2012).
E-Mail: vivien.heller@tu-dortmund.de

Birgit Heppt, Dipl.-Psych.
Wissenschaftliche Mitarbeiterin am Projekt „BiSpra", Teilprojekt Empirische Bildungsforschung/Erziehungswissenschaften, FU Berlin, jetzt HU Berlin.
E-Mail: birgit.heppt@iqb.hu-berlin.de

Jelena Hollmann, Dipl.-Psych.
Wissenschaftliche Mitarbeiterin am Projekt „FunDuS", Teilprojekt Pädagogische Psychologie, Bielefeld.
E-Mail: jelena.hollmann@uni-bielefeld.de

Maj-Britt Isberner, Dipl.-Psych.
Wissenschaftliche Mitarbeiterin am Projekt „Prozessbezogene Diagnostik des Lese- und Hörverstehens im Grundschulalter", Universität Kassel (2009–2012).
E-Mail: maj-britt.isberner@uni-kassel.de

Dana Jäger, Dipl.-Psych.
Wissenschaftliche Mitarbeiterin am Projekt „Kurz- und langfristige Effekte eines Trainings zur phonologischen Bewusstheit bei Kindergartenkindern deutscher und nichtdeutscher Herkunftssprache", Teilprojekt Psychologie, Universität Würzburg (2009–2013).
E-Mail: dana.jaeger@uni-wuerzburg.de

Marifet Kaya, Dipl.-Sozialwiss.
Wissenschaftliche Mitarbeiterin am Projekt „Sprachverarbeitung bei türkischen Kindern mit Deutsch als Zweitsprache: Neurophysiologische und sprachwissenschaftliche Untersuchungen", Universität Konstanz (2009–2011).
E-Mail: marifet.kaya@uni-konstanz.de

Julia Knoepke, M.A.
Wissenschaftliche Mitarbeiterin am Projekt „Prozessbezogene Diagnostik des Lese- und Hörverstehens im Grundschulalter", Universität Kassel.
E-Mail: julia.knoepke@uni-kassel.de

Dr. Matthias Knopp
Wissenschaftlicher Mitarbeiter am Projekt „Diagnose und Förderung von Teilkomponenten der Schreibkompetenz", Teilprojekt Linguistik, Universität zu Köln.
E-Mail: matthias.knopp@uni-koeln.de

Antje Krah, M.A.
Wissenschaftliche Mitarbeiterin am Projekt „FUnDuS", Teilprojekt Linguistik, Universität Dortmund.
E-Mail: antje.krah@tu-dortmund.de

Ilka Lasslop, M.A.
Wissenschaftliche Mitarbeiterin am Projekt „SPRABILON", Universität Hamburg (2009–2012).
E-Mail: ilka.lasslop@uni-hamburg.de

PD Dr. Johannes Naumann
Bildungsqualität und Evaluation, DIPF, Frankfurt; Verbundvorhaben: „Prozessbezogene Diagnostik des Lese- und Hörverstehens im Grundschulalter", Leitung des Teilprojekts Frankfurt.
E-Mail: naumann@dipf.de

Yvonne Neeb, Dipl.-Psych.
Wissenschaftliche Mitarbeiterin am Projekt „Prozessbezogene Diagnostik des Lese- und Hörverstehens im Grundschulalter ", DIPF, Frankfurt.
E-Mail: neeb@dipf.de

Prof. Dr. Katrin Neumann
Abt. für Phoniatrie und Pädaudiologie, Universität Bochum; Projektleitung: „Ein Screening-Verfahren zur flächendeckenden Erfassung des Sprachstandes vier- bis viereinhalbjähriger Kinder".
E-Mail: katrin.neumann@rub.de

Daniela Ofner, M.A.
Wissenschaftliche Mitarbeiterin am Projekt „SprachKoPF", Universität Mannheim.
E-Mail: dofner@rumms.uni-mannheim.de

Nantje Otterpohl, Dipl.-Psych.
Wissenschaftliche Mitarbeiterin am Projekt „FunDuS", Teilprojekt Pädagogische Psychologie, Universität Bielefeld.
E-Mail: nantje.otterpohl@uni-bielefeld.de

Miriam Possmayer, M.A.
Wissenschaftliche Mitarbeiterin am Projekt „Überprüfung eines textsortenübergreifenden Modells der Entwicklung von Schreibkompetenz im dritten und vierten Grundschuljahr", Universität Duisburg-Essen (2009–2012).
E-Mail: miriam.possmayer@uni-due.de

Prof. Dr. Uta Quasthoff
Sprachwissenschaft und Sprachdidaktik, TU Dortmund; Leitung des Verbundvorhabens: „Die Rolle Familialer Unterstützung beim Erwerb von Diskurs- und Schreibfähigkeiten in der Sekundarstufe I (FUnDuS)", Leitung des Teilprojekts Linguistik.
E-Mail: uta.quasthoff@uni-dortmund.de

Prof. Dr. Angelika Redder
Germanistische Linguistik an der Universität Hamburg; FiSS-Koordinatorin; Projektleitung: „Mündliche Wissensprozessierung und -konnektierung (MüWi)"; Verbundvorhaben: „Bildungssprachliche Kompetenzen (BiSpra I): Anforderungen, Sprachverarbeitung und Diagnostik", Leitung des Teilprojekts Linguistik.
E-Mail: angelika.redder@uni-hamburg.de

Prof. Dr. Tobias Richter
Allgemeine Psychologie, Universität Kassel; Verbundvorhaben: „Prozessbezogene Diagnostik des Lese- und Hörverstehens im Grundschulalter", Leitung des Teilprojekts Kassel.
E-Mail: tobias.richter@uni-kassel.de

Dr. Tanja Rinker
Fachbereich Sprachwissenschaft, Zukunftskolleg der Universität Konstanz; Projektleitung: „Sprachverarbeitung bei türkischen Kindern mit Deutsch als Zweitsprache: Neurophysiologische und sprachwissenschaftliche Untersuchungen".
E-Mail: tanja.rinker@uni-konstanz.de

Dr. Anna Runge (geb. Komor)
Wissenschaftliche Mitarbeiterin am Projekt „BiSpra I", Teilprojekt Linguistik, Universität Hamburg (2009–2012).
E-Mail: a_runge@gmx.de

Prof. Dr. Wolfgang Schneider
Psychologie, Universität Würzburg; Verbundvorhaben: „Kurz- und langfristige Effekte eines Trainings zur phonologischen Bewusstheit bei Kindergartenkindern deutscher und nichtdeutscher Herkunftssprache", Leitung des Teilprojekts Psychologie.
E-Mail: schneider@psychologie.uni-wuerzburg.de

Doreen Schöppe, Dipl.-Patholing.
Wissenschaftliche Mitarbeiterin am Projekt „Kurz- und langfristige Effekte eines Trainings zur phonologischen Bewusstheit bei Kindergartenkindern deutscher und nichtdeutscher Herkunftssprache", Teilprojekt Empirische Bildungsforschung/Erziehungswissenschaften, FU Berlin, jetzt: HU Berlin (2009–2012).
E-Mail: doreen.schoeppe@iqb.hu-berlin.de

Prof. Dr. Petra Stanat
Empirische Bildungsforschung, Freie Universität Berlin; jetzt: Institut zur Qualitätsentwicklung im Bildungswesen an der Humboldt-Universität zu Berlin; Verbundvorhaben:

„Bildungssprachliche Kompetenzen (BiSpra): Anforderungen, Sprachverarbeitung und Diagnostik", Leitung des Teilprojekts Empirische Bildungsforschung/Erziehungswissenschaften; Verbundvorhaben: „Kurz- und langfristige Effekte eines Trainings zur phonologischen Bewusstheit bei Kindergartenkindern deutscher und nichtdeutscher Herkunftssprache", Leitung des Teilprojekts Empirische Bildungsforschung/Erziehungswissenschaften.
E-Mail: petra.stanat@iqb.hu-berlin.de

Prof. Dr. Knut Schwippert
Erziehungswissenschaft mit dem Schwerpunkt Internationales Bildungsmonitoring und Bildungsberichterstattung, Universität Hamburg; Projektleitung (zusammen mit Ingrid Gogolin): „SPRABILON – Sprachliche Entwicklung bilingualer Kinder/Jugendlicher in longitudinaler Perspektive".
E-Mail: knut.schwippert@uni-hamburg.de

Dr. Dieter Thoma
Anglistische Linguistik, Universität Mannheim; Ko-Leitung des Projekts: „SprachKoPF – Sprachliche Kompetenzen Pädagogischer Fachkräfte".
E-Mail: thomad@uni-mannheim.de

Prof. Dr. Rosemarie Tracy
Anglistische Linguistik, Universität Mannheim; Projektleitung: „SprachKoPF – Sprachliche Kompetenzen Pädagogischer Fachkräfte".
E-Mail: rtracy@mail.uni-mannheim.de

Stella Uesseler, M.A.
Wissenschaftliche Mitarbeiterin am Projekt „BiSpra I", Teilprojekt Linguistik, Universität Hamburg (2009–2013).
E-Mail: stella.uesseler@gmx.de

Prof. Dr. Sabine Weinert
Psychologie I: Entwicklung und Lernen, Universität Bamberg; FiSS-Ko-Koordinatorin (2009–2012); Leitung des Verbundvorhabens: „Bildungssprachliche Kompetenzen (BiSpra): Anforderungen, Sprachverarbeitung und Diagnostik", Leitung des Teilprojekts Psychologie/psychologisch-pädagogische Diagnostik.
E-Mail: sabine.weinert@uni-bamberg.de

Prof. Dr. Elke Wild
Pädagogische Psychologie, Universität Bielefeld; Verbundvorhaben: „Die Rolle Familialer Unterstützung beim Erwerb von Diskurs- und Schreibfähigkeiten in der Sekundarstufe I (FUnDuS)", Leitung des Teilprojekts Pädagogische Psychologie.
E-Mail: elke.wild@uni-bielefeld.de